Petra und Joachim Skibbe

Ayurveda – Die Kunst des Kochens

Petra und Joachim Skibbe

Ayurveda – Die Kunst des Kochens
vollwertig & individuell

pala verlag

Danke!

Wir möchten uns bei all denjenigen bedanken, die uns durch Rezepte, Tips und Ermutigungen bei der Arbeit an diesem Buch unterstützt haben. Ein ganz besonderer Dank geht an unsere Lehrer, ohne die auch dieses Buch nicht entstanden wäre.

ISBN: 3-89566-139-2
© 1999: pala-verlag,
Rheinstr. 37, 64283 Darmstadt
www.pala-verlag.de
4. Auflage 2004
Lektorat: Bettina Snowdon
Titel- und Textillustration: Tatiana Mints
Tip-Kastenzeichnungen: Sabine Hoff
Druck: freiburger graphische betriebe
www.fgb.de
Printed in Germany

Dieses Buch ist auf Papier aus
100 % Recyclingmaterial gedruckt.

Ayurveda – Die Kunst des Kochens erhebt nicht den Anspruch eines Heilbuches, das konkrete Diätvorschläge zum Ausgleich bestimmter Beschwerden und Krankheiten anbietet. Die Informationen in diesem Buch können die Diagnose und Hilfe eines Arztes bzw. Heilpraktikers nicht ersetzen.

Inhaltsverzeichnis

Ayurveda
– Die Kunst des Kochens 6

Die Prinzipien des Ayurveda 7
Essen als Medizin 8
*Gesundheit: Gleichgewicht von Körper,
Geist und Seele* 8
Unsere Konstitution: Die drei Doshas 9
Die vier Mischtypen 12
*Die Psycho-Prinzipien:
Sattva, Rajas, Tamas* 14
Test: Finden Sie Ihren Konstitutionstyp 18
Die sechs Geschmacksrichtungen 24
Welcher Dosha-Typ ißt wie? 27
Unsere Verdauung 30
Was uns beeinflußt 34
*Allgemeine Ayurveda-Tips
zur Ernährung* 40

Harmonie im Alltag:
Der Schlüssel zur Gesundheit 42
Wir sind so gesund, wie wir leben 42
*Die Ayurveda-Ethik:
Vom Gedanken zum Schicksal* 50
Dosha-Harmonie heute 50

Die Kunst des Kochens
– Die Küche als Ort der Kraft 52
Liebe geht durch den Magen 52
Kochen als Meditation 52
Zeit für gemeinsames Essen 53

Das sollten Sie noch wissen 54
Hinweise zu den Rezepten 54

Frühstück 56

Gemüsegerichte 60

Suppen und Dals 107

Eintöpfe und Khicharis 131

Reis-, Getreide-
und Kartoffelgerichte 140

Brote und Snacks 170

Salate und Raitas 192

Chutneys 201

Saucen und Dips 210

Milchprodukte 222

Süßspeisen 232

Getränke 252

Welches Nahrungsmittel
für welchen Dosha-Typ? 265

Warenkunde 273

Erklärung der benutzten
Sanskrit-Begriffe 280

Literatur 281

Bezugsquellen 281

Die Autoren 282

Rezeptindex 283

Ayurveda – Die Kunst des Kochens

Viele Anzeichen sprechen dafür, daß wir die Harmonie, die uns einst inne war, verloren haben: Heute werden wir nicht nur mit der Umweltzerstörung konfrontiert, mit Klimaveränderungen, ausbeuterischer Massentierhaltung, einer chemisch aufgerüsteten Landwirtschaft, genetisch manipulierter Fabriknahrung und neuen Krankheiten, sondern gleichermaßen mit den Auswirkungen eines übermäßig technisierten, energieverzehrenden und immer unpersönlicher werdenden Lebensstils.

Je weiter wir uns von unserem eigentlichen Ursprung entfremden, um so mehr bleibt unser Gefühl für das Ganze, nämlich die Welt mit all ihren Geschöpfen, und für das gesunde Leben auf der Strecke.

Ayurveda, die jahrtausendealte Heilkunst des alten Indiens, bietet eine Möglichkeit, wie wir unsere verloren gegangene Sensibilität und Harmonie wiederentdecken können. Die Behandlung von Krankheiten ist ein Bereich des Ayurveda; noch wichtiger aber sind wahrscheinlich die Erkenntnisse, wie wir in unserem Alltag harmonisch leben und uns ebenso harmonisch ernähren können, damit Krankheiten gar nicht erst entstehen.

Ayurveda – Die Kunst des Kochens beweist, daß die köstliche und gesunde Ayurveda-Küche nicht unbedingt indisch ist. Die Prinzipien des Ayurveda sind universell und weder auf bestimmte nationale Heilmittel noch auf eine bestimmte Küche begrenzt. Ob Spargelcremesuppe oder Safranreis, Nudeln oder Nuß-Sandesh, Karottengemüse oder Khichari, ob süß, sauer, pikant oder würzig – die Ayurveda-Küche hat für alle etwas zu bieten. Charakteristisch für die Ayurveda-Kochkunst ist nicht nur der bewußte Umgang mit typgerechten Lebensmitteln und verdauungsanregenden Gewürzen und Kräutern, sondern auch die Berücksichtigung von Jahreszeit und Lebensalter.

Lernen Sie die einfachen Prinzipien des Ayurveda kennen. Finden Sie heraus, zu welchem Konstitutionstyp Sie gehören – und welche Ernährung Ihnen am besten bekommt. Wenn Sie die Prinzipien einmal verstanden haben, können Sie Ihr Wissen auf jede beliebige Küche der Welt übertragen. Harmonie beginnt in der Küche.

Die gesündeste Nahrung ist nach dem Ayurveda diejenige mit der meisten *Prana* (Lebensenergie). Deshalb sind vegetarische, vollwertige und biologisch angebaute Lebensmittel aus der Region am wertvollsten. Auch die Gemütsverfassung der Köchin bzw. des Kochs spielen eine energetisch wichtige Rolle. Ihre oder seine Gedanken und Gefühle übertragen sich auf die zubereiteten Speisen. Kein Wunder, daß der Ayurveda so großen Wert darauf legt, daß man für sich und die eigene Familie am besten selbst kocht: Für Selbstgekochtes gibt es keinen energetischen Ersatz.

Ayurveda-Ernährung heißt Ernährung im Einklang mit den Naturgesetzen. Wer auch in der Küche nach den Prinzipien von Vollwertigkeit, Gewaltfreiheit, Nährwert und Nahrungsgleichgewicht handelt, erfreut nicht nur den Gaumen, sondern auch die eigene physische und psychische Gesundheit und die der ganzen Familie. Möge dieses Kochbuch Ihnen, liebe Leserin und lieber Leser, nicht nur ein reines Kochbuch, sondern auch ein Lesebuch und vielleicht sogar ein Lebensbuch sein, dessen Denkanstöße Sie in Ihr Leben einbauen können.

Die Prinzipien des Ayurveda

Körper, Geist und Seele sind wie ein Dreifuß. Durch ihr Zusammenspiel wird die Welt erhalten. Sie stellen das Substrat für alles Existierende. Vereint bringen sie das fühlende Wesen hervor, für das der Ayurveda ins Licht gerufen wurde.

Caraka Samhita, Sutra Sthana

Ayurveda, wörtlich »die Wissenschaft des Lebens« oder auch »die Wissenschaft des langen Lebens«, ist die älteste der Menschheit bekannte Medizin und Heilkunst; der Ayurveda ist eingebunden in den ganzheitlichen Wissensbereich der ältesten zivilisierten Hochkultur, der vedischen Kultur. Deren Zentrum lag zwar auf dem indischen Subkontinent, in ihrer Blütezeit jedoch erstreckte sich ihr Einflußbereich nahezu auf die gesamte zivilisierte Erde.

Nach dem *Shrimad-Bhagavatam*, einem der bekanntesten vedischen Schriftdokumente, wurde der Ayurveda von *Dhanvantari*, einer Inkarnation *Vishnus* oder *Krishnas*, begründet. Ursprünglich mündlich überliefert, wurde diese Heilkunde vor über fünftausend Jahren im *Atharva-Veda* und im *Rig-Veda*, zwei der vielen Überlieferungen der uralten indischen Hochkultur, schriftlich festgehalten.

Inzwischen wird der Beginn der vedischen Kultur mit dem Beginn der zivilisierten Menschheit gleichgesetzt – gestützt durch Funde und Zeugnisse wie beispielsweise mehr als vierzigtausend Jahre alte Tempel und Schriftdokumente.

Veda bedeutet »echtes Wissen«. Es ist ein Sammelbegriff für die vor fünftausend Jahren schriftlich niedergelegten wissenschaftlichen und philosophischen Erkenntnisse der altindischen Hochkultur. In den *Vedas* sind zahlreiche Wissenschaften vereint wie Architektur, Baukunst, Statik, Mathematik, Geometrie, Astrologie, Astronomie, Kosmologie, Wissenschaft der Flugzeuge, Geomantie (Berücksichtigung der planetaren Kraftorte), Kampfkunst – und natürlich Medizin (Ayurveda). Daneben behandeln die *Vedas* kulturelle Themen wie Musik, Tanz, Rhetorik, Theater, Dramaturgie und Poetik. Besondere Aufmerksamkeit widmen die *Vedas* spirituellem Wissen, dem Wissen um und für die Seele. Die Beantwortung von Fragen wie »Woher komme ich?«, »Wohin gehe ich?« und »Was ist der Sinn meines Lebens?« ist ein elementarer Bestandteil der *Vedas*. Sie wollen dem Menschen nicht nur helfen, im Einklang mit den kosmischen Naturgesetzen zu leben, sondern auch sein Ziel im Leben zu bestimmen. Ayurveda ist eine ganzheitliche Heilkunde, die den Menschen als eine Einheit von Körper, Geist und Seele, die in eine höhere Ordnung

Übernatürliche Heilung (Heilung mit Gott)	Subtile Heilkunde (Heilung mit positiven Sattva-Energien)	Rationale Heilkunde (medizinische Wissenschaft)
Heilgebete, Heilrituale, Heilmeditation	Chakrabehandlungen, Handauflegen, Farbtherapie, Edelsteintherapie, Musiktherapie, Heilmeditation, autosuggestive Methoden, Tanztherapie, Entsagungen u. ä.	1. Ernährungslehre 2. Lebensweise 3. Ayurveda-Medizin a. Medikamentöse Therapie b. Chirurgie c. Physikalische Therapie (z. B. Massagen) d. Psychotherapie

Ayurvedische Behandlung von Krankheiten

eingebundene ist, betrachtet. Seine Therapieformen beinhalten Diätetik, Kräuterheilkunde, Mantrameditation, Lebensweise und -beratung, Edelsteintherapie, Yoga, Hygienik, Musiktherapie usw. Sie werden in acht Fachbereichen angewandt: Innere Medizin, Chirurgie, Hals-Nasen-Ohren-Augen-Heilkunde, Kinder- und Frauenheilkunde, Psychiatrie, Toxikologie, Sexualheilkunde, Regenerativmedizin und Geriatrie. Die bedeutendsten, noch heute existierenden Ayurveda-Kommentare sind die *Caraka Samhita* und die *Sushruta Samhita*.

Essen als Medizin

Ebenfalls bis heute erhalten geblieben sind die Empfehlungen für die richtige, individuelle Ernährung und eine gute Verdauung – nach dem Ayurveda die Eckpfeiler der Gesundheit. Denn die individuell abgestimmte Ernährung spielt im Ayurveda immer eine zentrale Rolle, ganz gleich, ob es um die Erhaltung der Gesundheit oder um die Behandlung von Krankheiten geht.

Eine gesunde Ernährung setzt sich aus verschiedenen Faktoren zusammen; wichtig sind die richtige Kombination, Menge und Zubereitung der Nahrungsmittel und der passende Rhythmus der Nahrungsaufnahme. Da es sich beim Ayurveda um ein ganzheitliches Heilsystem handelt, achtet man auch auf die rechte Zeit, den geeigneten Ort für die Mahlzeit und die richtige Stimmung der Person, die das Essen zubereitet. Außerdem sollte die Nahrung der Jahreszeit, dem Klima, dem Alter, der Konstitution und dem Gesundheits- bzw. Krankheitszustand angepaßt sein und berücksichtigen, ob man geistig oder körperlich arbeitet.

Gesundheit: Gleichgewicht von Körper, Geist und Seele

Die Weltgesundheitsorganisation (WHO) definiert Gesundheit als »körperliches, geistiges und soziales Wohlbefinden«. Der Ayurveda faßt seine Betrachtungsweise sogar noch weiter: Gesundheit ist ein Leben in Erkenntnis und Harmonie und umfaßt nicht nur Körper, Psyche und Mitlebewesen, sondern auch unsere Umwelt sowie Selbst- und Gotteserkenntnis. Nur wenn wir in all diesen Bereichen ausgewogen leben, werden wir auf Dauer gesund bleiben können. Geraten wir in einem dieser Bereiche aus dem Gleichgewicht, so werden wir dies früher oder später auch als Störung in den anderen Bereichen erleben, bis zuletzt auch der Körper reagiert: Wir werden krank. Krankheit will uns also darauf hinweisen, daß wir unsere Harmonie verlassen haben, und stellt unsere bisher scheinbar ausbalancierte Ordnung in Frage. Was immer sich in unserem Körper als ein Krankheitssymptom manifestiert, ist sichtbarer Ausdruck eines unsichtbaren Prozesses. Das Symptom möchte durch seine Signalfunktion unseren bisherigen Weg unterbrechen und uns darauf hinweisen, daß etwas nicht in Ordnung ist.

Nach der ganzheitlichen Betrachtungsweise des Ayurveda ist ein Mensch dann vollkommen gesund, wenn sieben Kriterien erfüllt sind (siehe Tabelle nächste Seite oben).

Der Ayurveda will uns helfen, unsere Harmonie in all diesen Bereichen wieder herzustellen. Wie in einem Orchester, in dem alle Instrumente richtig gestimmt und gespielt werden müssen, so sollte auch in unserem Leben Harmonie auf allen Ebenen bestehen. Harmonie bedeutet dabei nicht, daß alle *Doshas* gleich verteilt sind – vielmehr geht es um die individuelle Balance eines jeden *Doshas* in sich und zueinander. Ziel jeder ayurvedischen Behandlung ist es, den Wohlklang dieser Instrumente des Lebens wieder herzustellen.

Allerdings weisen uns die alten Ayurveda-Texte darauf hin, daß ein Zustand absoluter Gesundheit und ewigen Lebens in einer Welt der Dualitäten und der Vergänglichkeit nicht möglich ist. Aus diesem Grund kommt immer wieder das eigentliche Ziel des menschlichen Lebens zur Sprache, das auf unseren unvergänglichen spirituellen Aspekt hinweist: Selbstverwirklichung und Gottesverwirklichung. Nur wenn wir die Kunst erlernen, im Einklang mit unseren Mitgeschöpfen, unserer Umwelt und

Gesundheitskriterien	Auswirkungen auf
1. Ausgewogene Doshas (Bioenergien)	Körper, Psyche
2. Optimales Agni (Verdauungskraft und Stoffwechsel)	Körper
3. Stabile und gut entwickelte Dhatus (Körpergewebe)	Körper, (Psyche)
4. Rechtzeitige und angemessene Ausscheidung (Mala)	Körper, (Psyche)
5. Uneingeschränkte Sinnesfunktionen	Körper
6. Glück und Harmonie	Psyche, andere Lebewesen, Umwelt, Selbst- und Gotteserkenntnis
7. Wahrnehmung der spirituellen Seele	Selbst- und Gotteserkenntnis

Gesundheit für Körper, Geist und Seele

den göttlichen Naturgesetzen zu leben, können wir uns spirituell weiterentwickeln und glücklich werden.

Unsere Konstitution: Die drei Doshas

Das ganzheitliche Heilsystem des Ayurveda basiert auf einem universellen Naturgesetz: der Aufrechterhaltung des harmonischen Gleichgewichts aus den fünf Elementen Äther, Luft, Feuer, Wasser und Erde, aus denen der gesamte Kosmos und alles darin Existierende zusammengesetzt ist.

Der menschliche Körper ist das mikrokosmische Abbild des Makrokosmos, des Universums. Bei einem gesunden Körper sind alle fünf Elemente im Gleichgewicht. Geraten aber eines oder mehrere dieser Elemente aufgrund ungeeigneter Ernährungsweise, schlechter Verdauung oder eines ungesunden Lebenswandels aus der Balance, entstehen Störungen und Krankheiten, die sich auf der psychischen oder körperlichen Ebene manifestieren. Nach dem Ayurveda werden die fünf Elemente des Körpers durch drei feinstoffliche Bioenergien, die *Doshas*, intakt gehalten. Die drei *Doshas* heißen *Vata*, *Pitta* und *Kapha*.

Die *Doshas* sind die drei grundlegenden Funktionsprinzipien, die für alle körperlichen und psychischen Vorgänge verantwortlich sind. Sie geben Auskunft über die individuelle Natur des Menschen, seine konstitutionellen Anlagen und seine derzeitige körperliche und psychische Verfassung, die mehr oder weniger von seiner gesunden Natur abweichen kann.

Vata herrscht über das Gleichgewicht der Äther- und Luftelemente. Es steht für Bewegung und Transport sowie für die Fähigkeit wahrzunehmen und zu kommunizieren.
Die Eigenschaften von *Vata* sind mobil, agil, leicht, unausgeglichen, kalt, rauh und trocken.

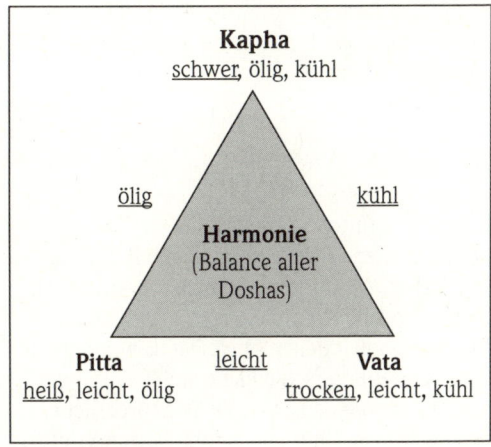

Die drei Doshas

VATA Äther/Luft	PITTA Feuer/Wasser	KAPHA Erde/Wasser
Funktion im Körper		
Bewegung	Körperwärme	Stabilität
Atmung	Verdauung	Schutz
Ausscheidung	Stoffwechsel	Schmierfähigkeit/Öligkeit
Freude/Schmerz	Farbe	Widerstandskraft
	Auffassungsgabe	
Eigenschaften		
trocken	ölig, fettig	ölig, fettig
leicht	leicht	schwer
kühl	heiß	kühl
beweglich	beweglich	statisch
rauh	flüssig	klebrig
hart	weich	weich

Funktionen und Eigenschaften der drei Doshas im Körper

Pitta entspricht dem Element Feuer und zum Teil auch Wasser. Es ist zuständig für Stoffwechsel, Verdauung und den Wärmehaushalt. Intellekt und emotionaler Ausdruck sind ebenfalls eine Funktion von *Pitta*.
Pitta-Eigenschaften sind heiß, scharf, leicht, sauer, intensiv, übelriechend und leicht ölig.

Kapha ist das aus den beiden Elementen Wasser und Erde abgeleitete *Dosha*. Es ist verantwortlich für Zusammenhalt, Stabilität, Körperstruktur und den Flüssigkeitshaushalt. Außerdem fördert es die Abwehrkräfte.
Kapha-Merkmale sind schwer, ölig, langsam, stabil, kalt, üppig, sanft, süß, fest, kompakt und klar.

Psychische und physische Gesundheit ist nur möglich, wenn sich diese drei *Doshas*, die Regelkräfte unseres Organismus, in einem harmonischen Gleichgewicht befinden. Gelangen unsere *Doshas* aus der Balance, entstehen Störungen und Krankheiten.
In jedem individuellen Organismus nehmen die drei *Doshas* unterschiedliche Anteile ein, was zu der charakteristischen Vielfalt körperlicher Erscheinungen führt. Betrachten wir die sieben verschiedenen *Dosha*-(Misch-)Typen einmal

näher. Vielleicht finden Sie sich bereits in einer der Beschreibungen wieder.

Vata: Öfter mal was Neues
Vata-Typen sind hochsensible, eher schüchterne Menschen von äußerst kreativer, intuitiver und feingeistiger Natur. Sie sind schnell von Begriff, schnell begeistert und schnell im Handeln – aber auch schnell erschöpft. Um die Erschöpfung und Langeweile zu überwinden, brauchen *Vata*-Menschen den Reiz des Neuen. Routine ist nichts für sie, *Vata*-Menschen lieben Veränderungen, Reisen und dergleichen. In der Ausbildung, im Beruf und in Partnerschaften kommt es oft zum Wechsel, immer sind sie auf der Suche nach Neuem und Interessantem. Sie führen ein sehr asketisches oder auch sehr sinnbetontes Leben oder schwanken zwischen beiden Extremen hin und her.
Vata-Konstitutionen sind oft nervös und unruhig, sie reagieren empfindlich auf Geräusche, Schmerzen, Kälte und negative Energien. Es scheint, als würde ihnen eine Haut fehlen. Der innere Antrieb, sich vor etwaigen negativen Einflüssen zu schützen, manifestiert sich bei *Vata* als Unsicherheit, Konfliktscheue und Angst, die im Extremfall bis zur tiefen Depression mit Selbstmordgedanken führen kann.

Physiognomisch gesehen sind *Vata*-Menschen schlank und hochgewachsen oder – seltener – extrem klein. Lange, schmale Hände, markante Gesichtszüge und steife, knackende Gelenke sind weitere typische Merkmale. Ihr Haar ist eher spröde und oft stark gekräuselt.

So unregelmäßig wie ihr Leben ist auch ihr Appetit: Manchmal essen sie einfach und wenig, manchmal viel und opulent. Trotzdem haben sie selten Gewichtsprobleme, es sei denn, sie essen extrem viel, was zuweilen vorkommt, wenn sie sich die fehlende »dicke Haut« anessen oder mit Energie aufladen wollen. Trockenheit ist ein weiteres charakteristisches Merkmal von *Vata*-Menschen, sei es die Haut, das Haar oder die Verdauung (Verstopfung). Kälte mögen sie überhaupt nicht, am liebsten halten sie sich den ganzen Tag in der Sonne auf.

Ihre Einfühlsamkeit macht sie zu idealen Lehrern oder Heilern, doch findet man sie ebenso in künstlerischen und kreativen Berufen. Körperlich anstrengende Arbeit und monotone Berufe dagegen liegen ihnen überhaupt nicht, ebensowenig wie Räume mit künstlicher Beleuchtung und Klimaanlage. Auch Streß, Konkurrenzdenken und Ehrgeiz kann der konfliktscheue *Vata*-Typ nicht tolerieren; dadurch werden all seine Fähigkeiten und Motivationen geradezu gelähmt. In einem guten und kollegialen Klima dagegen arbeitet er unermüdlich und mit großer Aufmerksamkeit und liefert jede Menge kreativer Impulse.

Vata-Menschen brauchen Ausgleich und Entspannung. Ihnen helfen Speisen mit den Geschmacksrichtungen süß, sauer und salzig zusammen mit Gewürzen, die *Agni* (das Verdauungsfeuer), aber nicht *Pitta* anregen. Sie sollten auf eine nahrhafte, beruhigende und »erdige« Diät achten; ihre Speisen sollten warm, schwer, flüssig, stärkend und von salzigem, saurem und süßem Geschmack sein.

Pitta: Es muß etwas geschehen

Pitta-Menschen sind intensiv, schnell und reizbar. Sie sind kritische und leistungswillige Naturen, die besonders auf ökonomischem und wissenschaftlichem Gebiet viel Kreativität entwickeln können. Probleme und Hindernisse sind dazu da, gelöst bzw. bewältigt zu werden. *Pitta*-Typen fällt es leicht, einmal gesetzte Ziele zu erreichen. Sie scheuen sich nicht vor Konfliktsituationen und Herausforderungen und provozieren solche Situationen sogar, wenn es ihnen zu ruhig wird – *Pitta* ist eine Kämpfernatur und ein Workaholic.

Pitta-Typen sind im Verstehen und Handeln schneller als die meisten Menschen in ihrer Umgebung – und werden daher leicht ungeduldig. Luxus, Ästhetik und Musik sind ihnen wichtig. Die richtige Entspannung fällt ihnen jedoch schwer, weil sie ständig von ihrem Leistungswillen und Ehrgeiz getrieben werden. Gepaart mit Reizbarkeit, Ungeduld und Luxussucht führt dies über kurz oder lang zu gesundheitlichen Beschwerden.

Körperlich liegt der muskuläre *Pitta*-Mensch zwischen dem hochgewachsenen *Vata*- und dem untersetzten *Kapha*-Typen. Der ganze Körper ist harmonisch proportioniert. Der ausgeprägte Stoffwechsel ist für frühzeitiges Ergrauen, Geheimratsecken und Haarausfall verantwortlich.

Pitta-Typen haben eine empfindliche Haut, die schnell rot wird und oft voller Sommersprossen ist. Hitze oder grelles Sonnenlicht vertragen sie nicht. *Pitta*-Menschen sind stets die ersten, die ein Fenster öffnen, um frische, kühle Luft hereinzulassen. Sie essen und trinken gern, weil dies ihr inneres Feuer etwas lindert. Doch wenn *Pitta*-Typen dies nicht regelmäßig tun, können sie richtig ungenießbar werden.

Ihr Hauptproblem in Partnerschaften ist, daß sie zwar gerne andere kritisieren, selbst aber keine Kritik vertragen.

Ihre forsche Zielstrebigkeit hilft *Pitta*-Menschen in Berufen in der Forschung, der Entwicklung, der Exekutive oder im Verkauf. *Pitta*-Typen besitzen Charisma und Überzeugungskraft; man findet sie oft im Management oder als Selbständige in mittelständischen Unternehmen. Ihr Arbeitsplatz sollte gut belüftet, ohne Hitzequellen und ohne Kontakt mit Chemikalien sein.

Pitta-Menschen brauchen Herausforderung und Verantwortung.

Scharfe, saure oder salzige Nahrungsmittel verstärken die Hitze des *Pitta*-Organismus noch mehr. Fleisch, Fisch, Eier, Alkohol und Zigaretten beispielsweise sind besonders für *Pitta*-Typen gesundheitsschädlich, da sie außerordentlich erhitzende Eigenschaften haben. Auf der psychischen Ebene aktivieren sie negative *Pitta*-Eigenschaften wie Egoismus und Aggression. Auf der körperlichen Ebene kann es zu Fieber, Sodbrennen, Hautkrankheiten, Leberproblemen, vorzeitigem Ergrauen der Haare u. ä. *Pitta*-Beschwerden kommen. Nimmt ein *Pitta*-Typ süße, bittere und zusammenziehende Nahrungsmittel zu sich, die eine kühlende Wirkung auf den Körper ausüben, wird das Feuerelement auf seine normale Funktion reduziert.

Kapha: Immer mit der Ruhe

Kapha-Konstitutionen sind kaum aus der Ruhe zu bringende, geduldige Menschen von anziehender Herzlichkeit. Sie arbeiten nach dem Motto »langsam, aber sicher« und fahren damit auch recht gut. Komfort, ein gewisser Wohlstand und eine sichere Position sind ihnen wichtig; sie halten sich am liebsten in gewohnter Umgebung auf. Ihre Denkweise ist eher konservativ und auf die Erhaltung und den Ausbau des Bestehenden ausgerichtet; Veränderungen stehen sie skeptisch gegenüber. Kein Schritt erfolgt ohne genaue Überlegung und auch erst dann, wenn der Erfolg sicher ist. *Kapha*-Menschen brauchen etwas Zeit, um zu verstehen und zu handeln, aber was dann herauskommt, hat Hand und Fuß. Das macht *Kapha*-Menschen ausgeglichen und stabil, manchmal aber auch etwas langsam und selbstzufrieden.

Ihre Körperstruktur ist kompakt, stämmig und kräftig. Bei ausreichendem Training sind sie gute Athleten, bei Bewegungsmangel nehmen sie jedoch leicht zu. *Kapha*-Typen sind zu schwerer körperlicher Arbeit durchaus in der Lage, besitzen sie doch von allen *Doshas* die größte Ausdauer. Allerdings verfügen sie auch über ein gewisses Geschick, andere für sich arbeiten zu lassen. Sie haben lange Arme, breite Schultern und Hände, eine stark ausgeprägte Brust, eine breite Stirn und buschige Augenbrauen. Große Augen, dichtes, kräftiges Haar, schöne regelmäßige Zähne und eine tiefe, kräftige Stimme lassen *Kapha*-Naturelle sympathisch erscheinen.

Wegen ihrer Bodenständigkeit verkraften sie Hunger, Durst, Streß und Unglück besser als die beiden anderen *Doshas*. Trotz ihres in der Regel geringen Appetits ist das Essen für sie ein Genuß, eine Art emotionale Befriedigung. Am Arbeitsplatz sollte, wie auch sonst, weder Kälte noch Feuchtigkeit herrschen. *Kapha*-Menschen eignen sich gut für Berufe, in denen es auf Beständigkeit und Routine ankommt, wie z. B. in der Verwaltung, doch ihre dicke Haut und ihre diplomatische Art prädestinieren sie ebenso für die Politik oder fürs Unternehmerische. Aufgrund ihrer erdverbundenen und hilfsbereiten Eigenschaften findet man sie in der Krankenpflege und in erzieherischen aber auch in landwirtschaftlichen oder gärtnerischen Berufen. In Partnerschaften leben sie treu und lassen sich selten auf Abenteuer ein.

Der für *Kapha*-Typen typische Mangel an körperlicher und geistiger Bewegung sowie ihr Hang, viel zu schlafen, können ernsthafte gesundheitliche Beschwerden verursachen und sie zu sehr unflexiblen Partnern machen. Sie neigen zu Husten, Erkältungen und Bronchitis und fühlen sich oft müde, schlapp und unzureichend durchblutet.

Kapha-Menschen brauchen Motivation, Bewegung und Stimulation. Ihnen helfen die Geschmacksrichtungen scharf, bitter und zusammenziehend.

Die vier Mischtypen

Gehören Sie zu den Menschen, auf die nur eine einzige *Dosha*-Beschreibung zutrifft? Dann werden Sie mit äußeren Einflüssen leichter umgehen können als Menschen mit einer dualen Konstitution. Die meisten Menschen besitzen heutzutage allerdings eine doppelte *Dosha*-Konstitution, d. h. sie stehen gleichzeitig unter dem Einfluß von zwei *Doshas*: Vata-Pitta,

Pitta-Kapha oder Vata-Kapha. Unter bestimmten Bedingungen dominiert das eine Dosha, unter anderen das andere.

Nur selten sind die Eigenschaften aller drei Doshas in einer Person gleich ausgeprägt (Vata-Pitta-Kapha). Sind bei diesen Menschen alle drei Doshas im Lot, wird sie so schnell nichts aus der Bahn werfen. Von allen sieben Dosha-Typen gehören Vata-Pitta-Kapha-Konstitutionen zu den gesündesten.

Vata-Pitta: Harte Schale, weicher Kern

Wenn Sie mit einem Blasebalg ins Feuer blasen, geschieht genau das, was wir bei Vata-Pitta-Menschen sehen können: Je mehr Vata-Luft wie Unruhe, Veränderung, Sorgen, Ideen u. ä. in ihrem Leben auftreten, um so schneller und intensiver brennt ihr Pitta-Feuer, was sich in Überaktivität, Engagement, Ungeduld, Reizbarkeit und dergleichen zeigt. Vata-Pitta-Naturen sind intensive, intelligente und aktive Menschen. Ihre Sensibilität und innere Unruhe, gepaart mit dem Verlangen, etwas Substantielles im Leben zu erreichen, kann dazu führen, daß sie sich selbst aufbrauchen oder aufopfern. Bei diesen Menschen wechseln sich Vata- und Pitta-Einflüsse häufig ab. Hat ein Vata-Pitta-Mensch sein inneres Lot verloren, reagiert er in Streßsituationen entweder mit Angst und Depression oder mit Gereiztheit und Überaktivität. Sein Pitta-Aspekt möchte gern das Kommando übernehmen, aber sein Vata-Aspekt streut Gefühle von Minderwertigkeit und Unsicherheit ein. Sozusagen als Kompromiß versuchen Vata-Pitta-Menschen oft, schwächeren Personen ihren Willen aufzuzwingen. Mit ihrer inneren Unzufriedenheit und ihrer dominanten Natur gehen sie anderen Menschen nicht selten auf die Nerven, was in der Partnerschaft und im Berufsleben zuweilen zu Reibereien führt. Im harmonischen Zustand vereinen Vata-Pitta-Menschen in sich die Flexibilität und den Ideenreichtum von Vata mit dem pragmatischen und effizienten Umsetzungsvermögen von Pitta. Vata-Pitta-Menschen sind eine lebende Mischung aus Vata und Pitta. Ihr welliges Haar beispielsweise ist eine Kombination aus krausem Vata-Haar und glattem Pitta-Haar. Wie Vata-Typen sind sie schlecht durchblutet und lieben Sonne und Wärme, doch aufgrund ihrer Pitta-Natur vertragen sie keine starke Hitze. Ihr Pitta-Anteil läßt sie gerne und opulent essen, aber wegen ihres Vata-Anteils haben sie Probleme mit der Verdauung von schwerem Essen. Vata-Pitta-Konstitutionen brauchen Stabilität. Ihnen hilft die Erdigkeit und der süße Geschmack von Kapha-erhöhenden Lebensmitteln.

Pitta-Kapha: Alles kein Problem

Pitta-Kapha-Menschen vereinen die Stabilität von Kapha und die Effektivität von Pitta in sich; dies ist vielleicht die beste Dosha-Kombination in einer von ständigem Wechsel und Veränderung geprägten Zeit. Viele heute erfolgreiche Menschen sind Pitta-Kapha-Charaktere. Im emotionalen Bereich sind sie sehr ausgeglichen. Die für Kapha-Menschen typische Vorsicht und Lethargie haben die Ungeduld und Reizbarkeit von Pitta erfolgreich neutralisiert. Pitta-Kapha-Naturen sind engagierte, soziale und lebensfrohe Menschen. Im allgemeinen sind sie liebevolle Partner, mit denen man gut zurechtkommt.

In ihrem Leben läuft alles »wie geschmiert«. Weil ihnen das bewegliche Vata-Element fehlt, kann es allerdings vorkommen, daß sie ihr Ziel verbissen verfolgen oder in ihrer Position verharren. Auf diese Weise kommen auch die Schattenseiten von Pitta (Arroganz und übersteigertes Selbstbewußtsein) und von Kapha (Selbstzufriedenheit) zum Vorschein: Pitta-Kapha-Menschen haben zuweilen ihre ganz eigene Wahrnehmung der Welt und sind gegen gut gemeinte Ratschläge immun.

Pitta-Kapha-Typen sind von eher rundlicher Statur und mittlerer Größe. Der aktive Stoffwechsel von Pitta und die widerstandsfähige Konstitution von Kapha versprechen gute Gesundheit, wenn sie mäßig essen und für tägliche Bewegung oder regelmäßigen Sport sorgen. Obwohl Pitta-Kapha-Menschen normalerweise gemäßigte Klimazonen bevorzugen, vertragen sie sowohl Hitze als auch Kälte.

Pitta-Kapha-Konstitutionen brauchen die Fähigkeit zum Insichkehren und zum Überdenken eigener Werte oder Positionen. Teamarbeit und das Überdenken anderer Meinungen könnten ihnen dabei helfen, ebenso die Geschmacksrichtungen bitter und zusammenziehend.

Vata-Kapha:
Etwas Wärme braucht der Mensch

Aufgrund der emotionalen Natur von *Kapha* und der übersensiblen, wechselhaften Natur von *Vata* wird jede gefühlsmäßige Verletzung tief empfunden und niemals vergessen. *Vata-Kapha*-Menschen vereinen zwei ganz gegensätzliche *Doshas* in sich; Kälte ist die einzige gemeinsame Eigenschaft von *Vata* und *Kapha*. Rein körperlich gesehen brauchen *Vata-Kapha*-Konstitutionen zwar nicht so viel Wärme wie reine *Vata*-Menschen, auf der emotionalen Ebene aber haben sie ein stark ausgeprägtes Bedürfnis nach Wärme und Zuneigung, wobei das ihrer Umgebung nicht unbedingt auffällt. Da sie die Kontaktfreudigkeit und die Sensibilität von *Vata* und die ruhige, liebevolle Art von *Kapha* in sich vereinen, findet man *Vata-Kapha*-Naturen häufig in Heilberufen und in psychologischen oder seelsorgerischen Berufen. Sobald andere Menschen ihre sanftmütige und hilfsbereite Art ausnutzen und sie als seelische Mülleimer mißbrauchen, reagieren *Vata-Kapha*-Menschen mit emotionalem Rückzug oder Gefühlskälte. Das ist für sie ein Schutz, denn sie sind oft zu schwach, um »nein« zu sagen. Nach außen geben sie sich recht kontaktfreudig, innerlich allerdings lassen sie nur wenige Menschen an sich heran.
Vata-Kapha-Naturen setzen sich mit Leib und Seele für Dinge ein, hinter denen sie voll und ganz stehen. Das führt allerdings auch dazu, daß sie ihre Grenzen nicht sehen und sich leicht übernehmen. Wenn ihnen die Integration der beiden *Doshas* aufgrund des mangelnden Feuer-Elements nicht gelingt, sind *Vata-Kapha*-Konstitutionen einmal extrovertiert und mitteilsam und ein anderes Mal introvertiert und ernst.
Vata-Kapha-Menschen sind häufig überdurchschnittlich groß und haben einen wohl proportionierten bis athletischen Körperbau – fast wie *Pitta*-Konstitutionen. Im Spitzensport sind sie häufig sehr erfolgreich. Manchmal fällt es diesen sensiblen Menschen schwer, mit ihrem groß wirkenden Körper zurechtzukommen. Der Mangel an innerer Wärme manifestiert sich in Erkältungskrankheiten und Verdauungsstörungen, vor allem Verstopfung.
Vata-Kapha-Naturen brauchen besonders viel Wärme, Liebe und Zuneigung. Auch die erwärmenden Geschmacksrichtungen sauer, salzig und scharf tun ihnen gut.

Die Psycho-Prinzipien:
Sattva, Rajas, Tamas

Die materielle Natur besteht aus drei Psycho-Prinzipien – Sattva (Glück, Erkenntnis), Rajas (Überaktivität, Leistungskampf) und Tamas (Hilflosigkeit, Apathie). Wenn das ewige Lebewesen mit der materiellen Natur in Berührung kommt, o starkarmiger Arjuna, wird es durch diese Psycho-Prinzipien (Gunas) beeinflußt.
Bhagavad-Gita 14.5

Die fünf Elemente (Erde, Wasser, Feuer, Luft und Raum bzw. Äther) durchziehen die gesamte Materie. In ihren verschiedenen Kombinationen beeinflussen sie die drei *Doshas* von Mensch, Tier und Pflanze. Neben den drei *Doshas* beschreibt der Ayurveda allerdings noch drei feinere oder feinstoffliche Eigenschaften der Materie, nämlich die drei Eigenschaften oder Psycho-Prinzipien (Sanskrit: *Gunas*). *Sattva*, *Rajas* und *Tamas* und ihre verschiedenen Kombinationen beeinflussen über unsere Psyche auch den gesamten Organismus.

Sattva

Sattva (wörtlich: Reinheit, Tugend, Wahrhaftigkeit) gilt als das positive und aufbauende Prinzip der Natur. Es entspringt dem Wunsch, sich fortzuentwickeln, im Leben voranzuschreiten und die Fülle der eigenen Möglichkeiten zu entfalten. Menschen mit vielen *sattvischen* Eigenschaften geben gerne, sind gelehrt, weise, tolerant, der gesamten Schöpfung gegenüber verständnis- und liebevoll eingestellt und verfügen über eine ausgewogene Gemütsverfassung. *Sattva* ist der Impuls in uns, der das Leben schön, harmonisch, gesund und glücklich gestalten möchte. In der Gesundheitserhaltung spielt *Sattva* eine entscheidende Rolle.

Rajas

Steht *Rajas* im Vordergrund, so ist ein Mensch überaktiv, ichbezogen und leistungsorientiert. Die übermäßige innere Spannung entlädt sich oft in Gemütswallungen, Intoleranz, Aggression, Ärger und Mißmut und kann zu Rechthaberei, Stolz, Eifersucht und körperlicher Überanstrengung führen. Überwiegend von *Rajas* beeinflußte Menschen handeln oft nicht im Interesse ihrer Gesundheit. Bedingt durch ihre unausgewogene Lebensweise und Ernährung entstehen über kurz oder lang Krankheiten.

Tamas

Bei *Tamas*-betonten Menschen ist das gesunde Feinempfinden für die eigenen psychischen und körperlichen Bedürfnisse nur mangelhaft vorhanden. Ihre psychische Verfassung ist apathisch, träge, hilflos und dumpf. *Tamas*-beeinflußte Menschen sind nicht in der Lage, ihre Situation richtig einzuschätzen. Oft flüchten sie sich in übermäßigen Schlaf und ernähren sich mit qualitativ schlechten Nahrungsmitteln. Nicht selten führt diese Lebensweise zu einer nach innen und außen gerichteten Destruktivität. *Tamas*-betonte Menschen haben oftmals mit einer Vielzahl von Beschwerden und Krankheiten zu kämpfen. *Tamas* besitzt *Sattva* entgegengesetzte Eigenschaften.

Der Einfluß der Psycho-Prinzipien

So wie ein Gemälde aus den drei den *Gunas* zugeordneten Grundfarben Gelb (*Sattva*), Rot (*Rajas*) und Blau (*Tamas*) und ihren unzähligen Mischfarben besteht, wird alles in dieser Welt von den drei *Gunas* beeinflußt – ganz gleich ob es um Nahrungsmittel geht, die von *Sattva*, *Rajas* oder *Tamas* dominiert sind und sowohl unser Bewußtsein als auch unseren physischen Körper beeinflussen, oder um die Umgebung, in

der wir leben, die Menschentypen, zu denen wir uns hingezogen fühlen, die Kleidung, die wir tragen, die Musik, die wir hören – alles wird von den drei *Gunas* geprägt.

Tagesmenü: Glück, Hektik oder Apathie

Der Ayurveda teilt auch die Nahrungsmittel in *Sattva*, *Rajas* und *Tamas* ein. Die Art und Weise der Ernährung ist das entscheidende Kriterium für unsere Gesundheit.

Sattvische Nahrung

Sattvische Nahrung ist von der Grundwirkung her süß, saftig, bekömmlich, fetthaltig, leicht kühlend sowie ausgeglichen im Nährstoffgehalt. Sie enthält alle sechs Geschmacksrichtungen und fördert gesunde geistige und körperliche Eigenschaften. *Sattvische* Nahrung vermehrt nicht nur Zufriedenheit und Ausgeglichenheit, sondern schenkt auch innere Ruhe und Gelassenheit. Sie stärkt den Körper, unterstützt die Entwicklung von Selbstvertrauen und verleiht Energie.

Sattvische Nahrungsmittel sind vegetarisch und vollwertig, insbesondere sind dies frisches Obst und Gemüse, vollwertiges Getreide, Nüsse, Honig, Vollrohrzucker, Gur, Jaggery, Milch, Milchprodukte und reines Wasser. *Sattva*-Nahrung hilft, das eigene Feingefühl für Körper und Geist wieder zu entwickeln und sensibler für die Mitgeschöpfe wie Menschen und Tiere und für die ganze Natur zu werden. *Sattvisch* lebende Menschen stellen innere Werte, spirituelles Wissen und Gotteserkennnis in den Mittelpunkt ihres Lebens.

Rajasische Nahrung

Rajas-vermehrende Nahrungsmittel wirken überstimulierend auf den Organismus und erhitzen Körper und Psyche. *Rajas*-verstärkende Nahrungsmittel sind *zu bitter, zu sauer, zu salzig, zu scharf oder beißend, trocken und brennend (Bhagavad-Gita 17.9)*. Zu ihnen gehören beispielsweise weißer Zucker, Weißmehlprodukte und konservierte oder tiefgekühlte Nahrung. Die Folge einer *rajasischen* Ernäh-

Sattvische Nahrung	Rajasische Nahrung	Tamasische Nahrung
süß, ölig, leicht, sanft kühlend, vegetarisch frisches Obst frisches Gemüse vollwertiges Getreide Nüsse und Ölsamen kalt geschleuderter Honig Vollrohrzucker Gur, Jaggery Milch (Vorzugsmilch oder nur-pasteurisiert) Milchprodukte (nur-pasteurisiert) reines Wasser Trockenfrüchte Beeren Muttermilch Amaranth, Quinoa	zu scharf, zu salzig, zu sauer, zu bitter, zu trocken, überstimulierend, zu süß weißer Zucker (Fabrikzucker) Weißmehlprodukte wärmegeschädigter Honig homogenisierte Milch homogenisierte Milchprodukte konserviertes Obst und Gemüse Fruchtsaft in Flaschen Tiefkühlgemüse und -obst Ketchup	verdorben, verwesend, gegoren, geschmacklos, berauschend, unter dem Einsatz von Gewalt erworben; Ama-fördernd Fleisch, Fisch, Eier Alkohol, Zigaretten und andere Rauschmittel Kaffee, Cola Schwarztee Kakao, Schokolade Muscheln Pilze Knoblauch, Zwiebeln Lauch H-Milch, Kondensmilch Fast-Food genmanipulierte Nahrung Mikrowellen-Gerichte

Die Qualität unserer Nahrung

rung sind u. a. Unausgeglichenheit, Gefühlswallungen, Ärger, Reizbarkeit, Ungeduld, Rechthaberei, Neid, Hektik und Unwohlsein sowie über kurz oder lang auch körperliche Krankheiten.

Tamasische Nahrung

Nahrungsmittel mit einem Übermaß an **Tamas** entziehen dem Körper bei der Verdauung zuviel Energie. Dies führt dazu, daß sich im Körper *Ama*, also eine Vielzahl an toxischen Stoffwechselprodukten, anhäuft. Langsam, aber sicher geht das gesunde Feinempfinden für die eigenen körperlichen und psychischen Bedürfnisse verloren. Die Folgen sind körperliche und geistige Trägheit, Apathie, ein übermäßiges Schlafbedürfnis und – langfristig gesehen – ernste Krankheiten. In die Kategorie von *Tamas* fallen verdorbene, verwesende, gegorene, geschmacklose und durch den Einsatz von Gewalt erworbene Nahrungsmittel wie Fleisch, Fisch, Eier, aber auch »Genußmittel« wie Alkohol, Zigaretten und Drogen.

Harmonisch essen und leben nach Sattva

Unsere *Dosha*-Konstitution steht ab dem Zeitpunkt, in dem sich Samen- und Eizelle verbinden, für die Dauer dieses Lebens fest. Einzelne *Doshas* können im Lauf des Lebens vielleicht aus der goldenen Mitte kommen, doch unsere Grundkonstitution ändert sich in der Regel nicht. Bei unserer psychischen Konstitution ist das jedoch ganz anders. Wir sind, was wir denken, fühlen, wollen und tun.

Das zentrale Anliegen des Ayurveda besteht daher darin, einen Menschen wieder zu seiner *sattvischen* Grundnatur hinzuführen und ihn mit der Quelle gesunden Verhaltens in Verbindung zu bringen. Wer unter dem harmonischen Einfluß von *Sattva* (Glück und Erkenntnis) fühlt, denkt, handelt und lebt, ist in der Lage, dadurch auch die eigene Gesundheit positiv zu beeinflussen.

Ein erster praktischer Schritt in Richtung *Sattva* ist neben einem *sattvischen* Lebensstil vor allem die Ernährung. Wenn wir uns von *sattvischen* Lebensmitteln ernähren, wirkt sich das nicht nur positiv auf unser Wohlbefinden, unsere Gesundheit und unsere Lebensdauer aus, darüber hinaus erlangen wir automatisch mehr Klarheit und ein besseres Unterscheidungs- und Einfühlungsvermögen in bezug auf uns selbst, andere Menschen und höhere Zusammenhänge. Dann sehen, spüren und handeln wir eher nach den Prinzipien, die gut für uns sind.

	VATA	PITTA	KAPHA
Sattva	enthusiastisch, innovativ, energetisch, kommunikativ, anpassungsfähig, schnelle Auffassung, wahrheitsliebend, Sinn für die Gleichheit aller Lebewesen, positives Denken, Initiative ergreifend, fähig zur positiven Veränderung und Bewegung, guter Heiler, Musiker, Künstler, Lehrer	intelligent, klar erfassend, selbständig, mutig, effektiv, warm, freundlich, fröhlich, tolerant, differenzierend, weitsichtig, kooperativ, gutwillig, geduldig, teamorientiert, guter Manager und Leiter	ruhig, geduldig, ruhender Pol, stabil, intelligent, konsequent, loyal, liebevoll, sanft, vergebend, zufrieden, wohltätig, unterstützend, gläubig, Berufe in Verwaltung, Medizin, Erziehung, Handwerk
Rajas	unentschlossen, unzuverlässig, unbeständig, überaktiv, erregt, rastlos, verwirrt, abgelenkt, verzettelt sich, nervös, ängstlich, geschwätzig, laut, oberflächlich, neidisch, schnell begeistert und leicht entmutigt	impulsiv, ehrgeizig, hektisch, eigensinnig, aggressiv, dominant, manipulierend, ungeduldig, kritisch, jähzornig, eifersüchtig, gereizt, rücksichtslos, egoistisch, stolz, eitel, berechnend, geht über Leichen	materialistisch, habgierig, neidisch, lüstern, kontrollierend, geizig, anhänglich, sentimental, sicherheitsbedürftig, nach Komfort und Luxus strebend
Tamas	furchtsam, unehrlich, heimlichtuerisch, deprimiert, selbstzerstörerisch, zu sexuellen Perversionen neigend, psychotisch, selbstmordgefährdet, drogengefährdet	haßerfüllt, gemein, rachsüchtig, gewalttätig, zerstörerisch, psychopathisch, feige drogengefährdet	lethargisch, gefühllos, depressiv, apathisch, faul, derb, gelangweilt, ungehobelt, begriffsstutzig, drogengefährdet

Wie die Psycho-Prinzipien unsere Doshas beeinflussen

Test: Finden Sie Ihren Konstitutionstyp

Wenn Sie Ihren Konstitutionstyp kennen, können Sie einschätzen, welche Ernährung bzw. welcher Lebensstil Ihrem Naturell am ehesten entspricht. Dann sind Sie auch in der Lage, gesund, glücklich und ausgeglichen zu leben.

Wir haben unsere beiden Testteile bewußt sehr ausführlich gehalten, damit Sie ein möglichst genaues Bild über die Gewichtung Ihrer *Doshas* bekommen. Sie erlauben eine klare Unterscheidung zwischen Ihren natürlichen Anlagen (im ersten Test-Teil) und den Abweichungen davon, die Sie als Beschwerden oder Unwohlsein (im zweiten Test-Teil) erfahren. Auch wenn unser Test die fundierte Diagnose eines Ayurveda-Therapeuten nicht ersetzt, soll er Ihnen doch dabei helfen, sich selbst besser kennenzulernen und mit Ihren *Doshas* umzugehen.

Beantworten Sie die Fragen möglichst spontan und ehrlich. Setzen Sie ein Häkchen neben die Eigenschaft, die Sie am besten beschreibt, und gehen Sie nur auf die Merkmale ein, die für Sie typisch und von Bedeutung sind. Vermutlich markieren Sie zuweilen mehr als eine Spalte. Zählen Sie zum Schluß alle Häkchen für *Vata*, *Pitta* und *Kapha* getrennt nach Anlagen und Beschwerden zusammen. Der *Dosha* mit den meisten Markierungen bei den **Anlagen** ent-

spricht ihrem eigentlichen Konstitutionstyp, der übrigens auch eine duale oder eine *Vata-Pitta-Kapha*-Konstitution sein kann.

Bei der Auswertung Ihrer **Beschwerden** finden Sie den oder die *Doshas*, die bei Ihnen im Augenblick gestört sind. Vergleichen Sie Ihr Ergebnis auch mit der jeweiligen *Dosha*-Beschreibung. Haben Sie beispielsweise eine *Vata-Pitta*-Konstitution und leiden im Augenblick unter *Kapha*-Beschwerden, z. B. einem Schnupfen, dann sollten Sie Ihre Ernährung und Ihren Lebensstil zunächst darauf einrichten, *Kapha* zu vermindern sowie *Pitta* und *Vata* zu erhöhen. Sind Ihre *Kapha*-Beschwerden dann vorüber, können Sie sich der Ernährung und dem Lebensstil zuwenden, die ihre eigentliche *Vata-Pitta*-Konstitution ausgleicht.

Ein Test auf dem Papier beschreibt jedoch niemals alle Facetten einer Person. Nicht alle schlanken Personen müssen eine *Vata*-Konstitution besitzen, und nicht alle übergewichtigen Menschen sind *Kapha*-Typen. Es kommt häufig vor, daß eine von der körperlichen Beschaffenheit her als *Vata*-Typ wirkende Person ruhig und gelassen ist. Hier kann es sich also nicht um einen reinen *Vata*-Typ handeln. Der psychische Aspekt ist bei der Beurteilung genauso wichtig wie der körperliche.

Teil 1: Geistige und körperliche Anlagen

VATA	PITTA	KAPHA
Psyche (im ausgewogenen Zustand (Sattva))		
❏ enthusiastisch, innovativ	❏ intelligent, klar erfassend	❏ ruhig, stabil, konsequent, stark
❏ kommunikativ, Sinn für die Einheit aller Menschen	❏ selbständig, organisiert	❏ loyal, vergebend
❏ heiter, beschwingt	❏ humorvoll, witzig	❏ unterstützend, liebevoll
❏ lebendig, lebhaft	❏ engagiert, energetisch	❏ zufrieden, ausgeglichen
❏ klar und wach	❏ scharfsinnig, differenziert	❏ ausdauernd
❏ flexibel, geistig wendig	❏ starker Wille, durchsetzungsfähig	❏ nimmt sich Zeit, geduldig
❏ ideenreich	❏ genießt Herausforderung	❏ geht den Dingen auf den Grund
❏ kreativ, musisch, aktiv	❏ zielorientiert, effizient	❏ bedachtsam und methodisch
❏ reiselustig	❏ methodisch, organisiert	❏ Komfort liebend
❏ gesprächig	❏ erfinderisch, analytisch	❏ tolerant, sanftmütig
❏ offen, intuitiv	❏ realitätsbezogen	❏ mitfühlend, hilfsbereit
❏ sensibel	❏ charismatisch	❏ praktisch

VATA	PITTA	KAPHA

Energie

| ❑ überaktiv | ❑ aktiv, gezielt | ❑ reguliert, langsam |
| ❑ verzettelt sich leicht | ❑ energetisch | ❑ beständig |

Überzeugung

| ❑ liberal bis veränderlich | ❑ fixiert bis fanatisch | ❑ stetig bis konservativ |

Finanzen

| ❑ kommt schnell zu Geld | ❑ durchschnittlich | ❑ spart, vermögend |
| ❑ gibt Geld schnell wieder aus | ❑ gibt Geld für Luxus aus | ❑ gibt Geld für Essen und familiäre Belange aus |

Aufnahmefähigkeit

❑ schnell	❑ selektiv	❑ langsam
❑ mäßiges Kurzzeitgedächtnis	❑ gutes Kurzzeitgedächtnis	❑ extrem gutes Kurzzeit-gedächtnis
❑ schlechtes Langzeitgedächtn.	❑ selektives Langzeitgedächtnis	❑ gutes Langzeitgedächtnis
❑ akustisches Gedächtnis	❑ optisches Gedächtnis	❑ sensitives Gedächtnis

Sprache

❑ flüssig, schnell	❑ prägnant u. ausdrucksstark	❑ langsam, überlegt
❑ gesprächig	❑ überzeugungsstark	❑ spricht wenig, aber bestimmt
❑ redegewandt	❑ guter Redner	❑ trägt ruhig vor
❑ höhere Stimme	❑ mittlere Stimmlage	❑ tiefe Stimme

Körperbau und Bewegung

❑ leicht und zartgliedrig	❑ mittlere Statur	❑ kräftige, starke Statur
❑ schlank bis unterentwickelt	❑ schlank bis athletisch	❑ gut proportioniert bis Übergewicht
❑ sehr groß oder sehr klein	❑ sportlich, temperamentvoll	❑ ruhige, maßvolle Bewegungen
❑ beweglich, flink, gelenkig	❑ fester Griff, bestimmter Schritt	❑ ausdauernd, standfest
❑ gutes Rhythmusgefühl	❑ Gelenke weich, flexibel	❑ kräftige, flexible Gelenke
❑ zarte Gelenke	❑ dynamischer Körper mit guter Wärmeregulation	

Gesicht

❑ schlanke Gesichtsform	❑ energisches Kinn	❑ weiche, runde Gesichtsform
❑ gebogene, dünne Nase	❑ prägnante gerade Nase	❑ fleischige, große Nase
❑ feine Lippen	❑ rote, geschwungene Lippen	❑ große, volle Lippen

Hände

| ❑ kalte, grazile feine Hände | ❑ warm, wohlgeformt | ❑ groß, kräftig, ruhig |
| ❑ schmale dünne Nägel | ❑ Nägel rosig durchscheinend | ❑ Nägel kräftig, weiß |

Haut

❑ fein, zart, kühl	❑ geschmeidig, warm	❑ geschmeidig, fest, kühl
❑ gute Venenzeichnung	❑ Sommersprossen	❑ Venen kaum sichtbar
❑ bräunlicher Teint	❑ hell, rötlich, gelblich	❑ hell, blaß, weiß
❑ mag gerne eincremen und feuchte Wärme (Dampfbad)	❑ mag gerne Kaltwaschungen und Schwimmen im kühlen Wasser	❑ mag gerne Trockenreibungen und trockene Wärme (Sauna)

VATA	PITTA	KAPHA
Haare		
❏ schwarz, alle Zwischentöne (z. B. aschblond)	❏ helle oder rötliche Farbe	❏ hell oder dunkel
❏ lockig bzw. kraus	❏ früh grau; glattes Haar	❏ gewellt, dicht
❏ spärlicher Haarwuchs	❏ dünn und weich	❏ viele, kräftige Haare
❏ feine und zarte Haare	❏ seidig glänzend	❏ ölig, glänzend
Augen		
❏ klein	❏ mittlere Größe	❏ anziehend groß, »Rehaugen«
❏ Farbe dunkel, grau, schwarz	❏ grün, kupferfarben	❏ blau, dunkelbraun
❏ wacher Blick, lebendig	❏ leuchtend, energetisch	❏ Blick ruhig und sanft
❏ zarte Wimpern u. Augenbrauen	❏ helle Wimpern und Augenbrauen	❏ buschige Wimpern und Augenbrauen
❏ rasches Erkennen von Details	❏ gute Sehfähigkeit	❏ gutes Sehvermögen
Zähne		
❏ klein oder schmal und lang	❏ mittlere Größe	❏ groß, kräftig, wohlgeformt
❏ unregelmäßig	❏ scharfe Bißkante	❏ wenig kariesanfällig
❏ oft bräunlich	❏ weiß-gelblich	❏ weiß
❏ perlartig glänzend	❏ rosa Zahnfleisch	❏ weißliches Zahnfleisch
Appetit/Durst		
❏ eher wenig bis veränderlich	❏ ißt und trinkt häufig und viel	❏ gleichmäßig, wenig Durst
❏ unregelmäßig	❏ starke Verdauungskraft	❏ kann gut fasten oder eine Mahlzeit auslassen
❏ nimmt Hunger und Durst wahr	❏ ißt mit dem Auge	❏ genießt den Geruch und Geschmack der Speisen (stiller Genießer)
bevorzugtes Essen		
❏ süß, sauer, salzig	❏ süß, bitter, zusammen-ziehend (herb)	❏ scharf, bitter, zusammenzie-hend (herb)
❏ warme Speisen und Getränke	❏ kalte Speisen und Getränke	❏ warme Speisen und Getränke
Ausscheidung		
❏ eher trocken	❏ weich, ölig, locker, viel	❏ zäh, ölig, schwer
❏ regelmäßiger Stuhlgang	❏ kräftiger Stuhlgang	❏ regelmäßiger und wohl geformter Stuhl
Biorhythmen		
❏ Leistungshoch frühmorgens und nachmittags, im Herbst und Winter	❏ Leistungshoch zu Mittag und Mitternacht, im Sommer	❏ leistungsfähig vormittags und am frühen Abend, Ende des Winters und im Frühling
Schlaf		
❏ weniger als sechs Stunden	❏ sechs bis acht Stunden	❏ mehr als acht Stunden
❏ leicht, aber erfrischend	❏ regenerierend, tief	❏ tief, erholsam
❏ Träume: vom Fliegen, phantasiereich	❏ träumt viel, farbenfroh und leidenschaftlich	❏ Träume: wenig, sanft

VATA	PITTA	KAPHA

Sinne

VATA	PITTA	KAPHA
❏ guter Orientierungssinn	❏ guter optischer Wahrnehmungssinn	❏ guter Geschmacks- und Geruchssinn
❏ feines Tastempfinden	❏ gutes Gefühl für Farben, Malerei	❏ gutes Formempfinden
❏ feine akustische Wahrnehmung, musikalisch	❏ scharfe Wahrnehmung	❏ kann Gewichte gut schätzen
❏ gutes Gefühl für Proportionen und für Details	❏ gute Unterscheidungsfähigkeit	❏ Sinn für Ordnung und Struktur und für das Wesentliche

Teil 2: Geistige und körperliche Beschwerden

VATA	PITTA	KAPHA

Psyche

VATA	PITTA	KAPHA
❏ schreckhaft, übersensibel	❏ wenig tolerant	❏ schwerfällig und langsam
❏ wechselhaft, unregelmäßig	❏ perfektionistisch	❏ Nachdenken fällt schwer
❏ unruhig, nervös	❏ kritisiert und nörgelt	❏ stur und unnachgiebig
❏ fühlt sich oft unter Zeitdruck	❏ zu ehrgeizig	❏ hängt an Vergangenem
❏ unkonzentriert, zu viele Gedanken	❏ übernimmt sich, Workaholic	❏ lethargisch
❏ unsicher, unentschlossen	❏ tut sich schwer, wertfrei zu urteilen	❏ kann sich nicht aufraffen
❏ vergeßlich	❏ reizbar	❏ schwermütig
❏ kann Neues nicht aufnehmen	❏ ungeduldig	❏ neidisch
❏ sorgenvoll, ängstlich	❏ aufbrausend	❏ sentimental
❏ stimmungslabil	❏ emotional	❏ hängt an Luxus und Komfort
❏ unstet, orientierungslos	❏ dominant	❏ häuft Besitztümer an
❏ fängt vieles an, bringt nichts zu Ende	❏ draufgängerisch	❏ verläßt nicht gerne seinen angestammten Platz

Sprache

VATA	PITTA	KAPHA
❏ stotternd	❏ redegewandt	❏ langsam
❏ verliert leicht den Faden	❏ neigt dazu, scharf und laut zu werden	❏ Sprechen fällt schwer
❏ abschweifend, hastig	❏ provokant, sarkastisch	❏ oft wortkarg, verschlossen
❏ spricht viel	❏ überzeugend	❏ monotone Stimme

Körperbau, Bewegung und Wärmeregulation

VATA	PITTA	KAPHA
❏ Untergewicht, hager oder Übergewicht bei leichtem Körperbau, starke Gewichtsschwankungen	❏ schlägt sich öfter an	❏ übergewichtig
	❏ Nase gerötet	❏ bewegungsarm, behäbig
	❏ hitziger Kopf	❏ schwerer Atem
❏ steif, verspannt	❏ Gelenke heiß, rot, entzündet	❏ kommt nur langsam in Schwung
❏ zappelig, hektisch	❏ wird oft zu heiß	❏ Schwellungen, Ödeme
❏ zittrig und ungeschickt	❏ schwitzt leicht und stark	❏ friert leicht
❏ steife Gelenke, Arthrose		
❏ kalte Hände und Füße, friert leicht		

VATA	PITTA	KAPHA

Hände

VATA	PITTA	KAPHA
❏ kalt, trocken, rissig, faltig	❏ warm	❏ kalt, feucht, schwer
❏ Nägelkauen	❏ gut durchblutet	❏ Nägel verdickt
❏ brüchige Nägel mit Rillen und Erhebungen	❏ Nagelbettentzündung	❏ weiße Einlagerungen

Haut

VATA	PITTA	KAPHA
❏ trocken, rissig, spröde	❏ gereizt, gerötet, entzündet	❏ dick, schuppig, fettig
❏ hart, pergamentartig, dünn	❏ sonnenempfindlich	❏ kalt, feucht, blaß
❏ kitzelig	❏ allergische Reaktionen	❏ teigig, Lymphstau, Ödeme
❏ dunkel, bläulich	❏ rote Male	❏ weiße Flecken
❏ dunkle, braune Flecken	❏ verträgt keine Hitze und heiße Anwendungen	❏ mag keine kalten und feuchten Anwendungen

Haare

VATA	PITTA	KAPHA
❏ trocken, spröde, splissig	❏ vorzeitiges Ergrauen	❏ schuppig, fettig
❏ lichtes Haar	❏ Geheimratsecken	❏ steif
❏ glanzlos	❏ vorzeitiger Haarausfall	❏ stumpf

Augen

VATA	PITTA	KAPHA
❏ trocken, Sandkörnchen	❏ gelber Rand der Iris	❏ Einlagerung
❏ nervöses Lidzucken	❏ Entzündung der Bindehäute, blutunterlaufen	❏ leicht tränend
❏ Zwinkern, Flimmern	❏ licht- und blendempfindlich	❏ träge, müde
❏ dunkle Augenringe	❏ Brennen, Sehstörungen	❏ Schlieren
❏ besorgter, ausweichender Blick	❏ durchdringender Blick	❏ schwermütiger Blick

Lippen

VATA	PITTA	KAPHA
❏ schmal, blaß	❏ rot	❏ dick, blaß
❏ trocken, rissig	❏ Entzündung, Herpes	❏ geschwollen

Zähne

VATA	PITTA	KAPHA
❏ unregelmäßig	❏ gelb verfärbt	❏ Zahnstein
❏ kariesanfällig, bräunlich	❏ Neigung zu Zahnfleischbluten	❏ Zahnfleischwucherungen
❏ kälte- u. wärmeempfindlich	❏ Zahnfleischentzündungen	❏ weiße Flecken
❏ Zahnfleischschwund		

Appetit/Durst

VATA	PITTA	KAPHA
❏ wechselnder Appetit	❏ unstillbarer Appetit u. Durst	❏ wenig Appetit
❏ ißt unregelmäßig, durcheinander, zwischendurch	❏ Heißhunger	❏ ißt zu schwer, zu viel und oft
❏ ißt zu viel oder zu wenig	❏ überißt sich und würzt zu stark	❏ nimmt leicht an Gewicht zu und schwerer ab
❏ vergißt zu trinken	❏ anfällig für Genußmittel (Alkohol, Rauchen, Stimulanzien)	❏ trinkt zuviel Nahrhaftes
❏ Rohkost, Kohl und Hülsenfrüchte blähen	❏ gereizt, wenn eine Mahlzeit übergangen wird	❏ schläfrig nach dem Essen

VATA	PITTA	KAPHA
Abgelehnte Speisen		
❏ mag keine bitteren, scharfen, zusammenziehenden Speisen	❏ verträgt keine stark gewürzten Speisen	❏ verträgt kein Fett und keine Milchprodukte
Ausscheidung		
❏ hart und trocken ❏ Blähungen, Verstopfung, unregelmäßiger Stuhlgang	❏ dünner Stuhl ❏ Durchfallneigung	❏ Schleim- und Fettstühle ❏ träge Ausscheidung
Biorhythmen		
❏ anfällig frühmorgens und nachmittags ❏ im Herbst und Winter ❏ bei Wetterwechsel, Wind, Zugluft, Föhn, trockener Kälte	❏ anfällig zur Mittagszeit, um Mitternacht ❏ im Sommer ❏ bei heißem Wetter	❏ anfällig am Vormittag und frühen Abend ❏ anfällig am Ende des Winters und im Frühling, bei feucht-kühlem Wetter ❏ kommt morgens schwer in Gang
Schlaf		
❏ leichter, gestörter Schlaf ❏ Einschlafschwierigkeiten ❏ Träume: angstvoll, ruhelos, Verfolgungsträume, Fallen aus großer Höhe	❏ Nachtschweiß ❏ Schlafstörungen um Mitternacht ❏ Träume: von Feuer, Krieg und Kampf	❏ schläft lange ❏ tagsüber müde ❏ traumloser Schlaf oder schwere depressive Träume
Sinne		
❏ schlechte Orientierung, verliert den Überblick ❏ überempfindlich auf alle Sinneswahrnehmungen, v. a. auf Geräusche u. Berührung ❏ schmerzempfindlich	❏ licht- und blendempfindlich ❏ subjektive Wahrnehmung ❏ wählt knallige bis schrille Farben	❏ Geruch und Geschmack vermindert ❏ neigt zum Schlemmen ❏ nachlässig in Geschmacks-fragen
Krankheitsneigung		
❏ Psychische Beschwerden ❏ Schlafstörungen, Nervosität, Ängste ❏ Erschöpfung, Trockenheit ❏ jede Art von Schmerz ❏ Rückenschmerzen, Steifheit ❏ Gelenk- und Kopfschmerzen ❏ Verstopfung, Blähungen	❏ entzündliche Erkrankungen, z. B. Gastritis, Hepatitis ❏ Sodbrennen ❏ Gelenkentzündungen ❏ Hautkrankheiten ❏ Brennen ❏ Pochen, Pulsieren, Klopfen ❏ übler Körpergeruch	❏ Depression, Lethargie ❏ Müdigkeit, Übergewicht ❏ Ansammlung von Giftstoffen ❏ Diabetes ❏ Schwellungen, Ödeme, Wasseransammlungen ❏ Schmerzen, dumpf u. schwer ❏ Erkältung, Husten, Asthma

Summe:

VATA	PITTA	KAPHA
Teil 1:.........................	Teil 1:.........................	Teil 1:.........................
Teil 2:.........................	Teil 2:.........................	Teil 2:.........................

23

Die sechs Geschmacks-richtungen (Rasas)

Sobald wir unsere *Dosha*-Konstitution herausgefunden haben, stellt sich die nächste Frage: Woran können wir feststellen, mit welchen Speisen wir gesund bleiben bzw. wie wir uns bei Beschwerden oder Krankheiten wieder harmonisieren können?

Der Ayurveda zieht hierfür ein ganz einfaches Kriterium heran: den Geschmack. Geschmack wird im Ayurveda in drei verschiedene Komponenten eingeteilt: der Augenblick, in dem wir den ersten Bissen kosten *(Rasa)*, über den Zeitpunkt, zu dem die Nahrung in den Magen gelangt *(Virya)*, bis zu dem Moment, in dem die Nahrungsbestandteile absorbiert werden *(Vipak)*.

Rasa

Rasa ist der Geschmack, den wir auf der Zunge erfahren, wenn wir Nahrungsmittel oder Kräuter in den Mund nehmen. Der Ayurveda unterscheidet sechs Geschmacksrichtungen (süß, sauer, salzig, scharf, bitter, zusammenziehend), die jeweils unterschiedliche Wirkungen auf den Körper ausüben (s. Übersicht folgende Seite).

Virya

Virya (wörtlich: Kraft) ist die Energie und Wirksamkeit von Nahrungsmitteln. Speisen mit »heißer« Energie regen den Stoffwechsel und die Verdauung normalerweise an, während die »kalte« Nahrungsenergie kühlend und stoffwechselhemmend wirkt. Eine Substanz mit erhitzendem *Virya* muß dabei selbst nicht unbedingt heiß sein; ihre Einnahme jedoch fördert das Schwitzen und verstärkt *Pitta*. Die Geschmacksrichtungen süß, bitter und zusammenziehend besitzen einen kühlenden Einfluß auf den Organismus, während scharf, sauer und salzig erwärmend wirken.

Vipak

Bei *Vipak* handelt es sich schließlich um den Nachverdauungseffekt. Das Verdauungsfeuer *Agni* wandelt die sechs Geschmacksrichtungen in drei Nachverdauungseffekte um, die zwar ebenfalls als »süß«, »sauer« und »scharf« bezeichnet werden, aber nicht über die Zunge wahrgenommen werden können. Die drei *Vipaks* wirken langfristig, nachhaltig und subtil auf den ganzen Organismus – während einige das Körpergewebe aufbauen (süß) und die Ausscheidungsfunktionen anregen (süß und sauer), bewirken andere das Gegenteil (scharf und teilweise auch sauer).

Der Einfluß der Rasas

Für die Ayurveda-Ernährung interessieren uns hier allerdings nur die sechs *Rasas* (Geschmacksrichtungen). Geschmacksrichtungen in Nahrungsmitteln sind wie verschiedene Musikinstrumente eines Orchesters: Wenn sie gut aufeinander abgestimmt sind, läßt sich mit ihnen eine harmonische Symphonie spielen. Die Geschmacksrichtungen liefern uns die Hauptinformationen für eine ausgewogene Ernährung. Heißhunger auf bestimmte Speisen oder ein natürliches Verlangen nach einem bestimmten Geschmack weisen auf einen körperlich-psychischen Mangel oder ein Ungleichgewicht hin. Andererseits können wir über den Geschmack der Speisen nicht nur die Balance unserer *Doshas* wieder herstellen, sondern sogar unseren psychischen Zustand beeinflussen. Jeder Geschmack hat für den Organismus und unser Wohlbefinden eine eigene Wirkung und Bedeutung.

Wie alles im Kosmos bestehen auch unsere Nahrungsmittel aus den fünf Elementen Erde, Wasser, Feuer, Luft und Äther. Sie setzen sich aus den sechs *Rasas* zusammen:

Süß

Der süße Geschmack besteht aus den Elementen Erde und Wasser und hat eine kühlende Wirkung auf die Verdauungsenergie, d. h. der Verdauungsprozeß wird leicht verlangsamt oder aufgehalten.

Das Sanskrit-Wort *Rasa* bedeutet allerdings nicht nur Wohlgeschmack oder Geschmacksempfindung, sondern auch Gefühl. *Rasa* weist also auf das Phänomen hin, daß jeder Ge-

Geschmacksrichtung (Rasa)	Elemente	Eigenschaften	besänftigt
1. Süß (Madhura)	Erde + Wasser	kühl, feucht, schwer	Vata + Pitta
2. Sauer (Amla)	Erde + Feuer	warm, feucht, leicht	Vata
3. Salzig (Lavana)	Wasser + Feuer	warm, feucht, schwer	Vata
4. Scharf (Katu)	Luft + Feuer	heiß, trocken, leicht	Kapha
5. Bitter (Tikta)	Luft + Äther	kalt, trocken, leicht	Kapha + Pitta
6. Zusammenziehend, herb (Kasaya)	Luft + Erde	kühl, trocken, mittelschwer	Pitta + Kapha

Die sechs Rasas

schmack nicht nur allein auf den Körper wirkt, sondern auch auf die Psyche. Nach dem Ayurveda erdet und beruhigt Süßes die nervöse Geistesenergie von *Vata*. Erde und Wasser sind es auch, die *Pitta* ausgleichen. Nur bei *Kapha*-Konstitutionen verstärkt süß das, was bereits im Überfluß vorhanden ist: Stabilität und Lethargie. Der süße Geschmack, besonders als Abschluß einer Mahlzeit, löst Gefühle wie Zufriedenheit, Wohlbefinden, Genießen und Liebe aus. Ein Übermaß an Genuß und auch an Süßigkeiten fordert allerdings seinen Preis: Gewichtszunahme und Lethargie bis hin zu Selbstzufriedenheit und Gier.

Sauer

Sauer besteht aus den Elementen Erde und Feuer. Die wärmende Eigenschaft des Feuers wirkt auf die Verdauung anregend und auf den ganzen Körper leicht wärmend.
Vata profitiert von der Wärme, der Feuchtigkeit und der Erdverbundenheit des Sauren; es kann für die Verdauung hilfreich sein. *Pitta*-Menschen dagegen vertragen sauer nicht so gut. Bei *Kapha*-Konstitutionen führen die milde Schwere und Feuchtigkeit oftmals dazu, daß sie Flüssigkeit zurückhalten und an Gewicht zulegen.
Auf der emotionalen und geistigen Ebene kann etwas Saures wegen seiner aufrüttelnden Wirkung einen erfrischenden Realismus hervorrufen. Doch zuviel davon verstärkt die Tendenz, nach Dingen zu suchen, die man gerne selbst besitzen möchte. Alles, was man sieht, beurteilt man danach, ob es den eigenen Wünschen und Zwecken entspricht. Ein Übermaß an dieser

Einstellung führt zu Neid, Rivalität oder Eifersucht – von dem, was man nicht bekommen kann, wendet man sich verächtlich ab.

Salzig

Feuer und Wasser sind die Elemente des salzigen Geschmacks. Feuer gibt dem Salz bei der Verdauung seinen wärmenden Effekt und stärkt somit das Verdauungsfeuer.
Salz ist gut für *Vata*-Menschen, da es wärmt und die Feuchtigkeit hält, *Pitta* wird dagegen eher verstärkt. *Kapha*-Typen mögen vielleicht seine Wärme, jedoch sollten sie Salz wegen seiner wasserstauenden und gewichtserhöhenden Tendenz nur sparsam verwenden.
Bei Salz geht es um Lebensfreude und den Pfiff im Leben; erst mit Salz wird der Appetit so richtig geweckt. Etwas Salz kann einem Menschen Stabilität verleihen. Ein Übermaß kann mehrere Auswirkungen haben. Bei einigen Menschen kommt es zu einer rigiden, überstrukturierten und starren Geisteshaltung, während sich bei anderen eine ich-zentrierte Sinnenfreude und ein zwanghaftes Genußbedürfnis einstellen. Wie ein Seemann, der nach einer langen Seereise wieder in den Hafen zurückkehrt, glauben sie, so viel wie möglich nachholen zu müssen.

Scharf

Scharf besteht aus den Elementen Feuer und Luft. Es ist der heißeste und verdauungsanregendste Geschmack und besitzt leichte und sehr trocknende Eigenschaften. Seine Wirkungen sind kurz- und langfristig gleich: Es wärmt stark.

Daher ist scharf für *Kapha* genau das Richtige. Für *Vata* sind kleine Mengen des scharfen Geschmacks hilfreich, da er wärmend und stimulierend wirkt, in größeren Mengen jedoch verstärkt er die Leichtigkeit und Trockenheit zu sehr. *Pitta*-Konstitutionen bekommt diese Geschmacksrichtung gar nicht, weil ihre Flammen dadurch nur noch höher schlagen würden. Maßvoll eingesetzt wirkt ein scharfer Verstand oder eine scharfe Bemerkung belebend und klärend. Im allgemeinen geht es bei dieser Geschmacksrichtung um das Richten nach außen und die Suche nach Aufregung, Stimulation und Leidenschaft. Alles muß intensiv sein. Überdosiert bewirkt es deswegen leicht Reizbarkeit, Aggressivität und Voreingenommenheit.

Bitter

Luft und Äther sind die Elemente des bitteren *Rasa*, der kältesten und leichtesten aller sechs Geschmacksrichtungen. Bitter ist auch leicht trocken. Auf den Körper wirkt es kühlend, obwohl es in der Nachwirkung der Verdauung *(Vipak)* scharfe und erwärmende Eigenschaften besitzt. Bitter reinigt und trocknet alle Sekretionen, verstärkt den Appetit und senkt Fieber.

Die leichte, kalte und trockene Eigenschaft von bitter ist für *Pitta*-Typen optimal und kann auch *Kapha*-Naturen empfohlen werden. *Vata*-Menschen dagegen sollten diese Geschmacksrichtung möglichst meiden.

In kleinen Mengen hilft dieser Geschmack dabei, wieder klar zu sehen. Bitter erzeugt eine leichte Unzufriedenheit und hilft uns, weiter zu blicken und die Dinge realistisch zu betrachten. Übermäßig bittere Menschen hängen allerdings voller Kummer und Groll an Vergangenem und ihren Erfahrungen. Sie sind mit sich und ihrem Leben von Grund auf unzufrieden, was dazu führen kann, daß sie ständig etwas in ihrer Außenwelt verändern wollen. Große Enttäuschungen jedoch enden in Frustration und Resignation und verstärken ihre Bitterkeit nur noch.

Zusammenziehend / herb

Diese Geschmacksrichtung besteht aus den Elementen Luft und Erde. Sie besitzt eine kühlende Wirkung auf die Verdauungsenergie – weniger als bitter, aber mehr als süß. Ihre langfristige Wirkung ähnelt dem scharfen Geschmack. Herb wirkt im Nachverdauungs-

Geschmacksrichtung	Beispiele für Nahrungsmittel
1. Süß	Weizen, Reis, Milch, reife Bananen, Datteln, Zuckerrohr, Ahornsirup, junger Honig (vor weniger als sechs Monaten abgefüllt), eingeweichte bzw. gekochte Rosinen
2. Sauer	Joghurt, Zitrusfrüchte, Tamarinde, Rhabarber, Tomaten, Hagebutten
3. Salzig	Meersalz, Steinsalz, Seetang
4. Scharf	Chili, Pfeffer, Paprika, Asafoetida, Senfsamen, Rettich, Meerrettich, Radieschen
5. Bitter	Bittermelone (Karela), Chicorée, Löwenzahn, Giersch, Neemblätter, Birkenblätter
6. Zusammenziehend / herb	alter Honig (vor mehr als sechs Monaten abgefüllt), unreife Bananen, Brombeeren, Äpfel, Granatäpfel, Blaubeeren

Nahrungsmittel-Beispiele für die sechs Geschmacksrichtungen (Rasas)

effekt *(Vipak)* mittelschwer, trocken und im Laufe der Zeit auf den Körper immer weniger kühlend.

Die sanfte Kühle von herb besänftigt die Hitze von *Pitta*, und seine trockene Qualität gleicht *Kapha* aus. Nur für *Vata* ist herb nicht geeignet, denn es macht diese Konstitution nur noch trockener und kühler.

Angemessene Mengen dieses Geschmacks balancieren extreme Emotionen aus und fördern eine asketische und nüchterne Einstellung zum Leben. Zuviel dieser Tendenz kann allerdings dazu führen, daß man sich aus Angst zu sehr ins eigene Schneckenhaus zurückzieht. Im Bestreben, allen unliebsamen Situationen und Aufregungen aus dem Weg zu gehen, wird man unsicher, sorgenvoll und ängstlich, bis man innerlich und äußerlich vertrocknet ist.

Welcher Dosha-Typ ißt wie?

Wenn wir unsere Ernährung auf unser(e) *Dosha(s)* abstimmen, spielen wir bei unserer Heilung und dem Streben nach Wohlbefinden die Hauptrolle. Indem wir uns mit unserer eigenen Natur und unserer Geschmacksrichtung vertraut machen, fangen wir an, das Positive in uns zu unterstützen. Wir geben uns die Chance, Handlungen oder Einstellungen zu ändern, die uns aus dem Lot bringen. Diese eigentlichen Bedürfnisse möchte der Ayurveda mit der Lehre der drei *Doshas* und der entsprechenden Zuordnung der einzelnen Nahrungsmittel wieder ins Bewußtsein rufen.

Wenn Sie zu den *Dosha*-Mischtypen gehören wie *Vata-Pitta*, *Vata-Kapha*, *Kapha-Pitta* oder *Vata-Pitta-Kapha*, sollten Sie die Empfehlungen all Ihrer *Doshas* berücksichtigen.

Die ausführliche Übersicht im Anhang (ab Seite 265) zeigt Ihnen die vorherrschende Hauptwirkung vieler einzelner Nahrungsmittel und Gewürze. Mit Hilfe dieser Übersicht ist es ganz einfach, genau die richtigen Lebensmittel für Ihren Typ auszuwählen.

Vata: Vom Feinsten, bitte

Vata-Menschen, von ihrer Natur her flexibel und kreativ, aber auch zart und von sensibler Wahrnehmung, lieben den feinen Geschmack. Wenn es ihnen bekommen soll, muß das Essen harmonisch, ausgewogen, warm und wohlschmeckend sein. Da *Vata*-Naturen selbst feinste Nuancen geschmacklicher Variationen wahrnehmen, sollte das Essen geschmacklich ausgeglichen und nicht zu stark gewürzt sein. Nicht nur die Speisen selbst, auch die ganze Atmosphäre beim Essen ist für die *Vata*-Natur wichtig: der Duft der Speisen (am besten voller *Sattva*), der geschmackvolle, mit Liebe zum Detail gedeckte Tisch und schließlich die Konversation, die entspannt und von leichten Gedanken getragen sein sollte. Das Gesprächsthema darf durchaus geistreich und tiefschürfend sein. Auseinandersetzungen und schlechte Stimmung verderben *Vata* jedoch buchstäblich den Appetit.

Ist *Vata* aus dem Gleichgewicht geraten – und das ist heute bei den meisten Menschen der Fall –, ist innere und äußere Ruhe, Sammlung und Wärme beim Essen oberstes Gebot. *Vata*-Menschen brauchen eine unbeschwerte und gelöste Atmosphäre, um ungestört verdauen und die regenerativen Energien freisetzen zu können, die in einer gesunden Mahlzeit stecken. Ebenso wichtig sind für *Vata*-Naturelle drei regelmäßige Mahlzeiten, idealerweise morgens zwischen 6 und 8 Uhr, mittags zwischen 12 und 14 Uhr und abends zwischen 19 und 20 Uhr. Die süße Geschmacksrichtung schätzen *Vata*-Menschen besonders, aber auch der saure und der salzige Geschmack und *Agni*-vermehrende Gewürze sollten dabei sein. Heißes Wasser, in kleinen Schlucken getrunken, tut *Vata*-Naturen ebenfalls gut (siehe auch Seite 30, Kapitel *Ama*).

Die für *Vata* empfehlenswerten Nahrungsmittel finden Sie im Anhang ab Seite 265.

Bei *Vata*-Störungen geht es um innere Ruhe und Sammlung. Deswegen sollte auch die Lebensweise so abgestimmt sein, daß sie *Vata* wieder ins Lot bringt. Gehen Sie also rechtzeitig ins Bett, und sorgen Sie für ausreichenden Schlaf, regelmäßige Ruhe und Regeneration. Auch Spaziergänge, Yoga, Mantra-Meditation, ruhige Musik, kreative Tätigkeiten u. ä. sind einfache aber effektive Hilfen. In der kalten Jahreszeit schützen Sie ihre Haut vor Austrocknung durch Wind und Kälte am besten durch Ölmassagen mit Sesam- oder Mandelöl.

Zur Beruhigung von Vata (bei einer Vata-Konstitution oder Vata-Störung)

Empfohlen
- Geschmacksrichtungen süß, sauer, salzig und *Sattva*-Nahrung
- warme, wohlschmeckende Speisen und Getränke
- reichhaltige, flüssige Speisen mit etwas Ghee, Butter oder Olivenöl
- regelmäßig drei Mahlzeiten am Tag
- geordnetes Leben, möglichst sichere, ruhige und geborgene Umgebung
- regelmäßige Ruhe, Sammlung und Regeneration

Nicht empfohlen
- bitter, zusammenziehend, scharf (da *Vata*-vermehrend) im Übermaß
- kalte, trockene und körpergewebeabbauende Nahrungsmittel
- unregelmäßige Mahlzeiten

Pitta: Die goldene Mitte
Pitta-Personen sind energetisch und energisch, besitzen einen starken Willen und in der Regel eine gute Verdauung. Große Herausforderungen, Streß, Hitze und schwüle Sommertage bringen dieses *Dosha* stark ins Schwitzen, wodurch das Verlangen nach kühlenden Getränken steigt. Ihr großer Ehrgeiz verführt *Pitta*-Menschen dazu, sich zu übernehmen und emotional zu reagieren. Dann essen sie unkontrolliert und greifen zu Genußmitteln, die das starke *Pitta*-Feuer noch anheizen. In solchen Situationen sollten *Pitta*-Naturen scharfes, salziges und intensiv gewürztes Essen meiden. Beim Essen sollten kühlende Nahrungsmittel im Vordergrund stehen, also die Geschmacksrich-

tungen süß, bitter und herb. *Pitta*-Typen greifen am besten zu reichlich frischem Obst und Gemüse sowie zu Rohkost, Salaten, Vollkornrichten und Milchprodukten. Mit Gewürzen und Fetten dagegen sollten sie lieber sparsam umgehen; nur Ghee ist in Maßen zu empfehlen. Ebenso wie für *Vata*-Konstitutionen ist auch für *Pitta*-Typen das regelmäßige Essen in ruhiger Atmosphäre wichtig. Sie reagieren oft ungehalten, wenn sie eine Mahlzeit hastig oder später als gewohnt einnehmen oder gar auf sie verzichten müssen. Auch für *Pitta*-Naturen sind drei Mahlzeiten am Tag am besten.
Pitta-besänftigende Nahrungsmittel finden Sie im Anhang ab Seite 265.
Ein Lebensstil der goldenen Mitte wird Pitta helfen, seine verlorene Balance wieder zu gewinnen und den Tatendrang und Unternehmungsgeist zu mäßigen. Wenn *Pitta* überhand nimmt, gilt es, einen kühlen Kopf zu bewahren und zu einem ausgewogenen Rhythmus von Ruhe und Aktivität zurückzufinden. Etwas Ruhe und Erholung an einem kühlen Ort (z. B. in nordischen Urlaubsländern oder im Gebirge) und in viel frischer Luft, Zeit zum Nachdenken und Reifen bringen *Pitta*-Störungen rasch wieder ins Lot, denn *Pitta*-Konstitutionen fühlen schnell, was ihnen gut tut und was nicht. Mit etwas Vernunft ist die äußerst regenerationsfähige Natur von *Pitta* bald wieder im Gleichgewicht. Um gesund zu bleiben, sollten Sie jedoch auch hinterher nie die goldene Mitte zwischen Ruhe und Aktivität vergessen.

Zur Beruhigung von Pitta (bei einer Pitta-Konstitution oder Pitta-Störung):

Empfohlen
- süß, bitter, zusammenziehend und *Sattva*-Nahrung
- gehaltvolle Mahlzeiten
- Ghee in Maßen
- frisches Obst und Gemüse, Salate, Rohkost, Vollkorngerichte
- regelmäßig drei Mahlzeiten am Tag
- ausgewogener Rhythmus von Ruhe und Aktivität; Zeit für innere Sammlung

Nicht empfohlen
- sauer, scharf, salzig (da *Pitta*-vermehrend)
- leichte, trockene und unregelmäßige Mahlzeiten
- heiße Speisen und Getränke
- zu viele Gewürze, Fette und Fritiertes
- Kaffee, Schwarztee, Alkohol und Zigaretten

Kapha: Abwechslung tut gut

Kapha-Menschen bevorzugen instinktiv warme und leicht verdauliche Nahrungsmittel mit bitterem, scharfem oder herbem Geschmack. Diese regen Galle und Leber an, aktivieren den Stoffwechsel und vertreiben Müdigkeit und Trägheit. Frisches Gemüse, Kräuter, Salate, leichte Gemüsesuppen, Gewürze, Obst und Gewürztees entlasten das Verdauungssystem, regen *Agni* an und helfen, überschüssiges *Kapha* und *Ama* abzubauen. Um schwer verdauliche und fritierte Speisen und – auch wenn's schwer fällt – um Süßes jeder Art sollten *Kapha*-Menschen einen großen Bogen machen. *Kapha*-Naturen sagt man nach, sie würden allein durch das Betrachten von Süßigkeiten dick. *Kapha*-Menschen kommen gut mit zwei Mahlzeiten pro Tag aus. Sie können das Frühstück ganz ausfallen lassen oder nehmen allenfalls etwas Leichtes (z. B. Obst, Knäckebrot und dergleichen) zu sich.
Kapha-harmonisierende Nahrungsmittel finden Sie im Anhang ab Seite 265.
Wer mit seinem Lebensstil ein Zuviel an *Kapha* ausgleichen möchte, erreicht dies durch tägliche körperliche Aktivität. Flotte Spaziergänge oder bewegungsintensiver Sport wird Ihnen in jedem Fall gut tun. Abwechslung beim Essen, bei Freunden und Aktivitäten sorgt dafür, die alten und gewohnten Pfade zu verlassen und die Welt auch einmal mit anderen Augen zu sehen. Eine weitere wichtige Maßnahme ist, die für *Kapha* günstigen Tagesrhythmen zu nutzen. Also früh aufstehen, noch während der *Vata*-Zeit des beginnenden Tages (vor 6 Uhr morgens). Sie werden merken, daß Ihnen das Aufstehen vor 6 Uhr morgens leichter fällt als danach. Die von *Vata* beschwingte Leichtigkeit begleitet Sie durch den ganzen Tag. Hat man diesen Zeitpunkt verpaßt, so unterliegt man dem wachsenden *Kapha*-Einfluß. Außerdem steuert *Vata* die Ausscheidungsvorgänge in unserem Körper. Wer früh aufsteht, hat aus diesem Grund meist zu dieser Zeit einen problemlosen Stuhlgang, während die Darmentleerung später schwierig sein kann. Ebenfalls zu empfehlen sind Reinigungs- und Entschlackungskuren. Nutzen Sie stoffwechselanregende Maßnahmen vor allem im Frühjahr und im beginnenden Herbst mit seinen ersten nassen Tagen. Am besten regen Sie den Stoffwechsel und die Ausscheidungsorgane durch heißes Wasser an, das Sie während des Tages in kleinen Schlucken trinken (siehe auch Seite 30, Kapitel *Ama*). Geben Sie sich abends mit einer kleinen warmen Mahlzeit zufrieden.

Zur Beruhigung von Kapha (bei einer Kapha-Konstitution oder Kapha-Störung)

Empfohlen
- scharf, bitter, zusammenziehend und *Sattva*-Nahrung
- warme Speisen und Getränke
- leichte, trockene und gut gewürzte Gerichte, frische Gemüse, Salate, Kräuter, Obst
- zwei Hauptmahlzeiten täglich
- Abwechslung, körperliche Aktivitäten

Nicht empfohlen
- süß, sauer, salzig (da *Kapha*-vermehrend)
- kalte, schwere und reichhaltige Speisen
- zu üppige und ölige Gerichte, Fritiertes
- Zwischenmahlzeiten, Naschen
- Milchprodukte (in Maßen tolerabel)

Unsere Verdauung

Agni: Die Verdauungskraft

Lebensdauer, Ausstrahlung, Stärke, Gesundheit, Abwehrkraft, Energie, Wärmeprozesse und vitaler Atem – all das hängt vom Verdauungsfeuer Agni ab.

Caraka Samhita

Eine gesunde und ausgewogene Ernährung ist wichtig. Eine noch größere Bedeutung kommt allerdings der Frage zu, inwieweit unser Körper die Nahrung auch wirklich aufnehmen kann. Unsere Verdauungsleistung *(Agni)* spielt eine entscheidende Rolle, was vielen Menschen gar nicht so bewußt ist. Ist sie zu schwach, kämpfen wir – trotz gesunder und ausgewogener Ernährung – mit einer langsamen Verdauung, mit Aufstoßen, Blähungen und Verstopfung; wir tun uns schwer damit, am Morgen aufzustehen, und schwitzen auch bei körperlicher Anstrengung wenig bis gar nicht. *Agni* wird gehemmt durch zu viel und zu häufiges Essen. Eine übermäßige Verdauungsenergie zeigt sich in Sodbrennen, Aufstoßen, Durchfall, Reizbarkeit, einem starken Mitteilungsbedürfnis sowie starkem Durst und Schwitzen. Zu starkes *Agni* entsteht durch zu heiße und zu scharfe Speisen, längere Fastenperioden und durch Ärger. Viele Krankheiten werden durch ein gestörtes *Agni* verursacht. Der Ayurveda versucht in diesen Fällen, *Agni* durch richtige Ernährung, Bewegung, Yoga und die Kontrolle des Geistes wieder anzuregen bzw. auszugleichen. Bei ausgewogenem *Agni* haben wir eine regelmäßige Verdauung und verspüren zwei- bis dreimal am Tag ein gesundes Hungergefühl.

Bei jeder Stoffwechselleistung entsteht Wärme. Aus diesem Grund bezeichnet der Ayurveda die Verdauungsleistung des Körpers auch als *Agni* (wörtlich: Feuer), also Verdauungsfeuer. *Agni* steuert nicht nur die Verdauungstätigkeit im Magen-Darm-Trakt, sondern reguliert den gesamten Stoffwechsel bis hin zur Umformung der Nahrungsbestandteile in jeder einzelnen Körperzelle zu Energie oder neuen Körperbestandteilen.

Die drei *Doshas* beeinflussen nicht nur unsere Konstitution, sondern auch unsere Verdauungskraft. Bei Menschen mit einer *Vata*-Dominanz ist *Agni* sehr wechselhaft. *Vata*-Naturen essen gern einmal viel und ein andermal wenig; sie neigen zu Blähungen und Verstopfung. *Pitta*-Konstitutionen haben die stärkste Verdauungskraft. Sie schwitzen leicht, sind schnell hungrig, essen viel und entleeren ihren Darm zwei- bis dreimal täglich. Bei Störungen können Entzündungen in Magen und Darm, Geschwüre und Sodbrennen auftreten. Die Stoffwechselleistung eines *Kapha*-Menschen hingegen ist langsam und träge. Er neigt zu Völlegefühl, hat täglich Stuhlgang und nimmt leicht zu. Ein gestörtes *Agni* bringt nicht nur die Verdauung und den Stoffwechsel durcheinander, sondern ruft auch *Ama* hervor.

Ama: Unverarbeitetes aus Körper und Psyche

Wörtlich bedeutet *Ama* »unreif«, »ungekocht« oder »unverdaut«. Im Ayurveda steht *Ama* für Körpergifte, die durch eine unzureichende Verdauung im Magen-Darm-Trakt, in der Leber oder im Stoffwechsel der Zellen und im Gewebe entstehen. *Ama* wird über den Blutkreislauf im ganzen Körper verbreitet und in den Zellen abgelagert; es schwächt das Gewebe und spielt bei praktisch allen Krankheiten eine Rolle. *Ama* ist die Wurzel der meisten chronischen Erkrankungen wie chronischen Erkältungskrankheiten, Asthma und Arthritis und einem schwachen Immunsystem, was zu Allergien, Heuschnupfen und sogar Krebs führen kann. Symptome wie Zungenbelag, Mundgeruch, Körpergeruch, schlechter Geruch von Urin und Stuhl, Verstopfung und Reizbarkeit sind Anzeichen, daß sich im Körper *Ama* angesammelt hat.

Im erweiterten Sinn kann *Ama* auch im psychischen Bereich entstehen, als Folge »unverdauter«, also unverarbeiteter Gefühle, Belastungen und ungelöster Konflikte. Was auf diese Weise im Nervensystem und im Stoffwechsel an »Giftsubstanzen« gebildet wird, ist aus ayurvedischer Sicht ebenso schädlich wie unverdaute

Nahrung. Aus diesem Grund steht am Anfang einer ayurvedischen Behandlung fast immer der Abbau von *Ama*. Erst nach der Entgiftung des Körpers wird versucht, das gestörte *Dosha* auszugleichen.

Ama entsteht durch eine Ernährungs- und Lebensweise, die den Menschen aus dem Gleichgewicht bringt. Als Hauptursache gelten zu üppige und zu häufige Mahlzeiten, aber auch Zwischenmahlzeiten und andere Gewohnheiten, z. B. beim Essen zu lesen, fernzusehen oder hitzig zu diskutieren. *Ama*-verstärkend wirken auch das zu späte Essen am Abend oder in der Nacht, nicht richtig zubereitete oder unsaubere Nahrung, zu trockene oder zu kalte Speisen (z. B. Eiscreme), Alkohol, Zigaretten und andere Drogen, Fleisch, Fisch und Eier, unregelmäßige Essenszeiten, Unterdrücken der körperlichen Ausscheidungsbedürfnisse, Streß und intensive Emotionen.

Nach dem Ayurveda sollte man nach einer Mahlzeit vier oder besser sechs Stunden bis zur nächsten Nahrungsaufnahme warten (nach einem kleinen und leichten Essen ohne Getreide – z. B. nach Früchten – mindestens zwei Stunden). Nimmt man Speisen zu sich, bevor die vorhergehende Mahlzeit vollständig verdaut worden ist, verwandeln sich die unverdauten Speisereste im Magen und im Darmtrakt in *Ama*.

Wie man Ama wieder los wird

Ama kann am besten durch eine gezielte Therapie und durch Reinigungskuren (beispielsweise eine Pancha-Karma-Kur unter Aufsicht eines ayurvedischen Therapeuten) reduziert und ausgeschieden werden. Einige einfache Maßnahmen lassen sich aber auch in den Alltag integrieren.

– Eine einfache und wirkungsvolle Maßnahme zum Abbau von *Ama* ist das regelmäßige **Trinken von heißem Wasser** (mineralstoffarm und kohlensäurefrei). Durch 10- bis 15-minütiges Kochen bekommt es einen leicht süßlichen Geschmack, der zur Besänftigung von *Vata* beiträgt. Das häufige schluckweise Trinken hat eine stabilisierende und beruhigende Wirkung, bringt Darmstörungen allmählich zum Abklingen, lindert *Ama*-bedingte Beschwerden und verbessert den Geschmackssinn. Zwei bis drei Schlucke halbstündlich oder stündlich aus der Thermoskanne reichen aus. *Vata*-Naturen tut eine größere Menge von heißem Wasser mit Sicherheit gut. Dagegen sollten sich *Kapha*-Konstitutionen mit der Flüssigkeitsmenge zurückhalten, da ihr Organismus dazu neigt, Wasser zu speichern. Am besten ist es, wenn Sie sich einfach nach Ihrem eigenen Durstgefühl richten: Trinken Sie nur dann, wenn sie wirklich durstig sind. Gesunde *Pitta*-Menschen nehmen sicher am meisten Flüssigkeit zu sich; sie sollten allerdings eher zu lauwarmem Wasser greifen, da ihr Naturell sonst leicht überaktiv wird.

– Im Rezeptteil finden Sie ein **Ama-reduzierendes Dalgericht** (Linsengericht) aus Mungbohnen (Tridosha Mung Dal, Seite 126). Diese Zubereitung wird von Ayurveda-Ärzten mehrmals pro Woche als Diätspeise empfohlen, sowohl um Stoffwechselgifte auszuscheiden, als auch um dem Verdauungstrakt bei Krankheit, in der Rekonvaleszenz oder während einer Verjüngungstherapie etwas Ruhe und Erholung zu gönnen.

– Ebenfalls empfehlenswert ist **Khichari** (sprich: *Kidschari*, Eintopfgericht), das indische Nationalgericht aus Reis und Mungbohnen (ab Seite 132). Ohne eine Khichari-Diät wäre eine Pancha-Karma-Kur undenkbar. Khichari ist eine leicht bekömmliche Diätspeise bei jeder chronischen Erkrankung, unterstützt die Ausscheidung von physischem und psychischem *Ama*, wirkt entspannend und aufhellend auf das Bewußtsein und reinigt und nährt die *Dhatus* (Körpergewebe, siehe Seite 32).

– **Fasten** hilft ebenfalls beim Abbau und bei der Ausscheidung von Stoffwechselgiften. Allerdings sollte der individuelle *Dosha*-Typ immer berücksichtigt werden. *Vata* sollte maximal einen Tag keine Nahrung zu sich nehmen. *Pitta* kann bis zu drei Tage und *Kapha* noch länger fasten. Wer möchte, kann zweimal im Monat einen Fastentag einlegen (Trinken nicht vergessen!). Als Fastentag empfiehlt der Ayurveda jeweils den elften Tag nach Vollmond und nach Neumond *(Ekadashi)*.

Die sieben Gewebe oder Aufbauelemente (Dhatus)

Hat unser Verdauungstrakt die Nahrung angemessen verdaut, werden aus ihr nacheinander sieben verschiedene Körpergewebe oder *Dhatus* (wörtlich: aufbauende Elemente) gebildet. Jedes *Dhatu* entsteht aus dem vorhergehenden *Dhatu*, wird von ihm ernährt und enthält dessen potenzierte Essenz.

Die Körpergewebe sind für die gesamte Struktur unseres Körpers verantwortlich. Sie ermöglichen das Funktionieren der verschiedenen Organe und Organsysteme und spielen bei der Entwicklung und Ernährung des Körpers eine wichtige Rolle. Arbeitet ein *Dhatu* nicht mehr richtig, zieht es auch die nachfolgenden in Mitleidenschaft, wodurch das Immunsystem beeinträchtigt wird und die Krankheitsanfälligkeit steigt.

Krankheiten entstehen aus dem Ungleichgewicht der drei *Doshas*. Der Ort, an dem sich diese Krankheiten ansiedeln, sind die *Dhatus*.

Betrachten wir kurz die sieben *Dhatus:*
In **Plasma und Zellflüssigkeit** *(Rasa)* sind die aus unserer Nahrung aufgenommenen Nährstoffe enthalten. Diese werden über den Blutkreislauf an alle anderen Gewebe und Organe weitergegeben. Die **roten Blutkörperchen** *(Rakta)* versorgen die Gewebe und Organe mit Sauerstoff und halten die Funktionen aller nachfolgenden Gewebe – Muskeln, Fett, Knochen, Nervensystem und Keimzellen – aufrecht. Das **Muskelgewebe** *(Mamsa)* schützt die empfindlichen Organe, ermöglicht Bewegung und verleiht dem Körper physische Kraft. Das **Fettgewebe** *(Meda)* dient sowohl der Speicherung von Nährstoffen als auch der Polsterung und dem Schutz von Organen, Muskeln und Knochen. Die **Knochen** *(Asthi)* stützen den Körper und halten ihn aufrecht. Das **Knochenmark** ernährt die Knochen, und die **Nerven** leiten motorische und sensorische Impulse (zusammen: *Majja)* – Befehle zur Bewegung und Sinneswahrnehmung – an ihre Erfüllungsorgane, Muskeln, Gehirn oder Fettgewebe weiter. Die **Keimzellen** *(Shukra)* dienen der Fortpflanzung und damit der Weitergabe der in ihnen gespeicherten Informationen über alle Organe, Gewebe und Funktionen unseres Körpers – dem Erbmaterial – an unsere Nachkommen. Darüber hinaus vermittelt dieses *Dhatu* Stärke, Energie und Kreativität.

Körpergewebe (Dhatu)	Sanskrit-Name	Funktion	Haupt-Element
1. Plasma, Zellflüssigkeit	Rasa	Ernährung	Wasser
2. Blut (Hämoglobinanteil)	Rakta	Sauerstoffversorgung	Feuer
3. Muskelgewebe	Mamsa	Bewegung, Schutz, Kraft	Erde
4. Fettgewebe	Meda	Schutz, Speicher	Erde
5. Knochen	Asthi	Stabilität	Luft
6. Nervengewebe, Knochenmark	Majja	Informationsfluß, Verstandesfunktion	Äther
7. Keimzellen	Shukra	Fortpflanzung, Kreativität	Wasser

Die sieben Dhatus

Shrotas: Die Transportsysteme des Körpers

Mit *Shrotas* bezeichnet der Ayurveda die Kanälchen des Körpers, in denen Substanzen transportiert werden. Insgesamt gibt es drei Arten von *Shrotas*. Zum einen solche, die den Körper mit *Prana* (Lebensenergie), Sauerstoff, Wasser und Nahrung versorgen wie die Bronchien, das Magen-Darm-System und die arteriellen Blutgefäße. Daneben finden wir aber auch *Shrotas*, die die einzelnen Gewebe *(Dhatus)* versorgen wie Blut- und Lymphgefäße, Eileiter, Samenkanäle sowie die Poren in der Zellwand und die Transportwege in der Zelle. Jedes der sieben *Dhatus* besitzt ein eigenes Transportsystem. Schließlich existieren noch *Shrotas*, mit denen sich unser Körper seiner drei Ausscheidungsprodukte *(Malas)* Stuhl, Urin und Schweiß entledigt, nämlich Dickdarm, ableitende Harnwege und Schweißdrüsen.

Ist der Transport in einem oder mehreren *Shrotas* zu stark, zu gering, blockiert oder rückläufig, kommt es zu Stoffwechselstörungen verschiedener *Dhatus* und Körperregionen, zur Entstehung von *Ama* und damit über kurz oder lang zu Krankheitsbeschwerden.

Um unsere *Shrotas* und unseren Stoffwechsel in Gang zu halten, empfiehlt der Ayurveda, daß wir uns im Einklang mit unseren *Doshas*, der Tages- und Jahreszeit und dem Alter ernähren. Desweiteren sollten wir die physiologischen Bedürfnisse und Ausscheidungsvorgänge unseres Körpers berücksichtigen und nicht unterdrücken, z. B. Niesen, Weinen, Gähnen, Hunger, Durst, Schlaf, Stuhl- und Urindrang. Als drittes wird uns tägliche körperliche Bewegung oder leichte sportliche Aktivität (wie Yoga, Spaziergang usw.) empfohlen, was nicht nur den Fluß der *Shrotas* anregt, sondern sich auch positiv auf unsere *Doshas* und *Dhatus* auswirkt.

Ojas: Die Essenz unserer Lebensenergie

Ojas wird aus der Essenz aller Körpergewebe gebildet, so wie Honig die Essenz der Blumen ist.

Caraka Samhita, Sutra Sthana

Bei einer ausgewogenen Ernährung funktioniert unsere Verdauung so, wie sie sollte. Dann leben wir in völliger Harmonie mit uns selbst und den göttlichen Naturgesetzen, und die aufgenommen Nahrungsmittel werden vollständig umgewandelt; aus ihnen bauen sich die sieben *Dhatus* sowie *Ojas* auf.

Ojas ist die Essenz unserer Lebensenergie und existiert in feinstofflicher Form im Herzchakra, einem der sieben Hauptenergiezentren des Körpers. Ohne *Ojas* gibt es kein Leben. *Ojas* ist das feinstoffliche Konzentrat des gesamten *Kapha* im Körper und besteht aus den Sekreten lebenswichtiger Organe und der Flüssigkeit der Reproduktionsorgane. *Ojas* stärkt das Immunsystem und verleiht Wohlbefinden, Kraft, Vitalität und Zufriedenheit. Darüber hinaus ist *Ojas* auch für eine gesunde und harmonische Aura (Körperenergie und -ausstrahlung) verantwortlich. Unsere Aura schützt uns auf subtiler Ebene vor allen negativen Einflüssen. Je schwächer unser *Ojas* ist, um so empfänglicher werden wir für negative Einflüsse, und um so mehr kommen wir innerlich aus dem Gleichgewicht.

Ojas entsteht nicht nur bei der Verdauung, sondern bei allen Erfahrungen von Harmonie, Glück, Selbst- und Gotteserkenntnis, wie es z. B. bei der Mantra-Meditation oder beim Gebet der Fall ist. *Ojas* sorgt für Ausgewogenheit, entsteht aber auch durch sie.

Äußerliche Faktoren, insbesondere jedoch unsere innere Einstellung, können *Ojas* stören. Ein ichbezogener Lebensstil beispielsweise, der nur die eigenen Interessen berücksichtigt und andere Lebewesen und die Umwelt nicht weiter beachtet, vermindert *Ojas*. Dazu zählt der Ayurveda auch eine Ernährung mit Fleisch, Fisch und Eiern und – konsequent weitergedacht – auch mit genmanipulierten Nahrungsmitteln.

Was uns beeinflußt

Unsere ursprüngliche *Dosha*-Konstitution ändert sich das ganze Leben über nicht mehr. Sie wird allerdings von verschiedenen äußeren Faktoren beeinflußt: von der Tages- und Jahreszeit, dem Lebensalter, der Nahrungsaufnahme, von Medikamenten, der Lebensweise, vom Beruf und von anderen Umwelteinflüssen.

Tagesrhythmen und Essenszeiten

Die drei *Doshas* bestimmen nicht nur Anlage, Konstitution, Temperament, natürliche Neigungen und Fähigkeiten eines Menschen. Im Laufe von 24 Stunden wird auch unser Organismus auf unterschiedliche Weise beeinflußt. Je höher die Sonne bzw. der Mond steht, desto angeregter ist der Stoffwechsel und damit auch *Agni*, das Verdauungsfeuer. Koppeln wir uns durch Schichtarbeit, ein ausschweifendes Nachtleben u. ä. von unseren inneren und äußeren Zeitgebern ab, kommen wir aus dem Lebenstakt und erschweren die Synchronisation unserer inneren Uhr. Die Folgen sind Krankheiten, psychische Beschwerden und ein schlechtes Allgemeinbefinden. Es ist besser, sich nach den eigenen *Dosha*-Rhythmen zu richten.

Auch nach einer Zeitumstellung auf Sommer- bzw. Winterzeit können Sie sich nach dieser *Dosha*-Uhr richten. Innerhalb kurzer Zeit hat sich der Organismus an die neue Zeit angepaßt.

Morgens und vormittags

Morgens und am Vormittag von 6 bis 10 Uhr dominiert das aufbauende und vorbereitende *Kapha-Dosha*. *Vata*-Menschen sollten unbedingt kräftig frühstücken, sonst setzt ihnen die für die nachfolgende *Pitta*-Zeit charakteristische Hitze zu sehr zu. Auch für *Pitta*-Menschen ist in diesem Tagesabschnitt ein ausgiebiges Frühstück empfehlenswert. *Kapha*-Typen, bei denen sich der Hunger ohnehin erst am späten Vormittag einstellt, kommen meist ganz gut ohne Frühstück oder nur mit etwas Obst oder Saft aus. Sie sollten ihre erste große Mahlzeit in der *Pitta*-Zeit einnehmen.

Mittags

Die Mittagszeit, von 10 bis 14 Uhr, ist eine ausgesprochene *Pitta*-Phase. Die Zeit, in der die Sonne am höchsten steht, ist für viele Menschen die produktivste Phase des Tages; auch die Stoffwechselaktivität des Körpers ist nun am stärksten. Die optimale Uhrzeit für die größte Mahlzeit des Tages ist gegen zwölf Uhr – in früheren Generationen hatte man sich ganz selbstverständlich danach gerichtet. In dieser Zeit können sogar *Vata*-Naturen eine reichhaltige Mahlzeit verdauen. *Pitta*-Menschen sollten sich bewußt Zeit fürs Mittagessen nehmen. Bei zu wenig Nahrung im Magen werden sie sonst von ihrem Feuer aufgezehrt, und dann bekommen vermutlich auch andere Menschen etwas von ihrer Feuer-Energie ab. Auch für *Kapha*-Menschen ist der Mittag die beste Zeit für ihre Hauptmahlzeit; in dieser Phase bleibt ein bekömmliches Essen nicht zu lange im Magen liegen.

Nach dem Mittagessen sollten Sie sich – unabhängig von Ihrem Konstitutionstyp – fünf bis zehn Minuten entspannen. Falls Sie die Zeit und Gelegenheit dazu haben, legen Sie am besten die Beine hoch; ein kleiner Verdauungsspaziergang rundet die Mittagspause sinnvoll ab. Machen Sie keinen Mittagsschlaf. Lediglich *Vata*-Menschen dürfen sich ein kleines Nickerchen erlauben.

Nachmittags

Am Nachmittag, zwischen 14 und 18 Uhr, wandert der Zeiger unserer inneren Uhr in die *Vata*-Phase. Nun kommen Körper und Geist wieder in Schwung. Manche Menschen werden aber gerade um diese Zeit müde. Das liegt vor allem an einem schwachen *Agni*, das mit der Verdauung des Mittagessens Probleme hat. Gönnen Sie sich bei einem solchen Tiefpunkt eine kleine Pause, um sich körperlich und psychisch zu regenerieren. Übermäßige und andauernde Aktivität führt zu typischen Streßsymptomen, weil sie unsere natürlichen Rhythmen stört.

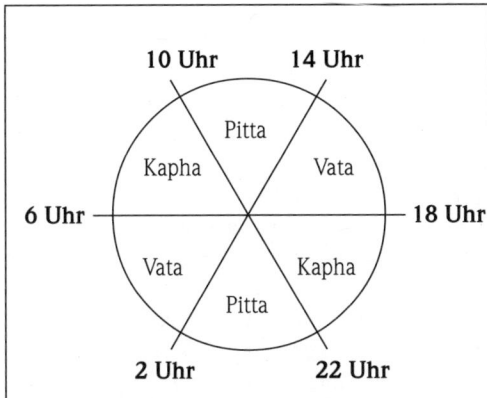

Die Dosha-Rhythmen im Tageslauf

die *Pitta*-Zeit, die bis 2 Uhr morgens anhält. Nun wird wieder neue Energie frei, die jedoch andere Aufgaben hat, als uns wach zu halten. Der erneut aktive Stoffwechsel der *Pitta*-Phase produziert Wärme für den Schlaf und fördert die nächtliche Erholung des gesamten Organismus. Die Zellteilungsgeschwindigkeit erreicht nun ihren Tageshöhepunkt. Jetzt ist auch die beste Zeit für eine »geistige Verdauung«, also für die Verarbeitung der Erlebnisse und Eindrücke des vergangenen Tages. Diese Vorgänge laufen allerdings nur ungestört ab, wenn wir vor 22 Uhr zu Bett gehen – nur dann fällt der größte Teil unseres Schlafes in diese Tiefschlafphase. Nicht umsonst heißt es, der beste Schlaf sei der vor Mitternacht.

Abends
Abends, von 18 bis 22 Uhr, kehrt in der Natur und in unserem Körper allmählich wieder Ruhe ein. Jetzt übernimmt in unserem inneren Rhythmus erneut *Kapha* die Führung. Wegen der verlangsamten Stoffwechselleistung empfiehlt sich für alle drei Konstitutionstypen ein kleines, leichtes Abendessen, bei dem Sie die Kraft von *Kapha* aufnehmen. Essen Sie gleich zu Beginn dieser Phase, da der Stoffwechsel später zu träge ist und die Nahrung nur noch schwer verdauen kann. Auf Joghurt oder rohes Obst sollten Sie abends lieber verzichten, weil das die Verdauung zu sehr belastet, unter Umständen die *Shrotas* (siehe Seite 33) blockiert und sich dazu auch noch *Ama* (siehe Seite 30) bildet. Nach dem Ayurveda verbessert sich oft schon nach wenigen Tagen das Wohlbefinden, wenn man auf leichte Kost am Abend umstellt, die Hauptmahlzeit mittags zu sich nimmt und auf Zwischenmahlzeiten verzichtet. Der Abend dient im optimalen Fall zur Erholung und Einstimmung auf die Nachtruhe. Menschen mit Schlafproblemen sollten unbedingt in der *Kapha*-Zeit der Nacht zu Bett gehen. Nach 22 Uhr, wenn *Pitta* dominiert, schlafen sie sicherlich schwerer ein.

Mitternacht
Gegen Mitternacht, genauer gesagt ab 22 Uhr, beginnt eine neue biologische Phase, nämlich

Frühmorgens
Frühmorgens, zwischen 2 und 6 Uhr, werden wir wieder von *Vata* beeinflußt. Gleich zu Beginn dieser Phase erreicht die Ausschüttung von Melatonin ihr Maximum, einer wichtigen Substanz für Wachstum, Schlaf, Traumgeschehen und Immunsystem. In dieser Zeit träumen wir am intensivsten, der Schlaf wird langsam unruhig, Nebennierenrindenhormone werden ausgeschüttet, und die Körpertemperatur steigt. Auch die Zellen in den wichtigen Schaltstellen des Zwischenhirns, der Steuerzentrale unseres Körpers, sind jetzt aktiver als sonst. Gegen Morgen aktiviert unsere innere Uhr dann die Ausscheidungsorgane. Alles im Körper bereitet sich auf das Aufstehen vor. Nach dem Ayurveda ist dies die beste Tageszeit, um sich – vor den Aktivitäten des Tages – einer Morgenandacht oder Meditation zu widmen. Um diese *Vata*-Energie optimal zu nutzen, sollte man noch vor Sonnenaufgang aufstehen. Bleibt man während der *Kapha*-Phase zu lange im Bett liegen, beginnt der Tag schwerfällig, und auch tagsüber gehen die Dinge nur schleppend voran. Nutzen Sie die Heilkraft des Schlafes und die Kraft der frühen Morgenstunden, und beginnen Sie den Tag ausgeruht und voller Inspiration – und vor allem frühzeitig.

Ernährung im Wechsel der Jahreszeiten

Künstliche Beleuchtung, Zentralheizung und Klimaanlagen spielen inzwischen in unserem Leben eine größere Rolle als Sonne, Mond, Regen, Wind und Jahreszeiten. Dennoch werden unser Körper und auch unsere Psyche durch die Rhythmen und Phasen der Natur, vor allem aber durch den Wechsel der Jahreszeiten, beeinflußt.

In der Regel ist die Jahreszeit, in der Sie am meisten auf die Bedürfnisse Ihres Körpers achten sollten, jene, die Ihrem Konstitutionstyp entspricht: der Sommer für *Pitta*-, der Winter für *Vata*- und der Frühling für *Kapha*-Naturen. Halten Sie sich in diesen Monaten besonders an die Ernährungsempfehlung für Ihren *Dosha*-Typ, ohne darüber aber die Tips für den Alltag zu vergessen. Wenn Sie – wie die meisten Menschen – zu einem Mischtyp gehören, balancieren Sie jedes *Dosha* dann aus, wenn »seine« Zeit gekommen ist.

Für einen *Vata-Pitta*-Menschen beispielsweise ist im Spätherbst und im frühen Winter ein *Vata*-beruhigender Ernährungs- und Lebensstil genau das Richtige. Im Sommer sollte er *Pitta* besänftigen und im Frühling, der *Kapha*-Zeit, seine *Vata-Pitta*-Ernährung mit frühlingshafter *Kapha*-Ernährung kombinieren. Ab und zu kommen die normalen Jahreszeiten jedoch durcheinander. In einem verregneten Sommer beispielsweise vermischen sich *Kapha* (Regen) und *Vata* (Wind, Wetterwechsel) mit *Pitta*. Aus diesem Grund stellen die Ernährungstips für die einzelnen Jahreszeiten nur allgemeine Richtlinien dar.

Frühling – Kapha vorherrschend

Der Frühling ist die Jahreszeit der Reinigung. Jetzt möchte sich der Körper von den im Winter angesammelten Gift- und Schlackenstoffen befreien. Wetterbedingt erhöht sich *Kapha* (durch Feuchtigkeit und Frühlingsregen), und zugleich wird das Verdauungsfeuer *Agni* im Magen schwächer. Im Frühling bereitet sich der Körper darauf vor, Kälte zu speichern, um für die heißen Sommertage gewappnet zu sein.

Jetzt helfen kurze Fastentage (siehe auch »Wie man *Ama* wieder los wird«, Seite 31).

Um die im Frühling vorherrschenden Vorgänge zu unterstützen, sind jetzt eine leichte Ernährung, heiße Getränke (vor allem heißes Wasser und Kräutertees) und warme, leichte und trockene Speisen wichtig. Der Frühling ist die Zeit für Nahrungsmittel wie Dinkel, Buchweizen, Quinoa, Amaranth, Hirse, alle Linsensorten (Dal), Äpfel, Birnen, Granatäpfel, Asafoetida, Bockshornklee (gut für Haut und Haare), Ingwer, Kreuzkümmel, Senfkörner, schwarzen Pfeffer, Lorbeerblätter und kleine Mengen Ghee. Weiterhin empfehlenswert sind Karotten, Spargel, grünes Blattgemüse, Blattsalate, Meerrettich, Majoran, Kümmel, Rosmarin, Salbei, Basilikum, Thymian, Nelken, Paprika, Kardamom, Zimt, frische Kräuter und Wildkräuter sowie kaltgeschleuderter Honig. Er sollte älter als sechs Monate sein; dann verstärkt er *Pitta* und verleiht Körper und Geist Energie. Frühlingssuppen und -salate aus frischen (Wild-)Kräutern wie Brennessel, Löwenzahn, Giersch usw. helfen zu entschlacken. Diese Prozesse werden auch von Tees aus Holunderblüten, Ingwer, Schafgarbe oder Ajwan (Selleriesamen) gefördert.

Schwere und ölige Speisen sollten Sie im Frühling genauso meiden wie zu süße und zu saure Nahrungsmittel. Auch Salz sollte nur in kleinen Mengen zum Einsatz kommen.

Sommer – Pitta vorherrschend

Die Wärme des Sommers beeinflußt vor allem *Agni*. Im Magen und im Körperinnern vermindert sich das Feuer, unter der Haut dagegen verstärkt es sich (Schweißbildung). Schwere Speisen kann der Körper in dieser Zeit nur mit viel Energieaufwand verdauen. Da scharfe Gewürze die Verdauung anregen, werden die Speisen in heißen Ländern schärfer gewürzt. In der *Pitta*-Zeit des Jahres kann auch eine milde Abführkur Abhilfe schaffen.

Gut ist es jetzt, viel zu trinken und leicht Verdauliches zu essen. Im Sommer sollte die Nahrung *Agni*-vermehrend, süß, bitter und etwas zusammenziehend (herb) sein. Eisgekühlte Getränke empfiehlt der Ayurveda niemals. Sie erscheinen vielleicht im ersten Augenblick angenehm, aber sie reduzieren das ohnehin schwache Verdauungsfeuer im Magen noch mehr, da es die Getränke erst erwärmen muß. Im Sommer sind zimmertemperierte oder warme Getränke das Richtige. Zur Aromatisierung wird ihnen gerne etwas Rosenwasser beigegeben, da es kühlende Eigenschaften besitzt.

Auch Joghurt-Zubereitungen, z. B. Lassi (Getränk aus Joghurt, Wasser und Gewürzen; Seite 252) oder Raita (Salat auf Joghurtbasis; Seite 199 f.), sind ideale Sommerköstlichkeiten. Joghurt regt das Verdauungsfeuer im Magen an und übt auf den gesamten Körper einen kühlenden Einfluß aus. Einen günstigen Effekt haben jetzt auch alle Beerenfrüchte, süßes und saftiges Obst (z. B. Melonen, Pfirsiche, Aprikosen, Mangos) sowie gelagerter Reis und Weizen, Mung Dal, alle wäßrigen und weichen Gemüsesorten (z. B. Zucchini, Spargel), aus denen sich leicht bekömmliche Khicharis zubereiten lassen. Zur Unterstützung von *Agni* träufelt man im Sommer kleine Mengen geschmolzenes Ghee über die Speisen. Gern greift man auch zu frischen Kräutern wie Dill, Basilikum und Koriander sowie zu Gewürzen, die *Agni* im Magen anregen (z. B. Kardamom, Zimt, Safran, frischer Ingwer, Fenchelsamen, Kreuzkümmel und etwas schwarzer Pfeffer). Die kühlenden Eigenschaften der Minze werden gerade im Sommer gerne genutzt. Mit Minze würzt und verziert man z. B. Frucht- und andere Salate und Pfefferminz-Chutney. Erfrischend schmeckt auch kühlender Minztee mit Apfelsaft.

Saure und beißend-scharfe Geschmacksrichtungen dagegen sollten Sie im Sommer weitgehend meiden. Gehen Sie auch mit Salz möglichst sparsam um.

Herbst – Vata und Kapha vorherrschend

Im Herbst werden nicht nur in Haus und Garten Vorbereitungen für den Winter getroffen, sondern auch im eigenen Körper. Zu dieser Zeit beginnt der Körper, Hitze anzusammeln, die gegen die bevorstehende Kälte schützen soll. Die sinkenden Temperaturen und der Herbstregen betonen das *Kapha-Dosha*, während die kalten Winde *Vata* vorherrschen lassen. Kurze Fasten- und Reinigungskuren fördern die Umstellung. Der Ayurveda empfiehlt für diese Zeit auch ölige Darmeinläufe.

Im Herbst helfen scharfe, leicht süße und leicht salzige Nahrungsmittel dabei, *Vata* und *Kapha* zu beruhigen. Der mäßige Gebrauch von Milch und Milchprodukten hält gesund und verleiht Energie. Sehr zu empfehlen sind auch Dinkel, Weizen, Mais, Reis, Gerste, Buchweizen, Quinoa und Amaranth als Suppen, Khicharis oder Pfannkuchen. Jetzt ist die Zeit für Kürbis, Trockenfrüchte (wie Datteln und Feigen), Nußmilch, Bananen, Waldbeeren und Gewürze wie schwarzen Pfeffer, Ingwer, Asafoetida, Koriander, Senf, Bockshornklee (Methi), Fenchel, Anis, Kümmel, Kreuzkümmel und Schwarzkümmel (Kalonji).

Hilfreich sind jetzt auch Massagen mit einem erwärmenden Öl wie Sesamöl. Auf herbe, bittere und zu saure Nahrungsmittel sollten Sie dagegen verzichten.

Winter – Vata vorherrschend

Die Wintermonate sind kalt und trocken. Die Härte und Kälte dieser Jahreszeit erhöhen das Luft-*(Vata-)*Element. Im Körper herrscht ebenfalls Trockenheit vor – *Agni* im Körperinnern hat sich verstärkt. Jetzt ist ölhaltige Nahrung das Mittel der Wahl. Selbst schwere Gerichte werden im Winter leicht verdaut – es ist die ideale Zeit für Nüsse, Ölsamen, Früchtebrote und eingeweichte und mit Gewürzen vermischte Trockenfrüchte. Empfehlenswert sind außerdem Weizen (neue Ernte), Dinkel, Buchweizen, Hirse, Quinoa, Amaranth, Mungbohnen, Kartoffeln, Süßkartoffeln, Fenchelgemüse, Steckrüben, Rote Bete, weiße Rüben, Kürbis, Spinat und Weichgemüsesorten in Form von Suppen, Khicharis, Gemüsegerichten und Aufläufen. Vedische Fladenbrote (Chapatis, Parathas, Puris, ab Seite 170), Nudeln und die Vollkorngrießspeise Upma (siehe Seite 154) sind jetzt ebenfalls geeignet. Auf ihren Wintereinsatz warten zudem warme Milch (Gewürzmilch, Seite 254),

Frühling	Sommer	Herbst	Winter
(Kapha vorherrschend)	(Pitta vorherrschend)	(Vata und Kapha vorherrschend)	(Vata vorherrschend)
Anti-Kapha-Diät	**Anti-Pitta-Diät**	**Anti-Vata-Kapha-Diät**	**Anti-Vata-Diät**
Nahrung sollte vermehrt bitter, scharf und herb sein	Nahrung sollte vermehrt Agni-fördernd, süß, bitter und herb sein	Nahrung sollte vermehrt scharf, leicht süß und leicht salzig sein	Nahrung sollte vermehrt süß, sauer und salzig sein
leichte Kost	kühlende, frische und saftige Speisen	warmes, eher flüssiges Essen	nahrhafte, warme, flüssige und gewürzte Speisen mit Ghee, Öl oder Fett
heiße Getränke	süße, saftige Früchte	gut gewürzt	warme Getränke
warme, leichte und trockene Speisen	leicht verdauliche Gemüse, Salate	warme Getränke	
eventuell angemessenes, der Konstitution angepaßtes Fasten (siehe Seite 31 f.)	warme Getränke	leicht Verdauliches	
	Lassis (Joghurt-getränke, Seite 252)		

Essen mit den Jahreszeiten

selbstgemachter Frischkäse (Panir, siehe Seite 226), Butter, Ghee (siehe Seite 222), Butter-milch (siehe Seite 229), Bananen, Äpfel und Wintergewürze wie Zimt, Nelken, Kardamom, Muskat, Asafoetida, Kurkuma (Gelbwurz), Ingwer, Schwarz- und Kreuzkümmel. Ebenfalls positiv wirken süße, saure und salzige Speisen (mit etwas Ghee angereichert), da sie Vata verringern. Ölmassagen verschaffen dem Körper im Winter ebenfalls Erleichterung. Bittere, zusammenziehende und zu scharfe Nahrungsmittel sind in dieser Jahreszeit weni-ger angesagt. Ist der Winter jedoch eher feucht und matschig, vermischen sich Vata und Kapha.

Im Einklang mit dem Lebensalter essen
Die drei Doshas Vata, Pitta und Kapha beein-flussen auch unsere Lebensabschnitte.

Kinder
Je jünger ein Erdenbürger ist, desto stärker wird er von Kapha bestimmt. Kinder schlafen viel, haben große Augen, weiche Gesichtszüge und runde Körperformen. Trotz des Kapha-betonten Stoffwechsels können sie bei Hunger häufig am Tag essen, denn gerade in dieser Phase werden Gewebe und Ojas aufgebaut, und der Körper erhält Struktur. Außerdem bewegen sich Kinder viel, wodurch sie ihren Stoffwechsel anregen. Etwa ab dem 14. bis 16. Lebensjahr verschiebt sich das Funktionsmuster zunehmend in Rich-tung Pitta.

Jüngere Erwachsene
Das Erwachsenenalter ist von Aktivität und Schaffenskraft geprägt; dazu gibt Pitta die notwendige Energie.

Ältere Erwachsene
Ab dem 60. Lebensjahr dominiert Vata den Organismus mehr und mehr; in dieser Phase nehmen Verdauungskraft und Ojas immer mehr ab, und auch die Körpergewebe und Sinnes-funktionen werden allmählich reduziert. Wer nach den sattvischen Prinzipien des Ayurveda gelebt hat, erntet nun die Früchte: Weisheit und Erfahrung wird an andere weitergegeben. Für ältere Menschen ist alles gut, was den Stoff-

wechsel aktiviert: äußere Wärme und Spaziergänge an frischer Luft, ebenso warme, fetthaltige Speisen und heiße Getränke.

Pubertät und Wechseljahre

Pubertät und Wechseljahre stellen Übergangsphasen von einem *Dosha* zum anderen dar, die oft von *Vata* geprägt sind. Für die Betroffenen ist dies meist eine kritische Zeit, denn die Auseinandersetzung mit einer neuen Lebensphase bringt psychische und körperliche Unausgewogenheiten mit sich. Neben anderen Maßnahmen kann auch eine *Vata*-ausgleichende Ernährung helfen.

Die Verdauungsuhr

Auch in unserem Verdauungsprozeß wechseln sich *Vata*, *Pitta* und *Kapha* ab. Hunger ist beispielsweise ein untrügliches Zeichen dafür, daß *Vata* und bis zu einem gewissen Maß auch *Pitta* zugenommen haben. Nach dem Ende der Mahlzeit fühlen wir uns gesättigt und schwer – in dieser Zeit herrscht *Kapha* vor. Etwa sechzig bis neunzig Minuten später läuft die Verdauung auf Hochtouren, und wir empfinden ein warmes Gefühl im Bauch; jetzt übernimmt *Pitta* die Führung. Und wenn der Verdauungsprozeß nach weiteren sechzig bis neunzig Minuten abgeschlossen ist und die Darmbewegung einsetzt, ist es wieder Zeit für *Vata*.

Aus diesem Grund legt der Ayurveda so großen Wert auf einen ausreichenden Abstand zwischen den Mahlzeiten. Eine Mahlzeit aus ausschließlich leichten Nahrungsmitteln wie Obst oder Milch (saure Früchte und Milch passen jedoch nicht zusammen!) ist schon nach zwei bis zweieinhalb Stunden verdaut; eine normale Mahlzeit mit Getreide dagegen braucht etwa sechs Stunden. Wird während des noch andauernden Verdauungsprozesses erneut Nahrung aufgenommen, stören die neuen Speisen die Verdauung der vorherigen Mahlzeit. In diesem Zustand entsteht *Ama*.

Alle an einem Tisch?

Ayurveda-Ernährung bedeutet nicht, daß ab jetzt für alle extra gekocht werden muß, denn einige *Dosha*-Einflüsse sind übergreifend: Tageszeit, Jahreszeit, Raumtemperatur und andere Sinneseindrücke. Trotzdem hat jeder Mensch seine ganz individuelle *Dosha*-Verteilung, die idealerweise durch die Mahlzeit ausgeglichen werden soll.

Des Rätsels Lösung ist ganz einfach: Kochen Sie mehrere verschiedene Zubereitungen oder – noch besser – Gerichte, bei denen alle drei *Doshas* zugreifen können. Jeder wird sich dann nach seiner Vorliebe von dem einen Gericht mehr und von dem anderen weniger nehmen und eventuell individuell nachwürzen, ganz wie es seinem *Dosha*-Bedürfnis entspricht.

– *Kapha*-Konstitutionen brauchen scharfe **Gewürze** wie schwarzen Pfeffer, Ingwerpulver und Cayennepfeffer. *Kapha*-Menschen vertragen Gewürze am besten, wenn sie trocken geröstet und anschließend im Mörser fein gemahlen werden. Für *Pitta*-Typen sind ausgleichende Gewürze wie Koriander, Kreuzkümmel, Kurkuma und Fenchelsamen gut, die in einem Eßlöffel Ghee oder trocken angeröstet werden. Und *Vata*-Menschen brauchen blähungshemmende und verdauungsfördernde Gewürze wie Kreuzkümmel, Kurkuma, Asafoetida oder frischen Ingwer, die sie in reichlich Ghee oder Sesamöl anrösten (genaue Beschreibung der geeigneten Gewürze siehe Tabelle Seite 271).

– eine **fett-** und **kohlenhydratreiche Ernährung** sind für *Vata*-Menschen empfehlenswert, anders als für *Kapha*-Typen – beide Konstitutionen brauchen allerdings genügend *Agni*-erhöhende Gewürze. Ähnlich wie *Kapha* sollten auch *Pitta*-Menschen mit Fett sparsam umgehen; am besten nehmen sie nur etwas Ghee.

– **Rohkost** ist optimal für *Pitta*-Menschen, die genügend Verdauungsfeuer besitzen. *Kapha*- und *Vata*-Konstitutionen dagegen sollten Gedämpftes und Gekochtes vorziehen. Beim Verzehr von Rohkost sollten *Kapha*-Konstitutionen *Agni*-verstärkende Gewürze nicht vergessen. *Vata*-Typen vertragen Rohkost nur in Maßen, solange *Agni*-erhöhende und entblähende Gewürze mit dabei sind.

– Wird **Dal** oder eine **Suppe** serviert, nehmen *Kapha*-Naturen den leichten, wäßrigen Teil, *Vata*-Menschen dagegen das Dickflüssigere, das auf den Boden des Topfes sinkt; *Pitta*-Menschen bekommen den mittleren oder gemischten Anteil.

– **Warme oder heiße Speisen** sind für *Kapha*- und *Vata*-Typen wichtig, für *Pitta*-Naturen dagegen nicht so sehr.

Es ist also ganz einfach, die *Dosha*-Bedürfnisse aller Familienmitglieder miteinander zu vereinen. Bei einer ausreichenden Auswahl auf dem Eßtisch werden sich die einzelnen *Dosha*-Konstitutionen ohnehin von dem nehmen, was ihnen am besten bekommt – vorausgesetzt, sie haben noch ein natürliches und gesundes Empfinden für das, was ihnen gut tut und was nicht.

Allgemeine Ayurveda-Tips zur Ernährung

Gesundheit ist nach dem Ayurveda nichts Selbstverständliches; vielmehr muß sie durch aktive, vorbeugende Maßnahmen erhalten werden. Von den vielen wertvollen Ratschlägen in bezug auf die Ernährung haben wir die wichtigsten herausgegriffen. Wer sie anwendet, wird ihre positiven Folgen schon bald spüren.

– **Essen Sie Ihrem Dosha gemäß**, und passen Sie Ihre Ernährung auch der Jahreszeit und Ihrem Lebensalter an. Ernähren Sie sich mit *sattvischen*, d. h. in erster Linie vegetarischen, vollwertigen, frischen und unbelasteten Lebensmitteln (siehe auch Seite 16).

– Die Nahrung sollte ausgewogen sein; in der Mittagsmahlzeit oder zumindest über den Tag verteilt sollten **alle sechs Geschmacksrichtungen** (siehe auch Seite 24) enthalten sein

(es sei denn, Sie müssen wegen einer *Dosha*-Störung oder einer Krankheit eine spezielle Diät einhalten).

– Auf bestimmte **Nahrungsmittelkombinationen** verzichten Sie lieber völlig: In einer Mahlzeit kombiniert der Ayurveda weder rohes Obst mit rohem Gemüse, noch rohes Obst mit gekochtem Gemüse. Auch Joghurt und Milch bzw. rohe saure Früchte und Milch gehören nicht zusammen in eine Mahlzeit, da das die *Shrotas* (siehe auch Seite 33) blockiert und *Ama* (siehe auch Seite 30) erzeugt.

– **Ghee** und **Honig** werden in einer Zubereitung nie in gleichen Anteilen verwendet, sonst kann es zu Hauterkrankungen kommen.

– Wählen Sie Ihren **Eßplatz** bewußt aus. Essen Sie nur in einer ruhigen und entspannten Atmosphäre. Hektische Umgebung, Essen an überfüllten Orten mit vielen unbekannten Menschen oder sogar auf der Straße im Stehen sind ungesund. Streit oder Aggressionen schlagen im wahrsten Sinne des Wortes auf den Magen. Die Auseinandersetzung läßt ihn schlecht arbeiten, schnürt ihn zu und »vergiftet« ihn regelrecht. Die Speisen werden nur ungenügend verdaut und belasten so über einen längeren Zeitraum den Körper. Da Sie beim Essen nicht nur Nährstoffe, sondern auch *Prana* (Lebensenergie) aufnehmen, sollten Sie sich überlegen, mit wem und wo Sie Ihre Mahlzeiten einnehmen wollen.

– Lassen Sie sich **Zeit** beim Essen, und entspannen Sie sich. Eine Mahlzeit, die hastig heruntergeschlungen, ungenügend gekaut, durch andere Tätigkeiten unterbrochen oder unaufmerksam verzehrt wird (z. B. wenn man dabei fernsieht oder Zeitung liest), wird nur ungenügend verdaut. Dies führt zu vermehrten Toxinablagerungen *(Ama)* im Körper, die auf Dauer Krankheiten verursachen.

– Lassen Sie dem **Magen** Platz für seine Verdauungsvorgänge. Einer ayurvedischen Empfehlung zufolge soll der Magen beim Essen zu einem Drittel mit Speisen, einem Drittel mit Flüssigkeit und einem Drittel mit Luft gefüllt sein. Achten Sie einmal darauf, wann Sie beim Essen das erste Mal aufstoßen müssen. Dies ist eigentlich der Zeitpunkt, zu dem der Magen genug hat (nur meist will man noch nicht aufhören, stimmt´s?). Sie sollten sich nach der Mahlzeit gestärkt und zufrieden fühlen, nicht schwer und voll.

– **Trinken** Sie weder direkt vor dem Essen (bis zu einer Stunde vorher) noch während bzw. bis eineinhalb Stunden nach der Mahlzeit. Milch zählt der Ayurveda übrigens zu den Nahrungsmitteln, nicht zu den Getränken. Das Trinken während des Essens verdünnt die Verdauungsenzyme und hemmt *Agni*, das Verdauungsfeuer. Die Folge sind Krankheiten und Trägheit. Buttermilch in kleinen Mengen ist jedoch empfehlenswert.

– Ihre **Hauptmahlzeit** sollten Sie mittags zu sich nehmen. Abends ist nur leichte Kost ratsam; essen Sie vor allem nicht zu spät. Was man spät abends oder nachts ißt, wird schlecht resorbiert und beeinträchtigt den Schlaf.

– Ein **Mittagsschlaf** nach dem Essen ist für gesunde Erwachsene nicht empfehlenswert, denn er vermehrt *Kapha* und führt zu Gewichtszunahme. Fünf- bis zehnminütiges Liegen auf der linken Seite dagegen regt die Verdauung an. Vata-Typen, Kinder und ältere Menschen dürfen sich ein kleines Schläfchen gönnen.

– Ein wahres **Wundermittel bei Verdauungsproblemen** ist Ingwer. Kauen Sie einmal ein kleines Stück frischen Ingwer vor dem Essen. Eine Scheibe Zitrone mit Salz zu lutschen, regt den Appetit an und fördert die Verdauung.

– Essen Sie **abends möglichst keine Sauermilchprodukte** wie Joghurt, Quark und Käse und auch keine rohen Früchte. Diese Nahrungsmittel kühlen den Körper zu sehr und blockieren die *Shrotas* (siehe auch Seite 33).

– Kochen und backen Sie nicht mit Honig, denn **erhitzter Honig** erzeugt *Ama*. Außerdem werden beim Erhitzen viele Inhaltsstoffe und Enzyme zerstört bzw. verändert.

– Bereiten Sie Ihre Speisen in gelöster, fröhlicher und glücklicher Atmosphäre zu. Denn ein **glücklicher und zufriedener Koch** schafft glückliche und zufriedene Esser (siehe »Kochen als Meditation«, Seite 52).

– Warten Sie nach einer Mahlzeit mindestens vier, besser noch sechs Stunden bis zur **nächsten Nahrungsaufnahme** (nach einem kleinen und leichten Essen ohne Getreide – z. B. nach Früchten – sollten Sie mindestens zwei Stunden warten.) Im Westen ist man sich dieser Zusammenhänge kaum bewußt. Essen Sie immer erst, wenn Sie wirklich hungrig sind und die vorhergehende Mahlzeit verdaut ist. Vermeiden Sie Zwischenmahlzeiten.

– Sollten Sie bei Festlichkeiten oder ähnlichen Anlässen einmal **zu viel oder in zu kurzen Abständen gegessen** haben, gönnen Sie Ihrem Verdauungstrakt einfach eine Pause: Lassen Sie die nächste Mahlzeit weg, oder legen Sie einen Fastentag ein.

Harmonie im Alltag: Der Schlüssel zur Gesundheit

Nach dem Ayurveda, der Wissenschaft vom langen Leben, ist die Harmonie unser natürlicher Zustand. Um ihn aufrechtzuerhalten, müssen wir unsere Natur kennen und nach ihren Bedürfnissen leben lernen. Harmonie im körperlichen und psychischen Bereich bedeutet Gesundheit, zu deren Eckpfeilern nicht nur eine *sattvische*, harmonische Ernährung und eine gute Verdauung gehören, sondern auch ein ausgeglichener Lebensstil.

Wer sich an alle Empfehlungen der Ayurveda-Lebensweise hält, wird – so heißt es in den Ayurveda-Schriften – hundert Jahre alt (die für unser Leben eigentlich vorgesehene Zeitspanne) und niemals krank. Mit einem gesunden Körper und einem wachen Geist hat man die besten Voraussetzungen, sich dem Sinn des Lebens zu widmen: Selbst- und Gottesverwirklichung.

Wir sind so gesund, wie wir leben

Was wir selbst für unsere Gesundheit tun, ist stets viel effektiver als alles, was andere für uns tun können. Viele der ganzheitlichen Vorbeugungs- und Therapiemaßnahmen des Ayurveda können wir ohne weiteres selbst anwenden, z. B. eine auf unser *Dosha* abgestimmte Ernährung, Yoga, Meditation und die Empfehlungen des Ayurveda für eine ganzheitliche Lebensführung. Ärztliche Hilfe in Form von komplexen medikamentösen Behandlungen oder speziellen Therapieformen wie chirurgischen Eingriffen werden nötig, wenn wir gewisse innere, äußere und göttliche Harmonien über einen längeren Zeitraum ignorieren und verletzen. Und selbst dann ist die Hilfe, die uns ein Therapeut geben kann, begrenzt – sie kann uns nur dazu bewegen, uns in Zukunft besser um uns selbst zu kümmern. Für die richtige Lebensweise gibt es keinen Ersatz. Solange wir nicht im Einklang mit unserer eigenen Konstitution, unseren Mitgeschöpfen und den Naturgesetzen leben, kann uns keine Methode der Welt wirklich

heilen. Die Verantwortung für uns müssen wir schon selbst übernehmen.

Der Ayurveda hält zahlreiche Tips für uns bereit, wie wir wieder mit uns, mit anderen und letztlich mit Gott im Einklang leben können. Doch auch die besten Empfehlungen nützen nur dann etwas, wenn wir sie in unseren Alltag wirklich integrieren. Dafür ist gar nicht so viel Zeit und Energie nötig, sondern eher ein gewisses Umdenken und eine neue Kreativität, wenn es um das Ablegen liebgewonner, aber schlechter Angewohnheiten geht. Bei den ersten Schritten werden wir schon bald merken, wie sich unsere Energie, unser Wohlbefinden und schließlich unser ganzes Lebensgefühl verbessert. Versuchen Sie es einmal selbst, denn schließlich beginnt jede Reise mit dem ersten Schritt.

Aufstehen:
Morgenstund hat Gold im Mund

Unser Körper und unsere Psyche durchlaufen an einem Tag zahlreiche biologische Veränderungen, die sich durch moderne medizinische Forschungen bestätigen lassen: Es treten Schwankungen in der Hormonausschüttung sowie Phasen geringerer oder großer körperlicher und geistiger Leistungsfähigkeit und eine tageszeitabhängige Wärmeregulation auf. Sogar Serotonin und andere Neurotransmitter, unsere Gute-Laune-Stoffe im Gehirn, werden vom Stand der Sonne beeinflußt. Passen Sie Ihren Schlafrhythmus doch einmal an den Tag-Nacht-Rhythmus der Natur an; Sie werden staunen, was Sie allein damit für Gesundheit, Energie und Wohlbefinden tun.

Der Ayurveda empfiehlt, die Leichtigkeit der *Vata*-Phase zu nutzen und **mindestens eine Stunde vor Sonnenaufgang aufzustehen.** Wer vor 6 Uhr morgens aufsteht, wird von der Leichtigkeit und der heiteren Frische von *Vata* den ganzen Tag lang in Schwung gehalten. Nur in diesen zwei Stunden vor Sonnenaufgang sind alle drei *Doshas* ausgeglichen. Nach dem Ayurveda ist dies die beste Zeit für Gebet,

Mantra-Meditation, stille Meditation und Yoga. Zuerst sollten Sie sich allerdings erst einmal **räkeln und strecken.** Das aktiviert den Kreislauf und veranlaßt die drei *Doshas*, die sich während des Schlafs alle in die Herzgegend zurückgezogen haben, sich wieder an ihre eigentlichen Hauptsitze zu begeben. Sicher haben Sie es auch schon bemerkt: Bleibt man zu lange liegen, bis in die *Kapha*-Phase von sechs bis zehn Uhr morgens, beginnt der Tag schwerfällig, was sich zuweilen auch den ganzen Tag über nicht verändert. Nicht umsonst heißt es: Morgenstund hat Gold im Mund.

Im Badezimmer:
Vorbereitung auf den Tag

Die *Vata*-Zeit vor 6 Uhr morgens ist die ideale Zeit, um sich aller körperlichen und geistigen Abfallstoffe zu entledigen, die unseren Organismus noch vom Vortag und der Nacht belasten. Trinken Sie nach dem Aufstehen **ein Glas lauwarmes Wasser**, das den Darm über einen vom Magen ausgehenden Reflex anregt. Ebenso wirkungsvoll, erfrischend und reinigend ist ein Glas warmes Wasser mit einem Teelöffel Honig und einem Schuß Zitronensaft. Versuchen Sie anschließend ohne Zwang und Zeitdruck, **den Darm zu entleeren.** Auch wenn Sie morgens nicht gleich Stuhlgang haben, suchen Sie dennoch als erstes die Toilette auf. Dieses Training erzieht zur Regelmäßigkeit, der Körper ist während der *Vata*-Zeit ohnehin auf Ausscheidung eingestellt. Eine ein- bis zweimalige Darmentleerung am Tag weist auf eine gute Gesundheit hin, häufigerer Stuhlgang stört *Vata* unnötig.
Putzen Sie sich morgens und abends die Zähne. Der Ayurveda verwendet dazu traditionell Zweige bestimmter heilkräftiger Bäume wie Neem oder Eukalyptus. In unseren Breitengraden tut es natürlich auch eine Zahnbürste; sie sollte sauber sein und in regelmäßigen Abständen erneuert werden. Für *Vata*-Typen sind Zahnpasten mit süßem Geschmack optimal, für *Pitta* dagegen bittere und für *Kapha* scharfe. Das leichte **Massieren des Zahnfleischs** mit dem Finger gehört zur Ayurveda-Mundhygiene

ebenso wie das **Reinigen der Zunge** von Belägen. Dazu eignet sich am besten ein Teelöffel oder ein Zungenschaber, mit dem Sie fünf- bis zehnmal von der Zungenwurzel zur Zungenspitze hin schaben. Im Ayurveda gilt ein weißlicher oder gelblicher Zungenbelag als Hinweis auf Stoffwechselgifte *(Ama)*, die sich über Nacht angesammelt haben und Mundgeruch verursachen. Die regelmäßige Zungenreinigung verbessert nicht nur die Geschmacksempfindung, sondern aktiviert auch die Verdauung, verhütet Mundgeruch und schützt die Zähne vor Bakterien. Wer *sattvisch* gesund lebt und sich ebenso ernährt, wird auch morgens eine reine Zunge haben. Nach einem schweren Abendessen, während einer Krankheit oder auch beim Fasten, wenn abgelagerte Stoffwechselgifte ausgeschieden werden, findet sich dagegen oft ein dicker Zungenbelag.
Wenn Sie etwas für Ihre **Sehkraft** tun möchten, können Sie etwas Wasser in den Mund nehmen und die Augen mit kaltem Wasser besprenkeln. Spucken Sie das Wasser anschließend wieder aus.
Jetzt folgt die **Mundspülung mit Sesamöl.** Nehmen Sie dazu etwa einen Eßlöffel Sesamöl in den Mund, um es zwei bis drei Minuten hin und her zu bewegen und anschließend auszuspucken. Diese Prozedur kräftigt das Zahnfleisch, löst etwaige Giftstoffe und erhöht die Widerstandskraft gegen Bakterien und Viren im Mund- und Rachenraum. Gurgeln mit Sesamöl stärkt die Stimme, verhindert Karies und Paradentose, strafft den Teint und hält Rachen und Lippen geschmeidig.
Nach dem Reinigen der Nase können Sie mit dem kleinen Finger auch ein bis zwei Tropfen **Sesamöl auf die Innenseite der Nasenlöcher** geben. Das schützt vor Krankheitserregern, beugt Kopfschmerzen vor und ist ein gutes Mittel gegen trockene Nasenschleimhäute. Darüber hinaus stärkt die Sesamöl-Anwendung in der Nase Muskeln und Haut und regt die Reinigungs- und Verdauungsvorgänge im Körper an. Sich lösende Sekrete sollten Sie nicht hinunterschlucken, da sie Stoffwechseltoxine enthalten.

Morgendliche Selbstmassage:
Geht runter wie Öl

Der Tastsinn ist das Sinnesorgan der Haut. Unsere Haut schützt uns und trennt uns von unserer Umwelt; wir nehmen über sie Sauerstoff auf und scheiden durch ihre Poren Giftstoffe aus. Hautkrankheiten entwickeln sich, wenn sich in ihr zu viele Stoffwechselgifte angesammelt haben. Kein Wunder also, daß der Ayurveda der **täglichen Ganzkörpermassage** mit pflanzlichen Ölen einen hohen Stellenwert beimißt. Tägliche Ölmassagen regen den Kreislauf an, beruhigen das Nervensystem und kräftigen die Muskulatur. Sie stärken die Verdauungskraft und sorgen für ein anhaltendes körperliches und geistiges Wohlbefinden. Zudem werden die inneren Organe über ihre Reflexzonen in der Haut ausgeglichen. Pflanzliche Öle stärken die Abwehr der Haut, fördern ein gesundes Hautmilieu und schützen vor zu intensiver Sonneneinstrahlung.

Massieren Sie sich jeden Tag einige Minuten lang von Kopf bis Fuß mit dem passenden Öl (s. Übersicht). Senf- und Sesamöl zählen zu den wärmenden Ölen und sind im Winter oder für *Vata*- bzw. *Kapha*-Typen genau das Richtige. Kokosöl dagegen besitzt kühlende Eigenschaften und eignet sich daher insbesondere für *Pitta*. Sollten durch Senf- oder Sesamöl Hautreizungen auftreten, verwenden Sie statt dessen Oliven-, Kokos- oder süßes Mandelöl. Ölmassagen der **Kopfhaut** entspannen Körper und Psyche, lindern *Vata*-Störungen und stärken die Sinnesorgane. Im Kopfbereich sollten keine stark erhitzenden oder nährenden Öle angewendet werden. Vor der Haarwäsche wird grundsätzlich immer zuerst Öl auf Kopfhaut und Haar einmassiert. Anschließend wird das Haar ausgekämmt und langes Haar zu einem Knoten gebunden. Das Öl läßt man etwa eine Stunde oder auch über Nacht einwirken (über Nacht ein Tuch um den Kopf binden).

Übrigens: bei Zeitmangel tun es auch **Teilmassagen** mit Sesamöl von Gesicht, Ohren, Händen und Füßen – insbesondere vor dem Schlafengehen. Auch diese besitzen eine ganzheitliche und anhaltende Wirkung.

Für *Vata*-Naturen sind sanfte und vor allem regelmäßige Ölmassagen am wichtigsten, aber auch *Pitta*- und *Kapha*-Konstitutionen profitieren von ihnen *(Kapha*-Menschen brauchen eine kräftige Massage). Bei *Kapha*-Störungen wie fettiger Haut, trägem Stoffwechsel oder Übergewicht nehmen Sie statt der Ölmassage lieber eine **Trocken- bzw. Bürsten-Massage** vor; sie belebt den Stoffwechsel und aktiviert den Kreislauf. Dazu eignen sich eine Badebürste, ein Frottierhandtuch oder Bourretteseiden-Handschuhe (erhältlich in der Apotheke).

Die Dusche: Weg mit dem Dreck

Unser Körper scheidet seine Giftstoffe nicht nur über Darm, Nieren und Lunge aus, sondern auch über die Haut, und zwar vor allem nachts im Schlaf. Aus diesem Grund empfiehlt der Ayurveda nach der Massage eine je nach *Dosha*-

Konstitution	Öl für den Kopfbereich	Öl für den Körper
VATA	Sesamöl	Sesamöl Olivenöl Senföl Mandelöl
PITTA	Kokosöl	Kokosöl
KAPHA	Sesamöl, mit etwas schwarzem Pfeffer erhitzt	Sesamöl, mit etwas schwarzem Pfeffer erhitzt Senföl

Massageöle für die Doshas

Typ mehr oder weniger **warme Dusche**. Wasser reinigt nicht nur den Körper, sondern wirkt auch auf die Psyche entspannend und befreiend. Darüber hinaus regt Duschen den Kreislauf an und stärkt die Vitalität. Aus hygienischen und gesundheitlichen Gründen bevorzugt der Ayurveda das tägliche Duschen gegenüber dem Wannenbad, und das übrigens auch nach jedem Stuhlgang. Bei der Entleerung vermischt sich nämlich der Geruch des Stuhls mit unserer Lebensluft *(Prana)*. Damit sich diese feinstoffliche Verunreinigung nicht in unserer Aura und Psyche niederschlägt, empfiehlt der Ayurveda eine Dusche mit dem *sattvischen* Element Wasser. Gesunde Ausscheidung bedeutet im Ayurveda, sich auch der feinstofflichen Begleiterscheinungen zu entledigen.

Vata-Menschen brauchen Wärme; sie sollten eine warme Dusche nehmen und zum Abschluß noch einmal kurz kaltes Wasser über den Körper laufen lassen. Dadurch verengen sich die Blutgefäße und Hautporen und können die Wärme besser im Körper halten. *Pitta*-Naturen tut es gut, sich an kalte Duschen zu gewöhnen – sie haben ja genügend Feuer im Körper. *Kapha*-Typen sollten etwas kältere Duschen nehmen, weil diese ihren Kreislauf besser in Schwung bringen.

Im **Kopfbereich** sollten alle *Dosha*-Typen kein heißes Wasser benutzen, weil es die Sehkraft vermindert und zu frühem Ergrauen des Haars und zu Haarausfall führt; lauwarmes Wasser ist besser.

Noch eine Anmerkung zur *Seife:* Während man ein Haarshampoo regelmäßig verwenden darf (natürlich sollte es aus biologischen Rohstoffen bestehen, kein Kadaverfett enthalten und ohne Tierversuche entwickelt worden sein), sollte man nur bei starken Verschmutzungen zur Seife greifen. Seife zerstört den Säureschutzmantel der Haut und fördert das Bakterienwachstum, was zu Körpergeruch führt. Solange man *sattvisch* lebt, wird die Haut nicht über das normale Maß hinaus Stoffwechselgifte ausscheiden – so daß gar kein übler Körpergeruch entsteht. An Stelle von Seife empfiehlt der Ayurveda traditionell, sich mit etwas Erde oder aber Gersten-bzw. Kichererbsenmehl einzureiben (mit Wasser und etwas Kurkuma zu einer Paste gemischt; für einen glänzenden Teint) und anschließend zu duschen, um überschüssiges Massageöl, Schlackenstoffe der Haut und Schweiß nach körperlicher Anstrengung aufzusaugen.

Kleidung, Schmuck, Parfüm: Unsere zweite Haut

Nachdem wir uns um unsere erste Haut, die des Körpers, gekümmert haben, wollen wir uns nun unserer zweiten Haut, der **Kleidung**, zuwenden. Auch sie sollte *sattvisch*, d. h. frisch, sauber und atmungsaktiv sein und aus natürlichen Materialien (Baumwolle, Wolle, Leinen, Seide) bestehen. Unsere Kleidung wirkt auf unsere Sinnesorgane und unsere Psyche und beeinflußt auch die Harmonie unserer *Doshas*. Kunststoff-, Leder- und Pelzprodukte erfüllen die Ansprüche an Naturbelassenheit bzw. Gewaltlosigkeit nicht. *Sattvische* Kleidung hingegen erhöht die Lebensdauer, stärkt die Abwehrkraft und wehrt negative Energien und Strahlungen ab.

Nach dem Ayurveda nimmt die Kleidung nicht nur äußere Verunreinigungen und die Ausscheidungen unseres Körper auf, sondern auch subtile Schwingungen wie die Gedanken und Emotionen unserer Mitmenschen. Zu Hause sollte man daher die Tageskleidung gegen bequeme Hauskleidung tauschen. Seide schützt gegen negative äußere Einflüsse am besten, was für viele interessant sein dürfte, die am Bildschirm arbeiten. Ein Seidenunterhemd reicht schon aus.

Die **Farbe** unserer Kleidung spielt ebenfalls eine nicht zu unterschätzende Rolle. *Vata*-Naturen werden farbenfrohe Kleider und eine helle, freundliche und bunte Umgebung guttun. Zur Harmonisierung einer *Vata*-Störung eignen sich neben den Farben Grün, Gelb, Orange und etwas Rot vor allem warme, beruhigende und helle Erdtöne und die ganze Palette der Pastelltöne, deren Ausstrahlung das oft sorgenvolle *Vata*-Gemüt aufhellt. *Pitta*-betonte Menschen sollten aggressive, grelle Farben und vor allem Rot meiden; das würde ihre feurige Natur zu sehr aus dem Gleichgewicht bringen. Ihnen sind vor allem kühlende und beruhigende Farben wie Blau, Grün, Türkis oder auch Weiß zu empfehlen. *Kapha* dagegen braucht lichte, beschwingte und zarte Töne wie Gelb, Orange und Rot. Schwarz und Grau sind keinem *Dosha*-Typ zu empfehlen; sie beeinträchtigen unsere Aura und Lebensenergie, fördern Depressionen und sind im eigentlichen Sinne ohnehin keine Farben.

Wie alle echten und natürlichen Textilien und Farben üben auch **Edelmetalle und Edel- bzw. Halbedelsteine** positive Wirkungen aus. Jedem einzelnen von ihnen ordnet der Ayurveda ganz spezifische Heilwirkungen zu. Beispielsweise besitzen sie einen ausgleichenden Einfluß auf unsere Gefühle, unser Bewußtsein, unsere Aura und können negative kosmische Einflüsse der Sterne neutralisieren.

Ebenso wichtig sind **Blumen, Räucherstäbchen, natürliche Essenzen und Parfüms**. Sie stärken den Körper, öffnen Geist und Herz und fördern unsere körperliche Ausstrahlung, unsere psychische Ausgeglichenheit sowie unser Selbstbewußtsein. Nicht zuletzt schaffen sie eine *sattvische* Atmosphäre, die uns hilft, uns innerlich zu sammeln und auf Meditation und Gebet vorzubereiten.

Morgenandacht / Meditation: Zeit für die Seele

Frisch geduscht und gekleidet könnten wir uns doch nun den vielfältigen Anforderungen und Herausforderungen des Tages widmen. Doch halt! Warum machen wir das eigentlich alles? Was sind Sinn und Ziel in unserem Leben? Bevor wir loslegen, sollten wir die Richtung bestimmen, in die wir gehen wollen. Sonst sind wir am Abend unzufrieden und frustriert, obwohl wir den ganzen Tag über aktiv waren – denn dann leben wir an unseren eigentlichen Bedürfnissen vorbei.

Nach dem Ayurveda sollte sich jeder Mensch in seinem Leben um **vier Bereiche** kümmern, und zwar um Körper, Intellekt, Emotionen bzw. soziale Beziehungen und schließlich die spirituelle Seele.

In unserer Kultur stehen körper- und intellektbetonte Aspekte im Mittelpunkt. Es geht um Leistung, Produkte und Geld. Unser Wert wird an unserer Produktivität gemessen. Zunehmend kommen sich viele Menschen aber emotional verarmt und verlassen vor. Und der spirituelle Bereich ist fast gänzlich zum Mauerblümchendasein verkommen.

Der Mensch besteht jedoch aus allen vier Bereichen: Er ist eine ewige spirituelle Seele, die mit Hilfe ihres Intellekts und über Emotionen und soziale Beziehungen in einem grobstofflichen Körper agiert. Wenn nur einer dieser vier Bereiche zu kurz kommt, fühlen wir uns im tiefsten Innern unwohl und »nicht ganz«, wir haben unsere ursprüngliche Harmonie verlassen. Wenn sich an dieser Situation nichts ändert, reagieren wir über kurz oder lang mit entsprechenden Symptomen und Beschwerden: Wir werden krank.

In einem ganzheitlich orientierten Leben sollten wir uns daher genügend Zeit nehmen, um in uns zu gehen. Der Ayurveda schlägt den verschiedenen Menschentypen dafür unterschiedliche Methoden vor. In der heutigen Zeit der Globalisierung und der ständigen Veränderungen eignet sich als einfachste Methode ein aktiver Meditationsweg: die Mantra-Meditation. Im Rezitieren oder Singen der heiligen Namen Gottes versucht sich die oder der Meditierende wieder an das eigene Wesen, den eigenen Ursprung zu erinnern, um dadurch körperliche Kraft, intellektuelle Vision und emotionale Wärme erlangen und sein Leben erfüllt leben zu können.

Körperübungen und Yoga: Für jeden etwas

Leichte Gymnastik bzw. Yoga halten den Körper jugendlich und elastisch. Sie können allerdings ebenso gut abends nach der Arbeit ausgeführt werden. Für *Vata*-Naturen sind langsame und meditative Übungen (in erster Linie in der Sitz- und Liegeposition) am besten geeignet. *Kapha*-Konstitutionen dagegen sollten forsche und aktivierende Körperübungen vorziehen (insbesondere Stehübungen, z. B. Dreieck, Held,

Sonnengruß u. ä.). *Pitta*-Menschen können sich in beide Richtungen orientieren.

Eine den ganzen Organismus aktivierende Yoga-Übung ist der **Sonnengruß**. Er regt die Durchblutung an, stärkt und dehnt die wichtigsten Muskelgruppen, macht die Gelenke beweglicher, reguliert die Wirbelsäule und massiert die inneren Organe. In Verbindung mit sanften Atemübungen *(Pranayama)* dienen maßvolle Körperübungen zur Vertiefung der inneren Sammlung und Meditation. Sportliche Betätigung ist allerdings nur maßvoll, solange durch die Nase ein- und ausgeatmet werden kann. Ein zügiger ausreichend langer Spaziergang ist daher aus gesundheitlichen Gründen empfehlenswerter als Joggen.

In den ersten Morgenstunden und kurz vor Sonnenuntergang ist *Prana*, die kosmische Energie, am stärksten. Ein Spaziergang zu dieser Zeit gibt uns nicht nur Bewegung und frische Luft, sondern auch einen großen Energieschub. Der Ayurveda empfiehlt ihn insbesondere Menschen, die an Nervosität, Schlafstörungen, Kopfschmerzen, Verspannungen oder Herz- und Lungenkrankheiten leiden. Die aufgehende oder untergehende Sonne bestrahlt die Natur – und damit auch uns – mit allen sieben Regenbogenfarben. Jede dieser Lichtstrahlungen hat auf bestimmte Funktionen in unserem Körper und unserer Psyche eine eigene stimulierende Wirkung.

Abends: Wenn die Sonne schlafen geht

Wenn die Sonne untergeht, sollten auch die Tagesaktivitäten allmählich in ruhigere Bahnen gelenkt werden. Der Ayurveda empfiehlt abends eine **leichte Mahlzeit** in entspannter Atmosphäre. In dieser Zeit kehrt wieder *Kapha* ein. Bevor wir schlafen gehen, sollten alle körperlichen und geistigen Verdauungsvorgänge abgeschlossen sein; der Körper braucht seine Energie in der Nacht für die Regeneration.

Diesen Prozeß können wir unterstützen, indem wir uns vor dem Zubettgehen **Hände, Füße und Gesicht waschen** und die **Füße mit etwas Öl massieren**. Das Bettzeug sollte sauber und in sanften, hellen Farbtönen gehalten sein. Idealerweise schläft man mit dem **Kopf in Richtung Osten oder Süden**; das unterstützt die Regenerationsarbeit der Psyche und des Körpers.

Vor dem Schlafengehen empfiehlt der Ayurveda eine innere Rückschau auf den vergangenen Tag und einen Abschluß in Form eines **Gebets oder einer Meditation**. Auf diese Weise schütteln wir etwaige negative Eindrücke ab und richten uns vor dem Einschlafen noch einmal positiv und spirituell aus.

Gesunden Erwachsenen empfiehlt der Ayurveda sechs bis sieben Stunden **Schlaf**, wobei Frauen im allgemeinen eine etwas längere Ruhepause brauchen als Männer. Kinder, alte Menschen, Kranke oder in der Rekonvaleszenz Befindliche sollten entsprechend ihren körperlichen Bedürfnissen schlafen. Nach Reisen, intensiver geistiger und körperlicher Arbeit, körperlichen oder emotionalen Verletzungen oder bei Übergängen der Jahreszeiten (z. B. Frühjahrsmüdigkeit) ist das Schlafbedürfnis größer.

Der entspannendste Schlaf ist der auf der **rechten Seite**. In dieser Lage ist vor allem das linke Nasenloch aktiv, was den Organismus kühlt und sanft regeneriert. In der linken Seitenlage wird der Körper durch die Aktivität des rechten Nasenlochs erwärmt; Verdauung und Stoffwechsel werden angeregt. Der Schlaf in der Rückenlage (beide Nasenlöcher aktiv) stört das *Vata-Dosha*, und die Bauchlage behindert nicht nur die Atmung, sondern auch alle drei *Doshas*.

Der monatliche Zyklus der Frau: Reinigung und Heilung

Neben den Zyklen wie Tages- und Jahreszeit haben Frauen durch ihre Menstruation einen zusätzlichen, einmal pro Monat wiederkehrenden Zyklus. Viele Frauen finden diese Tage eher lästig, da sie oft mit Schmerzen, Verspannungen und Stimmungsschwankungen verbunden sind. Manche fühlen sich auch in ihren normalen Aktivitäten eingeschränkt. Nach dem Ayurveda beinhaltet der Menstruationszyklus der Frau jedoch mehr als nur das monatliche Abstoßen der Gebärmutterschleimhaut. Die Monatsperioden bieten der Frau die **Gelegenheit zur Reinigung und Heilung**. »Die Tage« sind eine Zeit der Erneuerung und stellen einen wichtigen Aspekt für die Gesunderhaltung des weiblichen Körpers und eines langen Lebens dar. Die häufigsten Ursachen von Menstruationsproblemen sind heutzutage ein gestörter Biorhythmus, ein *Dosha*-Ungleichgewicht und/oder die Ansammlung von *Ama* im Körper.

Mit dem Biorhythmus der Natur leben

Tag und Nacht, Ebbe und Flut, Vollmond und Neumond, Sommer und Winter – überall in der Natur gibt es sich regelmäßig wiederholende biologische Rhythmen. Sie bilden einen ständigen Prozeß des Werdens, Bestehens und Vergehens, einen Rhythmus von Tätigkeit und Ruhe. Je mehr wir unsere Verbundenheit mit den natürlichen Rhythmen der Natur und deren Einfluß auf uns erkennen, um so besser verstehen wir, wie wichtig ein gesundes Gleichgewicht von Aktivität und Ruhe in unserem Leben und letztlich auch für den Monatszyklus ist.

Für den Menstruationszyklus der Frau ist der Einfluß des Mondes ausschlaggebend. Bei vielen Frauen tritt die Menstruation bei Neumond ein, dies ist die Zeit der Bewegung und des Wechsels *(Vata)* und auch die natürliche Phase der Reinigung. In den 14 Tagen des zunehmenden Mondes sammelt der Körper Kräfte und Energien und ist aufnahmefähiger für stärkende Kuren und Tonika. In dieser Zeit vermehrten *Kaphas* nimmt man leichter zu, und die Gebärmutterschleimhaut wächst heran. Der Vollmond ist die Phase der größten Energie – es ist die Zeit von *Pitta*. In den 14 Tagen des abnehmenden Mondes reduziert sich auch die Energie allmählich wieder. Der Körper reinigt sich von Giftstoffen, und die Gebärmutter bereitet sich darauf vor, ihre Schleimhaut abzustoßen, sofern sie keine befruchtete Eizelle ernährt.

Dieser natürliche Rhythmus läßt sich durch viele Faktoren aus dem Gleichgewicht bringen, z. B. durch Schichtarbeit, Nachtarbeit, unregelmäßige Essens- und Schlafzeiten, lange oder anstrengende Reisen, daraus folgende Zeitumstellungen und emotionale Anspannung und Probleme.

Die Doshas und der Menstruationszyklus

Kapha dominiert die Zeit nach der Menstruation und ist für den Aufbau von Gewebe, Schleimhaut und Flüssigkeiten verantwortlich. Mit dem Eisprung beginnt die Zeit von *Pitta*, das für Hormone, Blut und Reinigung verantwortlich ist. Während der Monatsblutung beherrscht *Vata* den Unterleib und sorgt für die Ausscheidung der abgebauten Gebärmutterschleimhaut. Bei einer Störung von *Vata* kommt es eventuell zu einem unregelmäßigen und schmerzhaften Menstruationsfluß. In ähnlicher Weise können auch die anderen *Doshas* zu Regelbeschwerden führen, wenn sie aus dem Gleichgewicht geraten sind.

Neben einer Abklärung eventueller anderer Ursachen durch einen ayurvedisch geschulten Therapeuten sind für *Vata*-Frauen insbesondere Ruhe, regelmäßiger Schlaf, Meditation und innere Sammlung sowie ruhige Yogaübungen empfehlenswert. *Pitta*-Frauen sollten Streß vermeiden, für leichte Bewegung an der frischen Luft sorgen und ihren physischen und psychischen Bedürfnissen mehr Zeit einräumen. *Kapha*-Frauen tut es gut, möglicherweise vorhandenes *Ama* (Stoffwechselgifte) zu reduzieren und sich körperlich mehr zu bewegen.

Die Menstruation – eine Möglichkeit zur Ama-Reduzierung

Auch toxische Stoffwechselprodukte *(Ama)* können eine Ursache für Menstruationsprobleme sein. Da sich der Körper von dem angesammelten *Ama* reinigen möchte, treten manchmal verstärkt Symptome wie Menstruationskrämpfe, Brechreiz, Durchfall und starke Blutungen auf. Wenn Ihre Menstruationsprobleme mit einer vermehrten *Ama*-Ansammlung zusammenhängen, werden Sie sich nach der Periode wahrscheinlich gereinigt und voller Energie fühlen. Dieses Wohlbefinden kann zwei bis drei Wochen andauern. Wenn Sie aber wieder neues *Ama* ansammeln, sich wenig bewegen, sich einseitig oder unnatürlich ernähren und leben etc., werden die Regelbeschwerden zu Ihrer nächsten Periode wieder auftauchen.

Ayurveda-Tips für Frauen

– Nehmen Sie sich in diesen Tagen besonders viel **Zeit zum Ausruhen und für die innere Einkehr** (vor allem an den ersten zwei oder drei Tagen der Regel), insbesondere wenn Sie ein *Vata*-Typ sind oder an einer *Vata*-Störung leiden. Dann werden Sie rasch spüren, wie Ihnen diese »langsamen Tage« neue Kraft und Energie für den restlichen Monat geben. Durch zwei bis drei ruhige Tage werden Sie mit einem ganzen Monat körperlicher und emotionaler Vitalität belohnt. Reservieren Sie sich diese Zeit, um zu lesen, vielleicht Tagebuch zu schreiben, zu singen, zu musizieren oder zu stöbern. Falls Sie es sich einrichten können, planen Sie im Beruf oder im Haushalt ein etwas lockereres Programm.

– Das **Trinken von viel warmer Flüssigkeit** (vor allem von heißem Wasser) – besonders vor und während der Menstruation – beruhigt *Vata*. Der Menstruationsfluß kommt in Gang, und etwaige Krämpfe lassen nach. Trinken Sie halbstündlich oder stündlich einige Schlucke oder ein Glas heißes Wasser, je nachdem wie durstig Sie sind.

– **Leichte, warme und flüssige Speisen** besänftigen vermehrtes *Vata* und stärken das in dieser Zeit schwache *Agni*. Empfehlenswert sind Suppen, Khicharis (ab Seite 132), gedünstetes Gemüse, Dals (ab Seite 125) und Reis, Säfte, Kräutertees sowie heiße Milch mit Gewürzen wie Safran, Ingwer oder Zimt. Etwas geschmolzenes Ghee über die Speisen geträufelt, hilft auch, *Vata* zu besänftigen.

– **Vermeiden Sie schwer verdauliche Speisen,** Fast Food, Fleisch, Fisch, Eier, saure oder gegorene Nahrung sowie Essig, Ketchup, Sojasauce und zu scharfe Nahrung. Ihrer Gesundheit zuliebe sollten Sie auch auf Alkohol, Nikotin, Kaffee und andere Stimulantien verzichten.

– Gehen Sie **früh zu Bett**, und vermeiden Sie übermäßige geistige Arbeit oder langatmige und nutzlose »Plaudereien«. Damit zerstreuen und erhöhen Sie Ihr *Vata* unnötig. Das sanfte Einmassieren von Gesicht (vor allem Stirn und Schläfen), Händen und Fußsohlen mit Sesamöl wirkt wohltuend und entspannend.

– Eine **Wärmflasche** für den schmerzenden unteren Rücken oder den Bauch wirkt ebenfalls lindernd.

– **Vermeiden Sie anstrengende Bewegung und Sportarten**, gerade in den ersten Tagen der Blutung. Wohltuend und auf *Vata* besänftigend wirkt dagegen ein zügiger Spaziergang in der Natur. Überhaupt haben Frauen, die sich regelmäßig bewegen, weitaus weniger Beschwerden.

– In dieser Zeit wird vom Ayurveda **von sexueller Betätigung abgeraten**, denn dadurch würde der abwärtsfließende *Vata*-Fluß übermäßig gestört, was Krankheiten der Unterleibsorgane bis hin zu Sterilität zur Folge haben kann.

– Das tägliche **Massieren mit Sesamöl** ist gerade für *Vata*-Frauen wohltuend. Duschen Sie anschließend mit warmem Wasser. Heiße Vollbäder sind eher mit Vorsicht zu genießen, da sie *Pitta* erhitzen und die Blutung verstärken. Ein warmes Wannenbad kann bei *Vata*-Frauen allerdings auch entkrampfend wirken.

Freunde und Umgebung: Wie außen so innen

Wer gesund sein und bleiben will, sollte sich gesund ernähren und *sattvisch* leben. Nach dem Ayurveda werden wir allerdings noch von weiteren Faktoren beeinflußt, z. B. von der Umgebung und dem Klima, in dem wir leben und arbeiten. *Vata*-Menschen vertragen Sonne und eine warme, feuchte Umgebung am besten. Kalte, windige Gebiete dagegen mögen sie nicht; in solchen Regionen werden sie über kurz oder lang krank. Auch *Kapha*-Konstitutionen lieben die Sonne; ihnen tut eine warme und trockene Umgebung gut. *Pitta*-Naturen geben kühleren Klimazonen den Vorzug; wenn es ihnen zu warm und zu schwül ist, werden sie psychisch und physisch unausgeglichen. Auch die Menschen, mit denen wir zusammen sind, haben einen Einfluß auf uns. Die meisten Menschen suchen sich intuitiv Freundinnen und Freunde mit solchen Charaktereigenschaften aus, die sie selbst besitzen oder zumindest anstreben. Dahinter steckt das psychologische Prinzip von *Sattva*, *Rajas* und *Tamas*. Wer viel mit Menschen verkehrt, die sich nach dem Harmonie-Prinzip des *Sattva* richten, wird auch selber ohne Schwierigkeiten *sattvisch* leben. Umgekehrt kann schon ein längeres Gespräch mit einem von destruktiven und selbstzerstörerischen Eigenschaften geprägten Menschen gewisse negative Eigenschaften in uns selbst zum Vorschein bringen. Solche Begegnungen führen in uns zu psychischen, physischen und spirituellen Mängeln. Die Gemeinschaft mit aufrichtigen, emotional und spirituell starken Menschen dagegen färbt positiv auf uns ab. Es liegt also an uns selbst, wie wir leben möchten. Neben *sattvischer* Ernährung sowie einem Lebensstil und einer Umgebung, die unserem *Dosha* entsprechen, empfiehlt der Ayurveda, daß wir uns den Erfahrungsschatz reifer und spirituell ausgerichteter Persönlichkeiten zunutze machen.

Die Ayurveda-Ethik: Vom Gedanken zum Schicksal

Säe einen Gedanken und du wirst eine Tat ernten; säe eine Tat und du wirst eine Gewohnheit ernten; säe eine Gewohnheit und du wirst einen Charakter ernten; säe einen Charakter und du wirst ein Schicksal ernten.

Indische Weisheit

Was wir denken, fühlen, wollen und tun, bestimmt, wer und wie wir **sind.** Mehr noch: Unsere Handlungen bestimmen den Inhalt unseres Bewußtseins und das Energieniveau unseres Körpers. Sie offenbaren unsere wahren Wer-

te im Leben. Handlungen haben ihren Ursprung in Entscheidungen, die wiederum auf Gefühlen und Gedanken basieren. Auch auf diesen Bereich geht der Ayurveda ein.

Nach dem Gesetz von Ursache und Wirkung *(Karma)* verdampfen Emotionen nicht einfach, sondern prägen sowohl die Beziehungen zu unserem sozialen Umfeld als auch unseren feinstofflichen Körper und die Abwehrkraft. Was uns den Tag über bewegt, ist also durchaus von Bedeutung. Während positive Emotionen und Handlungen unsere Gesundheit stärken, wirken sich negative Emotionen negativ auf unsere physische und psychische Gesundheit aus – über kurz oder lang machen sie uns krank. Beobachten Sie einmal Ihre Reaktionen, wenn Sie jemand beschimpft: Sofort reagiert der gesamte Organismus, indem der Blutdruck steigt und die Atmung schneller wird. Jede Handlung oder Emotion wirkt sich also im weitesten Sinne auf unsere Gesundheit aus, wobei der Begriff Gesundheit sich gleichermaßen auf Körper, Psyche und Seele bezieht.

Das Ethikverständnis des Ayurveda ist daher nicht primär ein soziales, religiöses oder moralisches, sondern bezieht sich auf das Wohlergehen des Individuums. Die *Bhagavad-Gita* drückt das *sattvische* Ethikverständnis der vedischen Kultur folgendermaßen aus:

Friedfertigkeit, Selbstbeherrschung, Akzeptieren von Unannehmlichkeiten für spirituellen Fortschritt, Reinheit, Duldsamkeit, Ehrlichkeit, Wissen, Weisheit und Selbst- und Gotteserkenntnis sind die natürlichen Eigenschaften, die die Handlungsweise der sattvisch lebenden Menschen (Brahmanas) bestimmen.

Bhagavad-Gita 18.42

Dosha-Harmonie heute

Unsere Ernährung beinhaltet heute allzu oft Weißmehlprodukte, raffinierten Zucker, Fleisch, Fisch, Eier, Eiscreme, Soft-Drinks, Ketchup, Fast Food, Design Food, Light Food, Gen Food usw. – Nahrungsmittel also, die unsere *Doshas*, insbesondere *Kapha*, völlig aus dem Lot bringen.

Unser berufliches und gesellschaftliches Leben ist häufig auf Erfolg, Konsum, Konkurrenz und Leistung ausgerichtet – und das sind Faktoren, die *Pitta* durcheinander bringen.

Der größte Teil unseres Lebensstils stört jedoch das *Vata-Dosha*. Bei Reisen mit dem Auto, mit dem Zug und insbesondere mit dem Flugzeug haben wir keinen direkten Bodenkontakt mehr, und auch die Geschwindigkeit, mit der wir uns fortbewegen, stört *Vata* vehement – je schneller, um so schlimmer.

Informationsüberflutung, Sensationsmeldungen und ein oberflächliches Unterhaltungsangebot halten uns in einem Stadium ständiger Bedürftigkeit. Diese Unsicherheit, Inhaltsleere und Oberflächlichkeit, die über die Medien vermittelt wird, bringen unser *Vata* durcheinander. Sogar die Strahlungen (auch radioaktive), die von den Bildschirmen ausgehen, stören *Vata* ungemein.

Verkehrs- und Maschinenlärm und laute Musik machen uns einerseits übersensibel, andererseits führen sie zu Abstumpfung. Rausch- und »Genuß«mittel bringen zunächst all unsere *Doshas* gehörig durcheinander und führen langfristig gesehen in der Regel zu Schlaflosigkeit, Verstopfung, Trockenheit der Haut, Gewichtsverlust, Schwindel, Kopfschmerzen, Konzentrationsschwäche, Koordinationsstörungen, Muskelzittern, Ängsten und anderen psychischen Beschwerden – alles *Vata*-Störungen.

Fast Food und Mikrowellenspeisen besitzen keine *Prana* (Lebensenergie) – ein weiterer *Vata* beeinträchtigender Faktor. Auch kaputte Familienbeziehungen und das häufige Wechseln der Partner bringen das *Vata* der betroffenen Menschen, insbesondere das der empfindsamen Kinder, vollends durcheinander.

Da unser heutiger Lebensstil überwiegend durch die Psycho-Prinzipien *Rajas* und *Tamas* beeinflußt wird, entfernen wir uns immer mehr von einem *sattvischen* Leben der Ausgewogenheit, des Glücks und der Harmonie.

Wenn Sie eine ganzheitliche Gesundheit anstreben, können Sie zu jedem Zeitpunkt eine neue Richtung einschlagen. Machen Sie sich frei von krankmachenden Tendenzen unseres gegenwärtigen Lebensstils, indem Sie immer mehr die heilenden Prinzipien des Ayurveda in Ihren Alltag integrieren. Wenn Sie erst einmal damit begonnen haben, werden Sie mit einem Vielfachen an Gesundheit und Lebensfreude belohnt.

Die Kunst des Kochens – Die Küche als Ort der Kraft

Um essen zu können, sind zwei Dinge notwendig. Man muß entweder hungrig sein, oder der Gastgeber hat die Speisen mit großer Zuneigung zubereitet.

Alte vedische Weisheit

Ein einflußreicher vedischer König wurde eines Abends sowohl von seinem armen Freund als auch von einem wohlhabenden Adeligen zum Essen eingeladen. Er entschied sich, bei seinem Freund zu essen, da er sich sicher war, daß die Speisen mit großer Zuneigung zubereitet worden waren. Denn neben den zahlreichen Nährstoffen nehmen wir beim Essen auch die feinstofflichen Wirkungen sowie die *Prana* (Lebensenergie) der Nahrungsmittel auf. Und gerade diese subtilen Energien können bei der Zubereitung der Speisen noch beeinflußt werden. Aus diesem Grund kommt in der Ayurveda-Ernährung der Köchin bzw. dem Koch eine bedeutende Rolle zu.

Liebe geht durch den Magen

Jeden Tag können wir uns mit der göttlichen Kraft und Energie verbinden, durch die alles Leben entstanden ist. Und das auch ganz praktisch: durchs Essen. Unsere häusliche Küche kann wieder eine ganz zentrale Rolle einnehmen. Die Küche kann für uns und unsere ganze Familie wieder zu einem Ort der Kraft und Inspiration werden. Nicht umsonst war der wichtigste Ort im Haus früher die (Wohn-)Küche mit großer Sitzecke (und nicht der Platz vor dem Fernseher). Hier fand alles Leben statt – Kommunikation und Austausch innerhalb der Familie und im Freundeskreis.

Das alte Sprichwort »Liebe geht durch den Magen« deutet darauf hin, daß mit der Nahrung nicht nur Nährstoffe für den Körper, sondern auch »für die Seele« übertragen werden. Die positiven Einflüsse des Kochs, der mit menschlicher Wärme und Zuneigung kocht, haben einen direkten Einfluß auf die Sättigung und Zufriedenheit, die man nach einem derart zubereiteten Essen erfährt. Wissenschaftler haben entdeckt, daß diese Faktoren nicht nur einen positiven Einfluß auf unsere Verdauung und unseren Stoffwechsel ausüben, sondern auch unser Immunsystem stärken.

Auf unseren Studienreisen durch Indien und der damit einhergehenden Beschäftigung mit dem Ayurveda und anderen Teilen der alten vedischen Texte wie der berühmten *Bhagavad-Gita* stießen wir auf die gleiche Schlußfolgerung. Im Haus einer befreundeten Priesterfamilie erlebten wir hautnah, wie dieses Wissen um die hohe Kunst und Tradition des Kochens bis heute lebendig geblieben ist. Als hätte man noch nie etwas von Fast Food, Konservendosen und Mikrowelle gehört, ist Kochen dort sowohl Meditation als auch Gottesdienst. Hier vereint der Koch mehrere Personen in sich: Koch, Priester und Arzt. Mit seinen lebendig gebliebenen Kenntnissen des Ayurveda stimmt der Koch die Mahlzeiten auf die individuellen Bedürfnisse oder Krankheiten der Familienmitglieder ab. Entsprechend den Jahreszeiten und vielen anderen Faktoren kocht er eine wahrhaft göttliche Speise. Diese Begegnungen und Erfahrungen haben tiefe Eindrücke bei uns hinterlassen, was sich auch auf unsere Koch- und Eßgewohnheiten zu Hause ausgewirkt hat.

Kochen als Meditation

Bevor es in der Küche losgeht: Haben Sie es nicht auch schon erlebt, wie eine kurze Dusche entspannt, erfrischt und die Energie bündelt? Die heilenden Eigenschaften des Wassers waren nicht nur Pfarrer Kneipp bekannt, sondern auch schon dem Ayurveda, der vor dem Kochen eine kurze Dusche empfiehlt. Sie reinigt nicht nur äußerlich (den Körper), sondern bereitet uns auch innerlich (das Bewußtsein) auf das Kochen vor. Probieren Sie es doch selbst einmal aus! Wenn Sie die Gaben der Natur dankbar zu einer bekömmlichen Mahlzeit zubereiten, kann Kochen immer wieder auf's neue zu einem schönen Erlebnis werden. Die aus solchen Töpfen und Schüsseln aufsteigenden Düfte sind ein wahrer Lichtblick im grauen Alltag! In der indischen Küche ist es noch heute üblich, während des Kochens nicht zu kosten oder abzuschmecken. Das ist nicht nur hygienischer, sondern für die Köchin oder den Koch selbst gesünder – die Verdauung sollte nämlich erst mit der Mahlzeit einsetzen und nicht schon beim Vorkosten. In der Tat kann Vorkosten die Verdauung sogar so durcheinander bringen, daß gesundheitsschädliche Stoffwechselprodukte *(Ama)* entstehen. Mit etwas Übung und Erfahrung werden Sie beim Kochen und Backen schon bald sehen und riechen, ob noch etwas von einer Zutat fehlt. Lassen Sie sich ruhig einmal auf ein Experiment ein, Sie werden erstaunt sein, wie schnell Sie Ihr Talent für das »Kochen nach Gefühl« entwickeln.

Vor jedem Essen schließlich sollten sich alle Beteiligten ein Weilchen sammeln und wie in allen Traditionen und Glaubensgemeinschaften ein Tischgebet sprechen oder eine kurze gemeinsame Meditation machen. Der nachdenkliche Mensch ist sich bewußt, daß diese Lebensmittel nur durch Gottes Energie gewachsen sind; ihr standen die Elemente Sonne, Wasser, Erde, Luft und Raum hilfreich zur Seite. Nur mit dieser Hilfe konnten wir die Nahrung ernten, zubereiten und dankbar annehmen.

In unserer Familie weihen wir die Speisen vor unserem kleinen Hausaltar auf einem eigens dafür reservierten Teller zusammen mit einem kleinen Glas Wasser. Genau wie in den jahrtausendealten Tempeln der *Vaishnavas* (Verehrer *Vishnus* oder *Krishnas)* sprechen wir Gebete (Mantren) zu Gott, den die Veden als *Krishna* (der All-Anziehende) bezeichnen. Nach einigen bewußten Minuten der Besinnung verteilen wir dann diese Portion auf unseren Eßtellern und spülen *Krishnas* Teller ab. Anschließend

nehmen wir alle gemeinsam unsere Mahlzeit ein.

Die Speisen, die mit spiritueller Energie aufgeladen sind, nennt man im Sanskrit (der Sprache der Veden) *Prasadam*, spiritualisierte Nahrung. Kochen als Meditation macht die Küche wahrlich zu einem positiven Kraftort.

Zeit für gemeinsames Essen

Abschließend noch ein Wort zur gemeinsamen Familienmahlzeit: Auch wenn Sie aus beruflichen Gründen tagsüber nicht zusammen essen können, sollten Sie doch auf ein gemeinsames Abendbrot Wert legen. Wenn auch das nicht möglich ist, essen Sie wenigstens am Wochenende gemeinsam mit Ihrer Familie. Tun Sie es sich selbst und Ihrer Familie zuliebe!

Diese Mahlzeiten (ohne den laufenden Fernseher im Hintergrund, den Kommunikationskiller Nr. 1) sind die Gelegenheiten, bei denen Informationen, Ideen und Visionen ausgetauscht und Beziehungen gepflegt und vertieft werden. Hier findet ein gegenseitiges Geben und Nehmen statt. Ihre Kinder werden Ihnen für diese Begegnungen mit Sicherheit einmal dankbar sein. Unsere moderne »Eß(un)kultur« von Fast Food, Drive-Ins, Snack Bars und Würstchenbuden, die sich dadurch auszeichnet, daß die Menschen im Stehen, im Gehen, in Hast und Eile und sogar beim Autofahren essen, nein: schlingen, ist keineswegs ein Vorbild für eine fortschrittliche Gesellschaft.

Zeit zum Essen (und zum Kochen und Backen) sollte kein Luxus sein, sondern der Bestandteil eines psychisch und physisch gesunden und harmonischen Lebens. *(Sattvische)* vegetarische Nahrung kann uns nur dann mit höheren spirituellen Energien versorgen, wenn wir sie in der richtigen Haltung und in Ruhe zu uns nehmen.

Das sollten Sie noch wissen ...

Kochen nach ayurvedischen Prinzipien ist eine Kunst und gleichzeitig eine Wissenschaft. Die Kunst besteht darin, inspiriert und mit großer Hingabe ein *(sattvisches)* Gericht zuzubereiten und sich dabei von der eigenen Intuition und Kreativität leiten zu lassen. Zur Wissenschaft wird das Kochen nach Ayurveda, wenn Sie die Heilwirkung und Eigenart der einzelnen Zutaten und ihre Verwendung in der Küche kennen. Die richtige Kombination von Nahrungsmitteln, die individuelle Konstitution, die Jahreszeit, das Lebensalter etc. – all diese Faktoren spielen für eine gesunde und harmonische Ernährung eine große Rolle.

»Du bist, was du ißt.« – Je mehr Sie Ihre Ernährung in Richtung *Sattva* ausrichten und die Empfehlungen des Ayurveda in Ihr Leben einbeziehen, um so mehr werden Sie wieder ein eigenes Gespür dafür bekommen, was Ihnen gut tut und was nicht. Wichtig ist vor allem die Kombination: Ein gesunder *Vata*-Typ kann beispielsweise auch in Maßen *Vata*-verstärkendes Gemüse zu sich nehmen, wenn diese Wirkung durch die Zugabe bestimmter Nahrungsmittel und Gewürze ausgeglichen wird.

Hinweise zu den Rezepten

Zutaten

– Verwenden Sie **möglichst biologisch angebautes Obst und Gemüse**; das gilt auch für Trockenfrüchte. Am besten sind natürlich frische, biologisch angebaute Obst- und Gemüsesorten und Kräuter aus dem eigenen Garten.

– Die **Gewichtsangaben** für Gemüse und Obst in den Rezepten beziehen sich immer auf das ungeschälte bzw. ungeputzte Gemüse.

– Bei der Milch in den Rezepten ist immer **Rohmilch, Vorzugsmilch** bzw. **nur-pasteurisierte Milch** (aber nicht homogenisiert!)

gemeint. Sie ist im Naturkostladen, Reformhaus oder direkt beim Bio-Bauern erhältlich.

– **Alternativen zur Milch** für *Pitta*-Typen sind Soja- oder Reismilch. *Vata*-Typen dürfen auf Reis-, Mandel- und in Maßen heiße, gewürzte Sojamilch zurückgreifen. Für *Kapha*-Typen eignet sich Ziegen- oder Sojamilch, wenn sie heiß und gewürzt ist.

– **Ghee** (Butterreinfett oder Butterschmalz) sollte idealerweise aus Sauerrahmbutter selbst hergestellt worden sein (siehe Seite 222); in jedem Fall sollte Ghee jedoch aus Kuhmilch und nicht aus Pflanzenöl bestehen (Alternativen für Veganer s. u.).

– Verwenden Sie nur **kaltgepreßte, unraffinierte Pflanzenöle** aus kontrolliert ökologischem Anbau (aus dem Naturkostladen bzw. Reformhaus). Raffinierte Speiseöle sind tote Chemiefette.

– Für **Veganer** und Menschen, die völlig auf tierisches Eiweiß verzichten müssen oder möchten, haben wir in vielen Rezepten Alternativen angeboten. Für *Vata*-Typen eignen sich vor allem Sesam- und Olivenöl, aber auch die meisten anderen Öle wie Sonnenblumen-, Maiskeim-, Walnuß- oder Senföl. *Pitta*-Typen verwenden statt Ghee am besten Sonnenblumen-, Oliven-, (gentechnikfreies) Soja-, Leinsamen- oder Walnußöl. *Kapha*-Typen nehmen Maiskeim-, Sonnenblumen- oder Sesamöl.

– Als **Süßungsmittel** empfiehlt der Ayurveda je nach Konstitutionstyp in erster Linie Vollrohrzucker, Jaggery bzw. Gur sowie Ahornsirup, Apfeldicksaft oder nicht wärmegeschädigten Honig. Von weißem, raffiniertem Zucker rät der Ayurveda in jedem Fall ab.

– **Meersalz, unraffiniertes Salz oder ayurvedisches Steinsalz** (z. B. Sendha Namak, Kala

Namak, siehe auch Warenkunde im Anhang) ist nach dem Ayurveda weitaus besser als industriell produziertes oder jodiertes Salz. Sendha Namak wird in kristalliner Form aus dem Sindgebirge in Pakistan abgebaut und in vielen Ayurveda-Heilmitteln, aber auch in der Küche verwendet. Ein weiteres empfehlenswertes Steinsalz ist Kala Namak, insbesondere wegen seines Mineralstoffgehaltes, allen voran Schwefel. Es ist tiefrot und erinnert im Geruch etwas an hartgekochte Eier.

– Lassen Sie **Gewürze und Kräuter nicht zu lange herumstehen**. Nach einem Jahr verlieren Sie an Würzkraft und *Prana*, der Lebensenergie. (Am besten lagert man sie lichtgeschützt.) Natürlich sollten sie auch nicht radioaktiv bestrahlt sein. Das feinste Aroma und die stärkste Heilkraft besitzen frisch mit dem Mörser gemahlene Gewürze (selbstgemachte Gewürzmischungen, Masalas; siehe ab Seite 259).

– Die **Gewürzangaben** in den Rezepten beziehen sich immer auf gestrichene TL bzw. EL. Sie dienen als grobe Richtlinien; die Feinabstimmung bleibt Ihnen überlassen.

– **Mengenangaben der benutzten Meßlöffel**

1 (gestrichener) EL	=	15 ml
1 (gestrichener) TL	=	5 ml
½ TL	=	2 ml
¼ TL	=	1 ml

– Zum **Trockenrösten von Gewürzen** geben Sie diese für einige Sekunden in einen heißen kleinen Topf bzw. eine Pfanne ohne Fett und rühren sie dabei gut um. Lassen Sie die Gewürze nicht anbrennen, zu lange geröstete Bockshornkleesamen (Methi) beispielsweise können dadurch bitter werden. Sie können Gewürze auch in einer Schöpfkelle über der Gasflamme rösten.

– Nicht nur Gemüse und Obst sollte vor der Weiterverarbeitung gründlich gewaschen werden. Auch **frische Kräuter** sollten Sie vor dem Hacken immer unter fließendem Wasser abspülen und anschließend gut trockenschütteln. **Ingwer** sollte vor dem Zerkleinern gewaschen und geschält werden.

Kochutensilien

– Ein guter **Mörser** ist aus der Ayurveda-Küche kaum wegzudenken. Wer Gewürze immer frisch mahlt oder zerstößt, schmeckt bald den Unterschied zu käuflich erhältlichen Fertigmischungen. Wir verwenden für diesen Zweck einen schweren Steinmörser (in asiatischen Geschäften erhältlich). Er eignet sich z. B. zum Mahlen von Pfeffer, Koriandersamen, Kreuzkümmel und für getrocknete Kräuter. Wenn Sie ganze Kardamomkapseln verwenden, schlitzen Sie diese mit einem kleinen scharfen Messer auf und zerstoßen Sie die darin enthaltenen Samen in dem Mörser.

– Ein **Schnellkochtopf** aus Edelstahl ist eine sinnvolle Anschaffung, vor allem zum Kochen von Hülsenfrüchten (Dal, Khichari u. ä.) und zum Dünsten von Gemüse.

– Eine *Karhai* (doppelgriffige tiefe Pfanne), ein **Wok** oder ein **flacher Topf mit dickem Boden** eignen sich zum Fritieren von Puris u. ä. Für Fladenbrote wie Chapatis oder Parathas ist eine *Tava* (gußeiserne Flachpfanne mit einem Griff) ideal, eine **Anti-Haft-Pfanne** tut es aber auch.

Nun wünschen wir Ihnen viel Spaß beim Ausprobieren der Rezepte und guten Appetit!

Mit diesem Symbol gekennzeichnete Rezepte sind vegan, d. h. ganz ohne Produkte tierischen Ursprungs. Nicht-vegane Zutaten lassen sich problemlos durch in Klammern angegebene vegane Zutaten ersetzen.

Frühstück

Granola

Wirkt Vata- und sanft Pitta-erhöhend

Hafer ist reine Naturmedizin. Neben vielen ungesättigten Fettsäuren und Protein mit einer hohen biologischen Wertigkeit finden sich in ihm besonders leicht verdauliche Kohlenhydrate, zahlreiche Mineralien, Spurenelemente und eine große Palette an Vitaminen wie Provitamin A, Vitamine des B-Komplexes, Vitamin E und Vitamin K.

Hafer unterstützt die Arbeit von Bauchspeicheldrüse und Leber und senkt den Blutdruck und den Cholesterinspiegel. Er hilft bei Magen-Darm-Störungen, steigert die körperliche Leistungsfähigkeit, ermöglicht ein besseres Durchhaltevermögen und vermindert das Schlafbedürfnis. Nicht nur das Wachstum wird durch Hafer gefördert, sondern auch der Aufbau von Drüsen und Muskeln, die Blutbildung sowie die Leistung von Nerven und Gehirn. Seine Hormone sorgen für gute Laune.

Während der ganze Hafer *Kapha* erhöht, gibt es bei Haferflocken eine Besonderheit: Jene, die mit der Flockenquetsche selbst gemacht werden oder aus dem Naturkostladen stammen, wirken *Kapha*-erhöhend, industriell hergestellte Haferflocken dagegen verstärken *Vata*.

Diese Granola-Mischung wirkt *Vata*- und sanft *Pitta*-erhöhend und ist daher genau richtig für *Kapha*-Menschen. Etwas abgeändert (siehe *Dosha*-Tip) können jedoch auch *Vata*- und *Pitta*-Konstitutionen zugreifen.

Ergibt 725 g

250 g Haferflocken
125 g Hirseflocken
100 g Dinkelflocken
50 g Sonnenblumenkerne
50 g Kürbiskerne
1 TL Zimt
6 Kardamomkapseln
4 – 5 Safranfäden
4 EL Sonnenblumenöl
75 – 100 ml Apfeldicksaft
50 g gepoppter Amaranth
   (Amaranth Popcorn)
100 g Rosinen

So wird's gemacht:

1) Alle Flocken mischen und in einer großen Pfanne bei mittlerer Hitze etwa 5 Minuten rösten; dabei immer wieder umrühren. Kardamomkapseln mit einem spitzen Messer öffnen, die Samen herausnehmen und im Mörser zerstoßen. Sonnenblumen- und Kürbiskerne sowie Zimt und Kardamom zu den Flocken geben. Öl und Apfeldicksaft über die Flockenmischung geben und gut umrühren.

2) Die Flocken von der Flamme nehmen, wenn sie goldbraun und knusprig sind. Mit gepopptem Amaranth und Rosinen in einer großen Schüssel mischen und abkühlen lassen.

Vata-Typ: Ihnen werden Dinkel- und Weizenflocken an Stelle von Hirseflocken gut tun. Dazu können Sie nach Belieben noch etwas mehr Süßungsmittel und auch 100 g geröstete und gemahlene Haselnüsse mischen. Granola immer nur gut eingeweicht in heißer Milch (vegan: warme Mandel- oder gewürzte Reismilch) servieren, da es für Ihren Typ sonst zu trocken ist.

Pitta-Typ: Ersetzen Sie die Hirseflocken durch Dinkel- bzw. Weizenflocken. Auf Wunsch mehr Apfeldicksaft sowie kühlende Kokosflocken hinzufügen. Granola in warmer Milch (vegan: Mandel-, Soja- oder Reismilch) oder in leicht gesüßter und verdünnter Buttermilch servieren.

Servieren Sie Granola mit etwas verdünnter Buttermilch, warmer Fruchtsauce (siehe Seite 246) oder streuen Sie es einfach über Ihren Frühstücks-Obstsalat. Granola ist in einer großen Dose aufbewahrt mehrere Monate haltbar.

Dalia (Weizen- bzw. Dinkelschrotbrei)

Wirkt Kapha-erhöhend

Das Power-Getreide. Was in Südindien der Reis, ist in Nordindien der Weizen. Er wird hier täglich verwendet.

Vollkornweizen enthält Provitamin A, Vitamine des B-Komplexes, Vitamin C, D und E, Niacin sowie zahlreiche Mineralstoffe. Außerdem finden sich in ihm Spurenelemente, Hormone, Enzyme, aromatische Öle und hochwertiges Eiweiß. Weizen und auch Dalia beschreibt der Ayurveda als stärkend, aufbauend und *Kapha*-vermehrend: ideal also, um *Vata* und *Pitta* zu besänftigen. Weizenkeimlinge sind hilfreich bei Wachstumsstörungen, Nervenschwäche, Magen- und Herzbeschwerden, Hautunreinheiten und -ausschlägen, Kreislaufstörungen und schneller Ermüdung.

Dalia ist ein beliebter ayurvedischer Frühstücksbrei für die kalte Herbst- und Winterzeit. Man empfiehlt ihn speziell Menschen in der Rekonvaleszenz, da er Kraft gibt, die Körperabwehr stärkt und die *Dhatus* (siehe Seite 32) aufbaut. In Indien reicht man Dalia aus Weizenschrot sowohl süß, wie in diesem Rezept, als auch pikant.

Das Besondere an diesem Gericht ist die Vorbehandlung des Weizens bzw. Dinkels. Er soll 24 Stunden keimen und wird dann gespült und auf einem Tuch an der Sonne bzw. auf der Heizung getrocknet. Anschließend wird das Getreide grob geschrotet und in einem Schraubglas luftdicht aufbewahrt. Jetzt kann das Weizen- bzw. Dinkelschrot für das Dalia-Frühstück verwendet werden.

An Stelle von Weizen haben wir den noch gesünderen Dinkel verwendet. Dinkel weist nicht nur die positiven stärkenden Eigenschaften von Weizen auf, sondern besitzt zusätzlich energetisierende und leichter bekömmliche Eigenschaften.

Dalia ist optimal für *Vata*- und *Pitta*-Naturen, im Winter und in Maßen dürfen auch *Kapha*-Konstitutionen zugreifen.

Pro Person:

3 – 4 EL (etwa 50 g) Schrot aus gekeimtem Weizen oder Dinkel (siehe nebenstehenden Text)
½ – 1 TL Ghee (vegan: Sonnenblumenöl)
200 ml Wasser
150 ml Milch (vegan: Sojadrink, Reis- oder Mandelmilch)
3 Kardamomkapseln
1 – 2 EL Rosinen (nach Belieben)
25 g (1 großer EL) Jaggery bzw. Gur, Vollrohrzucker oder Honig (je nach Dosha-Typ)
1 EL Mandelblättchen oder Chironji

So wird's gemacht

1) Dinkel bzw. Weizen vorbehandeln (keimen, trocknen und schroten) wie in der Einleitung beschrieben. Wenn Sie einen kleinen Vorrat in einem Schraubglas anlegen wollen, keimen Sie am besten gleich 250 – 500 g Dinkel.

2) Ghee in einem Topf schmelzen und Dinkel- bzw. Weizenschrot für einige Minuten unter Rühren darin goldbraun anrösten. Mit Wasser aufgießen und zugedeckt für 8 – 10 Minuten kochen.

3) Nun die Milch (bzw. Sojadrink, Reis- oder Mandelmilch) dazugießen und Hitze reduzieren. Kardamomkapseln aufschlitzen, Samen in einem Mörser zerstoßen und zusammen mit den gewaschenen Rosinen in den Brei geben. 4 – 5 weitere Minuten auf kleiner Flamme köcheln lassen und Süßungsmittel dazugeben. (Falls Sie Honig – für *Kapha* – verwenden, diesen erst vor dem Servieren in den handwarmen Brei geben). Brei für einige Minuten auf ausgeschalteter Herdplatte quellen lassen.

4) Mit Mandelblättchen oder trocken gerösteten Chironjis bestreuen und warm servieren.

Dinkelflockenbrei

Wirkt ausgleichend auf alle drei Doshas

Der Lebenskünstler. Im Gegensatz zu den meisten hochgezüchteten Getreidesorten ist Dinkel, der Urweizen, genetisch intakt. Dazu ist er auch recht stand- und wetterfest, denn er wächst selbst auf kargen Böden in 1500 m Höhe, wo Weizen nicht mehr gedeihen kann. Unserer Gesundheit hat Dinkel viel zu bieten: Er enthält so gut wie alle Nährstoffe, die der Mensch braucht, in einem harmonisch ausgewogenen Verhältnis. Dazu gehören in idealer Zusammensetzung Vitamine (insbesondere Vitamine der B-Gruppe), sehr viel Eiweiß mit allen essentiellen Aminosäuren, organische Mineralien (Eisen, Magnesium), Spurenelemente, Kohlenhydrate, ungesättigte Fettsäuren und zahlreiche Ballaststoffe.

Dinkel vermehrt *Kapha* und sanft *Pitta* und hilft bei Magen-Darm-Störungen, Blähungen, Stoffwechselerkrankungen und Allergien. Er stärkt das Bindegewebe und die Haare, hilft bei Erkrankungen der Atemwege, wärmt, stabilisiert den Kreislauf und normalisiert den Blutdruck. Und nicht zuletzt sorgt Dinkel mit seinem L-Tryptophan für gute Laune.   ·
Unser Dinkelflockenbrei ist für alle drei *Doshas* ein leicht bekömmliches Frühstück.

Dinkelflockenbrei schmeckt pur oder auch mit 1 – 2 EL Joghurt bzw. Buttermilch. Je nach Jahreszeit und Konstitution können Sie auch noch eine frische süße Frucht, z. B. eine Birne, zugeben.

Pro Person:
*1 – 3 Safranfäden
2 Datteln oder/und
   1 – 2 EL ungeschwefelte Rosinen
4 – 5 EL Dinkelflocken
300 – 400 ml Wasser
1 – 2 Kardamomkapseln
¼ TL Zimt
¼ – ½ TL Bourbon-Vanille
1 – 2 EL Ahornsirup, Jaggery bzw. Gur,
   Vollrohrzucker oder Honig
   (je nach Dosha-Typ)*

So wird's gemacht:
1) Safran etwa 10 Minuten in 1 – 2 EL Wasser einweichen. Datteln waschen, entkernen und klein schneiden. Datteln und/oder Rosinen und Dinkelflocken in einem kleinen Topf mit Wasser 15 – 20 Minuten köcheln lassen, bis sie weich sind.
2) Kardamomkapseln mit einem Messer aufschlitzen und die Samen im Mörser zerstoßen. Zum Schluß mit Vanille, Zimt, Kardamom, eingeweichtem Safran oder Gewürzen nach Wahl würzen, z. B. mit 1 TL gemahlenem Fenchel, und Süßungsmittel nach Wunsch dazugeben. (Falls Sie Honig verwenden, den Brei erst für einige Minuten abkühlen lassen!)

Vata- und Pitta-Typ: Geben Sie noch 1 – 2 EL geschmolzenes Ghee über den Brei.

Vata-Typ: Trinken Sie zum Dinkelflockenbrei ein Glas heiße Gewürzmilch (siehe Seite 254) (vegan: warme Mandelmilch), und runden Sie das Frühstück mit einer Banane ab.

Kapha-Typ: Vor allem in der Herbst- und Winterzeit ist Dinkelflockenbrei für Sie geeignet. Süßen Sie am besten (falls notwendig) mit Honig bzw. mit Apfeldicksaft.

Gemüsegerichte

Spargel in Aspik

Wirkt ausgleichend auf alle drei Doshas

Für Gourmets. Agar-Agar ist ein wertvolles Gelier- und Verdickungsmittel. Es wird aus Rot- oder Braunalgen gewonnen und ist eine pflanzliche und gesunde Alternative zu Gelatine. Neben etwa 3,5 % verschiedenen Mineralstoffen hat Agar-Agar auch das cholesterinsenkende und darmfreundliche Pektin zu bieten.

Süß, zusammenziehend, bitter, kühl, leicht und feucht, besänftigt Spargel erhöhtes *Pitta*. Mit seiner leichten Verdaulichkeit stabilisiert er *Vata* und stimuliert *Kapha*. Dazu kommen dann noch Provitamin A, Vitamine der B-Gruppe und Vitamin C, Eisen, Kalium, Phosphor, Calcium und Jod. Spargel wirkt mild tonisierend und beruhigend auf Herz und Nerven. Er steigert die Zelltätigkeit der Nieren, hilft, im Körper angesammelte Giftstoffe über den Urin wieder auszuscheiden, und regt die Verdauung an.

Spargel in Aspik ist nicht nur einfach zuzubereiten, er sieht auch sehr attraktiv aus und paßt zu vielem: sei es zu kalten Büffets, bei Parties oder als Vorspeise zu Vollkorn-Toastbrot. Zusammen mit Salat und Fladenbrot gereicht, ergibt er eine vollständige Mahlzeit, bei der alle drei *Dosha*-Typen zugreifen können.

Für 4 Personen

300 g weißer Spargel (Nettogewicht)
300 g grüner Spargel
100 g frische grüne Erbsen (Nettogewicht)
150 g Karotten
1 gehäufter TL frisch geriebener Ingwer
600 ml (Gemüsekoch)-Wasser
2 TL Agar-Agar-Pulver
½ TL Kurkuma
¼ TL Asafoetida
½ TL frisch gemahlener schwarzer Pfeffer
¾ TL Salz
3 EL Mandelblättchen

So wird's gemacht:

1) Gemüse waschen. Erbsen aus den Schoten lösen, Spargel schälen (bei grünem Spargel nur das unterste Drittel) und in 3 – 4 cm lange Stücke schneiden. Karotten in feine, 3 cm lange Streifen schneiden.

2) Gemüse in einem Topf mit etwa 750 ml Wasser 12 – 15 Minuten weich kochen. Anschließend in einem Sieb abtropfen lassen, Gemüsewasser auffangen und 600 ml abmessen. (Das restliche Wasser kann für Suppen weiterverwendet werden.)

3) 500 ml Gemüsewasser im Topf zum Kochen bringen. Agar-Agar mit 100 ml des übrigen kalten Gemüsewassers verrühren und dazugeben. Nun Ingwer, Kurkuma, Asafoetida, Pfeffer und Salz dazugeben. Etwa 2 Minuten kochen lassen, dann Gemüse dazugeben und zum Abkühlen auf die Seite stellen.

4) Eine Kastenform oder eine andere Form nach
   Wunsch mit kaltem Wasser ausspülen und
   mit 2 EL Mandelblättchen bestreuen. Die
   Gemüsemasse mit einer Schöpfkelle in die
   Form geben und mit dem restlichem EL
   Mandelblättchen bestreuen. Die Form kalt
   stellen, bis die Masse fest geworden ist (etwa
   2 Stunden).

Vata- und Kapha-Typ: Ihnen empfehlen wir
etwas Sahnemeerrettich (siehe Seite 221) als
Beilage.

Lassen Sie den Spargel in Aspik vor
dem Servieren am besten auf Zimmertemperatur erwärmen. Eiskalt aus
dem Kühlschrank würde er die schwä-
chere Verdauungskraft von *Vata*- und
Kapha-Menschen überfordern

Grüner Spargel mit Ingwer

Wirkt ausgleichend auf alle drei Doshas

Ob weiß oder grün, Spargel ist eine der edelsten Delikatessen aus dem Garten der Natur. Und er ist eines der wenigen Gemüse, das gut für alle drei *Doshas* ist: Süß, zusammenziehend, bitter, kühl, leicht und feucht, besänftigt er erhöhtes *Pitta*. Mit seiner leichten Verdaulichkeit stabilisiert er *Vata* und stimuliert *Kapha*. Und das ist noch lange nicht alles: Provitamin A, Vitamine der B-Gruppe und Vitamin C, Eisen, Kalium, Phosphor, Calcium und Jod machen Spargel zu einer idealen Speise für den Gaumen und die Gesundheit. Spargel wirkt mild tonisierend, nierenanregend, beruhigend auf Herz und Nerven und anregend auf die Verdauung. Und die in ihm enthaltene Aminosäure Asparagin löst sogar Harnsäurekristalle aus Nieren und Muskulatur.

Dieses Gericht ist allen drei *Dosha*-Typen zu empfehlen.

Für 2 – 4 Personen

1 kg grüner Spargel
1 EL Ghee (vegan: Sonnenblumenöl)
2 TL frisch geriebener Ingwer
1 TL gemahlener Kreuzkümmel
1 TL gemahlener Koriander
½ TL Kurkuma
150 – 200 ml Wasser
¾ TL Salz

So wird's gemacht:

1) Grünen Spargel waschen, holzige Enden abschneiden und, falls nötig, das untere Drittel schälen.
2) Ghee bzw. Öl in einer Pfanne oder einem flachen Topf schmelzen, den geriebenen Ingwer und die Gewürze (mit Ausnahme von Salz) 5 Sekunden darin rösten. Spargel dazugeben und etwa 3 Minuten darin wenden. Dann Wasser dazugießen und mit einem gut schließenden Deckel abgedeckt 12 – 15 Minuten auf kleiner Flamme gar kochen.
3) Nach dem Kochen Salz hinzufügen und servieren.

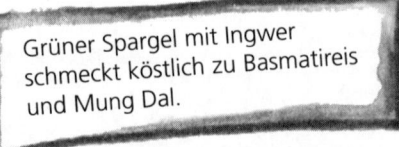

Grüner Spargel mit Ingwer schmeckt köstlich zu Basmatireis und Mung Dal.

Artischocken mit Saure-Sahne-Dip

Wirkt Pitta- und Kapha-erhöhend

Feinschmecker incognito. Wer Artischocken-pflanzen zum ersten Mal sieht, kann sich kaum vorstellen, daß diese übermannshohe Distelart ein hochgeschätztes Gemüse liefert – und zwar eines, das sich bis zum Ende des 18. Jahrhunderts nur der reiche Adel leisten konnte. Was so gut schmeckt, ist das Edelste an dieser wunderbaren Pflanze: die Knospen- oder Blütenblätter und der Blütenboden. Auch in puncto Gesundheit haben Artischocken viel zu bieten: besonders viel Vitamin E, Vitamine der B-Gruppe sowie mehrere heilsame Flavone. Statt Stärke enthalten Artischocken eine große Menge des Kohlenhydrats Inulin, welches die Leber- und Gallentätigkeit anregt und die Blutfettwerte senkt. Nach dem Ayurveda wirken Artischocken kühl, leicht, feucht, süß und zusammenziehend. Bei mit Lorbeerblättern gekochten Artischocken können getrost alle drei *Doshas* zugreifen.

Der Saure-Sahne-Dip mit Gewürzen ist ideal für *Vata*, da er *Pitta* und *Kapha* vermehrt. Doch *Pitta*- und *Kapha*-Typen brauchen nicht auf Artischocken zu verzichten (siehe *Dosha*-Tip).

So werden Artischocken gegessen: Die Blätter in den Dip tauchen und vom dicken Ende her aussaugen. Gourmets stürzen sich schnell auf die besonders zarten Artischockenherzen.

Für 2 – 4 Personen

1 Artischocke pro Person
eine halbe Zitrone zum Einreiben
1 Lorbeerblatt

Für den Saure-Sahne Dip:

2 TL gemahlene schwarze Senfsamen
200 g saure Sahne
1 – 2 TL Zitronensaft
¾ TL Salz
1 TL frisch gemahlener schwarzer Pfeffer
1 Prise Asafoetida
1 TL Honig
eventuell 1 – 2 EL Wasser

So wird's gemacht:

1) Artischocken waschen und kurz in Salzwasser legen, damit eventuell darin sitzende Insekten herauskriechen. Härtere Blattspitzen mit der Schere abschneiden und die Schnittflächen mit Zitrone einreiben, damit sie nicht braun werden.
2) Artischocken in Salzwasser mit dem Lorbeerblatt 30 – 40 Minuten (im Schnellkochtopf etwa 12 Minuten) gar kochen, bis sich die Blätter leicht lösen lassen. Blätter auseinanderdrücken und das »Heu« entfernen.
3) Pfeffer mit den restlichen Zutaten für den Dip verrühren. Falls der Dip zu dick ist, noch 1 – 2 TL Wasser unterrühren.

Pitta- und Kapha-Typ: Ersetzen Sie den Dip durch ein Schälchen Olivenöl, und träufeln Sie etwas Zitronensaft über die mit Olivenöl benetzten Artischocken.

Süß-saures Gemüse

Wirkt Pitta- und Kapha-erhöhend

Der Hit. Wenn Sie mal was ganz Besonderes für Ihre Gäste oder für Ihre Familie kochen wollen, empfehlen wir Ihnen dieses exotische Gericht, das übrigens auch eines unserer Lieblingsgerichte ist. Selbst wer kein Fan der süß-sauren Geschmacksrichtung ist, wird von diesem Gericht begeistert sein. Wer Zeit sparen will, kann den Panir schon am Vorabend zubereiten. Ananas haben nicht nur einen sehr hohen Wassergehalt, sondern auch viele Mineralstoffe. Daneben findet sich in Ananas das Ferment Bromelin, das Nahrungseiweiß aufspaltet und dadurch die Eiweißverdauung in Schwung bringt. Nach dem Ayurveda vermehrt die süß-saure Ananas *Kapha* und *Pitta*. Reife, süße Ananas jedoch vermehrt das *Kapha-Dosha*. Ananas stillt den Durst, regt den Appetit an und spendet Energie. Sie fördert die Verdauung und wirkt schweiß- und harntreibend. Auch bei Unruhe und Herzbeschwerden greift der Ayurveda gerne auf Ananas zurück.

Ähnlich gehaltvoll ist auch Tamarinde, das Fruchtfleisch der unreifen Schote des Tamal-Baumes. Tamarinde enthält nicht nur viele Vitamine (insbesondere Vitamin C), sondern auch Pektin, zahlreiche Fruchtsäuren sowie weitere Schutz- und Heilsubstanzen. Nach dem Ayurveda vermehrt Tamarinde *Kapha* und *Pitta*. Sie regt den Appetit an, löscht den Durst, aktiviert die Leberfunktion, fördert die Verdauung und stärkt das Herz. Desweiteren wirkt Tamarinde harntreibend, reinigt die Blase und hilft bei vergrößerter Milz. Tamarindenextrakt bzw. getrocknete Tamarinde bekommen Sie im indischen Lebensmittelgeschäft bzw. beim Gewürzversand (Adressen siehe Seite 281). Dieses Gericht wirkt nach dem Ayurveda *Kapha*- und *Pitta*-vermehrend, ideal also für *Vata*-Menschen.

Für 4 – 5 Personen

Für den Panir (Frischkäse):
(vegan: 200 g Tofu statt Panir)
2 – 3 l Milch
Saft von 1 – 2 Zitronen

Für das Gemüse:
50 g Tamarinde bzw. 1 TL Tamarindenextrakt
1 frische, reife Ananas
3 – 4 Karotten (300 g)
250 g Süßkartoffeln oder 3 – 4 Kartoffeln
3 – 4 Zucchini (500 g)
1 – 2 EL Ghee (vegan: Sonnenblumenöl)
2 TL Kreuzkümmel
2 EL frisch geriebener Ingwer
1 kleine grüne Chili
½ TL Kurkuma
550 ml Molke (von der Panirherstellung)
    (vegan: 300 ml Gemüsebrühe)
3 – 4 EL Jaggery bzw. Gur (oder Vollrohrzucker)
1 TL Mangopulver (Amchoor)
2 TL gemahlener Koriander
1 EL Tomatenmark, dreifach konzentriert
    (kann entfallen)
1 TL frisch gemahlener schwarzer Pfeffer
2 TL Salz
etwa 100 g Ghee zum Fritieren
    (vegan: Sonnenblumenöl)

So wird's gemacht:
1) Panir herstellen. (Am besten am Vorabend; genaue Anleitung siehe Seite 226). Etwa 550 ml Molke aufheben. (Vegan: Tofu in Würfel schneiden.)
2) Falls Sie getrocknete Tamarinde verwenden, diese gemäß Tip im Anhang (siehe Warenkunde, Seite 278) zubereiten. Ananas waschen und den Stiel entfernen. Ananas der Länge nach in vier Teile schneiden, jeweils den Mittelstrunk (dieser ist eßbar und sogar sehr nahrhaft) und die Schale entfernen. Ananas in kleine Würfel schneiden.

3) Gemüse waschen. Karotten in feine Stifte, geschälte Kartoffeln in dünne Scheiben und Zucchini in dicke Scheiben schneiden. Chili waschen, entkernen und fein schneiden.

4) 2 EL Ghee (bzw. Sonnenblumenöl) in einem großen Topf erhitzen, Kreuzkümmelsamen darin goldbraun rösten und wenige Sekunden später Ingwer und Chili dazugeben. Mit 300 ml der Molke (bzw. Gemüsebrühe) abgießen und Jaggery bzw. Gur (oder Vollrohrzucker), Tamarinde, Ananas, Karotten, Kartoffeln (vegan: auch Tofu), Mangopulver und Koriander hinzufügen. Das Ganze für etwa 15 Minuten leicht bedeckt kochen und etwas eindicken lassen, bis das Gemüse halb gar ist.

5) Jetzt die Zucchini hinzufügen und weitere 10 – 15 Minuten zugedeckt kochen. In der Zwischenzeit etwa 100 g Ghee in einer *Karhai* (tiefe doppelgriffige indische Pfanne), einem Wok oder einem flachen Topf erhitzen. Den Panir aus dem Käsetuch herausnehmen, in Würfel schneiden und nacheinander zart-braun in heißem Ghee fritieren. Die fertigen Käsewürfel abtropfen lassen und in etwa 250 ml Molke einweichen, damit sie sich saftig-weich vollsaugen.

6) Wenn das Gemüse gar ist, Tomatenmark, Pfeffer, Salz und die abgetropften Käsewürfel vorsichtig darunterheben.

Wer möchte, kann den Panir bzw. Tofu auch unfritiert in Stücke brechen und dazugeben. Servieren Sie dazu z. B. Basmatireis mit Kurkuma (siehe Seite 141) mit süßem Jagannatha-Kokos-Dal (siehe Seite 130). Falls Sie keine Tamarinde bekommen, tun es auch etwas Zitronensaft und Vollrohrzucker. Guten Appetit!

Blumenkohl-Brokkoli-Curry

Wirkt sanft Kapha-erhöhend

Alte Bekannte. Wer glaubt, Brokkoli sei bei uns ein neues Gemüse, irrt gewaltig, denn schon die Römer bauten hierzulande den grünen Bruder des Blumenkohls an. Brokkoli ist mit seinem Carotingehalt gut für Augen, Haut und Nerven. Durch seinen hohen Gehalt an Vitamin C wird die Abwehrkraft gestärkt, und die in ihm enthaltenen Indole und Flavone wirken krebshemmend.

Auch die Stiele können Sie – leicht geschält – mitessen. Sie enthalten reichlich Chlorophyll und abwehrstärkendes Selen. Und wer Milch als Calciumquelle nicht so gut verträgt, kann seinen Calciumbedarf auch mit Brokkoli und Fenchel decken.

Blumenkohl ist der zarteste und bekömmlichste unter den Kohlsorten – vorausgesetzt, er ist nicht gespritzt und überdüngt. Er reinigt den Körper und hilft bei Asthma, Nieren- und Blasenleiden.

Laut Ayurveda verstärken Blumenkohl und Brokkoli *Vata*, genau wie alle anderen Kohlsorten. Kartoffeln wirken *Vata-* und auch *Kapha*-vermehrend. Seine Zubereitung jedoch macht dieses Curry für *Vata-* und *Pitta*-Menschen verträglich, und etwas abgewandelt (siehe *Dosha*-Tip) kann es auch *Kapha*-Typen empfohlen werden.

Für 4 – 6 Personen

1 Blumenkohl (1 kg)
1 Brokkoli (500 g)
4 Kartoffeln (300 g)
200 g Süßrahmbutter
1 EL kleingeschnittener
    oder geriebener Ingwer
½ TL Asafoetida
2 – 2½ EL Madras Curry (siehe Seite 260)
eventuell etwas Wasser
1 TL Salz

So wird's gemacht:

1) Blumenkohl waschen und in kleine Röschen schneiden. Brokkoli waschen und in kleine Röschen schneiden, Brokkolistiel schälen und klein schneiden. Kartoffeln schälen, waschen und in Würfel schneiden.

2) Die Hälfte der Butter im Topf schmelzen und Ingwer darin für einige Sekunden anrösten. Asafoetida, Currypulver und Kartoffeln hinzufügen und einige Minuten anbraten, dann Blumenkohl und Brokkoli dazugeben. Nun die restliche Butter darüber geben und mit Deckel auf kleiner Flamme 15 – 20 Minuten (je nach Größe der Kohlröschen) gar köcheln lassen. Zwischendurch immer wieder mit einem Holzlöffel vorsichtig umrühren, damit nichts anbrennt. Eventuell etwas Wasser dazugeben (vor allem, wenn Sie Butter einsparen wollen).

3) Zum Schluß noch Salz unterheben und servieren.

Kapha-Typ: Nehmen Sie nur 50 – 60 g Butter. Ersetzen Sie den frischen Ingwer durch 1½ TL Ingwerpulver.

Brokkoli italienisch

Wirkt ausgleichend auf alle drei Doshas

Schon die alten Römer wußten, was gut schmeckt, und bauten auch in unseren Landen Brokkoli an – in alten Kochbüchern findet man ihn allerdings meist unter dem Namen Spargelkohl.

Auch Kalonji oder Schwarzkümmel *(Nigella sativa)* schätzten die Römer so sehr, daß man diesen sogar als römischen Kümmel bezeichnete. Mit ihren unzähligen Namen haben die kleinen schwarzen tropfenähnlichen Samen schon für so manche Verwirrung gesorgt: In indischen Geschäften findet man sie als Kalonji oder Kalinji; auf den Packungen werden sie fälschlicherweise mit »schwarze Zwiebelsamen« bezeichnet, obwohl sie als Hahnenfußgewächse gar nichts mit Zwiebeln zu tun haben. In orientalischen Geschäften wiederum erhält man sie unter dem Namen *Siyah Daneh* oder »schwarze Samen«.

Wie auch immer man Schwarzkümmel nennt, gesund ist er allemal; in seinem Ursprungsland Indien schätzte man ihn schon lange als Heilmittel. Ätherische Öle, über 50 % mehrfach ungesättigte Fettsäuren, Provitamin A, Vitamin C und E, Vitamine des B-Komplexes, Enzyme, Gerbstoffe und Bitterstoffe sind einige seiner gesunden Inhaltsstoffe.

Kalonji hilft bei Magen-Darm-Beschwerden, Blähungen, Keuchhusten, Asthma und Erkältungskrankheiten und baut die geschwächte Abwehr wieder auf. Das sogenannte Nigellon hilft bei Bronchialspasmen, und andere Stoffe wie Thymochinon wirken galletreibend. Auch bei Schlafstörungen, Zahnschmerzen, Nierensteinen, Hauterkrankungen, Gelenkschmerzen greift man gerne auf Kalonji zurück. Nach dem Ayurveda vermehrt Schwarzkümmel sanft das *Pitta-Dosha*.

Dieses Gericht kann allen drei *Doshas* empfohlen werden.

Für 4 Personen

750 g Brokkoli
2 – 3 EL Olivenöl
1½ TL Kalonjisamen (Schwarzkümmel)
¼ TL Asafoetida
½ TL Kurkuma
1 TL gemahlener Koriander
1 – 2 TL frisch geriebener Ingwer
1 TL Salz
½ TL frisch gemahlener schwarzer Pfeffer
3 EL frisch gehacktes Basilikum
eventuell 1 – 2 EL Gemüsekochwasser

So wird's gemacht:

1) Brokkoli waschen und die Röschen teilen, den Stiel schälen und in kleine Stückchen schneiden.
2) Brokkoli in 250 ml Wasser für 12 – 15 Minuten dünsten, bis er gar ist (6 – 8 Minuten im Schnellkochtopf). Das Kochwasser abgießen und für Suppen o. ä. verwenden.
3) Olivenöl in einem Topf oder einer Pfanne erhitzen. Kalonjisamen darin für einige Sekunden rösten, dann Asafoetida, Kurkuma, Koriander und Ingwer dazugeben. Nun den gedünsteten Brokkoli dazugeben und vorsichtig darin wenden. Mit Salz und Pfeffer würzen und mit frisch gehacktem Basilikum bestreuen. Eventuell noch 1 – 2 EL von dem Gemüsekochwasser über das Gemüse geben. Heiß servieren.

Koriander entwickelt ein noch besseres Aroma, wenn Sie die ganzen Samen trocken rösten und im Mörser zu Pulver mahlen.
Kalonji (Schwarzkümmel) schmeckt lecker in Gemüsegerichten, Dals und Pakorateig oder als Brotgewürz über das traditionelle nordindische Fladenbrot Naan oder über orientalische Fladenbrote gestreut. In Bengalen sind Kalonji Bestandteil der Gewürzmischung Panch Puran (siehe Seite 262).

Spinat mit Vollkorngrieß

Wirkt Kapha- und sanft Vata-erhöhend

Die verborgene Delikatesse. Spinat muß frisch sein und richtig zubereitet werden. Dann schmeckt er nicht nur köstlich, sondern ist zudem noch sehr gesund. Da sind nicht nur seine 10 Vitamine und 13 Mineralstoffe, die u. a. die Blutbildung und das Immunsystem unterstützen, sondern auch noch hochwertiges Eiweiß und die hormonähnliche Substanz Sekretin, die die Sekretbildung von Magen, Galle und Bauchspeicheldrüse fördert. Die in ihm enthaltenen Bitterstoffe regen nicht nur die Verdauung an, sondern wirken auch als Tonikum für Herz, Leber und Nerven.

Nach dem Ayurveda wirkt Spinat kühlend, nährend und besänftigend. Darüber hinaus besitzt er auch leichte und trockene Eigenschaften. In kleinen Mengen vertragen ihn alle drei *Dosha*-Typen gut, in größeren Mengen verstärkt Spinat *Vata* und sanft *Pitta*.

Grieß, Butter und Sahne vermehren das *Kapha-Dosha*. Das erklärt, weshalb dieses Gericht sanft *Kapha*- und *Vata*-vermehrend wirkt. Es ist optimal für *Pitta*-Menschen, in Maßen können allerdings auch *Vata*- und *Kapha*-Menschen (siehe auch *Dosha*-Tip) zugreifen.

Für 4 Personen

1 kg frischer Spinat
125 g Süßrahmbutter
30 g Vollkorngrieß
½ TL Asafoetida
¾ TL frisch geriebene Muskatnuß
2 EL Sahne
½ TL Salz

So wird's gemacht:

1) Spinat verlesen, waschen, von groben Stielen befreien und in feine Streifen schneiden.
2) Butter in einem Topf bei mittlerer Hitze schmelzen und Grieß darin anrösten. Asafoetida und Muskat hinzufügen. Nach 3 – 4 Minuten Spinat dazugeben und alles gut umrühren. Auf kleiner Flamme mit geschlossenem Deckel weitere 5 – 10 Minuten gar köcheln.
3) Dann Sahne und Salz hinzufügen und servieren.

Kapha-Typ: Verwenden Sie an Stelle der Butter lieber 2 EL Ghee. Auch die Sahne lassen Sie besser weg; geben Sie dafür beim Kochen 1 – 2 EL Wasser dazu. Am Ende kommt nach Geschmack noch etwas Zitronensaft darüber.

Pitta-Typ: Sollte Ihr *Pitta* zu stark sein, ersetzen Sie die Butter durch 2 – 3 EL Ghee und Asafoetida und Muskat einfach durch 1 TL gemahlenen Koriander und ½ TL gemahlene Fenchelsamen.

Mangoldgemüse mit rotem Paprika

Wirkt Pitta- und sanft Vata-erhöhend

Der Spargel des kleinen Mannes – so nennt man den Mangold im Volksmund. Kein Wunder, hat er doch mit dem Spargel den Inhaltsstoff Asparagin gemeinsam. Daneben enthält Mangold aber auch noch Saponine und die Aminosäure Betain, die wichtig für die Fettverdauung ist. All seine Inhaltstoffe machen Mangold zu einem Linderungsmittel bei Husten und Lungenkrankheiten; daneben regt er auch Leber und Nieren an. Nach dem Ayurveda vertragen ihn alle drei *Doshas* gut, in größeren Mengen wirkt er allerdings leicht *Vata*-erhöhend.

Paprika müssen sich ebenfalls nicht verstecken: Der Scharfstoff Capsaicin, Bioflavone und ätherische Öle erhöhen die Ausschüttung der Verdauungssekrete, dichten die Gefäße ab und fördern die Durchblutung von Herz, Magen und Haut. Der hohe Gehalt an Vitamin C und Provitamin A schützt vor Infektionen und vor Krebs. Nach dem Ayurveda wirken Paprika süß, leicht, ölig und warm, verstärken also in erster Linie das *Pitta-Dosha*. Das macht sie ideal für *Kapha*-Typen. Doch auch die meisten *Vata*-Menschen vertragen Paprika gut, vorausgesetzt, ihm wurde nach dem Blanchieren die etwas schwer verdauliche Haut abgezogen.

Dieses Gemüsegericht ist ideal für *Kapha*-Typen, mit gewissen Ergänzungen können jedoch auch *Vata*-und *Pitta*-Naturen zugreifen (siehe *Dosha*-Tip).

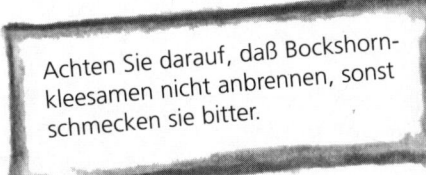

Achten Sie darauf, daß Bockshornkleesamen nicht anbrennen, sonst schmecken sie bitter.

Für 4 Personen

1 große rote Paprika (250 g)
1,2 kg frischer Mangold
¼ TL Asafoetida
¾ TL Ingwerpulver
¼ TL Kurkuma
¼ TL Paprikapulver
1 TL Kreuzkümmel
½ TL Bockshornkleesamen (Methi)
¾ TL frisch gemahlener schwarzer Pfeffer
1 Prise frisch geriebene Muskatnuß
½ TL Salz (ideal: Steinsalz oder Black Salt)

So wird's gemacht:

1) Paprika waschen und in kochendem Wasser etwa 10 Minuten blanchieren, bis sie weich ist und die Haut blasig ist. Mangold waschen und in feine Streifen schneiden.
2) Mangold mit etwas Wasser, Asafoetida, Ingwerpulver, Kurkuma und Paprikapulver dünsten. Kreuzkümmel und Bockshornkleesamen in einer Pfanne ohne Fett einige Sekunden trocken rösten und zum Mangold geben. Nun Paprika enthäuten und entkernen, in feine Streifen schneiden und ebenfalls dazugeben.
3) Nach dem Kochen mit Pfeffer, Muskat und etwas Salz würzen.

Vata-Typ: Statt Ingwerpulver 1 – 2 TL frisch geriebenen Ingwer verwenden. Gewürze und Mangold in 1 – 2 EL Ghee (vegan: Olivenöl) anrösten und mit etwas Wasser fertig köcheln lassen. Zum Abschluß noch 2 EL süße oder saure Sahne unterrühren.

Pitta-Typ: Statt Ingwerpulver, Asafoetida und Bockshornkleesamen 1 TL Korianderpulver, 1 TL Kreuzkümmelsamen bzw. -pulver und 1 TL frisch geriebenen Ingwer verwenden. Ähnlich wie der *Kapha*-Typ sollten Sie nur sparsam salzen. Falls gewünscht, können Sie noch 1 – 2 EL Sahne (vegan: Sojadrink) dazugeben.

69

Wildkräutergemüse mit Tapioka

Wirkt ausgleichend auf alle drei Doshas

Herbst in Vrindavana, der fünftausend Jahre alten heiligen Stadt in Indien, ist die Zeit, in der viele Blattgemüse und Küchenkräuter geerntet werden. Dazu gehört auch Bathua, ein grünes Blattgemüse, das unserer Gartenmelde ähnelt. Weiße Melde oder Weißer Gänsefuß, wie die Gartenmelde auch noch heißt, war im Altertum auch bei uns sehr geschätzt. Heute ist sie leider mehr oder weniger in Vergessenheit geraten. Wie das indische Bathua ist auch die Gartenmelde ein wertvoller Blutreiniger und Stoffwechselanreger. Leicht und schwach wärmend, kann diese wichtige Wildgemüsepflanze praktisch von allen drei *Doshas* verwendet werden. Außerdem hilft Gartenmelde bei Leber-, Lungen-, Blasen- und Nierenbeschwerden.

Es lohnt sich also durchaus, im Frühling aus dem Garten oder beim Waldspaziergang einige Wildpflanzen und -kräuter mitzubringen, z. B. Gartenmelde, Brennessel oder Giersch.

Tapioka sind Stärkekügelchen, die aus der Knolle der Maniokpflanze gewonnen werden. Sie haben nicht nur einen hohen Kohlenhydratanteil, sondern auch viele Mineralstoffe, Provitamin A, Vitamine des B-Komplexes und Vitamin C. Nach dem Ayurveda erhöht Tapioka sanft *Kapha* und sanft *Vata*.

Mild und leichtverdaulich wie es ist, hat dieses einfache und schnell zubereitete Gemüsegericht allen drei *Doshas* etwas zu bieten. Zucchini vermehren das *Kapha*-, Karotten das *Pitta-Dosha*; Tapioka und Kartoffeln schließlich erhöhen *Kapha* und *Vata*. *Vata*-Naturen finden noch eine spezielle Variation im Tip.

Für 4 Personen

50 g Tapioka
200 g Süßkartoffeln oder Kartoffeln
200 g Karotten
600 g Zucchini
einige EL Wasser zum Ablöschen
2 TL frisch geriebener oder kleingeschnittener
   Ingwer
1 – 2 Handvoll Wildkräuter (z. B. Brennessel,
   Gartenmelde, Giersch)
   oder 3 EL gehackte frische Küchenkräuter
   (z. B. Basilikum, Koriander oder Petersilie)
1 TL Koriandersamen
1 – 2 EL Olivenöl
1 TL Kreuzkümmel
50 – 100 ml Wasser (je nach Bedarf)
¼ – ½ TL Muskat
1 – 2 TL Zitronensaft
1½ TL Salz (oder Steinsalz)
½ TL frisch gemahlener grüner
   oder schwarzer Pfeffer

So wird's gemacht:

1) Tapioka in einem feinen Sieb kurz unter fließendem Wasser spülen und etwa 10 Minuten in Wasser einweichen. Gemüse waschen, schälen und klein schneiden. Wildkräuter oder Kräuter waschen, abtropfen lassen und mit einem Wiegemesser hacken.

2) Koriander in einem Topf ohne Fett rösten und anschließend in einem Mörser zerstoßen. Olivenöl in einem Topf erhitzen, Kreuzkümmel darin goldbraun rösten, und Ingwer, Kartoffeln und Karotten für einige Minuten unter Rühren anbraten. Anschließend Zucchiniwürfel dazugeben und mit einigen EL Wasser ablöschen. Nach etwa 5 weiteren Minuten die gehackten Wildkräuter dazugeben (Küchenkräuter jedoch erst am Ende der Kochzeit) und zugedeckt auf mittlerer Flamme weich kochen (je nach Größe der Gemüsestücke 15 – 20 Minuten).

3) Dann die abgetropfte Tapioka sowie Muskat, Zitronensaft, Salz und Pfeffer (und Küchenkräuter) dazugeben und alles noch etwa 5 Minuten köcheln lassen. Fügen Sie je nach Bedarf 50 – 100 ml Wasser hinzu.

Vata-Tip: Sie können die Kartoffeln auch durch Süßkartoffeln ersetzen.

Gartenmelde, auch Weiße Melde oder Weißer Gänsefuß genannt, ist häufig auf Äckern, an Zäunen, Wegen, Dorfstraßen und auf Brachland zu finden. Sie schmeckt spinatartig mild, ist geruchlos oder riecht schwach würzig. Pflücken Sie die bis zu 30 cm hohen jungen Pflanzen ab Mitte des Frühlings bis zum ersten Frost (im Frühling die ganze junge Pflanze, später nur die jungen Blätter).

Löwenzahngemüse mit Karottenstiften

Wirkt Pitta- und sanft Vata-erhöhend

Gegen alles ist ein Kraut gewachsen. Nach dem Ayurveda gibt es eigentlich keine Pflanze, die keine Heilwirkungen besitzt. So auch der Löwenzahn.

Mit seinen Bitterstoffen gilt Löwenzahn als Leberreiniger. Er stimuliert Galle, Bauchspeicheldrüse, Milz und Nieren. Außerdem ist er eine gute Quelle für Carotin und glänzt zudem mit viel Calcium, Magnesium, Phosphor, Eisen und Vitamin C. Selbst sein Milchsaft ist gesund: In ihm sind Inulin und Cholin, die beide einen cholesterinsenkenden und gefäßstärkenden Effekt haben, enthalten.

Der zarte Zucht-Löwenzahn ist nicht ganz so bitter wie die Frühlingsblätter seiner wildwachsenden Verwandten.

Nach dem Ayurveda vermehrt Löwenzahn sanft das *Vata-Dosha*, Karotten dagegen erhöhen sanft das *Pitta-Dosha*. Unser Rezept eignet sich deswegen besonders gut für *Kapha*-Typen. Wird ein Schuß Sahne (siehe auch *Dosha*-Tip) hinzugefügt, können aber auch *Pitta*- und *Vata*-Menschen zugreifen.

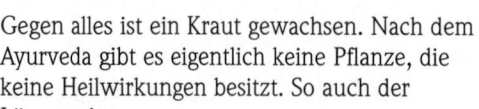

Zucht-Löwenzahn erhalten Sie beispielsweise in türkischen Lebensmittelgeschäften.

Für 3 – 4 Personen

550 g Zucht-Löwenzahn
2 mittelgroße Karotten (200 g)
½ TL Anis oder Ajwan (Selleriesamen)
¼ TL Asafoetida
½ TL Ingwerpulver
¼ TL Kurkuma
½ TL frisch gemahlener schwarzer Pfeffer
1 Prise Muskat
½ TL Salz (ideal: Steinsalz oder Black Salt)

So wird's gemacht:

1) Löwenzahn waschen und in feine Streifen schneiden. Karotten waschen und in feine Stiftchen schneiden. Anis bzw. Ajwan in einer Pfanne (ohne Fett) trocken rösten.
2) Das Gemüse in einem Topf mit etwas Wasser und mit Anis bzw. Ajwan, Asafoetida, Ingwerpulver und Kurkuma dünsten. Nach dem Kochen mit schwarzem Pfeffer, etwas Muskat und wenig Salz würzen.

Pitta-Typ: Ersetzen Sie Anis bzw. Ajwan durch Kreuzkümmel und 1 TL gemahlenen Koriander und das Ingwerpulver durch 1 TL frischen Ingwer. Auf Asafoetida sollten Sie am besten ganz verzichten.

Obwohl rohe Karotten *Pitta* verstärken, können *Pitta*-Menschen bei gekochten Karotten zugreifen. Dominiert *Pitta* allerdings zu stark, so können die Karotten auch durch kleingeschnittene Kartoffeln ersetzt werden; oder Sie bestreuen das Gemüse mit 2 – 3 EL kühlenden, gehackten frischen Korianderblättern oder Dill.

Vata-Typ: Ingwerpulver durch 1 – 2 TL frisch geriebenen Ingwer ersetzen. Nach dem Kochen dem Gemüse noch 1 – 2 EL geschmolzenes Ghee, Sahne (vegan: Sojadrink) oder etwas Panir (Frischkäse, siehe Seite 226) hinzufügen.

Gebratene Zucchini à la Toscana

Wirkt Kapha-erhöhend

Sonne, Strand, Zucchini. Wenn wir an die Toscana denken, denken wir immer an diese drei Dinge. Schon viele Jahre besuchen wir dort jeden Sommer unsere (Schwieger-)Mutter und probieren immer wieder die vielen einfachen und leckeren Zucchini-Gerichte der toskanischen Küche.

Zucchini schmecken nicht nur gut, sondern sind auch pflegeleicht und fast das ganze Jahr zu bekommen. Auch der Gesundheit haben sie einiges zu bieten: Mit ihren zahlreichen Mineralien und Vitaminen stärken sie unser Immunsystem, und mit ihren Bitterstoffen regen sie die Darmtätigkeit an. Nach dem Ayurveda vermehren sie das *Kapha-Dosha*.

Dieses Zucchini-Gericht ist ideal für *Vata*-Typen, vor allem, wenn die Zucchini in Ghee gebraten sind. Doch auch für *Pitta*-Menschen sind Zucchini empfehlenswert (allerdings sollten diese sparsamer mit dem Fett umgehen).

Sie können statt der getrockneten natürlich auch frische Kräuter verwenden. *Vata*- und *Pitta*-Menschen können dieses Gericht auch einmal mit Panir (Frischkäse) verfeinert probieren (vegan: Tofu). Einfach die Käsestückchen in den letzten Minuten dazugeben und anschließend würzen. Fertig! (Gepreßter Panir siehe Seite 226).

Für 4 Personen

4 – 5 Zucchini (900 g – 1 kg)
3 EL Ghee oder Olivenöl
½ TL Asafoetida
1 Prise Cayennepfeffer oder Paprika
¼ TL frisch gemahlener schwarzer Pfeffer
¼ TL Kurkuma (kann entfallen)
1 TL getrocknetes Basilikum
1 TL Thymian
½ TL Majoran
½ – ¾ TL Salz (Menge abhängig vom Konstitutionstyp)

So wird's gemacht:

1) Zucchini waschen und in dicke Scheiben oder Streifen schneiden.
2) In einer Pfanne 1 – 2 EL Ghee oder Olivenöl erhitzen, so viele Zucchinistücke wie möglich hineinlegen und anbraten. Nach einigen Minuten umdrehen, würzen und auf einem Teller warmstellen. Die restlichen Zucchini in dem übrigen Ghee bzw. Öl anbraten und anschließend würzen.

Pitta-Typ: Reduzieren Sie das Ghee (bzw. Olivenöl) auf 1 EL. Statt Asafoetida und Cayennepfeffer nehmen Sie besser Korianderpulver und nur eine Prise schwarzen Pfeffer. Salz nur sparsam verwenden.

Variation

Abwechslung muß sein. Probieren Sie dieses Rezept auch einmal mit dünnen Kürbis-, Fenchel- oder Auberginenscheiben – es lohnt sich!

Flaschenkürbis mit Panir und Erbsen

Wirkt Kapha-erhöhend

Flaschenkürbis, Louki, Bottle Gourd, Zucchetti. Der Flaschenkürbis besitzt unzählige Namen – ein Zeichen seiner großen Popularität rund um den Erdball, sei es in Indien, dem mittleren Osten, Afrika oder Mexiko. In Deutschland ist er leider noch selten.

Sollten Sie keinen Flaschenkürbis bekommen, tun es auch Zucchini. Halten Sie aber ruhig mal in indischen oder türkischen Gemüsegeschäften nach dem hellgrünen Gemüse Ausschau (es sieht aus wie eine große, hellgrüne Zucchini). Von seinen Inhaltsstoffen ragen insbesondere das Schutzvitamin Beta-Carotin sowie sein Gehalt an Kalium, Calcium und Phosphor heraus.

Geerntet wird der Flaschenkürbis, wenn er noch klein (15 – 20 cm) ist. Dann ist er knackig-fest, kernlos und besitzt eine zarte Haut, die man nicht schälen muß. Bei älteren Flaschenkürbissen (30 – 35 cm lang) müssen die etwas festere Haut und je nach Größe auch die Kerne entfernt werden. Geschmacklich sind sie aber ebenso reizvoll wie die kleinen Zucchini. Nach dem Ayurveda ist Flaschenkürbis leicht, kühl und leicht verdaulich. Er erhöht das *Kapha-Dosha* und auch leicht *Vata*.

Dieses Gemüsegericht ist insbesondere für *Pitta*- und *Vata*-Menschen zu empfehlen. Mit leichten Abwandlungen (siehe *Dosha*-Tip) kann es auch von *Kapha*-Menschen genossen werden.

Für 4 Personen

Für den Panir (Frischkäse):
(vegan: 200 g Tofu statt Panir)
1,5 l Milch
Saft von 1 Zitrone

Für das Gemüse:
200 g frische Erbsen (500 g Bruttogewicht)
300 g Süßkartoffeln
100 g Karotten
400 g Flaschenkürbis (falls nicht erhältlich: Zucchini)
1 EL Ghee (vegan: Sonnenblumenöl)
1 TL Kreuzkümmel
½ TL Asafoetida
½ TL Kurkuma
2 TL frisch geriebener Ingwer
125 – 200 ml Wasser oder Molke (von der Panirherstellung)
1 TL Anis
1 TL Koriander
50 – 100 g Joghurt (vegan: Sojajoghurt)
2 – 3 EL Kichererbsenmehl
1 Prise Muskat
½ – ¾ TL frisch gemahlener schwarzer Pfeffer
1 TL Salz

So wird's gemacht:
1) Panir (Frischkäse) herstellen und pressen (am besten schon am Vorabend; genaue Anleitung siehe Seite 226). (Vegan: Tofu in Würfel schneiden.)
2) Frische Erbsen schälen, waschen und 4 – 5 Minuten dünsten. Süßkartoffel waschen, schälen und in kleine Würfel schneiden. Karotte waschen und in feine Stifte schneiden. Flaschenkürbis waschen, schälen und in kleine Würfel schneiden. (Zucchini müssen nicht geschält werden.)
3) Ghee bzw. Sonnenblumenöl in einem großen Topf erhitzen. Kreuzkümmel darin goldbraun rösten, und sofort Asafoetida, Kurkuma und Ingwer hinzufügen. Nun die Kartoffeln und

Karottenstifte dazugeben und gut umrühren, damit nichts anbrennt. Nach wenigen Minuten den Flaschenkürbis, die frischen Erbsen (und die Tofuwürfel) hinzugeben. Je nach Bedarf mit etwas Wasser bzw. Molke ablöschen und zugedeckt garkochen.

4) Anis und Koriander in einem kleinen Topf trocken rösten, dabei etwas umrühren, damit die Samen gleichmäßig anbräunen. Dann in einem Mörser oder mit dem Stiel eines Nudelholzes zerstoßen und unter das Gemüse heben. Zwischendurch das Gemüse immer wieder umrühren.

5) Panir aus dem Käsetuch nehmen und in Würfel schneiden. Joghurt bzw. Sojajoghurt mit Kichererbsenmehl, Muskat, schwarzem Pfeffer und Salz verrühren, und alles unter das Gemüse heben.

Kapha-Typ: Sie sollten den Panir entweder ganz weglassen bzw. die Menge reduzieren. Dem Gemüse geben Sie neben den anderen Gewürzen noch 1 kleingeschnittene grüne Chili (entkernt) bzw. ¼ TL Cayennepfeffer zu. Den frischen Ingwer ersetzen Sie besser durch Ingwerpulver (1 TL) und die Süßkartoffel durch normale Kartoffeln.

Pitta-Typ: Sie können die Süßkartoffel ebenfalls durch normale Kartoffeln ersetzen. Bei zu starkem *Pitta* sollten Sie auch das Asafoetida weglassen und die Joghurtmenge reduzieren bzw. statt dessen etwas Sahne verwenden.

Zucchini mit Panir oder Tofu

Wirkt Kapha-erhöhend

Alles frisch. Wer wirklich sichergehen will, daß er mit seinem Käse nicht doch tierisches Lab (aus dem Magen geschlachteter Kälber) zu sich nimmt, dem empfehlen wir selbstgemachten Frischkäse. Panir ist der Name eines Frischkäses, der schon seit Jahrtausenden in Indien ohne tierisches Lab hergestellt wird. In der Küche schätzt man ihn wegen seines angenehmen Geschmacks und seiner Vielseitigkeit.

Der Ayurveda ist voll des Lobes für Panir. Denn Panir ist nicht nur reich an Eiweiß, sondern enthält zudem viele Mineralstoffe und Vitamine. Nicht zuletzt ist er von allen Käsesorten der Bekömmlichste. Von Hartkäse hält der Ayurveda nicht sehr viel, nicht nur wegen des tierischen Labs, mit dem dieser Käse meist hergestellt wird, sondern auch, weil er für die Verdauung eine zu große Herausforderung ist. Für *Vata* und *Kapha* ist Hartkäse viel zu schwer, und für *Pitta* ist er zu salzig. Panir bzw. Tofu dagegen vermehrt nach dem Ayurveda das *Kapha-Dosha* ebenso wie Zucchini, die in diesem Rezept verwendet werden.

Wenn Sie mit der Herstellung von Panir vertraut sind, ist es ein Gericht, das sich einfach und schnell zubereiten läßt. Ein ideales Gericht für *Vata-* und *Pitta*-Naturen.

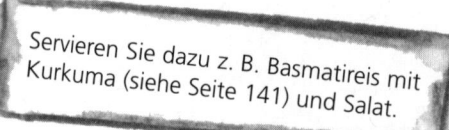

Servieren Sie dazu z. B. Basmatireis mit Kurkuma (siehe Seite 141) und Salat.

Für 3 – 4 Personen

Für den Panir (Frischkäse):
(vegan: 250 g Tofu statt Panir)
3 l Milch
Saft von 1½ – 2 Zitronen

Für das Gemüse:
600 g Zucchini
2 EL Ghee bzw. Olivenöl
1 TL Kreuzkümmelsamen
1 TL Madras Curry (siehe Seite 260)
2 EL frisch geriebener Ingwer
¾ TL frisch gemahlener schwarzer Pfeffer
¾ TL Salz
4 EL frisch gehacktes Basilikum
3 EL Molke (von der Panirherstellung) bzw. Joghurt (vegan: Wasser bzw. Sojajoghurt)

So wird's gemacht

1) Panir (Frischkäse) aus 3 l Milch herstellen (Anleitung siehe Seite 226). 3 EL der Molke abschöpfen und bereithalten. (Den Rest können Sie anderweitig für Suppen, Brotteig, Getränke oder für den Kompost verwenden.) Panir im Käsetuch nur kurz abtropfen lassen und dann noch feucht in große Stücke zerbrechen. (Vegan: Tofu in Würfel schneiden.)

2) In der Zwischenzeit Zucchini waschen und in dünne Streifen schneiden.

3) Einen Topf bzw. eine Pfanne mit Ghee oder Olivenöl erhitzen und Kreuzkümmelsamen darin goldbraun rösten. Dann Curry, Ingwer und Zucchini 5 Minuten darin braten. Panirstückchen bzw. Tofu dazugeben, ebenso Pfeffer, Salz, frisch gehacktes Basilikum und Joghurt oder Molke (bzw. Wasser oder Sojajoghurt). Das Gemüsegericht sollte eine saftig-weiche Konsistenz haben – auf Wunsch noch etwas Molke dazugeben. Heiß servieren.

Pitta-Typ: Falls Ihr *Pitta* zu stark ist, ersetzen Sie den Curry einfach durch Kurkuma.

Kürbis mit Bockshornkleesamen

Wirkt Kapha- und sanft Pitta-erhöhend

Küchenrezepte sind etwas ganz Persönliches.
Nicht jede Köchin und jeder Koch gibt sie so
einfach preis. Um so mehr freuten wir uns, als
uns Saroj aus der Priesterfamilie des berühmten
Radha-Ramana-Tempels in Vrindavana ihr ganz
persönliches Kürbisrezept verriet – einfach,
schnell, schmackhaft und gesund.
Im Ayurveda schätzt man Bockshornkleesamen
(Methi) schon seit vielen Jahrtausenden als
Heilmittel. Bei uns ist er immer noch relativ
unbekannt, obwohl er schon unter Karl dem
Großen in unsere Breitengrade gelangte. Pfarrer
Kneipp ist es zu verdanken, daß Bockshornklee
so richtig Einlaß in die heimische Küche und
Naturmedizin fand. Und das aus gutem Grund:
Bockshornklee hat nicht nur knapp 30 %
Eiweiß, viel Eisen und Phosphor, sondern auch
viele Vitamine des B-Komplexes, Carotin und
Vitamin D. Bockshornkleesamen vermehren
Vata und sehr mild auch *Pitta*. Sie wirken leicht
erwärmend, mild abführend, appetitanregend,
verdauungsfördernd und schmerzstillend.
Weiterhin helfen sie bei Magersucht, allgemei-
ner Entkräftung, Husten, Hämorrhoiden,
Arteriosklerose und verhindern das frühzeitige
Ergrauen der Haare. Nicht zuletzt stimulieren
Bockshornkleesamen das Nervensystem und
reinigen Leber, Nieren und Schleimhäute.
Dieses Kürbisgericht ist ideal für *Vata*-Typen und
in moderaten Mengen auch für *Pitta* (siehe
auch *Pitta*-Tip).

Für 4 Personen

1,3 kg Kürbis
1 EL Ghee (vegan: Olivenöl)
¾ TL Bockshornkleesamen (Methi)
½ TL Kurkuma
½ TL Cayennepfeffer
eventuell 2 – 3 EL Wasser
1 EL Gur oder Vollrohrzucker
¼ TL frisch gemahlener schwarzer Pfeffer
1 TL Salz

So wird's gemacht:

1) Kürbis schälen, waschen, von Kernen befrei-
   en und in Würfel schneiden.
2) Ghee bzw. Olivenöl in einem Topf schmelzen
   und Bockshornkleesamen 2 – 4 Sekunden
   darin rösten (nicht zu lange, da er sonst
   bitter wird). Nun Kürbiswürfel, Kurkuma
   und Cayennepfeffer dazugeben und unter
   Rühren etwa 5 Minuten anbraten. Um das
   Anbrennen zu verhindern, eventuell
   2 – 3 EL Wasser dazugeben. Anschließend
   den Kürbis zugedeckt auf mittlerer Flamme
   für etwa 10 Minuten köcheln lassen, bis er
   gar ist.
3) Gur bzw. Vollrohrzucker, Pfeffer und Salz
   dazugeben.

Pitta-Typ: Lassen Sie den Cayennepfeffer weg.

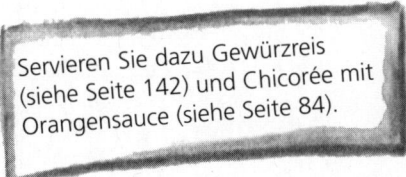

Servieren Sie dazu Gewürzreis
(siehe Seite 142) und Chicorée mit
Orangensauce (siehe Seite 84).

Kürbisgratin in Orangensaft

Wirkt ohne Orangenscheiben Kapha-erhöhend,
mit Orangenscheiben Kapha- und Pitta-erhöhend

Großmutters Liebling. Der Kürbis ist hierzulande etwas in Vergessenheit geraten. Dabei gibt es so viele verschiedene Arten von Kürbis in allen Farben und Formen, die man auch noch in Hunderten von leckeren Variationen zubereiten kann.

Kürbis enthält sehr viel Beta-Carotin, dazu B-Vitamine, Magnesium, Calcium, Eisen, Phosphor und Kieselsäure, und hat ein ausgesprochen günstiges Natrium-Kalium-Verhältnis. All diese Inhaltsstoffe machen ihn zu einer milden Diätspeise, die unterstützend bei der Behandlung von Bluthochdruck und Herz- und Nierenleiden verwendet werden kann. Auch bei Verstopfung sowie bei Übersäuerung greift man gerne auf Kürbisgerichte zurück. Nach dem Ayurveda erhöht Kürbis *Kapha*. Tofu dagegen vermehrt das *Kapha*- und auch sanft das *Vata*-*Dosha*.

Kürbisgratin ist somit ein hervorragendes Gemüse für *Vata*- und *Pitta*-Konstitutionen. Und wer Kürbis lieber süß-sauer mag, kommt ebenfalls auf seine Kosten, indem er einfach die dünnen Scheiben einer süßen und saftigen Orange zwischen die Kürbisscheiben legt. Diese Abwandlung ist dann vor allem *Vata*-Naturen zu empfehlen. Bei diesem Rezept haben wir gleich beide Zubereitungsarten angegeben, so ist für alle etwas dabei!

Für 4 Personen

300 g Tofu
1 kg Kürbis
3 – 4 TL frisch geriebener Ingwer
½ TL Salz
½ TL Zitronenpfeffer bzw. frisch gemahlener
  schwarzer Pfeffer
20 g Butter (vegan: 2 EL Sonnenblumenöl)
Ghee (bzw. Öl) zum Einfetten
eventuell 1 EL Vollrohrzucker
eventuell 1 Orange
Saft von ½ – 1 Orange

Für die Tofu-Marinade:

3 EL Sesam- bzw. Sonnenblumenöl
Saft einer halben Orange
½ TL Zitronenpfeffer
  oder frisch gemahlener schwarzer Pfeffer
½ TL Salz
¼ TL Cayennepfeffer
1 Prise Zimt
1 EL Sesam

So wird's gemacht:

1) Tofu in dünne Scheiben schneiden und in Öl, dem Saft einer halben Orange und den Gewürzen für die Marinade marinieren. Wenn möglich 1 Stunde ziehen lassen. Kürbis schälen, entkernen, waschen und in sehr dünne Scheiben schneiden.

2) Zwei Kasserolen oder Auflaufformen (jeweils mit Deckel) mit reichlich Ghee bzw. Öl einfetten. Backofen auf 225° C vorheizen. In eine Kasserole bzw. Auflaufform abwechselnd die Hälfte der Kürbisscheiben und alle Tofuscheiben dachziegelartig hineinlegen. Mit der Hälfte des geraspelten Ingwers bestreuen, und die Marinade des eingelegten Tofu darübergießen.

3) In die andere eingefettete Kasserole bzw. Auflaufform die restlichen Kürbisscheiben hineinlegen (und, falls gewünscht, dazwischen dünne Scheiben einer geschälten kleinen Orange schichten). Mit dem restlichen Ingwer bestreuen, und den Saft einer Orange darübergießen. (Falls Sie Orangenscheiben zwischen die Kürbisstücke legen, reicht der Saft einer halben Orange aus). Mit Salz, Pfeffer (und eventuell 1 TL Vollrohrzukker) bestreuen und Butterflocken (bzw. Öl) darübergeben.

4) Kasserolen bzw. Auflaufformen mit Deckel oder Alufolie abdecken und beide Formen im Backofen bei 200° C 45 Minuten – 1 Stunde backen, bis der Kürbis weich ist.

Statt Tofuscheiben macht sich auch gepreßter Panir (Frischkäse) aus 2 – 2,5 l Milch gut (Anleitung siehe Seite 226).

79

Fenchel-Quinoa-Auflauf

Wirkt sanft Kapha-erhöhend

»Mutter Korn«, so nannten die Azteken und Inkas die weißlich-gelben Quinoa-Körnchen. Dabei ist Quinoa eigentlich gar kein Getreide, sondern ein Gänsefußgewächs. Das ändert aber nichts an seinen wertvollen Inhaltsstoffen: etwa 16 % Proteine, allen voran Lysin, dazu ein hoher Anteil an ungesättigten Fettsäuren, Ballaststoffen und Mineralien (Kalium, Calcium, Eisen, Magnesium). Außerdem finden sich in ihm B-Vitamine, Vitamin C und E sowie Carotin. Quinoa enthält kein Gluten, was es interessant für Menschen mit Klebereiweiß-Unverträglichkeit macht. Da es auch sehr fettarm ist, eignet es sich gut als Diät- und Rekonvaleszentenkost. Quinoa wirkt antiseptisch und stärkt die Abwehrkraft. Ein weiterer Pluspunkt: Es ist zäh und widerstandsfähig und gedeiht noch in Hochlagen, z. B. in den Anden, bis auf weit über viertausend Meter – und das ohne Kunstdünger und Pestizide. Nach dem Ayurveda verstärkt Quinoa *Agni* und kann in Maßen allen drei *Dosha*-Typen empfohlen werden. Süßkartoffeln glänzen mit einem hohen Gehalt an Provitamin A und Vitamin C, daneben enthalten sie Vitamine des B-Komplexes, Kohlenhydrate, Proteine sowie etliche Mineralstoffe wie Phosphor, Eisen und Calcium. Nach dem Ayurveda sind Süßkartoffeln süß, warm, schwer und stärkend. Sie erhöhen das *Kapha-Dosha* und auch ganz sanft *Vata*. Sie regen die Verdauung an, vertreiben Darmparasiten und lindern Hämorrhoiden. In der Ayurveda-Küche sind sie ein willkommenes Gemüse für all jene, die Kartoffeln nicht vertragen.

Zusammen mit Fenchel ist dieses Gericht optimal für alle drei *Doshas*. Bei starker *Kapha*-Dominanz beachten Sie bitte den *Dosha*-Tip.

Für 4 – 5 Personen

Für den Panir (Frischkäse):
1 l Milch
Saft einer halben Zitrone

Für den Auflauf:
100 g Quinoa
300 ml Wasser
1 große Süßkartoffel (400 g)
2 große Fenchelknollen (950 g)
300 g Kürbis (kann entfallen)
1 TL Fenchelsamen
1 TL Koriander
1 TL Kreuzkümmelsamen
1 TL frisch geriebener Ingwer
½ TL Kurkuma
¼ TL Zimt
1 TL getrockneter Thymian
1 TL getrockneter Majoran
1 Prise Muskat
¾ TL frisch gemahlener schwarzer Pfeffer
1 TL Salz
3 EL Molke (von der Panirherstellung)
*   oder (Gemüsekoch-)Wasser*
2 – 3 EL Sahne
etwas Ghee zum Einfetten

So wird's gemacht:
1) Quinoa in einem feinen Sieb unter fließendem Wasser spülen. Mit 300 ml Wasser 10 – 15 Minuten kochen und quellen lassen.
2) Panir (Frischkäse) herstellen (siehe Seite 226) und 5 – 10 Minuten im Käsetuch abhängen lassen.
3) Gemüse waschen. Fenchel in dünne Scheiben schneiden. Süßkartoffel und Kürbis schälen und in Scheiben schneiden. Gemüse in einem Topf mit etwas Wasser halb gar kochen (8 – 10 Minuten).

4) Backofen auf 200 – 220° C vorheizen. Fenchel-, Koriander- und Kreuzkümmelsamen trocken rösten und in einem Mörser zerstoßen. Eine Kasserole oder eine Auflaufform (mit Deckel) mit Ghee einfetten und das Gemüse dachziegelartig hineinlegen. Panir aus dem Käsetuch herausnehmen und mit Quinoa, allen Gewürzen, Salz, 3 EL Molke oder (Gemüsekoch)-Wasser und 2 – 3 EL Sahne vermischen. Die Quinoa-Mischung sollte eine feuchte Konsistenz haben, so daß der Auflauf während des Backens nicht austrocknet. Quinoa auf dem Gemüse verteilen und für 35 Minuten bei 200 – 220° C mit einem Deckel oder mit Alufolie abgedeckt goldbraun backen.

Kapha-Typ: Ersetzen Sie die Süßkartoffel durch Kartoffeln. Verwenden Sie statt Panir 3 EL Buchweizenmehl und 100 ml Buttermilch, die Sie miteinander verrühren und unter die Quinoamasse heben. Dazu kommt noch 1 gehackte kleine grüne Chili (entkernt) oder ½ TL Cayennepfeffer.

Falls der Auflauf durch das Backen etwas zu trocken geworden ist, noch mit etwas Gemüsekochwasser begießen bzw. mit Buttermilch oder einer Sauce Ihrer Wahl servieren.

Fenchel-Zucchini-Pfanne mit Tofu

Wirkt Kapha-erhöhend

Fenchel ist ein Powergemüse: Er besitzt fast doppelt so viel Vitamin C wie Orangen, reichlich Vitamine der B-Gruppe, Kalium, Calcium, Phosphor und sehr viel Eisen. Auch sein Reichtum an ätherischen Ölen schlägt fast alle Gemüserekorde. Fenchel regt die Durchblutung des Verdauungstrakts und der Atmungsorgane an und hilft bei Erkältungen und Husten. Er stimuliert die Leber- und Nierentätigkeit und beruhigt einen nervösen Magen. Im Winter kann er roh als Salat verwendet werden – die Alternative zu Treibhaussalaten. Nach dem Ayurveda besitzt Fenchel eine leicht *Kapha*-erhöhende Wirkung, gedünstet und gewürzt tut er jedoch allen drei *Dosha*-Typen gut.

Die Zeiten, in denen Zucchini als Exoten galten, sind längst vorbei. Inzwischen wachsen sie auch in hiesigen Gärten. Sie schmecken nämlich nicht nur gut, sondern sind auch pflegeleicht und fast das ganze Jahr zu haben. Mit ihren zahlreichen Mineralien und Vitaminen stärken Zucchini unser Immunsystem, und mit ihren Bitterstoffen regen sie die Darmtätigkeit an. Nach dem Ayurveda vermehren sie die *Kapha*-Komponente.

Diese Gemüsepfanne ist ideal für *Vata*- und *Pitta*-Menschen.

> Diese schnelle Gemüsepfanne paßt gut zu Reisgerichten und Salat.

Für 4 Personen

2 Zucchini (500 g)
3 Fenchelknollen (550 g)
250 g (geräucherter) Tofu
1 EL Ghee oder Olivenöl
1½ TL Kreuzkümmel
½ TL Asafoetida
½ TL Kurkuma
½ TL Paprika
1 EL frisch geriebener Ingwer
3 EL Sojasauce
1 EL Tahin (Sesampaste)
½ TL frisch gemahlener schwarzer Pfeffer
1 TL Salz

So wird's gemacht:

1) Zucchini und Fenchel waschen. Fenchel in kleine Würfel, Zucchini in dünne Streifen schneiden. Tofu in kleine Würfel schneiden.
2) In einer großen Bratpfanne oder einem Wok Ghee bzw. Olivenöl erhitzen. Kreuzkümmel für einige Sekunden darin rösten. Dann Asafoetida, Kurkuma, Paprika, Ingwer und die Tofuwürfel dazugeben und so lange rösten, bis der Tofu leicht gebräunt ist. Nun die Fenchelwürfelchen hinzufügen und anrösten. Nach 3 – 4 Minuten auch die Zucchinistreifen dazugeben. Alles gut umrühren, damit nichts anbrennt. Anschließend die Sojasauce dazugeben, und alles zugedeckt köcheln lassen, bis der Fenchel gar ist.
3) Mit Sesampaste, Pfeffer und Salz würzen und servieren.

Pitta-Typ: Wenn Ihr *Pitta* zu stark ist, lassen Sie Asafoetida, Paprika und die Sojasauce weg. Würzen Sie mit 1 TL Koriander und frischem oder getrocknetem Basilikum.

Fenchel in Orangen-Kokos-Sauce

Wirkt ausgleichend auf alle drei Doshas

Schon legendär ist der hohe Vitamin-C-Gehalt von Orangen, doch enthalten sie ebenfalls reichlich Carotin, Kalium, Magnesium, Calcium, Eisen, Phosphor und das rare Selen. Flavone, ätherische Öle, Bitter- und Gerbstoffe machen sie leicht verdaulich, appetitanregend und ideal für die Rekonvaleszenzphase. Darüber hinaus bringen Orangen die Abwehr auf Vordermann, reinigen das Blut, helfen bei Magen- und Darmbeschwerden, stärken die Leber und helfen bei Depressionen. Nach dem Ayurveda sind sie feucht und süß, d. h. sie vermehren *Kapha*. Saure Orangen dagegen verstärken in erster Linie das *Pitta-Dosha*.

Kokosnüsse sind reich an Vitamin E und Niacin. Sie wirken kühlend, leicht harntreibend und helfen bei Sodbrennen, Gastritis und sogar bei Magengeschwüren. Kokosnußpaste, erhältlich als »Pure Creamed Coconut« im asiatischen Lebensmittelgeschäft oder Gewürzversand, vermehrt *Kapha* und *Vata*.

Bei diesem milden Gericht können alle drei *Dosha*-Typen zugreifen.

> Noch aromatischer schmeckt das Fenchelgemüse, wenn Sie es in selbstgemachter Gemüsebrühe (siehe Seite 108) kochen.

Für 4 Personen

4 Fenchelknollen (etwa 1 kg)
2 TL frisch geriebener Ingwer
¼ TL Asafoetida
½ TL gemahlener Koriander
1 – 2 Lorbeerblätter
1 EL getrocknete Bockshornkleeblätter
   (Kasoori Methi)

Für die Sauce:

Saft einer Orange (60 ml)
2 EL Wildpfeilwurzelmehl
   oder Kartoffelstärke
300 – 400 ml Fenchel- oder
   anderes Gemüsekochwasser
2 – 3 EL Kokosnußcreme
   (»Pure Creamed Coconut«)
   oder 2 EL fein gemahlene Kokosflocken
½ TL Kurkuma
½ TL weißer Pfeffer
1 TL Salz

So wird's gemacht:

1) Fenchelknollen waschen, holzige Stiele und Boden wegschneiden. Fenchel in dicke Scheiben schneiden und mit 300 – 400 ml Wasser in einem Topf weich kochen. Ingwer, Asafoetida, Koriander, Lorbeer- und Bockshornkleeblätter dazugeben.
2) Orange auspressen. Wildpfeilwurzelmehl bzw. Kartoffelstärke in ein kleines Gefäß geben und das abgeschüttete Fenchel- oder Gemüsekochwasser langsam hineinrühren. Kokosnußcreme bzw. feingemahlene Kokosflocken, Orangensaft und Gewürze (mit Ausnahme von Salz) dazugeben.
3) Orangen-Kokos-Sauce in den Topf mit den Fenchelscheiben gießen und noch einmal kurz aufköcheln lassen. Salz hinzufügen.

Vata- und Pitta-Typ: Wenn Sie möchten, können Sie diese Sauce noch mit 1 – 2 EL Sahne (vegan: Sojadrink) anreichern.

Chicorée in Orangensauce

Wirkt Pitta-, Kapha- und sanft Vata-erhöhend

Das ideale Wintergemüse. Eher zufällig entdeckte ein belgischer Bauer in der zweiten Hälfte des 19. Jahrhunderts, daß der zweite Austrieb der Chicoréewurzel im Winter ein äußerst wohlschmeckendes Gemüse ist. Chicorée ist zudem auch sehr gesund; er ist ein richtiger Fitmacher, der den Körper für die kalte Jahreszeit rüstet. Chicorée enthält nicht nur viele Mineralien wie Kalium, Calcium, Magnesium, Phosphor und Eisen, sondern ist auch reich an Provitamin A und den Vitaminen B_1, B_2 und C. Sein Bitterstoff Intybin unterstützt die Arbeit von Leber, Galle und Darm, stimuliert Magen, Milz, Bauchspeicheldrüse und Blutgefäße und löst Verschleimungen. Die heutigen, weniger bitteren Züchtungen erhöhen nach dem Ayurveda sanft *Vata*.

Den meisten oft nur als Salat bekannt, schmeckt Chicorée jedoch auch sehr lecker in überbackener, gekochter oder gedämpfter Form. Und, was heutzutage auch eine Rolle spielt: Er ist nicht nur einfach, sondern auch sehr schnell zuzubereiten.

Die exotische Orangensauce verleiht diesem Gericht einen Hauch von Fernost.

Dieses Gericht ist hervorragend für *Vata*-Menschen, und – wenn sie mit der Orangensauce maßvoll umgehen – auch für *Kapha*- und *Pitta*-Typen geeignet.

Servieren Sie dazu Gewürzreis (siehe Seite 142).

Für 2 – 3 Personen (für 4 Personen 1 kg Chicorée verwenden)

500 g Chicorée
2 EL Olivenöl
1 – 2 TL frisch geriebener Ingwer
½ – ¾ TL Madras Curry (siehe Seite 260)
½ TL Salz

Für die Orangensauce:
Saft und Fruchtfleisch von 3 süßen Orangen (etwa 350 ml Saft)
1 gehäufter EL Reismehl
1 – 2 TL Ghee (vegan: Sonnenblumenöl)
1 TL Garam Masala (siehe Seite 261)
¼ TL Kurkuma
¼ TL Ingwerpulver
1 Prise geriebene Muskatnuß
1 EL Gur bzw. Vollrohrzucker
½ TL Salz

So wird's gemacht:

1) Chicorée waschen, Strunk entfernen und den Chicorée der Länge nach halbieren.

2) Olivenöl in der Pfanne erhitzen, Ingwer und Curry 3 – 4 Sekunden darin anbraten und Chicoreéhälften dazugeben. Für etwa 3 Minuten braten, dann mit Deckel abdecken und für weitere 4 – 5 Minuten auf kleinster Flamme köcheln lassen.

3) In der Zwischenzeit Orangen auspressen. Den Saft und das Fruchtfleisch mit Reismehl verrühren. Ghee bzw. Sonnenblumenöl in einem kleinen Topf schmelzen. Garam Masala, Kurkuma und Ingwerpulver darin 3 – 4 Sekunden anrösten. Mit Orangensaft aufgießen und Zimt, Muskat, Gur bzw. Vollrohrzucker und Salz dazugeben. Noch einmal kurz aufkochen lassen. Fertig ist die Orangensauce.

4) Den Chicorée zum Abschluß mit Salz bestreuen und mit der heißen Orangensauce servieren.

Mungsprossen mit Tofu

Wirkt Kapha- und sanft Pitta-erhöhend

In der Mungbohne ruht alles Leben wie im Winterschlaf; bekommt sie ihre vier Elixiere, nämlich Wasser, Sauerstoff, Wärme und Licht, dann wird es schlagartig Frühling in der winzigen Wunderkapsel. Während des Keimvorgangs steigt sowohl der Vitamingehalt als auch der Anteil an Mineralien stark an. Daneben liefert uns die Mungsprosse wertvolles Eiweiß, schon aufgespalten in die Aminosäuren – und zwar vollständig in der Zusammensetzung, wie unser Körper sie braucht. Nicht zu vergessen natürlich auch der großzügige Anteil Lecithin, welches unsere kleinen grauen Zellen rege werden läßt. Dieses einfache und schnelle Rezept ist ideal für Menschen mit *Vata*-Dominanz und in Maßen auch für *Pitta*-Typen.

Für 4 Personen

250 g Mungsprossen
  (siehe auch Warenkunde, Seite 277)
2 – 3 Zucchini (500 g)
250 g geräucherter Tofu
2 EL Ghee (vegan: Olivenöl)
2 EL frisch gehackter Ingwer
½ TL Asafoetida
¼ TL Cayennepfeffer
1 TL Tamarindenextrakt
  (falls nicht vorhanden: ½ TL Mangopulver
  (Amchoor) oder 1 – 2 EL Zitronensaft)
3 EL Sojasauce
2 TL Tahin (Sesampaste)
1 TL Vollrohrzucker
½ TL Salz

So wird's gemacht:

1) Selbstgekeimte Mungsprossen bzw. gekaufte (meist als Sojasprossen angebotene) Sprossen in einem Sieb unter fließendem Wasser spülen und abtropfen lassen. Zucchini waschen und in feine, 4 cm lange Streifen schneiden. Tofu in Würfel schneiden.

2) Ghee bzw. Olivenöl in einer Pfanne erhitzen. Ingwer, Asafoetida, Cayennepfeffer und Tofu für einige Minuten goldbraun anbraten. Dann Zucchinistreifen und nach 5 Minuten die Sprossen dazugeben. Mit Tamarindenextrakt bzw. Mangopulver, Sojasauce und den restlichen Zutaten (außer Salz) würzen und zugedeckt 5 Minuten auf kleiner Flamme köcheln lassen.

3) Zum Abschluß das Salz und eventuell Zitronensaft hinzufügen und mit Basmatireis mit Kurkuma (siehe Seite 141) servieren.

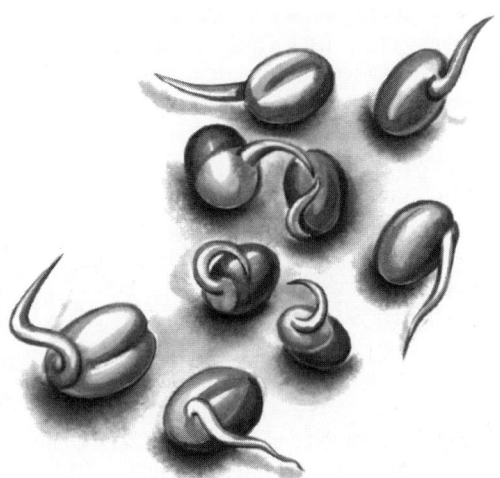

Grünkohl-Pfannengemüse

Wirkt sanft Kapha-erhöhend

Der kühle Nordländer. Bis heute wird Grünkohl in Norddeutschland mehr geschätzt als in Deutschlands Süden. Sobald der erste Frost übers Land gegangen ist, wird an Nord- und Ostsee zum Grünkohlessen gebeten, denn der Frost schließt das Zellgewebe des Kohls auf und macht es weich, die Stärke verwandelt sich in Zucker, und der Kohlgeschmack wird dadurch deutlich milder.

Grünkohl liefert reichlich Vitamin C, außerdem Beta-Carotin, mehrere B-Vitamine und zahlreiche Mineralien. Das viele Kalium hilft dabei, Wasseransammlungen aus dem Körper auszuschwemmen, und kräftigt Niere, Blase und Herz. Weiterhin fördert Grünkohl die Verdauung und reinigt die Haut von innen. Besonders gut ist Grünkohl für die Augen. Nicht zuletzt zählt er zu den wichtigsten Krebsschutzgemüsen. Nach dem Ayurveda verstärkt Grünkohl das *Vata-* und auch etwas das *Pitta-Dosha* – eine Wirkung, die durch die Gewürze, die Sahne und das Ghee wieder ausgeglichen wird. Dieses Pfannengemüse kann allen drei *Dosha-*Typen empfohlen werden, *Kapha*-Naturen sollten allerdings einige kleine Änderungen beachten (siehe unten).

Für 4 Personen

1 kg Grünkohl
3 – 4 EL Ghee (vegan: Sonnenblumenöl)
½ TL Fenchelsamen
2 TL Kreuzkümmel
¾ TL Asafoetida
1 ½ TL gemahlener Koriander
¾ TL Kurkuma
*3 – 4 TL frisch geriebener oder
   kleingeschnittener Ingwer*
1 TL Salz
*3 EL Sahne oder Crème fraîche
   (vegan: Sojadrink)*

So wird's gemacht:

1) Grünkohl gründlich waschen, die groben Stiele entfernen bzw. sehr klein schneiden. Grünkohl in feine Streifen schneiden.

2) Grünkohl in einem großen Topf mit etwas Wasser zugedeckt 5 – 8 Minuten weichkochen.

3) Ghee (bzw. Sonnenblumenöl) in einer großen Pfanne erhitzen, Fenchel und Kreuzkümmel darin rösten, bis sie eine leichte Tönung angenommen haben. Asafoetida, gemahlenen Koriander, Kurkuma und frischen Ingwer dazugeben. Mit einem Holzlöffel gut umrühren, gekochten Grünkohl dazugeben und wenige Minuten bei starker Hitze anbraten. Dann das restliche Grünkohl-Kochwasser dazugießen (etwa eine halbe Tasse), und Grünkohl zugedeckt auf kleiner Flamme köcheln lassen.

4) Nach etwa 5 Minuten Salz und Sahne (bzw. Sojadrink) dazugeben, noch einmal aufkochen lassen und servieren.

Kapha-Typ: Verwenden Sie nur 1 – 2 TL Ghee oder Sonnenblumenöl zum Anrösten der Gewürze. Die Sahne ersetzen sie am besten durch 2 EL Zitronensaft und ½ TL schwarzen Pfeffer.

Okra mit Kokosnuß

Wirkt ausgleichend auf alle drei Doshas

Der eßbare Hibiskus. Okras sind die Früchte eines Hibiskusstrauches und werden schon vier bis sechs Tage nach der Blüte geerntet. In Indien schätzt man sie als leckeren Bestandteil vieler Gemüsegerichte. Für Gourmets sind Okra ebenso interessant wie für gesundheitsbewußte Menschen, denn sie besitzen krebshemmende Wirkstoffe. Daneben enthalten sie Beta-Carotin, reichlich Vitamine der B-Gruppe und Vitamin C sowie Kalium. Absolute Spitze ist aber ihr Calciumgehalt, der den der meisten Gemüse- oder Obstarten bei weitem übersteigt.

Nach dem Ayurveda wirken Okra kühl und besänftigend. Sie sind harntreibend, fieberlindernd und helfen bei Blasenentzündungen, Husten, Heiserkeit und Magen- und Darmentzündungen. Außerdem sind sie ein gutes Stärkungsmittel. Okra verstärken sanft *Kapha* und *Vata*; gekocht können sie jedoch allen drei *Doshas* empfohlen werden.

In Scheiben geschnittene Okra sehen wie schöne grüne Sterne aus. Wer Abwechslung mag, kann Okra – wie im nächsten Rezept – auch fritieren.

Dieses Gericht können alle drei *Doshas* genießen.

Für 2 – 4 Personen

250 g Okra
300 ml Wasser
1 TL Ghee (vegan: Sonnenblumenöl)
¼ TL Kurkuma
¼ TL Asafoetida (kann entfallen)
1 TL gemahlener Koriander
2 EL Kokosflocken
½ TL frisch gemahlener schwarzer Pfeffer
½ TL Salz
einige Tropfen Zitronensaft

So wird's gemacht:

1) Okra waschen, Stielansatz entfernen und die Früchte in 2 cm große Scheiben schneiden. In einem kleinen Topf mit Wasser 8 – 10 Minuten köcheln und abtropfen lassen. (Das Kochwasser können Sie als Suppengrundlage verwenden oder auf den Komposthaufen geben, da es sehr vitaminreich ist.)

2) In einem Topf Ghee bzw. Sonnenblumenöl erhitzen. Asafoetida, Kurkuma, Koriander und Okra darin für 1 – 2 Minuten anbraten. Dann Kokosflocken, Pfeffer und Salz dazugeben und mit etwas Zitronensaft beträufeln.

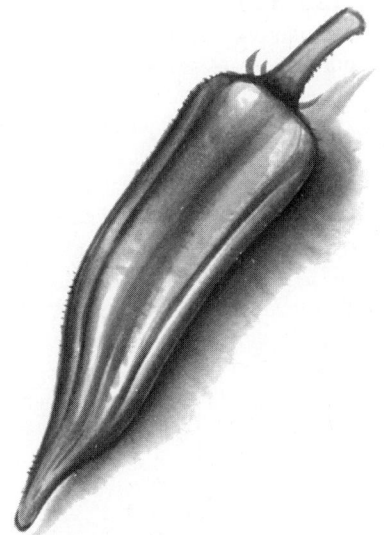

Okra in Tomatensauce

Wirkt Pitta- und Kapha-erhöhend

Exotisch, köstlich, gesund. So könnte man Okra, ein grünes Gemüse des Hibiskusstrauches, kurz und prägnant beschreiben.

Wer die gesunden Inhaltsstoffe der Okra näher kennt, kann gut verstehen, weshalb das Gemüse in der Ayurveda-Küche einen wichtigen Platz einnimmt. Okra enthält Beta-Carotin, reichlich Vitamine des B-Komplexes und Vitamin C sowie Kalium. Ihr Calciumgehalt ist kaum zu übertreffen.

Nach dem Ayurveda wirken Okra kühl und besänftigend. Sie sind harntreibend, fieberlindernd und helfen bei Blasenentzündungen, Husten, Heiserkeit und Magen- und Darmentzündungen. Daneben sind sie ein gutes Stärkungsmittel und gelten als Anti-Krebs-Gemüse. Okra verstärken sanft *Kapha* und *Vata*, gekocht sind sie für alle drei *Doshas* gut. Fritiert und in gewürzter Tomatensauce – wie hier – sind sie ideal für *Vata*-Menschen. Und bei Okra ohne Tomatensauce können auch Menschen mit *Pitta*-Dominanz zugreifen.

Reichen Sie Okra am besten zu Basmatireis mit etwas Zitronensaft beträufelt.
Eilige Zeitgenossen finden ein Grundrezept für schnelle Tomatensauce (aus Tomatenmark) auf Seite 212.

Für 2 – 4 Personen

300 – 500 g italienische Tomatensauce
nach Grundrezept (siehe Seite 210)
500 g Okra
1 gehäufter TL gemahlener Kreuzkümmel
1½ TL gemahlener Koriander
½ TL Kurkuma
1 EL frisch geriebener Ingwer
½ TL frisch gemahlener schwarzer Pfeffer
1 TL Salz
einige EL Ghee (vegan: Sonnenblumenöl)
zum Fritieren bzw. Braten

So wird's gemacht:

1) Tomatensauce nach Grundrezept herstellen, eventuell schon am Vorabend.

2) Tomatensauce in einen Topf geben und köcheln lassen. In einer Pfanne Kreuzkümmel (ohne Fett) goldbraun rösten. Nun Kreuzkümmel, gemahlenen Koriander, Kurkuma und Ingwer zur Tomatensauce hinzufügen und auf mittlerer Flamme köcheln lassen, bis alles etwas eindickt.

3) In der Zwischenzeit Okra unter fließendem Wasser waschen, mit einem Tuch trockenreiben und den Stielansatz entfernen. Okra in 1,5 – 2 cm dicke Scheiben schneiden und nach und nach in einer Pfanne oder einem Topf mit einigen EL Ghee (bzw. Sonnenblumenöl) bei mittlerer Hitze halb gar anbraten bzw. fritieren. Anschließend in einem Sieb abtropfen lassen.

4) Fritierte Okra in die Tomatensauce geben und für wenige Minuten weiterköcheln lassen. Abschließend pfeffern und salzen.

Pitta-Typ: Verzichten Sie lieber auf die Tomatensauce. Rösten Sie statt dessen die Gewürze und den frischen Ingwer in 1 – 2 EL Ghee (vegan: Sonnenblumenöl), und braten Sie die geschnittenen Okras darin an.

Knusprige Karela-Chips

Wirkt ausgleichend auf alle drei Doshas

Klein, aber oho. Langsam, aber sicher wächst der Fanclub der kleinen knusprigen und leicht scharfen Karelaringe auch bei uns. Denn Karelas – auch unter dem Namen Bittergurke oder -melone bekannt – regen nicht nur den Appetit an, sondern sind auch für unsere Gesundheit Medizin pur.

Bitterstoffe heißt hier das Zauberwort für unsere Küchen-Apotheke. Von alters her ist bitter ein Begriff für Heilkraft. Denn Bitterstoffe regen die Drüsen an, bringen den Fluß der Sekrete in Schwung, regenerieren die Darmschleimhaut, heilen Entzündungen und stärken das Immunsystem. Daneben können sie die Blutgefäße von Fetten reinigen und die Herztätigkeit verbessern. Karelas regen den Appetit an, fördern die Verdauung und reinigen das Blut. Sie wirken nicht nur entwässernd, sondern helfen auch bei Übergewicht und lösen Krämpfe. Eine Menge von zwei Eßlöffeln kann jedem Konstitutionstyp empfohlen werden; im Übermaß wirken sie *Vata*-erhöhend.

Diese Vorspeise oder Beilage kann in kleinen Mengen allen drei *Dosha*-Typen empfohlen werden, *Pitta*-Menschen sollten dabei allerdings auf den Cayennepfeffer verzichten.

Für 4 Personen

2 – 4 Karelas
etwas Ghee (vegan: Sonnenblumenöl)
   zum Fritieren oder Braten
etwa ¼ TL Kurkuma
etwa 1 Prise Cayennepfeffer
etwa ¼ TL Salz

So wird's gemacht:

1) Karelas waschen, der Länge nach aufschneiden und mit einem Melonenlöffel oder einem Messer die Kerne entfernen. Karelas in dünne Ringe schneiden.

2) In einer Pfanne bzw. einem Topf mit etwas Ghee (bzw. Sonnenblumenöl) knusprig braten und mit den Gewürzen nach Belieben vermengen.

Angebratene Karelaringe sind vorzügliche Appetitanreger, z. B. zu Basmatireis mit etwas Zitronensaft.

Gefüllte Karelas in Tomatensauce

Wirkt ausgleichend auf alle drei Doshas

Bitter ist besser, pflegen viele Ayurveda-Thera-peuten zu sagen. Nach dem Ayurveda ist die heutige Ernährung meist zu süß, zu salzig, zu schwer und zu fett. Die bittere Geschmacksrich-tung ist auf dem Speiseplan der meisten Europä-er und Nordamerikaner mehr oder weniger verlorengegangen.

Dabei haben Karelas – auch Bittergurken oder Bittermelonen genannt – der Gesundheit vieles zu bieten. Sie regen den Appetit an, fördern die Verdauung, reinigen das Blut, entwässern, helfen bei Übergewicht und lösen Krämpfe. In kleinen Mengen sind Karelas gut für alle drei *Dosha*-Typen, im Übermaß vermehren sie allerdings stark *Vata*.

Durch die besondere Art der Zubereitung in diesem Rezept wird das Bittere der Karela auf ein angenehmes Maß reduziert. Bei gefüllter Bittermelone dürfen alle drei *Doshas* zugreifen. Denken Sie nur daran, daß die Karelas und auch die Tomatensauce in diesem Rezept etwas Vorbereitungszeit brauchen.

Fragen Sie einmal in indischen, asiatischen oder türkischen Geschäften nach Karelas, sonst werden Sie vielleicht nie wissen, was Ihnen entgeht.

Für 4 – 8 Personen (je nach Vorliebe) –
Für Neulinge 1½, für Fans 3 Stück

12 Karelas (400 – 500 g)
1½ TL Salz zum Einlegen

Für die Tomatensauce:
750 g italienische Tomatensauce
(siehe Seite 210)
1 EL Ghee (vegan: Sonnenblumenöl)
1 TL Kreuzkümmel
2 TL frisch geriebener Ingwer
2 TL Garam Masala (siehe Seite 261)
½ TL Kurkuma
½ TL frisch gemahlener schwarzer Pfeffer
3 – 4 EL frisch gehackte Korianderblätter
1 EL Gur bzw. Jaggery oder Vollrohrzucker
1 TL Salz

Für die Füllung:
1 l Milch (für den Panir)
Saft von 1 Zitrone (für den Panir)
(vegan: 150 g weicher Tofu statt Panir)
1 TL gemahlener Koriander
¼ TL Kurkuma
1 EL Ghee (vegan: Sonnenblumenöl)
Ghee (bzw. Sonnenblumenöl) zum Fritieren

So wird's gemacht:
1) Italienische Tomatensauce nach Grundrezept herstellen. Währenddessen Karelas rechtzei-tig vorbereiten: Waschen, die grüne Schale mit einem scharfen Messer oder einem Spar-schäler abschälen und die kleinen Schalen-stückchen auf einem Tuch in der Sonne oder auf der Heizung trocknen (siehe Geheimtip).
2) Geschälte Karelas der Länge nach aufschlit-zen und mit einem Melonenlöffel oder ei-nem Messer entkernen. Die Karelas unter fließendem Wasser gut waschen und in ei-nem Topf mit etwa 2 l Wasser und 1½ TL Salz mindestens 30 Minuten (besser 1 Stun-de) einlegen und anschließend unter fließen-dem Wasser abspülen.

3) In der Zwischenzeit den Panir (Frischkäse) zubereiten (genaue Anleitung siehe Seite 226) (bzw. den Tofu pürieren).

4) Karelas in einem Topf mit 1,5 l Wasser und ½ TL Salz 10 Minuten halb gar kochen.

5) Für die Tomatensauce Ghee bzw. Sonnenblumenöl in einem Topf schmelzen und Kreuzkümmel darin goldbraun rösten. Ingwer, Garam Masala, Kurkuma und Pfeffer dazugeben und gleich darauf mit der fertigen italienischen Tomatensauce aufgießen. Alles köcheln lassen, bis es etwas eingedickt ist. Zum Schluß Salz, Gur bzw. Jaggery oder Vollrohrzucker dazugeben.

6) In der Zwischenzeit die Karelas aus dem Kochwasser nehmen, abwaschen und trockentupfen.

7) Korianderpulver, Kurkuma und 1 EL kleine Karelaschalenstückchen in einer Pfanne mit etwas Ghee (bzw. Sonnenblumenöl) anrösten. Übrige Schaflenstückchen können Sie weiterverwenden (siehe Geheimtip). Etwas später den Panir (bzw. Tofu) hinzugeben und nach wenigen Minuten von der Flamme nehmen.

8) Die Karelas mit 2 TL dieser Käse- (bzw. Tofu-) Masse füllen, die Schnittstellen zusammendrücken, so daß keine Füllung herausschaut, und mit Bindfaden oder Nähgarn fünf- bis sechsmal umwickeln.

9) Ghee (bzw. Sonnenblumenöl) in einer *Karhai* (einer doppelgriffigen tiefen indischen Pfanne), einem Topf oder einem Wok erhitzen

und Karelas darin fritieren, bis sie goldbraun sind. Fertige Karelas mit einem Schaumlöffel abtropfen lassen, herausnehmen und auf ein Küchenpapier legen, damit das überschüssige Fett aufgesogen wird. Bindfaden vorsichtig abwickeln, und Karelas in der heißen Tomatensauce einige Minuten ziehen lassen. Mit frisch gehackten Korianderblättern bestreuen und zu Basmatireis und/oder Chapatis (siehe Seite 170) servieren.

Pitta-Typ: Die Tomatensauce verstärkt *Pitta*, obwohl der frische Koriander und das -pulver etwas Kühle bringen. Ist Ihr *Pitta* zu stark, empfehlen wir Ihnen, ganz auf diese Sauce zu verzichten und statt dessen einige Tropfen Zitronensaft über die Karelas zu träufeln.

Geheimtip: Um der Karela ihren bitteren Geschmack etwas zu nehmen, schälen erfahrene Köche die Frucht mit einem Sparschäler und trocknen ihre Schalen an der Sonne bzw. auf der Heizung. Getrocknete Karelaschalen in etwas Ghee fritiert und über Dals, Suppen oder einfach über Nudeln oder Reis gestreut sind nämlich ebenfalls eine köstliche Verfeinerung. In einem Schraubglas aufbewahrt, können Sie die vollständig getrockneten Stückchen sehr lange lagern, ähnlich wie Trockengemüse.

Karotten-Erbsen-Gemüse mit Panir

Wirkt ausgleichend auf alle drei Doshas

»Grüne Perle« nannte man die Erbse in der Antike. Nicht ohne Grund, denn Erbsen enthalten u. a. das wertvolle Vitamin B$_1$, Carotin und die Vitamine C und E – alles Vitamine, die eine Schutzfunktion für unseren Zellstoffwechsel besitzen. Außerdem enthalten Sie besonders viel Kalium, Magnesium und Lecithin.

Nach dem Ayurveda sind frische Erbsen sehr stärkend, genau das Richtige für *Kapha*- und *Pitta*-Menschen, bei übermäßigem Genuß verstärken sie allerdings *Vata*.

Karotten stecken ebenfalls voller gesunder Überraschungen. Sie glänzen mit viel Beta-Carotin (gut für Augen, Haut, Immunsystem und als Schutz gegen Krebs), wertvollen B-Vitaminen, Vitamin C, D, E und K und dazu mit ätherischen Ölen und Mineralien. Nach dem Ayurveda reinigen Karotten das Blut und stärken die Nieren. Rohe Karotten vermehren das *Pitta-Dosha*, bei gekochten Karotten können jedoch auch *Pitta*-Typen in Maßen zugreifen. Zusammen mit dem *Kapha*-erhöhenden Panir sind mit diesem Gericht alle drei *Doshas* gut bedient.

Für 4 Personen

Für den Panir (Frischkäse):
1,5 l Milch
Saft von 1 Zitrone

Für das Gemüse:
200 g frische zarte Erbsen
   (Bruttogewicht 500 g)
500 g Karotten
1½ EL Ghee
1 TL Kreuzkümmel
2 TL frisch gehackter Ingwer
¼ TL Asafoetida (kann entfallen)
½ – 1 TL gemahlener Koriander
½ TL Kurkuma
eventuell 1 TL Wasser
2 EL Zitronensaft
½ TL Vollrohrzucker
¼ – ½ TL frisch gemahlener weißer Pfeffer
1 TL Salz
gehackte Korianderblätter bzw. Petersilie
   (nach Belieben)

So wird's gemacht:
1) Panir (Frischkäse) zubereiten (am besten schon am Vorabend; genaue Anleitung siehe Seite 226). Molke auffangen und anderweitig weiterverwenden). Käsetuch verknoten, aufhängen und den Käse abtropfen lassen, bis der Panir schnittfest ist. (Wenn es schnell gehen muß, wird der Panir einfach im Käsetuch ins Sieb gelegt und mit einem Gewicht 15 – 20 Minuten gepreßt.)
2) Erbsen schälen und waschen. Karotten waschen und raspeln.
3) Ghee in einem Topf schmelzen. Kreuzkümmel darin goldbraun rösten, dann Ingwer, Asafoetida, Koriander und Kurkuma hinzufügen und für einige Sekunden rühren. Nun die geraspelten Karotten und die Erbsen dazugeben, eventuell auch noch 1 EL Wasser. Das Gemüse bei mittlerer Hitze zuge-

deckt etwa 10 Minuten köcheln lassen.
Zwischendurch umrühren, damit nichts
anbrennt.

4) In der Zwischenzeit den Panir in Würfel
schneiden und mit Zitronensaft, Vollrohrzukker, Pfeffer und Salz unter das gargekochte
Gemüse heben. Mit frisch gehackten Korian-
der- bzw. Petersilienblättern bestreuen.

Falls Sie eher größere und festere statt
kleiner und zarter Erbsen haben, dann
dünsten Sie sie lieber für etwa 5 Minuten in etwas Salzwasser. Dadurch ver-
ringert sich die Kochzeit des Gerichts
um etwa die Hälfte.

Karotten in Amaranth-Sahne-Sauce

Wirkt sanft Pitta-erhöhend

Amaranth, das einstige »Müsli der Inkas«, wird allmählich auch in der europäischen Küche entdeckt. Dabei sind die kleinen Körnchen eigentlich gar kein Getreide, sondern Abkömmlinge aus der Fuchsschwanzfamilie.

Gesund ist Amaranth allemal: Besonders viele herz- und gefäßfreundliche ungesättigte Fettsäuren und reichlich Vitamin C sprechen für sich. Durch seinen hohen Anteil an Lysin, dem lebenswichtigen Eiweißbaustein, aktiviert er den Stoffwechsel und mobilisiert die Abwehrkräfte. Amaranth reinigt das Blut und wirkt leicht harntreibend. Er verzögert das Altern, stärkt das Gedächtnis und die Nervenkraft. Nach dem Ayurveda kann Amaranth allen drei *Doshas* empfohlen werden. Obwohl er sanft erwärmend wirkt, bringt er *Pitta* nicht aus dem Gleichgewicht.

Auch Karotten haben in puncto Gesundheit einiges zu bieten: reichlich Provitamin A (gut für Augen und Haut), wertvolle B-Vitamine, Vitamin C, D, E und K und daneben noch ätherische Öle und Mineralien. Die in ihr enthaltenen Beta-Carotine stärken das Immunsystem und schützen vor Krebs. Sie reinigen das Blut und stärken die Nieren. Nach dem Ayurveda vermehren rohe Karotten das *Pitta*-Element, gekocht können sie in kleineren Mengen aber auch von *Pitta*-Menschen gegessen werden. Alles in allem ist dieses Gericht gut bekömmlich für Menschen mit *Kapha*- und *Vata*-Dominanz, in Maßen auch für *Pitta.*

Für 4 Personen

1 kg Karotten
250 ml (Karottenkoch-) Wasser
3 EL Sonnenblumenöl bzw. Ghee
4 EL fein gemahlener Amaranth
½ TL gemahlener Koriander
¼ TL Kurkuma
¼ TL Cayennepfeffer
250 ml Wasser
5 EL Sahne (vegan: Sojadrink)
¼ TL geriebene Muskatnuß
¼ TL frisch gemahlener weißer Pfeffer
1 TL Salz

So wird's gemacht:

1) Karotten gründlich waschen, bürsten und in dünne Scheiben schneiden. Anschließend in einem Topf mit 250 ml Wasser zugedeckt 10 – 15 Minuten gar kochen. Das Gemüsekochwasser abgießen und aufbewahren.

2) In einem zweiten Topf Sonnenblumenöl bzw. Ghee erhitzen und das Amaranthmehl goldbraun rösten. Die Gewürze ebenfalls für einige Sekunden anrösten, aber nicht verbrennen. Mit dem Gemüsekochwasser vorsichtig ablöschen (Vorsicht, es spritzt!) und umrühren. Nun noch das restliche heiße Wasser dazugießen und so lange köcheln lassen, bis die Sauce etwas eingedickt ist. Dabei immer wieder rühren.

3) Zum Abschluß Sahne (bzw. Sojadrink), Muskat, Pfeffer, Salz und Karotten hinzufügen und heiß servieren.

Kapha-Typ: Verwenden Sie besser nur 1 – 2 EL Sahne bzw. Sojadrink.

Pitta-Typ: Lassen Sie den Cayennepfeffer weg.

Steckrüben-Kürbis-Püree

Wirkt Kapha- und sanft Pitta-erhöhend

Altbekannt und neu entdeckt. Regional kennt man die Steckrübe unter sehr unterschiedlichen Namen. So nennt man sie auch Kohlrübe, Wrunke, Schmalzrübe, Bodenkohlrabi oder Erdrübe. Wie auch immer sie heißen mag, in der Küche kennt man die Steckrübe schon lange, sie ist eine der ältesten eßbaren Feldfrüchte Europas. Nachdem sie einige Zeit fast in Vergessenheit geraten war, lernt man heute ihren pikanten Geschmack wieder zu schätzen. Nach dem Ayurveda wirken Steckrüben süß, bitter und zusammenziehend. In erster Linie erhöhen sie das *Kapha-Dosha*, sind also ideal für *Pitta* und *Vata*. Ab und zu können sie jedoch auch von *Kapha*-Menschen verzehrt werden, wenn sie gedünstet sind.

Dieses Gericht vermehrt hauptsächlich *Kapha* und auch ein wenig *Pitta*. Es ist damit genau das Richtige für *Vata*-Konstitutionen. Wenn das Rezept abgewandelt wird, können jedoch auch *Pitta*-Typen zugreifen (siehe *Dosha*-Tip).

Für 4 – 5 Personen

1 kg Steckrüben
150 g saure Sahne (vegan: 100 ml Sojadrink)
1 – 2 EL Ghee bzw. Olivenöl
400 g Kürbis
200 g Karotten
½ TL frisch geriebene Muskatnuß
1 TL frisch gemahlener schwarzer Pfeffer
1½ TL Salz
1 – 2 EL frisch gehackte Korianderblätter
    bzw. Basilikum

So wird's gemacht:

1) Gemüse waschen, schälen und in gleichgroße Würfel bzw. Scheiben schneiden.
2) Gemüse in einem Kochtopf mit etwas Wasser 15 – 20 Minuten weichkochen (im Schnellkochtopf entsprechend kürzer). Die Steckrüben sollen noch etwas Biß haben, sonst schmecken sie fade.
3) Die Hälfte des Gemüses mit dem Pürierstab oder dem Mixer pürieren. Saure Sahne (bzw. Sojadrink), Ghee bzw. Olivenöl und Gewürze dazugeben und mit den frisch gehackten Korianderblättern bzw. Basilikum bestreuen.

Pitta-Typ: Ersetzen Sie die saure Sahne durch 4 – 5 EL süße Sahne.

Gebackene Pastinaken in Dill-Meerrettich-Sauce

Wirkt Pitta- und Kapha-erhöhend

Prädikat: besonders wertvoll. Pastinaken, einst ein Lieblingsgemüse der Deutschen, waren seit dem Kartoffelboom im 18. Jahrhundert fast ganz in Vergessenheit geraten. Erst in den letzten Jahren sind sie wieder aufgetaucht – in Feinschmecker-Restaurants und in Bioläden. Wertvolle Kohlenhydrate, darunter reichlich herzschützendes Pektin, viel Kalium, Calcium, Magnesium und Phosphor und nicht zuletzt reichlich Ballaststoffe sind ihre gesunden Inhaltsstoffe. Ihr ätherisches Öl lindert Magen- und Darmbeschwerden, regt die Verdauungstätigkeit an, erleichtert die Atmung und stimuliert das Nervensystem. Nach dem Ayurveda erhöhen Pastinaken *Kapha* und haben einen beruhigenden Effekt auf *Vata* und *Pitta*.

Meerrettich ist nicht nur ein kraftvolles Küchengewürz, sondern ebenfalls reine Medizin. Sein Vitamin-C-Gehalt ist doppelt so hoch wie der von Zitrusfrüchten, daneben finden sich in ihm auch Vitamine des B-Komplexes und reichlich Kalium und Calcium. Sein wichtigster Wirkstoff ist ein Glykosid, das mit Hilfe von Enzymen Senföle bildet. Diese scharfen Senföle durchbluten und desinfizieren in hohem Maße. Beim Zubereiten in der Küche mögen die Tränen fließen; wer aber tüchtig Meerrettich einatmet, wird so den hartnäckigsten Schnupfen oder Husten los. Nach dem Ayurveda erhöht Meerrettich allein *Pitta* und auch sanft *Vata*. In Form dieser Dill-Meerrettich-Sauce allerdings wirkt er *Pitta*- und *Kapha*-erhöhend.

Alles in allem genau das richtige Gericht für Menschen mit *Vata*-Dominanz. Wenn die Sauce leicht abgewandelt wird, können auch *Pitta*-Typen zugreifen (siehe *Dosha*-Tip).

Für 4 Personen

2 – 3 Pastinaken (750 g)
etwas Butter oder Ghee für die Form
1 TL Salz
¾ – 1 TL frisch gemahlener schwarzer Pfeffer
½ TL Zimt
¼ TL Muskat
1 EL Butter bzw. Ghee
3 EL Sahne

Für die Dill-Meerrettich-Sauce:

1 – 2 EL Butter bzw. Ghee
3 EL Kartoffel- bzw. Maisstärke
5 – 6 EL Sahne
500 ml Wasser
½ – 1 TL Pfeffer
½ TL frisch geriebener Muskat
1 TL Salz
3 – 4 EL frisch gehackter Dill
    bzw. 1 – 2 EL getrockneter Dill
3 EL Sahnemeerrettich (siehe Seite 221)

So wird's gemacht:

1) Backofen auf 200° C vorheizen. Pastinaken waschen, mit einem Messer abschaben und in dünne Scheiben schneiden.

2) Eine große Kasserole bzw. eine Auflaufform mit Deckel mit Butter bzw. Ghee einfetten, Pastinakenscheiben dachziegelartig in die Form legen. Mit Salz und Gewürzen bestreuen, mit 1 EL Butterflöckchen bzw. Ghee belegen und mit Sahne begießen. Nun die Form mit dem Deckel schließen und 25 – 30 Minuten backen. (Falls Sie keinen passenden Deckel besitzen, nehmen Sie Alufolie, damit die Pastinaken beim Backen nicht austrocknen.)

3) In der Zwischenzeit die Dill-Meerrettich-Sauce zubereiten: Butter bzw. Ghee schmelzen und die Kartoffelstärke darin wenige Minuten goldbraun anrösten. Dann mit Sahne und Wasser unter ständigem Rühren

aufgießen und aufkochen lassen, so daß die Sauce eindickt. Mit den Gewürzen, Salz und Dill für die Sauce würzen.

4) Den Sahnemeerrettich erst kurz vor dem Servieren unter die Sauce geben, damit die ätherischen Öle nicht durch das Kochen verfliegen.

Pitta-Typ: Lassen Sie den Sahnemeerrettich weg, und servieren Sie zu den Pastinaken nur die Dillsauce.

Pastinaken mit Dill-Meerrettich-Sauce als Beilage zu Gemüsegerichten servieren oder als Hauptmahlzeit mit frischen Salaten.
Pastinaken bekommen Sie, vor allem im Winter, auf Wochenmärkten und in Naturkostläden.

Frühlingsbohnen

Wirkt sanft Vata-erhöhend

Haute Cuisine für alle. Grüne Gemüsebohnen schmecken gut, sind dekorativ und haben es in sich: Viel Chlorophyll, wertvolle komplexe Kohlenhydrate, Eisen, Kalium, Calcium, Magnesium und Phosphor. Neben Niacin, Pantothensäure und Vitamin C finden sich auch Bioflavone und Glukokinine (Stoffe mit insulinähnlicher Wirkung).

Grüne Bohnen regen den Appetit an und fördern die Wundheilung. Ihre pektinähnlichen Stoffe senken den Cholesterinspiegel und helfen bei Durchfall. Außerdem sind Bohnen stark harntreibend und deshalb hilfreich bei Nierensteinen und Blasenleiden. Nach dem Ayurveda verstärken Bohnen das *Vata-Dosha*, weshalb sie bei Menschen mit schwachem Verdauungsfeuer manchmal zu Blähungen führen können. Gewürze, Kräuter und Öl bzw. Ghee kurbeln in diesem Rezept die Verdauung an und besänftigen die *Vata*-Wirkung von grünen Bohnen. Ein schnelles und einfaches Rezept also nicht nur für *Kapha*- und *Pitta*-Naturen, sondern in Maßen auch für *Vata*-Menschen.

Für 4 Personen

600 g frische grüne Stangenbohnen
eventuell 1 Prise Natron
2 – 3 EL Olivenöl (oder 1 – 2 EL Ghee)
½ TL schwarze Senfsamen
¼ TL Asafoetida
½ TL gemahlener Kreuzkümmel
1 gehackter Zweig frischer Rosmarin
2 – 3 Zweige gehackter frischer Thymian
½ TL Salz
einige Ringelblumen- oder
    Kapuzinerkresseblüten (falls vorhanden)

So wird's gemacht:

1) Die beiden Enden der Bohnen abknipsen, die Bohnen waschen und in der Mitte quer durchschneiden. In einem Topf mit Wasser und eventuell einer Prise Natron für 15 – 20 Minuten weichkochen.

2) Olivenöl bzw. Ghee erhitzen, die Senfsamen darin rösten und anschließend Asafoetida, Kreuzkümmel und die Bohnen dazugeben. Kräuter und Salz unterheben und mit den Blütenblättern der Ringelblume bzw. mit den Blüten der Kapuzinerkresse bestreuen und servieren.

Pitta-Typ: Falls Ihr *Pitta* zu stark ist, lassen Sie Asafoetida weg, und ersetzen Sie die Senfsamen durch ½ TL gemahlenen Fenchel.

Rote Bete in Sahnesauce

Wirkt Kapha-erhöhend

Die Wunderheilerin. Rote Bete, oder rote Rübe, hat einige gesunde Inhaltsstoffe zu bieten: Neben einem hohen Gehalt an Kohlenhydraten finden sich in ihr viel Kalium, Magnesium, Natrium und Calcium sowie Eisen und Kupfer zur Blutbildung. Rote Bete enthält Bioflavone, die die Zellatmung verbessern und Betanidin, welches zusammen mit Rutin die Kapillarwände festigt. Zwar enthält Rote Bete nur wenig Eiweiß, davon aber die besonders wertvollen Aminosäuren Asparagin, Glutamin und auch Betain, das das Immunsystem stärkt. Nicht zu vergessen sind natürlich die Provitamine A, Vitamin C und Vitamine aus dem B-Komplex sowie Folsäure und Pantothensäure.
Nach dem Ayurveda ist Rote Bete ideal für *Vata*- und *Kapha*-Menschen. In kleineren Mengen, z. B. als Saft, lindert sie sogar *Pitta*-bedingte Leberbeschwerden, größere Mengen allerdings vermehren das *Pitta-Dosha*. Rote Bete hilft bei Verstopfung, Hämorrhoiden und Gebärmutterbeschwerden und besitzt bewährte aufbauende und stärkende Eigenschaften. Am wertvollsten ist sie zur Erntezeit im Herbst und Winter, wenn *Vata* und später *Kapha* überhandnehmen. Die *Pitta*-verstärkenden Eigenschaften der Roten Bete werden in diesem Gericht durch das Kochen und mit kühlendem gemahlenem Koriander bzw. mit frischen Korianderblättern und/oder Dill abgemildert. Die *Kapha*-verstärkende Sahnesauce besänftigt ebenfalls das *Pitta-Dosha*. Wird das Gericht etwas abgewandelt (siehe *Dosha*-Tip), brauchen sich auch *Vata*- und *Kapha*-Menschen nicht zurückzuhalten.

Für 4 Personen

1 kg Rote Bete (etwa 5 Stück)

Für die Sahnesauce:
2 EL Ghee (vegan: Sonnenblumenöl)
3 EL Wildpfeilwurzelmehl oder Maisstärke
1 TL frisch geriebener Ingwer
200 ml Gemüsekochwasser oder Molke
  (von der Panirherstellung)
200 ml Wasser
200 ml Sahne (vegan: Reismilch)
1 TL gemahlener Koriander
1 Prise Zimt
¾ TL frisch gemahlener schwarzer Pfeffer
¾ – 1 TL Salz
2 – 3 EL frisch gehackter Dill
  und/oder Korianderblätter

So wird's gemacht:
1) Rote Bete waschen, schälen und in kleine Stückchen bzw. dünne Streifen schneiden. In einem Schnellkochtopf mit Wasser 15 – 20 Minuten lang dünsten. (25 – 30 Minuten in einem normalen geschlossenen Topf).
2) In der Zwischenzeit die Sauce herstellen: Ghee bzw. Sonnenblumenöl in einem Topf schmelzen. Wildpfeilwurzelmehl bzw. Maisstärke darin anrösten und nach einigen Minuten mit Ingwer, Gemüsekochwasser bzw. Molke, Wasser und Sahne (bzw. Reismilch) aufgießen.
3) Gedünstete und abgetropfte Rote Bete, Gewürze und Salz in die Sauce geben und noch einmal kurz aufkochen lassen. Vor dem Servieren mit frisch gehacktem Dill bzw. Korianderblättern bestreuen.

Kapha-Typ: Falls gewünscht, fügen Sie noch ½ TL Garam Masala hinzu. Ihnen wird es guttun, wenn Sie die Hälfte der Sahne durch Wasser ersetzen. (Vegan: Verwenden Sie Sojadrink statt Reismilch).

Geröstete Aubergine mit Kichererbsen

Wirkt Kapha- und sanft Vata-erhöhend

Der Clou der Zubereitung. Auberginen gehören – wie auch Tomaten, Paprika, Chili und Kartoffeln – zu den Nachtschattengewächsen. Nach dem Ayurveda vermehren Auberginen *Kapha* und leicht *Vata*. Mit ihrem scharfen Nachverdauungseffekt *(Vipak)* erhöhen sie jedoch auch das *Vata-* und das *Pitta-Dosha*. Aus diesem Grund verwendet sie die Ayurveda-Küche selten und in einer speziellen Zubereitungsweise. Schwarz geröstete und geschälte Auberginen können *Vata*-Menschen gelegentlich (etwa einmal im Monat) auf ihren Speisezettel bringen, wenn sie wie in diesem Rezept noch in etwas Ghee sowie *Agni-*anregenden Gewürzen angebraten werden. *Kapha*-Konstitutionen sollten Auberginen, wenn überhaupt, ebenfalls schwarz rösten, schälen und in ganz wenig Ghee und erwärmenden Gewürzen anrösten. Und *Pitta*-Typen schließlich vertragen Auberginen am besten, wenn sie gekocht oder ebenfalls über der Flamme geröstet und geschält sind. Kichererbsen verstärken nach dem Ayurveda das *Vata-Dosha*. In Wasser eingeweicht und mit erwärmenden Gewürzen gekocht, werden ihre *Vata*-vermehrenden Eigenschaften in hohem Maße abgemildert.

Alles in allem ist dies ein Gericht für *Pitta*-Typen, bei dem in Maßen jedoch auch *Vata*- und *Kapha*-Konstitutionen zugreifen können. Das Besondere an diesem Gericht ist die spezielle Zubereitung der Auberginen. Auf sie ist das leicht rauchige und kräftige Aroma zurückzuführen. Dazu noch Vollkorn-Basmatireis mit Zitronenscheiben und/oder Koriander-Chapatis serviert – guten Appetit!

Für 3 – 4 Personen

100 g Kichererbsen
½ TL Asafoetida
600 g Auberginen
1 – 2 TL Ghee (vegan: Sonnenblumenöl)
1 TL Kreuzkümmel
1 TL gemahlener Koriander
¾ TL Kurkuma
1 EL frisch geriebener Ingwer
eventuell einige EL Wasser
1 – 2 EL Zitronensaft
½ TL frisch gemahlener schwarzer Pfeffer
1 TL Salz
2 EL frisch gehackte Korianderblätter oder
  Basilikum (oder 1 EL getrocknetes
  Basilikum)

So wird's gemacht:

1) Kichererbsen am Vorabend in der doppelten Menge Wasser einweichen.

2) Wasser abgießen. Kichererbsen zusammen mit der Hälfte des Asafoetida in einen mittelgroßen Topf mit so viel Wasser geben, daß sie von einer 7,5 cm hohen Schicht bedeckt sind. Etwa 1 Stunde kochen, bis die Kichererbsen gar sind und sich zwischen zwei Fingern zerdrücken lassen. (Im Schnellkochtopf dauert es 30 – 40 Minuten.)

3) Auberginen waschen und trocknen. Entweder über einer Gasflamme rösten, bis sie von allen Seiten schwarz sind (dafür die Aubergine auf ein Gitter legen und nach einigen Minuten mit einer Küchenzange wenden), oder in einem Backofen bei 220° C so lange backen bzw. grillen, bis sie schwarz sind. Wenn sie etwas abgekühlt sind, die Haut mit einem Messer entfernen und die Auberginen in kleine Würfel schneiden.

4) Ghee (bzw. Sonnenblumenöl) in einem Topf schmelzen, Kreuzkümmel goldbraun anrösten, dann das restliche Asafoetida, Koriander, Kurkuma und Ingwer dazugeben und für

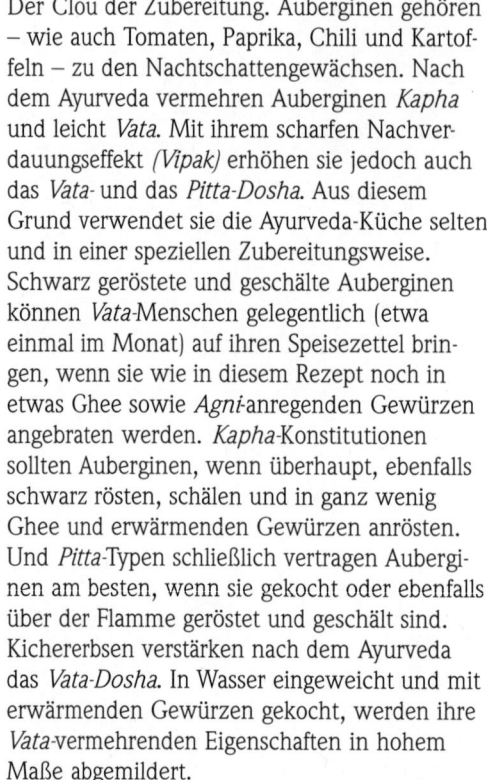

einige Sekunden rösten. Nun die Auberginenwürfel für wenige Minuten darin anbraten, die abgetropften Kichererbsen dazugeben und eventuell mit einigen EL Wasser zugedeckt 5 Minuten köcheln lassen.

5) Zum Schluß Zitronensaft, Pfeffer, Salz und frische Kräuter dazugeben.

> Halten Sie beim Einkauf Ausschau nach kleinen Auberginen (meist in türkischen oder indischen Gemüseläden), sie enthalten mehr *Prana* (Lebensenergie) als ihre großen, wasserhaltigeren und stärker *Kapha*-vermehrenden Schwestern.

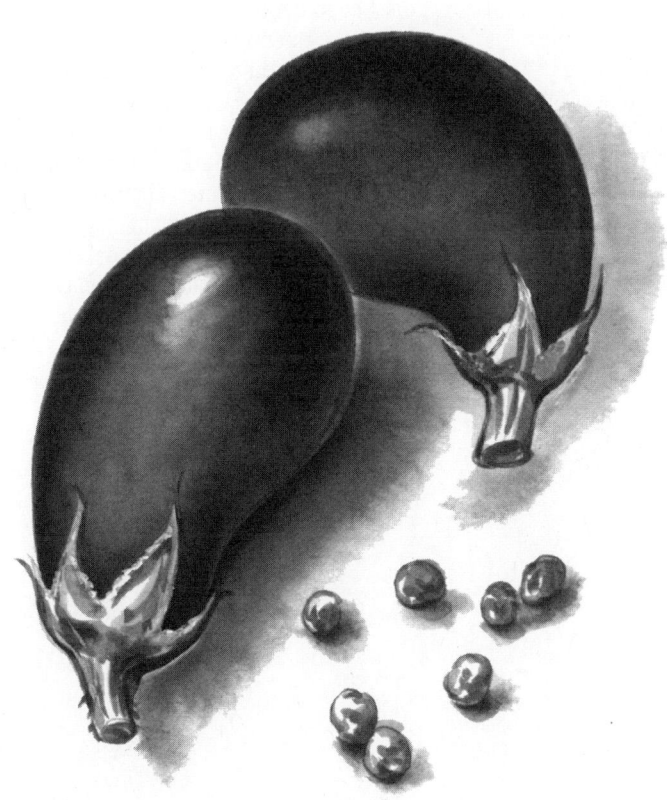

Pfannengemüse aus Bockshornklee

Wirkt sanft Vata- und sanft Pitta-erhöhend

»Griechisches Heu« nannte man den Bockshornklee im Altertum, waren es doch griechische Händler, die die getrockneten Blätter des Bockshornklees aus dem fernen Indien mitbrachten. Der Name verdeutlicht, wie wenig man damals in Mitteleuropa über die unzähligen Inhaltsstoffe und Heilwirkungen von Bockshornklee wußte. Seine gesunden Inhaltsstoffe sind Öle, Bitterstoffe, Eiweiß, Aromastoffe, Provitamin A und Vitamin D, vor allem aber Phosphor und Cholin, das den Stoffwechsel positiv beeinflußt, der Leberverfettung entgegenwirkt und Arteriosklerose verhindern hilft. In der Ayurveda-Küche empfiehlt man die leckeren Bockshornkleeblätter wegen ihrer *Pitta*- und leicht *Vata*-vermehrenden Eigenschaften vor allem Menschen mit *Kapha*-Konstitution und in der kalten Jahreszeit. Noch heute werden in Nordindien Bockshornkleeblätter an der Sonne getrocknet und in Senföl oder Ghee fritiert zu Kartoffeln, Kohl, Bohnen oder Dal gereicht. Auch bei uns kann man die getrockneten Bockshornkleeblätter (Kasoori Methi) in indischen Lebensmittelgeschäften oder beim Gewürzversand (siehe auch Adressen Seite 281) bekommen.

Die schnelle und einfache Zubereitung dieses Gerichtes wirkt mild *Vata*- und *Pitta*-erhöhend; es ist also genau das Richtige für *Kapha*- und in Maßen auch für *Vata*- und *Pitta*-Konstitutionen.

Für 2 – 3 Personen (als Beilage)

*50 g getrocknete Bockshornkleeblätter
  (Kasoori Methi)*
4 EL Sonnenblumenöl oder 3 EL Ghee
1 TL Kreuzkümmel
1 TL gemahlener Koriander
2 TL frisch gehackter Ingwer
eventuell 1 EL Wasser
¼ TL frisch gemahlener schwarzer Pfeffer
½ TL Salz
1 EL Zitronensaft

So wird's gemacht:

1) Getrocknete Bockshornkleeblätter in einer Schüssel mit kaltem Wasser etwa 30 Minuten einweichen (es wird sich etwas Sand auf dem Boden der Schüssel absetzen). Die Blätter mit einem großen Löffel in ein feines Sieb geben und unter fließendem Wasser waschen.

2) Bockshornkleeblätter in einen Topf geben und zusammen mit 500 – 750 ml Wasser zugedeckt 5 – 8 Minuten kochen. Anschließend die Blätter in einem feinen Sieb abtropfen lassen. Noch ein wenig ausdrücken, damit möglichst viel Wasser abtropft.

3) Sonnenblumenöl bzw. Ghee in einer Pfanne erhitzen und den Kreuzkümmel goldbraun rösten. Nach wenigen Sekunden Koriander, Ingwer und Bockshornkleeblätter dazugeben. Alles gut umrühren und 5 – 10 Minuten mit Deckel köcheln lassen, eventuell noch 1 EL Wasser hinzufügen.
4) Zum Schluß mit Salz, Pfeffer und Zitronensaft abrunden.

Einfache Variation:

Ebenfalls sehr lecker schmeckt folgendes Rezept von unserer Freundin Arati. Sie verwendet für dieses Gericht gar keine Gewürze: Die Blätter einfach nur in reichlich Ghee bzw. Öl braten und anschließend etwas Salz dazugeben – fertig. Probieren Sie es doch einmal selbst!

Bockshornklee (Methi) können Sie sehr leicht im Garten oder auf der Fensterbank aussähen bzw. keimen lassen. Nach 3 – 5 Tagen (in der Keimbox) sind die kleinen Keimlinge mit dem nußartigen Aroma groß genug, um auf Salate, Suppen oder auf's Butterbrot gestreut zu werden. Nach 18 – 24 Tagen, wenn die Pflanzen etwa 15 cm hoch sind, können Sie die hellgrünen Bockshornkleeblätter mit ihren zarten Stielen ernten und frisch als Gemüse oder an der Sonne getrocknet als Gewürz verwenden.

Panir in Sahnesauce mit Korianderblättern

Wirkt Kapha-erhöhend

Mal so richtig schlemmen. Nach diesem Motto kochte unser guter Freund Haravapu, und seine Vorliebe für üppige Speisen ließ sich auch kaum verbergen. Hier ist eines seiner Lieblingsrezepte, bei dem der Panir förmlich auf der Zunge zergeht.

Panir (Frischkäse) ist der Käse der Wahl in der ayurvedischen Küche. Denn im Gegensatz zum schwerverdaulichen Hartkäse beruhigt Panir *Vata* und *Pitta*. Für die Gesundheit hat Panir einiges zu bieten, denn er enthält noch die meisten der unzähligen gesundheitsfördernden Inhaltsstoffe aus seiner Ausgangssubstanz Milch. Am besten gelingt Panir mit naturbelassener Rohmilch oder Vorzugsmilch direkt vom Bauern oder aus dem Naturkostladen bzw. Reformhaus. So wird der bekömmlichste Käse überhaupt schon seit Jahrtausenden in Indien hergestellt. Dieses Gericht ist besonders für *Pitta-* und *Vata-* Menschen geeignet, da es das *Kapha-Dosha* vermehrt.

Für 4 Personen

Für den Panir (Frischkäse):
3 l Milch
Saft von 2 Zitronen

Für die Sahnesauce:
250 g Süßrahmbutter
¾ TL Cayennepfeffer oder Paprika
¾ TL Kurkuma
1 EL frisch geriebener Ingwer
200 g Sahne
4 EL frisch gehackte Korianderblätter
  (Kasoori Methi) bzw. Petersilie
1 TL Salz
½ TL frisch gemahlener schwarzer Pfeffer

So wird's gemacht:
1) Je nach Wunsch fest gepreßten oder weichen Panir herstellen (am besten schon am Vorabend; genaue Anleitung siehe Seite 226).
2) Gepreßten Panir in Würfel schneiden bzw. weichen Panir in Stückchen brechen.
3) Butter in einem Topf schmelzen, Cayennepfeffer, Kurkuma und Ingwer darin für einige Sekunden anrösten und Panir dazugeben. Mit Sahne auffüllen und mit Korianderblättern bestreuen. Für einige Minuten auf kleiner Flamme köcheln lassen.
4) Zum Abschluß noch Salz und Pfeffer hinzufügen und heiß servieren.

Bei besonderen Anlässen machen sich gefüllte Weinblätter (siehe Seite 153) und Feldsalat mit Senfsauce (siehe Seite 197) bestens dazu – damit ziehen Sie selbst verwöhnte Feinschmecker in den Bann.

Guavencurry

Wirkt Pitta- und Kapha-erhöhend

Verführerisch. In Indien werden die süß-sauren Guaven heiß geliebt. In jedem Dorf und in jeder Stadt kann man sie – sorgfältig auf einem Handkarren aufgestapelt – von einem der vielen Fruchthändler kaufen. Besonders gern serviert man die frischen Früchte in Stücke geschnitten mit etwas Zitronensaft oder Chat Masala (siehe Seite 263).

Guaven sind nicht nur wohlschmeckende Durstlöscher, sie enthalten auch zehnmal so viel Vitamin C wie Orangen. Süß, säuerlich und kühl, wie sie sind, vermehren sie nach dem Ayurveda das *Kapha-* und auch ein wenig das *Pitta-Dosha.* Guaven erfrischen und regen die Verdauung an – bei übermäßigem Genuß aber auch zu viel. Am besten schmecken Guaven, wenn man sie innerhalb von 24 Stunden nach dem Pflücken ißt. Bleibt nur ein Problem für uns im Westen: Woher bekommen wir frische Guaven? Fragen sie doch einmal bei einem indischen oder einem lateinamerikanischen Lebensmittelgeschäft nach frischen Guaven. Wenn die Früchte schon überreif sind, sehen sie gelblich-grün aus und fühlen sich sehr weich an. Solche Früchte wählen Sie lieber nicht. Die Kerne in den Früchten sollten sie vor dem Verzehr entfernen.

Das Guavencurry vermehrt *Kapha* und *Pitta,* ist also am besten für *Vata-*Menschen geeignet.

Für 2 – 4 Personen (als Beilage)

5 – 6 Guaven (600 g)
1 EL Ghee (vegan: Sonnenblumenöl)
½ TL Kurkuma
1 TL gemahlener Koriander
¼ TL Cayennepfeffer
eventuell 1 EL Wasser
½ TL frisch gemahlener schwarzer Pfeffer
1 Prise Mangopulver (Amchoor)
    oder 2 TL Zitronensaft
1 TL Salz
1 – 2 EL Gur bzw. Vollrohrzucker
1 Prise Black Salt (Kala Namak)
1 Prise Zimt

So wird's gemacht:

1) Guave waschen, schälen, entkernen und klein schneiden.
2) Ghee (Sonnenblumenöl) in einem Topf schmelzen und Kurkuma, Koriander und Cayennepfeffer für einige Sekunden darin anrösten. Sofort die Guavenstückchen hineingeben, gut umrühren, eventuell noch 1 EL Wasser dazugeben und auf mittlerer Flamme 8 – 10 Minuten zugedeckt köcheln lassen, bis die Stückchen gar sind.
3) Pfeffer, Mangopulver bzw. Zitronensaft, Salz, Gur oder Vollrohrzucker, Black Salt und Zimt unter das fertige Curry rühren. Warm servieren.

Guavencurry schmeckt am besten noch warm zu Reis- und Gemüsegerichten und/oder Fladenbroten (z. B. Paratha, siehe Seite 174).

Grünes Papayacurry

Wirkt ausgleichend auf alle drei Doshas

Gewußt wie! Wirklich reife Papayas bekommt man ja bei uns selten. Warum also nicht aus der Not eine Tugend machen und auf ein traditionell indisches Rezept zurückgreifen, für das man gerade die grüne, unreife Papaya braucht? Die Inhaltsstoffe der Papaya sind u. a. Provitamin A, Vitamin C, Calcium, Kalium, Phosphor und Eisen. Viele ihrer Heilwirkungen sind auf antibakterielle Bestandteile zurückzuführen. Selbst ihre Kerne enthalten neben Senfölen noch ein wichtiges Enzym, das Papain. Nach dem Ayurveda wirken reife Papayas *Kapha-* und *Pitta*-erhöhend. Ayurveda-Therapeuten setzen sie bei vielen Beschwerden ein, u. a. bei Verdauungsschwäche, Magenschleimhautentzündung, chronischem Durchfall, Hämorrhoiden, Menstruationsbeschwerden und Darmparasiten. Papayas stärken Leber, Herz und Milz. Grüne, unreife Papayas dagegen vermehren *Vata*. In Indien werden sie niemals roh, sondern immer nur gekocht als Chutney oder wie hier als süßsäuerliches Gemüsegericht verzehrt.

In unserem Rezept sorgt Mangopulver bzw. Tamarindenextrakt mit seiner **säuerlichen** Wirkung *(Pitta-* und *Kapha*-erhöhend) dafür, daß die *Vata*-Wirkung der grünen Papayas weitgehend ausgeglichen wird. Grünes Papaya-Curry kann also von allen drei *Doshas* gelegentlich gegessen werden.

Für 2 – 4 Personen (als Beilage)

1 grüne, unreife Papaya (600 g)
2 TL frisch geriebener Ingwer
¼ TL Cayennepfeffer oder 1 kleine grüne Chili
1 EL Ghee (vegan: Sonnenblumenöl)
½ TL Kreuzkümmel
1 TL Garam Masala (siehe Seite 261)
½ TL Kurkuma
1 – 2 TL Gur bzw. Jaggery oder Ahornsirup
3 – 4 EL Wasser (nach Bedarf auch mehr)
1 TL Salz
½ – ¾ TL Tamarindenextrakt
  bzw. ½ TL Mangopulver (Amchoor) oder
  Saft einer halben kleinen Zitrone

So wird's gemacht:

1) Papaya waschen, halbieren und die Kerne mit einem Löffel herausschaben. Die Frucht schälen, vierteln und in kleine Würfel schneiden. Chili waschen, entkernen und fein hacken.
2) Ghee (bzw. Sonnenblumenöl) in einem Topf schmelzen. Kreuzkümmel darin goldbraun anrösten, dann Garam Masala, Kurkuma, Ingwer und gleich anschließend die Papayawürfel dazugeben und alles gut umrühren. Nach einigen Minuten Wasser und Süßmittel hinzufügen und zugedeckt köcheln lassen, bis die Papayastückchen weich sind.
3) Zum Abschluß Salz und Tamarindenextrakt bzw. Mangopulver oder Zitronensaft hinzufügen.

Vata- und Pitta-Typ: Falls gewünscht, können Sie etwas mehr Gur bzw. Ahornsirup verwenden.

Suppen und Dals

Soll es ein leichtes Abendessen sein oder eine schnelle Mittagsmahlzeit? Soll es herzhaft schmecken, exotisch scharf oder würzig mild? Suppen und Dals machen sich immer gut.
Suppen sind heiß, leicht zu verdauen und somit auch für Menschen mit schwacher Verdauungskraft *(Agni)* hervorragend geeignet. Genau das Richtige also für *Vata*-Typen, die ohnehin viel Flüssigkeit brauchen. Aber auch in Zeiten, in denen *Vata* erhöht ist, wie im Herbst und Winter, im Alter oder in der Rekonvaleszenz, sind Suppen eine köstliche Möglichkeit, den Organismus wieder zu stärken und zu aktivieren. Das soll nun aber nicht heißen, daß *Pitta*- und *Kapha*-Menschen Suppen meiden sollten. Ganz im Gegenteil, Suppen sind für alle gut.
Ayurveda-Suppen kommen dabei ganz ohne Brühwürfel aus. Einfach nur etwas Ghee und einige Gewürze, und schon haben Sie eine aromatische Grundlage für jede Gemüsesuppe (siehe auch Grundrezept Gemüsebrühe auf Seite 108).

Dal – so heißen in Indien getrocknete Bohnen, Linsen und Erbsen und auch die typischen suppenartigen Gerichte, die aus ihnen zubereitet werden. Zusammen mit Getreide gehören Bohnen und Hülsenfrüchte auf der ganzen Welt zu den Grundnahrungsmitteln. Der Ayurveda schätzt ihre reinigende und zugleich aufbauende Wirkung. Zu Recht, denn Hülsenfrüchte enthalten sehr viel Eiweiß (22 % und mehr), nur 1,6 % Fett und bis zu 57 % Kohlenhydrate. Beachtlich ist auch ihr Gehalt an lebenswichtigen B-Vitaminen und vor allem an Beta-Carotin (Provitamin A). Auch Eisen, Kalium, Phosphor und Magnesium sowie etliche Spurenelemente, die wichtige Schutzfunktionen für den Organismus besitzen, sind in Hülsenfrüchten reichlich vorhanden. Serviert man Dal gemeinsam mit Reis, so hat die Eiweißzusammensetzung eine hohe biologische Wertigkeit von nahezu 100. Blättern Sie ruhig einmal durch die verschiedenen Dal-Rezepte, und sehen (und schmecken) Sie selbst, welcher Dal zu ihrem *Dosha*-Typ am besten paßt.

Servieren Sie zu Ihrer Suppe hefefreie Fladenbrote (ab Seite 170), Papadams (Seite 183), pikante Waffeln aus Kichererbsenmehl oder einfach getoastetes Vollkornbrot. Guten Appetit!

Grundrezept Gemüsebrühe

Wirkt Pitta-erhöhend; ohne scharfe Gewürze ausgleichend für alle drei Doshas

Die Kinder des Paradieses. Gemüse sind neben Früchten und Getreiden die Herzstücke der *Sattva*-Küche des Ayurveda. Sie können nicht nur mit unzähligen Vitaminen, Mineralstoffen, Spurenelementen, Eiweißen, Fetten und Kohlenhydraten aufwarten, sondern auch mit den sogenannten sekundären Pflanzenstoffen. Sekundäre Pflanzenstoffe werden von den Pflanzen gebildet, um sich selbst zu schützen, z. B. vor gefährlichen UV-Strahlen der Sonne, vor Schädlingen und Krankheiten aller Art. Das kommt natürlich auch denen zugute, die diese Pflanzen essen. Beim Menschen wirken diese Bioaktivstoffe wie natürliche Arzneimittel: Sie schützen die Zellen, schützen vor Krankheitserregern und Krebserkrankungen und stärken die körpereigene Abwehr.

Wenig bekannt ist außerdem, daß Pflanzennahrung auch Hormone enthält – bzw. diese in unserem Stoffwechsel bildet. Gesundheit und gute Laune kann man also buchstäblich essen. Aromastoffe, ätherische Öle u. ä. fördern den Appetit, aktivieren unsere Verdauung, bringen unseren Stoffwechsel in Schwung, wirken entgiftend und abwehrstärkend, und, und, und...

Diese Gemüsebrühe wirkt nach dem Ayurveda *Pitta*-verstärkend, optimal also für *Kapha*- und *Vata*-Konstitutionen. Ohne die scharfen Gewürze müssen sich sogar *Pitta*-Menschen nicht mehr zurückhalten (siehe *Dosha*-Tip).

Für 4 – 6 Personen

2,5 l Wasser
1 Fenchelknolle (mit Stielen und Kraut)
2 Karotten (etwa 200 g)
1 – 2 Kartoffeln (etwa 100 – 200 g)
1 Selleriestange oder eine Viertel Sellerieknolle
2 – 3 EL Olivenöl
½ TL Asafoetida
1 TL Korianderpulver
¾ TL frisch gemahlener schwarzer Pfeffer
½ TL Kreuzkümmelpulver
1 TL Kurkuma
2 EL Bockshornkleeblätter (Kasoori Methi)
1 – 2 Lorbeerblätter
1 Zweig frischer Rosmarin
1 EL frische Salbeiblätter oder Petersilie
1 EL Hefeextrakt (kann entfallen)
½ – 1 TL Salz

So wird's gemacht:

1) Gemüse putzen, waschen und klein schneiden und mit den restlichen Zutaten mindestens 30 Minuten kochen lassen. Je länger die Gemüsebrühe kocht, desto besser wird der Geschmack.

2) Vor dem Servieren Lorbeerblätter und Rosmarinzweig entfernen.

Pitta-Typ: Verwenden Sie nur die Hälfte der *Pitta*-verstärkenden Gewürze wie Pfeffer, Asafoetida und Lorbeerblatt. Bei starker *Pitta*-Dominanz ersetzen Sie Asafoetida, Lorbeer- und Bockshornkleeblätter lieber durch Curry- oder Neemblätter. Salzen Sie sparsam, und verwenden Sie an Stelle von Petersilie viele frische Korianderblätter, dann können auch Sie diese leckere Gemüsebrühe genießen.

Besonders geeignet sind für Sie Gemüse wie Fenchel, Kartoffeln, Süßkartoffeln, Pastinaken, Sellerie, Erbsen, Bohnen, Zucchini und Kürbis.

Gewürze, Kräuter und Gemüse können Sie je nach *Dosha*-Typ, Jahreszeit oder eigenem Wunsch variieren.

Diese Gemüsebrühe ist eine hervorragende Grundlage für Suppen und Saucen, z. B. zu Buchweizenrisotto (siehe Seite 166). Sie können auch Gemüse, wie Fenchelknollen, in Gemüsebrühe statt in Wasser garen (siehe auch Fenchel in Orangen-Kokos-Sauce Seite 83).

Wenn Sie das Gemüse pürieren und in Streifen geschnittene Pfannkuchen, Papadams oder getoastete Vollkorntoast-Würfel dazugeben, haben Sie im Handumdrehen ein leichtes Abendessen oder eine leckere Vorspeise.

Spargelfond

Wirkt ausgleichend auf alle drei Doshas

Nur keine Verschwendung! Die Spargelzeit verspricht allen Feinschmeckern höchste Gaumenfreuden. Kein Wunder, daß diese Delikatesse in vielen Variationen auf den Tisch kommt. Selbst aus den Spargelschalen, den Spargelabschnitten und aus Bruchspargel läßt sich noch Spargelfond, eine edle Gemüsebrühe, zaubern. Spargelfond ist nicht nur eine delikate Grundlage für Suppen und Saucen, sondern auch die ideale Flüssigkeit zum Garen von Spargel. Viele der gesunden Inhaltstoffe des Spargels finden sich in seinem Kochwasser. Am interessantesten ist neben Glykosiden, Flavonen und Saponinen das Asparagin, eine Aminosäure, die die Nieren anregt und Giftstoffe aus dem Körper schwemmt. Daneben hilft Spargel nicht nur bei Herzbeschwerden, Nervenentzündungen und Lähmungen, sondern auch ganz allgemein in der Rekonvaleszenzphase. Spargelfond können Sie auch gut bei einer Entschlackungs- und Reinigungskur trinken, dann sollte er allerdings gar kein bzw. nur eine Prise Salz enthalten. Also, denken Sie daran, wenn Sie das nächste Mal Spargel schälen: Trocknen Sie die Spargelschalen, frieren Sie sie ein, oder kochen Sie wie hier gleich einen Spargelfond aus ihnen. Nach dem Ayurveda ist Spargelfond hervorragend für alle drei *Dosha*-Typen.

Für 3 – 4 Personen

500 g – 1 kg Spargelschalen oder -abschnitte
    oder geschälter Bruchspargel
750 ml – 1,5 l Wasser
1 – 1½ EL Ghee (bzw. Olivenöl)
¼ – ¾ TL frisch gemahlener
    schwarzer Pfeffer
etwas frisch geriebene Muskatnuß
Salz nach Wunsch

So wird's gemacht

1) Gewaschene Spargelschalen und andere Spargelteile im Wasser 25 – 30 Minuten bei milder Hitze kochen. Den dabei aufwallenden Schaum immer wieder abschöpfen.
2) Die Spargelbrühe durch ein Sieb gießen, und die Schalen und Spargelabschnitte in den Kompost werfen. Den Bruchspargel können Sie entweder noch pur essen oder püriert als Suppengrundlage verwenden.
3) Ghee (bzw. Olivenöl), Pfeffer, Salz und Muskat in den Spargelfond geben und anschließend weiterverarbeiten bzw. als Suppe oder »Entschlackungs-Getränk« servieren.

Variation:
Klare Pfannkuchen-Suppe

Fügen Sie dem fertigen Spargelfond 1 – 2 in dünne Streifen geschnittene Pfannkuchen sowie etwas getrockneten Kerbel oder frische Kräuter nach Wahl hinzu. Einmal kurz aufkochen lassen – fertig!

Spargelcremesuppe

Wirkt ausgleichend auf alle drei Doshas

Gesundheit für Leckermäuler. Spargel ist eines der wenigen Gemüse, bei dem alle drei *Doshas* nach Herzenslust zugreifen können. Süß, zusammenziehend, bitter, kühl, leicht und feucht, besänftigt er erhöhtes *Pitta*. Mit seiner leichten Verdaulichkeit stabilisiert er *Vata* und stimuliert *Kapha*. Spargel besitzt neben Glykosiden, Flavonen und Saponinen auch die Aminosäure Asparagin, die die Nieren anregt und Giftstoffe aus dem Körper schwemmt. Spargel wirkt mild tonisierend und beruhigend auf Herz und Nerven. Er regt den Appetit an, steigert die Zelltätigkeit der Nieren und hilft, im Körper angesammelte Flüssigkeit und Giftstoffe über den Urin wieder auszuscheiden. In der Rekonvaleszenzphase und auch bei Blasen- und Nierensteinen ist er hilfreich.

Diese Suppe ist für alle drei *Doshas* genau das Richtige. Probieren Sie sie nur einmal selbst!

> Mit frisch gehackten Korianderblättern oder frischen Kräutern nach Wahl garnieren.

Für 2 – 4 Personen

500 g Spargel
1 l Wasser
1 Prise Asafoetida
¼ TL Kurkuma
1 EL Ghee (vegan: Sonnenblumenöl)
3 EL Maisgrieß bzw. Dinkel-Vollkorngrieß
½ TL gemahlener Koriander
¼ TL frisch geriebener Muskat
½ TL frisch gemahlener weißer Pfeffer
1 TL Salz
3 EL Sahne (kann entfallen)

So wird's gemacht:

1) Spargel schälen, holzige Enden abschneiden, Spargel waschen und in etwa 4 cm lange Stückchen schneiden (Spargelschalen und -abschnitte können Sie für Spargelfond verwenden, siehe Seite 110). Spargelstückchen in einem Topf mit 500 ml Wasser, Asafoetida und Kurkuma für 8 – 10 Minuten zugedeckt kochen, bis sie weich sind (mit einer Gabel testen).

2) In einem zweiten Topf Ghee (bzw. Sonnenblumenöl) schmelzen und den Grieß für 1 – 2 Minuten darin anrösten. Dann mit 500 ml Spargelwasser ablöschen, Koriander, Muskat und Pfeffer hinzufügen und aufkochen lassen, damit die Suppe etwas eindickt.

3) Nun die Spargelköpfchen herausnehmen und zur Seite legen. Den übrigen Spargel und die restlichen 500 ml Wasser mit einem Pürierstab oder in einem Mixer pürieren und zur Grießsuppe gießen. Salz, Spargelköpfchen und eventuell die Sahne dazugeben und nach erneutem Aufkochen sofort servieren.

Kürbiscremesuppe

Wirkt Kapha-erhöhend

Einfach, mild, cremig und Kürbis – da ist sie, unsere Lieblingssuppe.

Kürbis enthält extrem viel Beta-Carotin, außerdem B-Vitamine, Magnesium, Calcium, Eisen, Phosphor und Kieselsäure; zudem hat er ein ausgesprochen günstiges Natrium-Kalium-Verhältnis. Nach dem Ayurveda wirkt Kürbis süß, schwer und manche Sorten auch leicht erwärmend – also *Kapha-* und eventuell sanft *Pitta-*erhöhend. Kürbis ist ein hervorragender Blutreiniger; er hilft bei Herz- und Nierenleiden und bei Blähungen und wirkt stärkend und fiebersenkend.

Unsere Suppe ist ideal für gestreßte *Vata-* und auch für *Pitta-*Typen. Wenn es *Vata-*Menschen nach Bedarf und Geschmack noch etwas feuriger mögen, können sie noch etwas Cayennepfeffer oder frischen Ingwer hinzufügen.

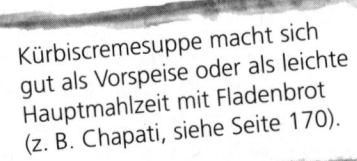

Kürbiscremesuppe macht sich gut als Vorspeise oder als leichte Hauptmahlzeit mit Fladenbrot (z. B. Chapati, siehe Seite 170).

Für 6 – 8 Personen

300 g Kartoffeln bzw. Süßkartoffeln
1,5 kg Kürbis
1,25 l Wasser
1 gehäufter TL gemahlener Koriander
½ TL Kurkuma
2 – 3 Lorbeerblätter
100 g Sahne (vegan: Reismilch)
½ – ¾ TL geriebene Muskatnuß
¾ – 1 TL frisch gemahlener schwarzer
    oder weißer Pfeffer
1½ – 2 TL Salz
2 TL getrockneter Thymian
    (oder 1 – 2 EL frischer Thymian)
eventuell 1 – 2 EL Ghee oder Olivenöl

So wird's gemacht:

1) Kartoffeln und Kürbis schälen (Kerne aus dem Kürbis entfernen), waschen und in kleine Würfel schneiden.
2) In einem großen Topf Kürbis und Kartoffeln mit Wasser, Koriander, Kurkuma und Lorbeerblättern 30 – 40 Minuten kochen, bis das Gemüse gar ist. Dann Lorbeerblätter entfernen und Gemüse in einem Mixer bzw. mit dem Pürierstab pürieren.
3) Sahne (bzw. Reismilch), Muskat, Pfeffer, Salz, Thymian und eventuell Ghee bzw. Olivenöl darunterrühren, noch einmal kurz aufkochen lassen. Heiß servieren.

Variation:
Kürbiscremesuppe
mit Aprikosen

Probieren Sie diese Suppe auch einmal mit 40 g (6 Stück) getrockneten und in feine Streifen geschnittenen Aprikosen, die Sie 5 Minuten vor Ende der Kochzeit hinzufügen.

Blumenkohlcremesuppe

Wirkt Kapha- und sanft Vata-erhöhend

Wenn's einfach und schnell gehen soll, dann ist diese Cremesuppe genau das Richtige. Von allen Kohlarten ist der Blumenkohl die zarteste und bekömmlichste. Dazu kommen Vitamin C, B-Vitamine und neben etlichen Mineralien auch die oft raren Spurenelemente Zink, Kupfer, Jod und Fluor. Nach dem Ayurveda verstärkt Blumenkohl das *Vata*-Element. Er ist ein guter Blutreiniger und hilft bei Asthma-, Nieren- und Blasenleiden.

Sahne ist die Crème de la Crème der Milch. Ähnlich wie ihr Ausgangsprodukt glänzt auch Sahne mit mehreren hundert Inhaltsstoffen: Das Fett der Sahne ist leicht verdaulich, und Milch-zucker (Laktose) hilft bei Verdauungsstörungen, bei der Calciumaufnahme und beim Aufbau bestimmter Gehirnsubstanzen. Beachten Sie nur eines: Sahne sollte weder homogenisiert noch ultrahocherhitzt sein, damit sie der Gesundheit wirklich von Nutzen sein kann. Nach dem Ayurveda vermehrt Sahne *Kapha* und besänftigt sanft *Pitta* und *Vata*.

Dieses Gericht ist genau das Richtige für *Pitta*- und in Maßen auch für *Vata*-Menschen. Und bei leicht abgewandelter Blumenkohlcremesuppe (siehe *Dosha*-Tip) können selbst *Kapha*-Typen zugreifen.

Für 4 Personen

1 großer Blumenkohl
1 l Wasser (bzw. Spargelfond, siehe Seite 110, oder Gemüsebrühe, siehe Seite 108)
2 – 3 Lorbeerblätter
½ TL Kurkuma
½ TL Asafoetida
100 g Sahne (vegan: Reismilch)
1 TL frisch gemahlener weißer Pfeffer
¼ – ½ TL frisch geriebenes Muskat
1 TL Salz
2 TL Thymian

So wird's gemacht:

1) Blumenkohl waschen und in kleine Röschen schneiden. In einem (Schnellkoch-)Topf mit Wasser, Lorbeerblättern, Kurkuma und Asafoetida zugedeckt so lange kochen, bis die Röschen gar sind.

2) Lorbeerblätter entfernen und Suppe mit dem Mixer oder Pürierstab cremig pürieren. Nun Sahne (bzw. Reismilch), Pfeffer, Muskat, Salz und Thymian hinzufügen, noch einmal kurz aufkochen lassen und heiß servieren.

Kapha-Typ: Nehmen Sie nur 2 EL Sahne (bzw. Veganer nur 2 EL Sojamilch).

Avocadocremesuppe

Wirkt stark Kapha- und sanft Pitta-erhöhend

Die Butter vom Baum. In der Küche sind
Avocados wahre Allroundkünstler. Ihr voller
Geschmack kommt allerdings erst dann zur
Geltung, wenn sie ganz reif und butterweich
sind.

Avocados strotzen nur so von Nähr- und Schutz-
stoffen. Sie enthalten bis zu 30 % Fett, das zu
einem großen Teil aus den herz- und gefäß-
freundlichen doppelt ungesättigten Fettsäuren
besteht – ohne jede Spur von Cholesterin. Ihr
Vitamin-B-Gehalt ist unter den Früchten der
höchste. Daneben glänzen sie mit allen lebenswichtigen Aminosäuren sowie mit Provitamin
A, Vitamin C und E, Kalium, Calcium, Eisen
und Phosphor. Reife Avocados vermehren
Kapha. Sie helfen bei der Wundheilung, bei
Magen- und Darmgeschwüren und bei Koliken.
Daneben warten sie mit Bitterstoffen und
weiteren Inhaltsstoffen auf, die bei Streß,
Nervosität und Schlaflosigkeit hervorragend
sind.

Sahne verstärkt ebenfalls das *Kapha-Dosha*.
Insgesamt wirkt die Suppe daher in erster Linie
Kapha- und auch sanft *Pitta*-verstärkend. Diese
Suppe ist ein Gericht, das optimal für *Vata*- und
leicht abgewandelt (siehe *Dosha*-Tip) auch für
Pitta-Naturen geeignet ist.

Für 4 Personen

1 EL Ghee (vegan: Sonnenblumenöl)
3 EL Weizen- bzw. Dinkelvollkorngrieß
750 ml Wasser, Molke (von der
*   Panirherstellung) oder*
*   Gemüsebrühe (siehe Seite 108)*
¼ TL Kurkuma
½ TL frisch gemahlener schwarzer Pfeffer
¼ TL Cayennepfeffer
2 weiche Avocados
100 g Sahne (vegan: Reismilch)
3 – 4 EL fein gehackte frische Kräuter
*   nach Wahl (z. B. Majoran, Koriander*
*   oder Basilikum)*
¼ TL frisch geriebenes Muskat
1 TL Salz

So wird's gemacht:

1) Ghee (bzw. Sonnenblumenöl) in einem Topf
   erhitzen. Grieß unter ständigem Rühren
   goldbraun anrösten und mit Wasser, Molke
   oder Gemüsebrühe vorsichtig ablöschen
   (Vorsicht, es spritzt!). Kurkuma, schwarzen
   Pfeffer und Cayennepfeffer hinzugeben.
2) Avocados halbieren und das Fruchtfleisch mit
   dem Löffel entnehmen. Mit der Sahne (bzw.
   Reismilch) zu einer Creme pürieren bzw. mit
   der Gabel zerdrücken.
3) Wenn die Suppe aufgekocht und eingedickt
   ist, Avocadocreme, frische Kräuter, Muskat
   und Salz dazugeben und sofort servieren.
   (Nicht mehr aufkochen, da die Suppe sonst
   bitter werden könnte.)

Pitta-Typ: Lassen Sie den Cayennepfeffer weg.

Rote-Bete-Cremesuppe mit Sahnehaube

Wirkt Pitta- und Kapha-erhöhend

Wurzelkraft, die es in sich hat. Rote Bete, oder rote Rüben, wie sie auch noch heißen, enthalten reichlich Kohlenhydrate. Sie besitzen zwar nur wenig Eiweiß, darunter aber die besonders wertvollen Aminosäuren Asparagin, Glutamin und das immunstärkende Betain. Weiter finden sich in ihr viel Kalium, Magnesium, Natrium und Calcium sowie Eisen und Kupfer, Provitamin A, Vitamine der B-Gruppe, Vitamin C und Folsäure sowie Pantothensäure. Die in roter Bete enthaltenen Bioflavone verbessern die Zellatmung, das Betanidin festigt zusammen mit Rutin die Kapillarwände, und Cholin verhindert Arteriosklerose.

Nach dem Ayurveda ist Rote Bete mit ihren erwärmenden, süßen und befeuchtenden Eigenschaften ideal für *Vata*- und *Kapha*-Menschen. In kleineren Mengen, z. B. als Saft, lindert sie sogar *Pitta*-bedingte Leberbeschwerden, größere Mengen allerdings vermehren das *Pitta-Dosha*. Rote Bete hilft bei Verstopfung, Hämorrhoiden und Gebärmutterbeschwerden und besitzt bewährte aufbauende und stärkende Eigenschaften. Gerade in der Erntezeit hilft sie dem Menschen am meisten: nämlich im Herbst und Winter, wenn *Vata* und später *Kapha* überhandnehmen.

Rote-Bete-Creme ist ein hervorragendes Gericht für *Vata*- und in Maßen bzw. abgewandelt (siehe *Dosha*-Tip) auch für *Pitta*-Menschen. In abgewandelter Form können auch *Kapha*-Typen dieses Gericht genießen (siehe *Dosha*-Tip).

Für 4 Personen

5 Rote Bete (etwa 900 g)
1 kleine Kartoffel (etwa 100 g)
1 l Wasser
1 EL Olivenöl
2 Lorbeerblätter
1 TL Garam Masala (siehe Seite 261)
¼ TL frisch geriebene Muskatnuß
1 TL Salz
½ TL frisch gemahlener schwarzer Pfeffer
2 EL Sahne
200 ml Sahne für die Sahnehaube

So wird's gemacht:

1) Rote Bete und Kartoffeln waschen, schälen und in kleine Würfel schneiden.
2) In einem Topf mit 500 ml Wasser, Olivenöl, Lorbeerblättern und Garam Masala etwa 45 Minuten (im Schnellkochtopf etwa 25 Minuten) gar kochen. Anschließend die Lorbeerblätter entfernen und die Suppe in einem Mixer oder mit dem Pürierstab pürieren. Nun das restliche Wasser, Muskat, Salz und Pfeffer dazugeben und alles noch einmal aufkochen lassen.
3) 2 EL Sahne in die Suppe geben. Die Sahne für die Sahnehaube steif schlagen.
4) Suppe auf vier Tellern verteilen, mit jeweils einem Klecks Schlagsahne dekorieren und sofort servieren.

Kapha-Typ: Lassen Sie die Sahnehaube weg, und garnieren Sie die Suppe mit frisch gehackter Petersilie.

Pitta-Typ: Die leicht *Pitta*-erhöhende Wirkung der Roten Bete können Sie durch 1 TL gemahlenen Koriander und 2 EL frisch gehackten Dill besänftigen. Ersetzen Sie die Lorbeerblätter durch einige Neem- bzw. Curryblätter.

Sindhi-Karhi *(Afghanische Gemüsesuppe)*
Wirkt Kapha- und sanft Vata-erhöhend

Darf's auch etwas mehr sein? Karhi (sprich: *Kar-hi)* sind in ganz Indien verbreitete Saucen oder Suppen, meist auf der Basis von Kichererbsenmehl und Joghurt bzw. Buttermilch. Karhi oder Dal (Linsensuppen) gehören zu jedem Mittagessen in Indien. Während man die Karhi-Sauce in den westlichen und südlichen Regionen Indiens mehr dünnflüssig und suppenähnlich kennt, bevorzugt man im Norden des Subkontinents und auch in Afghanistan mehr die eingedickte Variante – entweder mit oder ohne Gemüse. Die Besonderheit dieses Rezepts von unserer Freundin Arati aus Afghanistan ist, daß kein Joghurt verwendet wird – höchst interessant also für *Pitta-* und auch *Kapha*-Typen.
Nach dem Ayurveda verstärkt Blumenkohl das *Vata*-Element. Er ist ein guter Blutreiniger und hilft bei Asthma-, Nieren- und Blasenleiden. Süßkartoffeln sind nach dem Ayurveda süß, warm, schwer und stärkend, erhöhen also das *Kapha-Dosha*. Süßkartoffeln regen die Verdauung an, vertreiben Darmparasiten und helfen bei Hämorrhoiden. In der Ayurveda-Küche sind sie all jenen willkommen, die Kartoffeln nicht vertragen. Dazu kommen noch die *Kapha*-vermehrenden Okra.
Ein ideales Gericht für *Pitta-* und in Maßen auch für *Vata*-Typen.

Für 4 Personen

400 g Blumenkohl
200 g Zucchini
150 – 200 g Süßkartoffeln
  (ersatzweise Kartoffeln)
100 g Okra
1 TL Koriandersamen
2 EL Ghee bzw. Sonnenblumenöl
50 g gesiebtes Kichererbsenmehl (4 EL)
2½ TL Garam Masala (siehe Seite 261)
1 TL Kurkuma
1 gehäufter EL frisch geriebener Ingwer
600 – 750 ml Wasser
4 EL frisch gehackte Petersilie
  oder Korianderblätter
½ TL frisch gemahlener schwarzer Pfeffer
1 TL Salz
2 EL Zitronensaft

So wird's gemacht:
1) Gemüse waschen. Blumenkohl in kleine Röschen teilen, Zucchini in Scheiben schneiden, Süßkartoffeln schälen und würfeln. Koriandersamen (ohne Fett) rösten und im Mörser zu Pulver zerstoßen.
2) In einem großen Edelstahltopf (mit dickem Boden) 1 EL Ghee schmelzen bzw. Öl erhitzen. Kichererbsenmehl hineinsieben und für einige Minuten bei mittlerer Hitze rösten, bis es einen nußartigen Geruch verströmt. Dann Ingwer, Garam Masala, Kurkuma und Koriander und das Gemüse hinzufügen und etwas anrösten. Unter ständigem Rühren (damit nichts anbrennt) nach und nach auch das Wasser hinzugeben. Die Menge richtet sich danach, ob Sie eine etwas dünne (suppenartige) oder etwas dickflüssigere (eintopfartige) Konsistenz bevorzugen. Den Karhi auf mittlerer Hitze etwa 15 Minuten köcheln lassen, bis der Blumenkohl gar ist.

3) In der Zwischenzeit Okra einzeln unter fließendem Wasser waschen und anschließend
gleich mit einem Tuch abtrocknen. Den
Stielansatz entfernen und die Okra in 2 cm
dicke Scheiben schneiden. In einem Topf mit
1 EL Ghee bzw. Sonnenblumenöl goldbraun
anbraten.

4) Zum Abschluß Okra, frische Kräuter, Pfeffer,
Salz und Zitronensaft in die Suppe geben.
Heiß servieren.

Variation

An Stelle von Blumenkohl sind Bohnen bzw.
frische Erbsen und eine kleine Aubergine (über
der Flamme schwarz geröstet und anschließend
geschält und gewürfelt) eine köstliche Alternative.

Karhi wird traditionell zu Reis, Fladenbrot (z. B. Parathas, siehe Seite 174)
und/oder einem Gemüsegericht
serviert. Ein köstliches und leichtes
Mittag- oder auch Abendessen.

Pakoras (Teigtropfen) in Karhi-Sauce

Wirkt Kapha- sanft Pitta-erhöhend

Streng geheim. Viele Rezepte aus der indischen Küche werden seit Generationen in der Familie gehütet und nur der eigenen Tochter oder dem eigenen Sohn anvertraut. So kommt es, daß z. B. die Karhi-Rezepte je nach Unionsstaat, Landstrich und Familie variieren. In den westlichen Regionen Indiens wird Karhi meist dünnflüssig, suppenähnlich und mit leicht süßlichem Geschmack angeboten. Im Norden Indiens und auch darüber hinaus, wie z. B. in Afghanistan, ist es eine eher dickliche Sauce (Sindhi-Karhi, siehe Seite 116). Auch die Ingredienzien können stark variieren. Einmal präsentiert sich Karhi nur pur in seiner Kichererbsenmehl-Joghurt- bzw. Buttermilch-Grundlage, ein anderes Mal finden Sie in ihm Gemüse, Mungsprossen, gekochte Kichererbsen, Papadamstreifen oder auch fritierte Kichererbsen-Pakoras wie hier.

Dieses Rezept stammt aus der altehrwürdigen Priesterfamilie des berühmten *Radha-Ramana*-Tempels in Vrindavana.

Die Pakoras sind in Ghee fritierte Teigbällchen oder -tropfen aus Kichererbsenmehl. Einige Köche fritieren die Pakoras, weichen sie anschließend in Wasser ein, bis sie sich wie kleine Schwämme vollsaugen, um sie dann trockenzupressen und als leichte Bällchen in die Sauce zu geben.

In diesem Rezept hingegen werden die Pakoras frisch fritiert und vor dem Servieren in die Sauce gegeben; so bleiben sie schön knusprig. Dieses Gericht ist genau richtig für *Vata*-Menschen und in Maßen auch für *Pitta*-Naturen.

Für 3 – 4 Personen

Für die Pakoras:
120 g Kichererbsenmehl
etwa 150 ml Wasser
125 g Ghee zum Fritieren

Für die Karhi-Sauce:
50 g Kichererbsenmehl (5 EL)
300 g Joghurt
700 ml Wasser (oder mehr nach Belieben)
1 EL Ghee
1 TL Kreuzkümmelsamen
1½ TL Kurkuma
1 TL frisch geriebener Ingwer
50 – 100 g Gartenmelde (bzw. Bathua)
  falls erhältlich oder
  4 EL frisch gehackte Korianderblätter
1 TL Salz

So wird's gemacht:
1) Das Kichererbsenmehl für die Pakoras in eine kleine Schüssel sieben, Wasser nach und nach dazugießen und zu einem Teig verrühren. Der Teig sollte nicht zu flüssig sein.

2) Etwa 125 g Ghee in einem kleinen Topf oder einem Wok erhitzen, den Teig mit einem Tee- oder Eßlöffel in das heiße Ghee geben und goldbraun fritieren. Die Teigbällchen blähen sich sofort zu großen Kugeln auf. Diese gleich umdrehen, von der anderen Seite bräunen und anschließend in einem Sieb abtropfen lassen.

3) Kichererbsenmehl für die Karhi-Sauce in eine Schüssel sieben und mit Joghurt und Wasser zu einer dünnflüssigen Masse verrühren. Ghee in einem zweiten Topf schmelzen, Kreuzkümmel darin goldbraun rösten und anschließend Kurkuma hinzufügen. Nun die Kichererbsen-Joghurt-Masse und den Ingwer dazugeben und auf mittlerer Hitze für etwa 15 Minuten köcheln lassen, bis die Masse etwas eindickt. Dabei immer wieder umrühren, damit nichts anbrennt.

4) Falls Sie Gartenmelde oder Bathua bekommen können, diese waschen, klein schneiden und zusammen mit der Karhi-Sauce 5 – 8 Minuten kochen, bis die Melde weich ist. (Nach Saroj, von der wir dieses Rezept haben, ist die Sauce fertig, wenn etwa hundert Bläschen hochblubbern. Viel Spaß beim Zählen ...)

5) Zum Abschluß noch Salz, Pakoras und frisch gehackte Korianderblätter unter die Sauce heben und servieren.

Pitta-Typ: Falls Ihr *Pitta* zu stark ist, können Sie an Stelle der Besan-Pakoras auch in dünne Streifen geschnittene Papadams (auch Papads genannt) verwenden. Papadams gibt es in verschiedenen Geschmacksrichtungen. Für Sie sind neutrale Papadams (nur mit etwas Asafoetida gewürzt) oder mit Kreuzkümmel ideal. Chili-Papadams sollten Sie den *Kapha*-Typen überlassen. Zum Schneiden eignet sich eine Küchenschere hervorragend.

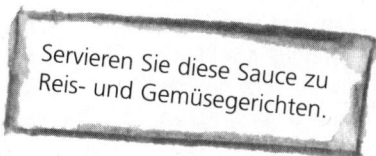

Servieren Sie diese Sauce zu Reis- und Gemüsegerichten.

Amaranthsuppe

Wirkt ausgleichend auf alle drei Doshas

Zauberpflanzen der Indianer. Als die Spanier nach Südamerika kamen, staunten sie nicht schlecht über die unglaubliche Gesundheit der Inkas und Azteken. Heute hat man deren Geheimnis enthüllt – es lag an der Ernährung mit so gesunden Nahrungsmitteln wie z. B. Amaranth.

Die kleinen Körnchen enthalten nämlich besonders viele herz- und gefäßfreundliche ungesättigte Fettsäuren und reichlich Vitamin C (für die Abwehrkraft). Durch ihren hohen Anteil an Lysin, einem lebenswichtigen Eiweißbaustein, aktivieren sie den Stoffwechsel und mobilisieren die Abwehrkräfte. Amaranth reinigt das Blut und wirkt leicht harntreibend. Er verzögert den Alterungsprozeß und stärkt das Gedächtnis und die Nervenkraft. Nach dem Ayurveda wirkt Amaranth leicht erwärmend, ohne jedoch *Pitta* zu stören. In moderaten Mengen kann Amaranth deshalb allen drei *Dosha*-Typen empfohlen werden.

Karotten stecken ebenfalls voller gesunder Überraschungen. Sie strotzen nur so von Beta-Carotin (gut für Augen, Haut, Immunsystem und als Schutz gegen Krebs), wertvollen B-Vitaminen, Vitamin C, D, E und K; ferner besitzen sie ätherische Öle und Mineralien. Sie reinigen das Blut und stärken die Nieren. Nach dem Ayurveda vermehren gekochte Karotten sanft das *Pitta-Dosha*.

Diese Suppe ist optimal für alle drei Konstitutions-Typen.

Für 4 – 5 Personen

300 g Karotten
250 g Fenchel
200 g Kartoffeln
50 g Amaranth
1,5 l Wasser
    bzw. Gemüsebrühe (siehe Seite 108)
2 – 3 TL frisch geriebener Ingwer
1 TL Kurkuma
2 TL Garam Masala (siehe Seite 261)
½ TL frisch gemahlener schwarzer Pfeffer
1½ TL Salz
5 EL Buttermilch
    (vegan: Sojamilch – kann auch entfallen)
eventuell 1 – 2 EL Zitronensaft
6 EL frisch gehackte Korianderblätter

So wird's gemacht:

1) Gemüse waschen, Kartoffeln schälen und alles in kleine Würfel schneiden. Amaranth in einem feinen Sieb unter fließendem Wasser spülen.
2) Das Gemüse mit Wasser bzw. Gemüsebrühe, Ingwer, Kurkuma und Amaranth 30 – 40 Minuten weich kochen. Anschließend die Hälfte der Suppe mit einem Pürierstab oder im Mixer pürieren.
3) Garam Masala, Pfeffer, Salz, Buttermilch (bzw. Sojamilch) und eventuell Zitronensaft hinzufügen. Zum Abschluß noch mit gehackten Korianderblättern bestreuen und servieren.

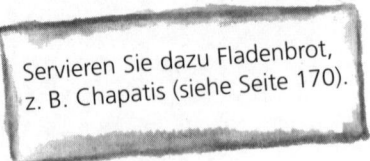
Servieren Sie dazu Fladenbrot, z. B. Chapatis (siehe Seite 170).

Karhi mit Papadams, leicht scharf

Wirkt Pitta- und sanft Kapha-erhöhend

Unser Lieblings-Karhi. Gewürze sind mehr als nur Appetitanreger und Gaumenschmeichler: Sie sind Verdauungshelfer, Fit- und Muntermacher, schützen vor Krankheitserregern und machen gute Laune.

Ebenso wie Koriander regt auch Kreuzkümmel *Agni*, die Verdauungskraft, an, ohne das *Pitta-Dosha* zu stören. Auf diese Weise wirkt er auf alle drei Konstitutionstypen harmonisierend. Kreuzkümmel reguliert die Darmflora und stärkt Augen, Herz, Leber, Nieren und Gebärmutter. Außerdem wirkt er entgiftend, blutreinigend, entwässernd, schmerzstillend und fiebersenkend. Auch bei Hämorrhoiden, Hautausschlag, Blähungen, Nieren- und Blasensteinen setzt man ihn gern ein.

Koriandersamen enthalten ätherische Öle, Tannin, essentielle Fettsäuren und Vitamin C. Ayurveda-Therapeuten empfehlen sie bei Erbrechen, Asthma, Husten, Rheuma, allgemeiner Schwäche und Wurmbefall. Außerdem stärkt Koriander das Herz und die Verdauungskraft. Nach dem Ayurveda wirkt auch er ausgleichend auf alle drei *Doshas*.

Dieses Gericht ist genau das Richtige für *Vata*- und in Maßen auch für *Kapha*-Naturen.

> Karhi mit Papadams verlangt förmlich danach, mit Reis und einem Gemüsegericht serviert zu werden.

Für 3 – 4 Personen

50 g Kichererbsenmehl (5 EL)
300 g Joghurt (vegan: Sojajoghurt)
700 ml Wasser (nach Belieben auch mehr)
1 EL Ghee (vegan: Sonnenblumenöl)
1 TL schwarze Senfsamen
½ TL Kreuzkümmelsamen
1½ TL frisch geriebener Ingwer
1 TL gehackte grüne oder rote Chili
    (entkernt)
eine halbe Zimtstange
5 – 6 Neem- oder Curryblätter
1 TL gemahlener Koriander
1 TL Kurkuma
2 Papadams
12 ganze grüne Pfefferkörner oder
    ½ TL frisch gemahlener schwarzer Pfeffer
¾ TL Salz

So wird's gemacht:

1) Kichererbsenmehl für die Karhi-Sauce in eine Schüssel sieben und mit Joghurt (bzw. Sojajoghurt) und Wasser zu einem dünnflüssigen Teig verrühren.

2) Ghee (bzw. Sonnenblumenöl) in einem Topf schmelzen und Senfkörner (im abgedeckten Topf) rösten, bis sie zu springen beginnen. Dann den Topf so lange von der Flamme ziehen, bis die Senfkörner sich beruhigt haben. Nun die Kreuzkümmelsamen hinzufügen, kurze Zeit später Ingwer, Chili, Zimtstange, Curry- oder Neemblätter und noch etwas später Koriander und Kurkuma dazugeben und rösten. Mit der Joghurtsauce ablöschen und das Ganze auf mittlerer Flamme 15 – 20 Minuten köcheln lassen. Dabei immer wieder gut umrühren.

3) Gegen Ende der Kochzeit die (mit einer Küchenschere) in Streifen geschnittenen Papadams, Pfefferkörner und Salz hinzufügen und noch einige Minuten köcheln lassen. Zimtstange vor dem Servieren entfernen.

121

Gemüsesuppe mit Buchweizen

Wirkt Pitta-, Kapha- und sanft Vata-erhöhend

Der Weizen, der ein Knöterichgewächs ist. Buchweizen ist ein Pseudogetreide, das ursprünglich in den Höhenlagen des Himalaya angebaut wurde. Fast wäre er bei uns in Vergessenheit geraten, denn Kunstdünger mag er überhaupt nicht – zum Glück, muß man da sagen.

Buchweizen hat unserer Gesundheit viel zu bieten, neben Vitaminen der B-Gruppe und Mineralstoffen insbesondere beträchtliche Mengen der lebenswichtigen Eiweißbausteine Tryptophan und Lysin (die in den meisten Getreidesorten kaum vorkommen) und viele ungesättigte Fettsäuren. Da er dem Körper Wärme spendet, ist Buchweizen in der kalten und feuchten Jahreszeit und für *Kapha*-Typen ideal.

Die Pastinake durchlebte ein ähnliches Schicksal wie der Buchweizen. Einst ein Lieblingsgemüse der Deutschen, wurde sie durch die Kartoffel fast völlig verdrängt. Doch neuerdings ist sie in Feinschmecker-Restaurants und in Bioläden wieder aufgetaucht.

Ihr ätherisches Öl lindert Magen- und Darmbeschwerden, regt die Verdauungstätigkeit an, erleichtert die Atmung und stimuliert das Nervensystem. Sie besitzen wertvolle Kohlenhydrate, darunter reichlich herzschützendes Pektin, viel Kalium, Calcium, Magnesium und Phosphor und nicht zuletzt zahlreiche Ballaststoffe. Nach dem Ayurveda erhöhen Pastinaken *Kapha* und haben einen beruhigenden Effekt auf *Vata* und *Pitta*.

Dieses Gericht ist genau das Richtige für *Vata*-Menschen und in Abwandlung (siehe *Dosha*-Tip) auch für *Kapha*- und *Pitta*-Konstitutionen.

Für 4 Personen

50 g gerösteter Buchweizen
1 kleiner Brokkoli (etwa 200 g)
1 große Pastinake (etwa 100 g)
1 große Karotte (etwa 100 g)
1 TL Kreuzkümmel
1 TL Koriandersamen
1,5 l Wasser
2 EL Olivenöl bzw. Sonnenblumenöl
2 Lorbeerblätter
½ TL Kurkuma
2 – 3 TL frisch geriebener Ingwer
½ TL Muskat
½ – ¾ TL frisch gemahlener schwarzer Pfeffer
1 gehäufter TL Salz
2 EL Sahne (kann entfallen)
1 EL Tomatenmark, dreifach konzentriert (kann entfallen)
2 – 3 EL frisch gehacktes Basilikum

So wird's gemacht:

1) Ganze Buchweizenkörner in einem feinen Sieb unter fließendem Wasser spülen und abtropfen lassen. Gemüse waschen und putzen, Brokkoli in kleine Röschen teilen und das restliche Gemüse in Würfelchen schneiden.

2) In einem Topf Buchweizen (ohne Fett) für einige Minuten auf kleiner Flamme anrösten, bis er ein nußartiges Aroma verströmt. In einer kleinen Schüssel aufbewahren. Kreuzkümmel und Koriandersamen in einer Pfanne ohne Fett rösten. Dann die Samen in einem Mörser zu feinem Pulver zerstoßen.

3) Im selben Topf Gemüse, gerösteten Buchweizen, Wasser, Öl, Lorbeerblätter und Kurkuma zugedeckt zum Kochen bringen und auf mittlerer Flamme 15 – 20 Minuten weiterköcheln lassen, bis das Gemüse und der Buchweizen gar sind.

4) Nun noch Ingwer, Kreuzkümmel- und Korianderpulver, Muskat, Pfeffer, Salz, eventuell auch Sahne und Tomatenmark hinzugeben. Alles noch einmal aufkochen lassen. Die Lorbeerblätter entfernen und die Hälfte der Suppe mit einem Pürierstab oder im Mixer pürieren.

5) Vor dem Servieren mit frisch gehacktem Basilikum bestreuen.

Kapha-Typ: Lassen Sie die Sahne weg. Ersetzen Sie den frischen Ingwer durch ½ TL Ingwerpulver, und fügen Sie ¼ TL gemahlene Bockshornkleesamen und eine gehackte kleine, grüne Chili (entkernt) hinzu, die Sie mit den Gewürzen anrösten.

Pitta-Typ: Reduzieren Sie den Ingwer auf 1 TL, und ersetzen Sie die Lorbeerblätter durch 4 Curry- oder Neemblätter. Das Tomatenmark eventuell weglassen.

Mungsprossen in Buttermilchsauce

Wirkt ausgleichend auf alle drei Doshas

Buttermilch für jeden Tag. In der Ayurveda-Diätetik wird Buttermilch aus Kuhmilch gerne als regelmäßiger Bestandteil der Ernährung empfohlen. Buttermilch regt den Appetit an, stärkt und ist gut fürs Herz. Bei Magenbeschwerden kann man sie ohne Bedenken trinken. Und Buttermilch mit einer Prise Muskatnuß verbessert die Nährstoffaufnahme, besonders im Dünndarm, und stoppt Durchfall. Bei *Vata*-Menschen wirkt (selbstgemachte) Buttermilch (siehe Seite 229) besänftigend und erdend. *Pitta*-Typen kann sie empfohlen werden, wenn sie leicht gesüßt ist. Und wenn es nicht gerade jeden Tag ist, können auch *Kapha*-Konstitutionen Buttermilch – mit Wasser verdünnt und mit Ingwer, schwarzem Pfeffer oder Honig gewürzt – genießen.

Auch Mungsprossen strotzen nur so von Nährstoffen. Während des Keimvorgangs steigt sowohl der Vitamingehalt (B-Vitamine, Vitamin C und E und Carotinoide) als auch der Anteil an Mineralien (Kalium, Calcium, Magnesium, Phosphor, Eisen und Zink) immens. Daneben liefert uns die Mungsprosse wertvolles Eiweiß, schon aufgespalten in die Aminosäuren – und zwar vollständig in der Zusammensetzung, wie unser Körper sie braucht. Nicht vergessen sollten wir den großen Anteil an Lecithin, das unsere kleinen grauen Zellen rege werden läßt. Ein Gericht, das allen drei *Dosha*-Typen empfohlen werden kann.

> Mungsprossensuppe heiß zu Basmatireis, Fladenbrot oder Papadams servieren.

Für 3 – 4 Personen

300 g Mungsprossen (Sojasprossen)
1 TL Kreuzkümmel
1 TL Koriandersamen
2 gehäufte EL Kichererbsenmehl
500 ml Buttermilch
300 ml Wasser
1 – 2 EL Ghee
½ TL Asafoetida
1 TL Kurkuma
1 EL frisch geriebener Ingwer
5 Curry- oder Neemblätter (falls vorhanden)
1 TL Salz
1 EL Vollrohrzucker oder Jaggery bzw. Gur
3 EL frisch gehackte Korianderblätter
(falls vorhanden)

So wird's gemacht:

1) Mungbohnen 4 – 5 Tage keimen lassen. (Anleitung siehe Warenkunde, Seite 277) bzw. gekaufte Sojasprossen verwenden.

2) Kreuzkümmel und Koriandersamen in einer Pfanne ohne Fett goldbraun rösten und in einem Mörser oder mit dem Stiel eines Nudelholzes zu feinem Pulver zerdrücken. Nun das Kichererbsenmehl in die Pfanne sieben und ohne Fett rösten, bis es einen nußartigen Geruch verströmt und leicht goldgelb ist. Kichererbsenmehl und die Gewürze in einer kleinen Schüssel mit Buttermilch und Wasser verrühren.

3) Die gekeimten Mungsprossen noch einmal unter fließendem Wasser spülen, dann abtropfen lassen. Ghee in einem Topf schmelzen und Asafoetida, Kurkuma sowie Mungsprossen darin 5 Minuten anrösten. Dann die Buttermilchmasse, den Ingwer und die Curryblätter hinzufügen und etwa 15 Minuten auf mittlerer Flamme köcheln lassen.

4) Mit Salz und Vollrohrzucker abrunden und, falls vorhanden, mit frisch gehackten Korianderblättern bestreuen.

Gelber Mung Dal mit Spinat

Wirkt sanft Pitta- und sanft Vata-erhöhend

»Königin der Hülsenfrüchte«: Nicht ohne Grund räumt der Ayurveda der Mungbohne eine derart hohe Stellung in der menschlichen Ernährung ein. Gelber Mung Dal ist die geschälte und halbierte Version der grünen Mungbohne. Er ähnelt angeschlagenen gelben Erbsen, weswegen man ihn auch als »gelben Dal« kennt. Gelber und grüner halbierter Mung Dal sind die beliebtesten Dalsorten Nordindiens; zudem liefern sie auch Nährstoffe in Hülle und Fülle – beispielsweise wertvolles Eiweiß und Fett, aber auch Provitamin A, Vitamine des B-Komplexes, Vitamin E und nicht zuletzt die Mineralstoffe Eisen, Phosphor, Kalium, Magnesium und Calcium. Nach dem Ayurveda vermehrt Mung Dal *Vata*, mit erwärmenden Gewürzen gekocht, ist er jedoch gut für alle drei *Doshas*. Er wird bei allen Beschwerden empfohlen, die auf ein Übermaß an *Pitta* und *Kapha* zurückzuführen sind, wie Erkältungskrankheiten, Husten und Magen- und Darmbeschwerden.

Auch Spinat hat unserer Gesundheit einiges zu bieten: zehn Vitamine und 13 Mineralstoffe, die u. a. die Blutbildung und das Immunsystem unterstützen. Die in ihm enthaltenen Bitterstoffe fördern nicht nur die Verdauung, sondern wirken auch als Tonikum für Herz, Leber und Nerven. Nach dem Ayurveda wird Spinat in kleinen Mengen von allen drei *Dosha*-Typen vertragen, in größeren Mengen vermehrt er *Vata* und *Pitta*.

Dieses Gericht ist optimal für *Kapha*-Menschen, in Maßen auch für *Vata*- und *Pitta*-Konstitutionen.

> Die Gewürze entfalten ihr Aroma am besten, wenn Sie sie vor dem Servieren noch 1 – 2 Minuten in der Dal-Suppe ziehen lassen.

Für 4 Personen

150 g gelber Mung Dal
1,5 l Wasser
¾ TL Kurkuma
2 TL gemahlener Koriander
2 TL frisch geriebener Ingwer
250 g frischer Spinat
1 EL Ghee (vegan: Maiskeimöl)
1 TL Kreuzkümmel
¼ TL Cayennepfeffer
2 EL Zitronensaft
1 TL Salz

So wird's gemacht:

1) Dal verlesen, waschen und einweichen (mindestens einige Stunden).

2) In einem abgedeckten Topf Mungbohnen mit Wasser, Kurkuma, Koriander und Ingwer aufkochen. Hin und wieder umrühren. Dann auf mittlerer Flamme 40 Minuten – 1 Stunde (25 – 30 Minuten im Schnellkochtopf) weiterköcheln lassen, bis der Dal weich ist. (Im Schnellkochtopf wird weniger Wasser benötigt; restliches heißes Wasser später hinzufügen.)

3) Den Spinat verlesen, waschen, abtropfen lassen, grobe Stiele entfernen und die Blätter fein hacken. Mit einem Schneebesen (oder mit einem Pürierstab) den Dal umrühren, bis er eine cremige Konsistenz hat. Nun den Spinat hinzufügen und weitere 5 Minuten köcheln lassen.

4) Ghee (bzw. Maiskeimöl) in einem Töpfchen erhitzen, Kreuzkümmel darin goldbraun rösten, dann den Cayennepfeffer dazugeben und 1 – 2 Sekunden darin rösten. Die Gewürze anschließend in den Dal geben. (Das Töpfchen mit etwas Dal ausschwenken, damit nichts von dem Ghee und den Gewürzen verlorengeht.) Zum Abschluß Zitronensaft und Salz dazugeben.

***Pitta*-Typ:** Lassen Sie den Cayennepfeffer weg.

Tridosha Mung Dal (Grüner Mung Dal)

Wirkt ausgleichend auf alle drei Doshas

Die Kraft der kleinen Bohne. Gespaltene Mung-bohnen stehen in der indischen Küche und auch im Ayurveda hoch im Kurs. Der Grund: Sie sind leichter und bekömmlicher als alle anderen Arten von Bohnen und Hülsenfrüch-ten. Ob man nun die gelbe (geschälte) oder die grüne Sorte wählt, der Ayurveda schätzt die aufbauenden und reinigenden Eigenschaften von Mung Dal insbesondere in Khichari (siehe ab Seite 131) oder Dal (ab Seite 107). Doch das ist noch lange nicht alles; Mung Dal ist ideal, um eine Ansammlung an toxischen Stoffwech-selprodukten *(Ama)* zu reduzieren, hilft bei Krankheiten des Verdauungstrakts, in der Rekonvaleszenzphase oder während einer Reinigungs- oder Regenerationskur.

Mung-Dal-Gerichte wirken auf den Organismus stärkend und leicht kühlend, was *Vata*- und *Kapha*-Typen durch erwärmende Gewürze wie Ingwer, Pfeffer, Kreuzkümmel und Asafoetida ausgleichen können. Für *Pitta* sind Hülsenfrüch-te ideal. Auch mit den oben genannten Gewür-zen (in angemessener Menge) und einer guten Portion *Pitta*-reduzierendem Korianderpulver oder frischen Korianderblättern kann *Pitta* diese Gerichte genießen. Wie Sie sehen, sind Mung-Dal-Gerichte mit einigen Gewürzen schnell auf Ihr individuelles *Dosha* abgestimmt. Und damit auch wirklich keine Langeweile aufkommt, können Sie Dal mit den verschiedensten Gemü-sesorten variieren.

Gespaltene Mungbohnen (grünen Dal) bekom-men Sie in indischen Lebensmittelgeschäften oder beim indischen Gewürzversand. Ganze grüne Mungbohnen sind zwar leichter erhält-lich, aber nicht so leicht bekömmlich, es sei denn, Sie lassen sie 3 – 4 Tage keimen (1 – 2 mal täglich spülen). Danach können Sie die Schalen leicht entfernen, und haben so auch »gespaltene« Mungbohnen.

Für 4 Personen

250 g gespaltener grüner Mung Dal
¼ TL Asafoetida
1 TL Kurkuma
1,5 l Wasser
1 große gelbe oder grüne Zucchini
  (etwa 250 g)
2 mittelgroße Karotten (etwa 150 g)
1 – 2 EL frisch geriebener Ingwer
1 TL gemahlener Koriander
  (siehe Kasten folgende Seite)
1½ TL Kreuzkümmelsamen
1 EL Ghee (vegan: Sonnenblumenöl)
½ TL frisch gemahlener schwarzer Pfeffer
½ – 1 TL Salz
1 TL Zitronensaft

So wird's gemacht:

1) Dal verlesen und so oft waschen, bis das Wasser klar ist. Anschließend, wenn mög-lich, für einige Stunden einweichen.

2) Dal mit Asafoetida, Kurkuma und Wasser 25 – 30 Minuten (etwa 15 Minuten im Schnellkochtopf) weichkochen. (Verwenden Sie im Schnellkochtopf nur etwa 750 ml Wasser, da das Wasser sonst aus dem Ventil herausläuft.)

3) Zucchini und Karotten waschen und in klei-ne Stifte schneiden. Nun das kleingeschnitte-ne Gemüse, Ingwer und gemahlenen Korian-der zu dem Dal geben. (Falls Sie den Schnellkochtopf benutzen, nochmals 750 ml Wasser hinzugeben. Auch wer eine flüssigere Konsistenz vorzieht, jetzt ebenfalls etwas heißes Wasser dazugeben.) Das Ganze 10 – 12 Minuten kochen, bis das Gemüse weich ist.

4) In einer Pfanne Kreuzkümmel ohne Fett für einige Sekunden goldbraun rösten und mit Ghee (bzw. Sonnenblumenöl), Pfeffer und Salz unter die Dalsuppe rühren. Noch einmal kurz aufkochen lassen, damit sich die Gewürze entfalten können. Falls gewünscht, mit einigen Tropfen Zitronensaft beträufeln und heiß servieren.

Pitta-Typ: Verwenden Sie nur 1 – 2 TL frischen Ingwer.

Variation für alle drei Doshas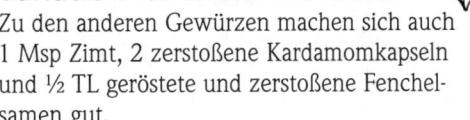

Zu den anderen Gewürzen machen sich auch 1 Msp Zimt, 2 zerstoßene Kardamomkapseln und ½ TL geröstete und zerstoßene Fenchelsamen gut.

Mung Dal schmeckt lecker zu Basmatireis oder Fladenbrot.

Wird Mung Dal zu Basmatireis serviert, so erhöht sich die biologische Wertigkeit des gesamten Eiweiß auf nahezu 100. Noch ein Gemüsegericht dazu gereicht, und Sie haben eine gesunde und rundum zufriedenstellende Mahlzeit.

Übrigens: Koriander schmeckt noch aromatischer, wenn Sie die Samen trocken rösten und in einem Mörser zu Pulver zerstoßen.

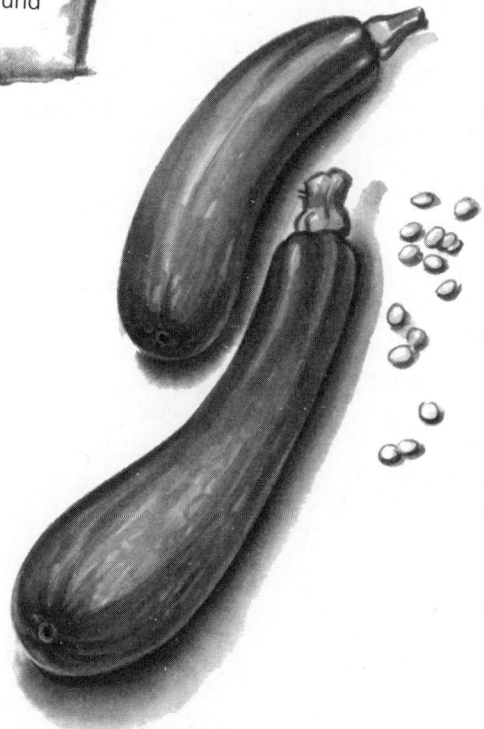

Südindische Dalsuppe *(Rasam)*

Wirkt sanft Pitta- und Kapha-erhöhend

Der rassige Pikante aus dem Süden. In keiner traditionellen südindischen Mahlzeit darf Rasam, die pikante Tur-Dal-Suppe, fehlen. Zwar gibt es Köche, die bei Rasam mit getrockneten roten Chilis und Cayennepfeffer wenig sparsam umgehen, doch wir bevorzugen diese weniger scharfe Rasam-Version.

Der gelbliche Tur Dal (englisch: Toor Dal) hat einen hohen Eisengehalt, viel Kalium, Magnesium, Calcium, Kupfer und Phosphor sowie die Provitamine A, Vitamin B_1, B_6 und E und natürlich auch viel wertvolles Eiweiß und Kohlenhydrate. Nach dem Ayurveda erhöht Tur Dal das *Pitta-Dosha*. Mit seinen heißen, leichten und trockenen Eigenschaften ist Tur Dal genau das Richtige für *Kapha-* und *Vata-*Typen. Erhältlich ist Tur Dal in indischen Lebensmittelgeschäften meist in geölter Form. Die Ölschicht dient als natürliches Konservierungsmittel und kann mit heißem Wasser abgewaschen werden. Tamarinde, oder besser die Früchte des Tamarindenbaums, sind appetitanregend, fördern die Verdauung und stärken das Herz. Mit ihrer sauren Geschmacksrichtung ist Tamarinde ideal für zu Trockenheit neigende *Vata-*Typen. Diese Suppe ist genau das Richtige für *Vata-*Typen, abgeändert und in Maßen auch für *Kapha-*Konstitutionen (siehe *Dosha-*Tip).

Für 4 Personen

250 g Tur Dal *(engl.: Toor Dal)*
1,5 l Wasser
2½ EL frisch geriebener Ingwer
1 – 2 EL Tomatenmark
1 EL Jaggery bzw. Gur
1 – 1½ EL Rasam-Pulver (siehe Seite 264)
1 TL Tamarindenextrakt oder
   50 g getrocknete Tamarindenschoten
   (siehe Warenkunde Seite 278)
1 TL Ghee *(vegan: Sesamöl)*
1 TL Kreuzkümmelsamen
6 Curryblätter *(möglichst frisch)*
¼ TL Asafoetida
½ TL Kurkuma
1 TL Salz
1 TL frisch gehackte Korianderblätter

So wird's gemacht:

1) Tur Dal verlesen und in einer Schüssel mit heißem Wasser so lange waschen, bis die Ölschicht entfernt ist. Anschließend in einem Topf mit Wasser etwa 45 Minuten (25 – 30 Minuten im Schnellkochtopf) kochen, bis er weich ist. (Im Schnellkochtopf nehmen Sie anfangs nur 1 l Wasser und gießen den Rest des heißen Wassers später nach.)

2) Nun geriebenen Ingwer, Tomatenmark, Jaggery bzw. Gur, Rasam-Pulver und Tamarindenextrakt hinzugeben.
3) In einem kleinen Topf Ghee (bzw. Sesamöl) erhitzen, die Kreuzkümmelsamen und nach kurzer Zeit auch Curryblätter, Asafoetida und Kurkuma dazugeben. Gewürzmischung in den Dal gießen und kurz aufkochen lassen.
4) Salz und Korianderblätter hinzufügen und die Gewürze 2 – 3 Minuten ziehen lassen.

Wer möchte, kann den Dal mit einem Pürierstab pürieren. Warm servieren.

Kapha-Typ: Lassen Sie die Tamarinde und eventuell das Tomatenmark weg und verwenden Sie dafür 2 EL Zitronensaft, den Sie zum Schluß hinzufügen.

Traditionell ißt man zu Rasam Iddlis (Dampfkrapfen aus Reis und Urad Dal, siehe Seite 190) oder einfach Basmatireis. Sie können den Dal auch in einer Mischung aus einer Hälfte Wasser und einer Hälfte Molke (von der Panirherstellung) kochen.

Süßer Jagannatha-Kokosdal

Wirkt ausgleichend auf alle drei Doshas

Der Lieblingsdal von Jagannatha. Als die Engländer zum ersten Mal das riesige Wagenfest in Jagannatha-Puri, der Hauptstadt Orissas, sahen, waren sie sehr beeindruckt. Seit vielen Jahrtausenden kommen dort jeden Sommer Millionen von Menschen zusammen, um zu Ehren von Jagannatha, dem lächelnden Gott, der in Sanskrit auch *Krishna* heißt, ein großes Festival auszurichten.

Im antiken Jagannatha-Tempel wird dieses Chana-Dal-Gericht bis auf den heutigen Tag nach einem altüberlieferten vedischen Rezept zubereitet und nach der Weihung an Tausende von Pilgern verteilt. Einer unserer Gäste, der zum ersten Mal diese Suppe kostete, bemerkte einmal, daß er nun verstehe, warum Jagannatha immer lächle.

Chana Dal ist die halbierte Version von Kala Chana, kleinen indischen Kichererbsen. Sein köstlicher Geschmack, sein hoher Nährwert und seine leichte Bekömmlichkeit machen ihn zu einer der beliebtesten Dal-Sorten Indiens. Nach dem Ayurveda erhöht Chana Dal das *Vata-Dosha* und wird daher *Pitta-* und *Kapha-*Menschen empfohlen. Bei diesem Rezept können aber alle drei Konstitutionstypen zugreifen.

Servieren Sie Jagannatha-Dal zu Reis und süß-saurem Gemüse (siehe Seite 64). Iddlis (pikante Dampfkrapfen aus Reis und Urad Dal, siehe Seite 190) schmecken ebenfalls sehr gut dazu.

Für 4 Personen

250 g Chana Dal
1,5 – 1,8 l Wasser
2 Lorbeerblätter
½ TL Kurkuma
½ TL Asafoetida
2 EL Ghee (vegan: Sonnenblumenöl)
1 TL Kreuzkümmelsamen
½ TL gemahlener Koriander
1 – 2 TL frisch geriebener Ingwer
3 EL Kokosflocken
2 EL Jaggery bzw. Gur (oder Vollrohrzucker)
2 EL Zitronensaft
1½ TL Salz

So wird's gemacht:

1) Chana Dal verlesen und in einer Schüssel waschen, bis das Wasser klar ist. Über Nacht oder einige Stunden in Wasser einweichen (dann ist er besser verträglich).

2) Chana Dal abtropfen lassen und in einem Topf mit Wasser, Lorbeerblättern, Kurkuma und Asafoetida zum Kochen bringen. Dabei mit dem Deckel nur teilweise bedecken und den beim Kochen entstehenden Schaum hin und wieder abschöpfen. 30 – 40 Minuten kochen (20 – 25 Minuten im Schnellkochtopf), bis der Dal weich ist. (Verwenden Sie weniger Wasser, wenn Sie den Dal im Schnellkochtopf kochen, und gießen Sie das restliche heiße Wasser später dazu.)

3) Ghee (bzw. Sonnenblumenöl) in einem kleinen Topf bzw. in einer Pfanne erhitzen und Kreuzkümmel darin goldbraun rösten. Koriander, Ingwer und Kokosflocken dazugeben und ebenfalls leicht golden rösten. Diese Gewürzmischung nun vorsichtig über den Dal gießen (Vorsicht, es spritzt!).

4) Jaggery bzw. Gur dazugeben und alles gut umrühren. Lorbeerblätter entfernen, Zitronensaft und Salz hinzugeben. Falls gewünscht, Jagannatha-Dal mit einem Pürierstab pürieren.

Eintöpfe und Khicharis

Ohne Khichari (sprich: *Ki-dscha-rie)*, das gesunde
Dal-Eintopfgericht, wäre der Ayurveda wie ein Wagen ohne Räder. Wenn es um leichte Bekömmlichkeit, schnelle Nährstoffaufnahme und um die
Reinigung von Stoffwechselgiften geht, steht Kichari an erster Stelle. Bei der Pancha-Karma-Kur
beispielsweise, einer ayurvedischen Reinigungs-
therapie, ist Khichari die Diätspeise der Wahl,
ebenso wie in der Rekonvaleszenzphase, bei Ma-
gen- und Darmbeschwerden oder auch einfach
nur als leichte und schnell zuzubereitende Mahlzeit.

Die beiden Hauptzutaten sind Basmatireis und
Mung Dal – hervorragend für jeden Konstitutionstyp. Neben den vielen Würzmöglichkeiten
ist es wohl der Menge und Vielfalt an Inhaltsstoffen zu verdanken, daß Khichari aus der
Alltagsküche Indiens nicht wegzudenken ist.
Jeder hat bei Khichari allerdings seine ganz
persönlichen Favoriten, denn je nach den
verwendeten Gewürzen, Kräutern und Gemüsesorten sind die verschiedenen Khichari-
Variationen so vielfältig wie die indischen
Unionsstaaten. Wenn Sie mit der Zeit Ihr
eigenes Lieblings-Khichari-Rezept »entwickelt«
haben, werden Sie darauf in Ihrer Küche nicht
mehr verzichten wollen.

Spargel-Khichari

Wirkt ausgleichend auf alle drei Doshas

»Eine Schmeichelei für den Gaumen« – so nannte der Römer Cato den Spargel schon vor langer Zeit. Rund ums Mittelmeer gab es schon damals Zuchtspargel, zu uns kam er allerdings erst im Mittelalter. Spargel hat sehr wenig Kalorien, dafür aber viele Ballast- und Mineralstoffe. Spargel wirkt mild tonisierend und beruhigend auf Herz und Nerven. Er steigert die Tätigkeit der Nierenzellen und hilft dadurch, die im Körper angesammelten Giftstoffe über den Urin wieder auszuscheiden; daneben regt er die Verdauung an. Nach dem Ayurveda wirkt Spargel süß, zusammenziehend, bitter, kühl, leicht und feucht und gleicht alle drei *Doshas* aus.

Basmatireis und Mung Dal sind ideal für jeden Konstitutionstyp. Provitamin A, Vitamin E und Vitamine des B-Komplexes, alle essentiellen Aminosäuren, Kohlenhydrate, Fette, zahlreiche Mineralstoffe und Spurenelemente – für jeden ist etwas dabei. Ein Gericht, bei dem alle drei *Dosha*-Typen zugreifen können.

Interessant schmeckt Khichari auch mit einigen Tropfen Zitronensaft bzw. einem Schuß Buttermilch serviert. Reichen Sie dazu entweder frisches Ayurveda-Fladenbrot (z. B. Chapatis, siehe Seite 170) und/oder einen auf Ihr *Dosha* abgestimmten Salat.

Für 4 Personen

100 g gespaltener gelber oder grüner Mung Dal
150 g Basmatireis
2 Lorbeerblätter
   (bzw. 5 Curry- oder Neemblätter)
1 TL Kurkuma
1½ – 2 l Wasser
300 g weißer oder grüner Spargel
400 g Karotten
1½ TL Kreuzkümmel
1½ TL Koriandersamen
½ TL Bockshornkleesamen (Methi)
1½ EL frisch geriebener Ingwer
1½ TL Salz
1 TL frisch gemahlener schwarzer Pfeffer
3 – 4 EL frisch gehackte Korianderblätter
   oder Basilikum

So wird's gemacht:

1) Dal verlesen. Zusammen mit dem Basmatireis in einer Schüssel waschen und so lange spülen, bis das Wasser klar wird. Falls es die Zeit erlaubt, Reis und Dal für einige Stunden in Wasser einweichen.

2) Reis, Dal, Lorbeerblätter (bzw. Curry- oder Neemblätter) und Kurkuma zusammen mit 1 l Wasser in einem großen Topf bzw. einem Schnellkochtopf zum Kochen bringen und dann etwa 15 Minuten (im Schnellkochtopf 8 – 10 Minuten) bei mittlerer bis kleiner Hitze köcheln lassen.

3) In der Zwischenzeit Spargel waschen, schälen und in kleine Stücke schneiden (Spargelschalen und -abschnitte können Sie für Spargelfond (siehe Seite 110) weiterverwenden). Karotten waschen und in dünne Streifen schneiden.

4) Die Kreuzkümmel- und Koriandersamen in einem kleinen Topf ohne Fett zart goldbraun rösten. Die Bockshornkleesamen (Methi) erst gegen Ende dazugeben, da sie bitter schmekken, wenn sie zu stark geröstet werden. Die

gerösteten Gewürze in einem Mörser oder mit dem Stiel eines Nudelholzes zu feinem Pulver mahlen.

5) Nach etwa 15 Minuten das kleingeschnittene Gemüse, den Ingwer sowie die gerösteten und gemahlenen Gewürze zu dem Reis-Dal-Gemisch geben und weitere 20 – 30 Minuten köcheln lassen, bis Dal und Gemüse weich sind. (Wer es gerne flüssiger mag, kann noch 500 ml – 1 l heißes Wasser hinzufügen.)

6) Abschließend mit Salz und Pfeffer abrunden, die Lorbeerblätter entfernen und mit frisch gehackten Basilikum- oder Korianderblättern bestreuen.

Pitta-Typ: Das Kichari großzügig mit frischen Korianderblättern bestreuen und mit 1 – 2 EL geschmolzenem Ghee (vegan: Olivenöl) beträufeln.

Vata-Typ: Großzügig mit 2 EL geschmolzenem Ghee (vegan: Sesam- oder Olivenöl) beträufeln.

Vata- und Kapha-Typ: Zur Abwechslung können Sie zu den anderen Gewürzen entweder noch Garam Masala (siehe Seite 261) oder auch Anis, Zimt, Nelken und zerstoßene Kardamomsamen geben.

Servieren Sie zu Kichari auch einmal Karhi mit Papadam (siehe Seite 121).

Weitere Vorschläge für Kicharis:

In erster Linie unterscheidet man zwischen dem leichtverdaulichen »Gili Khichari« (mild-gewürzt und von feucht-flüssiger Konsistenz) wie bei Spargel-Kichari und dem reichhaltigeren »Sukha Khichari« (von dickflüssiger Konsistenz), das meist mit Gemüse, Nüssen und Trockenfrüchten (siehe unten) zubereitet wird.

Khichari mit Cashewnüssen und Rosinen

Wirkt Pitta- und Kapha-erhöhend

Fügen Sie dem fertigen Khichari 40 g trocken oder in Ghee geröstete Cashewnüsse, 40 g Rosinen und – falls gewünscht – auch 2 EL Kokosflocken hinzu.

Spinat-Khichari mit Panir
Wirkt sanft Kapha-erhöhend

Khichari mit 500 g frischem Spinat ist einfach ein Gedicht und gehört zu unseren persönlichen Favoriten. In Indien verwenden wir dafür auch Bathua (hierzulande ersatzweise Gartenmelde oder Brennessel) und an besonderen Tagen 150 g in kleine Würfel geschnittenen Panir (Frischkäse) aus 1 l Milch, den wir eventuell vorher noch leicht braun fritieren.

Khichari mit frischen Erbsen und Blumenkohl
Wirkt Vata-erhöhend

Rösten Sie 1½ TL Kreuzkümmel und 1 gehackte kleine grüne Chili (entkernt) in 2 – 3 EL Ghee. Fügen Sie ½ TL Asafoetida und die Röschen von einem kleinen Blumenkohl hinzu, und braten Sie das Ganze etwa 5 Minuten, bis der Blumenkohl goldbraun ist. Nun den gewaschenen und abgetropften gelben Mung Dal und Basmatireis dazugeben und eine weitere Minute glasig anrösten. Mit Wasser aufgießen, 1 TL Kurkuma hinzufügen und etwa 1 Stunde auf kleiner Flamme köcheln lassen. 100 g frische Erbsen zusammen mit dem Wasser dazugeben und mitkochen. (Tiefgefrorene Erbsen geben Sie erst 5 – 8 Minuten vor Ende der Kochzeit dazu.) Mit 1 TL Salz abrunden.

Vollkornbasmati-Khichari

Wirkt ausgleichend auf alle drei Doshas

Mit grünen Mung Dal und Basmatireis liegt man immer richtig. Im Ayurveda sind beide von großer Bedeutung – und das aus gutem Grund, denn Mungbohnen besitzen mindestens 22 % Eiweiß, nur 1 – 2 % Fett und bis zu 57 % Kohlenhydrate. Beachtlich ist auch ihr Gehalt an den lebenswichtigen B-Vitaminen und vor allem an Beta-Carotin (Provitamin A), daneben besitzen sie reichlich Eisen, Kalium, Phosphor und Magnesium sowie etliche Spurenelemente, die wichtige Schutzfunktionen für den Organismus haben.

Gespaltener grüner Mung Dal ist leichter bekömmlich als die ganzen Bohnen. Wer jedoch keinen gespaltenen Mung Dal bekommt, kann die ganzen Bohnen einfach keimen lassen und anschließend von ihrer grünen Schale befreien. Gekocht wirkt Mung Dal nach dem Ayurveda auf alle drei *Doshas* ausgleichend.

Was der Mung Dal unter den Hülsenfrüchten ist, das ist der Basmatireis unter den Getreiden. Sein Geschmack und seine zahlreichen Heilwirkungen brachten ihm die Bezeichnung »der König der Reissorten« ein. Khichari ist die ideale Kombination von Dal und Reis: Sie wirkt ausgleichend auf alle drei *Dosha*-Typen, unterstützt die Ausscheidung von Stoffwechseltoxinen und ist zudem auch leicht verdaulich. Serviert man Dal gemeinsam mit Reis, so beträgt die biologische Wertigkeit des Eiweiß nahezu 100.

Für 4 Personen

50 g Mungsprossen
(Sojasprossen; aus grünem Mung Dal)
150 g Vollkorn-Basmatireis
1 – 1,5 l Wasser
¼ TL Asafoetida
1 TL Kurkuma
650 g gemischtes Gemüse
(z. B. Kürbis bzw. Zucchini,
Brokkoli, Karotten)
1 EL frisch geriebener Ingwer
1 TL gehackte grüne Chili (entkernt)
4 EL gehackte Wildkräuter
(z. B. Brennessel, Giersch, Gartenmelde),
Spinat oder frische Küchenkräuter
1 EL Kürbiskerne
1 EL Sonnenblumenkerne
1 EL Ghee oder Olivenöl
1 TL schwarze Senfsamen
1 TL Kreuzkümmelsamen
1 TL Garam Masala (siehe Seite 261)
½ TL frisch gemahlener schwarzer Pfeffer
1 TL Salz

So wird's gemacht:

1) Grüne Mungbohnen waschen und drei Tage keimen lassen (genaue Anleitung siehe Seite 277). Vollkorn-Basmatireis wenn möglich schon am Vorabend waschen und einweichen.

2) Die grüne Schale der Mungbohnen läßt sich ganz einfach entfernen: Mungsprossen in eine Schüssel mit Wasser geben und vorsichtig mit der Hand umrühren. Dabei treiben die Schalen an die Oberfläche. Dann vorsichtig abgießen und Vorgang so langewiederholen, bis alle Sprossen von den Schalen befreit sind.

3) Mungsprossen und abgetropften Reis in einem Topf mit Wasser, Asafoetida und Kurkuma für 20 Minuten kochen (12 – 15 Minuten im Schnellkochtopf).

4) In der Zwischenzeit Gemüse waschen und putzen. Kürbis bzw. Zucchini in kleine Würfel, Brokkoli in Röschen und Karotten in Stifte schneiden. Nun das Gemüse, Ingwer, Chili, die gewaschenen und gehackten Wildkräuter, Kürbis- und Sonnenblumenkerne dazugeben und weitere 25 – 30 Minuten kochen. (Wenn Sie frische Küchenkräuter verwenden, diese erst kurz vor dem Servieren unterheben.)

5) Ghee bzw. Olivenöl in einem kleinen Topf erhitzen. Senfsamen (abgedeckt) darin rösten, bis die Samen zu springen beginnen (dabei den Deckel auf dem Topf lassen); nun den Topf so lange vom Feuer nehmen, bis sich die Samen beruhigt haben. Dann die Kreuzkümmelsamen dazugeben und für einige Sekunden goldbraun rösten. Die gerösteten Gewürze in das Khichari geben (damit kein Ghee verschwendet wird, können Sie den Topf mit etwas Khichari ausschwenken). Garam Masala, Pfeffer, Salz und eventuell frische Kräuter dazugeben. Gewürze für einige Minuten quellen lassen, damit sich ihr Aroma voll entfaltet, und anschließend servieren.

Vata-Typ: Geben Sie vor dem Servieren etwas geschmolzenes Ghee (vegan: Sesam- bzw. Olivenöl) über das Khichari.

Pitta-Typ: Verwenden Sie zusätzlich 1 TL Korianderpulver und frische Korianderblätter. Beträufeln Sie das Kichari mit etwas geschmolzenem Ghee (vegan: Olivenöl). Obwohl das Khichari sehr mild gewürzt ist, können Sie bei zu starkem *Pitta* Senfsamen, Chili und Asafoetida reduzieren bzw. ganz weglassen.

Dieses Khichari schmeckt köstlich zu frischem Salat und Fladenbrot bzw. Papadams (siehe Seite 183). Grüne Mungbohnen sind leichter erhältlich (in jedem Naturkostladen bzw. Reformhaus) als gespaltener grüner Mung Dal (im indischen Lebensmittelgeschäft oder beim Gewürzversand). Doch wenn es um leichte Bekömmlichkeit geht, hat letzterer den Vorrang (es sei denn, Sie keimen den grünen Dal und entfernen die Schalen, wie im Rezept angegeben).

135

Süßkartoffel-Tapioka-Khichari

Wirkt Kapha- und sanft Vata-erhöhend

Ekadashi, so nennt man in Indien den jeweils elften Tag nach Neumond und nach Vollmond. An diesen Tagen nehmen alle Verehrer *Vishnus* oder *Krishnas* weder Getreide noch Hülsenfrüchte zu sich. So ergab es sich, daß wir an einem dieser Tage in der heiligen Stadt Vrindavana das erste Mal dieses köstliche Khichari aßen.

Süßkartoffeln sind – anders als der Name vermuten läßt – weder mit Kartoffeln noch mit anderen Nachtschattengewächsen verwandt, sie gehören zur Familie der Winden. Sie glänzen mit einem hohen Gehalt an Provitamin A und Vitamin C, daneben besitzen sie Vitamine des B-Komplexes, Kohlenhydrate, Proteine und etliche Mineralstoffe wie Phosphor, Eisen und Calcium. Nach dem Ayurveda sind Süßkartoffeln süß, schwer und stärkend. Sie erhöhen das *Kapha*-und auch sanft das *Vata-Dosha*. Sie regen die Verdauung an, vertreiben Darmparasiten und lindern Hämorrhoiden. In der Ayurveda-Küche sind sie ein willkommenes Gemüse für all jene, die Kartoffeln nicht vertragen.

Die weißen Tapiokakügelchen werden aus der Maniokwurzel hergestellt. Sie sind stärkehaltig und besitzen viele wertvolle Vitamine und Mineralstoffe. Nach dem Ayurveda erhöht Tapioka sanft das *Kapha*- und sanft das *Vata-Dosha*.

Dieses Gericht ist empfehlenswert für Menschen mit *Vata*-Dominanz. Mit kleinen Abänderungen können jedoch auch *Pitta*- und gelegentlich sogar *Kapha*-Konstitutionen zugreifen (siehe *Dosha*-Tip).

Für 4 Personen

50 – 60 g Tapioka
1 EL Zitronensaft
4 – 5 Süßkartoffeln (850 g)
1½ TL gemahlener Koriander
1 kleine grüne Chili
   bzw. ½ TL Cayennepfeffer
4 EL Olivenöl
1 TL Kreuzkümmel
3 TL frisch gehackter Ingwer
¾ TL frisch gemahlener schwarzer Pfeffer
½ TL frisch geriebenes Muskat
1 TL Salz
1 EL Zitronensaft
2 – 3 EL frisch gehackte Korianderblätter
   bzw. Petersilie

So wird's gemacht:

1) Tapioka in einem feinen Sieb unter fließendem Wasser spülen und in einer kleinen Schüssel mit etwas Wasser und 1 EL Zitronensaft 30 Minuten oder bis zur Weiterverwertung einweichen.

2) Süßkartoffeln mit Schale etwa 10 Minuten lang halb gar kochen.

3) Chili waschen, entkernen und fein hacken. Süßkartoffeln schälen und in Würfel schneiden. Tapioka abtropfen lassen.

4) Olivenöl in einer Anti-Haft-Pfanne erhitzen, Kreuzkümmel und einige Sekunden später Chili und Ingwer dazugeben. Die Süßkartoffeln darin anbraten und mit Pfeffer, Muskat und Salz würzen. Zum Abschluß noch Tapioka, Zitronensaft und gehackte Korianderblätter bzw. Petersilie dazugeben.

Kapha-Typ: Verwenden Sie statt Süßkartoffeln normale Kartoffeln. Erhöhen Sie die Menge an schwarzem Pfeffer auf 1 TL, und geben Sie auch etwas mehr Chili dazu. Das Olivenöl reduzieren Sie dagegen lieber so weit wie möglich.

Pitta-Typ: Lassen Sie Chili weg und reduzieren Sie die Pfeffermenge je nach Wunsch.

Wenn Sie zu lange umrühren oder das Gericht noch einmal aufwärmen, kann es sein, daß der Tapioka eindickt. Dem Geschmack tut dies jedoch keinen Abbruch.

Besonders lecker schmecken zu diesem Khichari saftige Gemüsegerichte sowie eine Dill-Meerrettich-Sauce (siehe Seite 96).

Falls Sie keine Süßkartoffeln bekommen, können Sie auch Kartoffeln verwenden. Und probieren Sie auch einmal die etwas größeren Tapioka-Kügelchen, die es in indischen Lebensmittelgeschäften gibt.

Quinoa-Khichari

Wirkt ausgleichend auf alle drei Doshas

Einmal ganz anders. Khicharis (sprich: *Ki-dscha-ries*) gehören zu den wichtigsten Zubereitungen der Ayurveda-Heilküche. Je flüssiger ihre Konsistenz ist, desto leichter verdaulich sind sie. Hier präsentiert sich Khichari einmal mit Quinoa statt mit Reis. Auch mit Quinoa ist Kichari nicht nur einfach und schnell zubereitet und natürlich lecker, sondern auch gesund, denn Quinoa-Khichari ist allen drei *Doshas* zu empfehlen, vor allem aber *Kapha*-Typen, die eine Alternative zu *Kapha*-vermehrenden Getreidesorten suchen. Interessant sind auch die Inhaltsstoffe von Quinoa: etwa 16 % Proteine, darunter besonders viel Lysin, dazu kommt ein hoher Anteil an ungesättigten Fettsäuren, Ballaststoffen und Mineralien. Und schließlich finden wir auch B-Vitamine, Vitamin C und E sowie Carotin in dem kleinen Gänsefußgewächs. Für Menschen mit Gluten-Unverträglichkeit oder Weizenallergie ist Quinoa ebenso ideal wie für Rekonvaleszenten. Darüber hinaus wirkt Quinoa antiseptisch und stärkt die Abwehrkraft. Nach dem Ayurveda verstärkt Quinoa *Agni* und kann in Maßen allen drei *Dosha*-Typen empfohlen werden.

Wie alle Gerichte, die in einem Topf gekocht werden, sind auch Khicharis gerade für *Vata*-Menschen mit ihrer schwächeren Verdauungskraft optimal. Schon während des Kochens haben sich alle Zutaten »miteinander vertraut gemacht« und sind somit leichter zu verdauen. Auch *Pitta*-Typen kann dieses Khichari ans Herz gelegt werden, denn kühlender Mung Dal, ausgleichende Koriandersamen und -blätter sowie Dill sind genau das Richtige, um die sanft *Pitta*-verstärkenden Eigenschaften von Quinoa zu besänftigen.

Für 3 – 4 Personen

100 g gelber Mung Dal
1,25 – 1,5 l Wasser oder Gemüsebrühe
¼ TL Asafoetida
150 g Quinoa
250 g Zucchini
150 g Kartoffeln bzw. Pastinaken
250 g grüne Bohnen
1 EL frisch geriebener Ingwer
½ TL Kurkuma
1 TL Koriandersamen
1 TL Fenchelsamen
1 TL Kreuzkümmelsamen
½ TL frisch gemahlener schwarzer Pfeffer
1 – 2 TL Ghee (vegan: Sonnenblumenöl)
1 TL Salz
3 – 4 EL frisch gehackter Dill
und/oder Korianderblätter

So wird's gemacht:
1) Dal verlesen, waschen und wenn möglich für einige Stunden in Wasser einweichen.
2) Dal in einem Topf mit Wasser und Asafoetida zugedeckt 15 – 20 Minuten kochen (10 – 12 Minuten im Schnellkochtopf; in diesem brauchen Sie nur die halbe Wassermenge).
3) In der Zwischenzeit Quinoa in einem feinen Sieb unter fließendem Wasser spülen und abtropfen lassen. Das Gemüse waschen, putzen und klein schneiden.
4) Nun das Gemüse, Quinoa, Ingwer und Kurkuma zum Dal geben. (Für den Schnellkochtopf jetzt außerdem die restliche Menge heißes Wasser hinzufügen). Das Khichari 15 – 20 Minuten auf mittlerer Flamme köcheln lassen, bis das Gemüse gar ist. Zwischendurch einmal umrühren und, falls nötig, noch etwas Wasser hinzufügen.

5) Koriander-, Fenchel- und Kreuzkümmel-samen in einer Pfanne oder einem kleinen Topf trocken rösten und im Mörser bzw. mit dem Stiel des Nudelholzes zu Pulver zerstoßen. Ghee (bzw. Sonnenblumenöl), Pfeffer, Salz und die übrigen Gewürze unter den Eintopf heben und für einige Minuten auf der abgeschalteten Platte bzw. auf kleiner Gasflamme ziehen lassen.
6) Mit frisch gehackten Kräutern bestreuen und servieren.

Vata-Typ: Träufeln Sie über das Khichari bis zu 2 EL geschmolzenes Ghee (vegan: Sesam- oder Olivenöl). Je flüssiger die Konsistenz des Khicharis, desto leichter verdaulich ist es.

Pitta-Typ: Träufeln Sie zum Schluß 1 – 2 EL Ghee (vegan: Sonnenblumenöl) über das Ge-richt. Bei zu starkem *Pitta* erhöhen Sie einfach die Menge von Koriandersamen und -blättern, und reduzieren Sie eventuell den Ingwer auf 1 TL.

Kapha-Typ: Verwenden Sie möglichst wenig Salz (am besten Black Salt), dafür aber reichlich Ingwer und schwarzen Pfeffer.

Variation
Khichari mit Buchweizen
Wirkt ausgleichend auf alle drei Doshas

Auch mit Buchweizen schmeckt dieses Rezept köstlich. Buchweizen-Khichari ist allen drei Konstitutionstypen zu empfehlen, insbesondere aber *Kapha*-Naturen.
Ersetzen Sie den Quinoa durch 150 g ganzen Buchweizen. Buchweizen waschen, abtropfen lassen und in einer Pfanne 5 – 8 Minuten trocken rösten. Anschließend wie im Rezept beschrieben an Stelle von Quinoa weiterverar-beiten. Eventuell brauchen Sie 250 ml mehr Wasser.

Quinoa-Khichari mit Salat und etwas Butter-milch (siehe Seite 229) oder Kürbis-Raita (siehe Seite 199) ist ein zufriedenstellendes Mittag-essen; »pur« ist es ein ideales leichtes Abend-essen. Mit einigen Rosinen, gerösteten Kürbis- oder Sonnenblumenkernen können Sie dieses Gericht noch weiter verfeinern. Generell kön-nen Sie das Gemüse je nach Wunsch, Saison, Konstitutionstyp und Jahreszeit variieren und damit immer wieder neue Khichari-Variationen kreieren. Lassen Sie Ihrer Kreativität und Ihrer Intuition für das, was Ihnen am besten be-kommt, freien Lauf.

Reis-, Getreide- und Kartoffelgerichte

Reisgerichte sind ein wichtiger Bestandteil in ayurvedischen Menüs, nicht nur wegen ihrer zahlreichen Nährstoffe, sondern auch wegen ihres delikaten Geschmacks. Aus den vielen Reis-Kochmethoden haben wir in unseren Rezepten zwei ausgewählt. Bei der einfachen Methode wird der gewaschene und abgetropfte Reis vor dem Kochen in etwas Ghee bzw. Öl und eventuell auch in den Gewürzen sautiert. Anschließend wird er in so viel Wasser gekocht, daß der fertig gekochte Reis das ganze Wasser absorbiert hat.

Die zweite Methode stammt aus Afghanistan. Dort beherrschen die afghanischen Hindus die hohe Kunst des Reiskochens so perfekt, daß jedes einzelne Reiskorn locker, luftig und leicht von der Gabel fällt. Das Geheimnis besteht darin, den Reis in sprudelnd kochendem Salzwasser halb gar zu kochen und dann in einem zweiten Topf zu einem Reisberg mit einem Belüftungskanal in der Mitte zu formen, damit der Dampf während des Kochens frei aufsteigt und jedes einzelne Reiskorn erreicht. Der aufsteigende Dampf wird von einem sauberen Geschirrtuch aufgesaugt, das um die Innenseite des Deckels gewickelt wurde. Genauere Anleitungen finden Sie in den jeweiligen Rezepten (Karamelreis, Safranreis mit Käsebällchen und Gemüse-Pulao).

Noch ein kurzer Tip zum Reiskochen: Falls möglich, weichen Sie den gewaschenen Reis 15 Minuten oder besser eine halbe Stunde in warmem Wasser ein. Dies läßt die Reiskörner vor dem Kochen noch etwas »entspannen« und intensiviert den Geschmack. Das mineralstoffhaltige Einweichwasser können Sie gleich zum Kochen verwenden. Nehmen Sie während des Reiskochens den gut schließenden Deckel nicht mehr ab und rühren Sie auch nicht um, damit die kleinen »Lüftungskanälchen« im Reis nicht zerstört werden.

Basmatireis mit Kurkuma

Wirkt ausgleichend auf alle drei Doshas

Der Königreis. Basmatireis wird in der Ayurveda-Küche wegen seiner guten Kocheigenschaften und aufgrund seines ausgeprägten Aromas und Duftes sehr geschätzt. Nicht umsonst nennt man ihn auch Duftreis. Auch seine Heilwirkungen sind überragend. Neben allen essentiellen Aminosäuren enthält Basmatireis viele Mineralstoffe, dazu Spurenelemente und Kohlenhydrate. Auch mit Vitaminen des B-Komplexes, Niacin und Pantothensäure geizt er nicht.

Basmatireis ist eine der wenigen Getreidesorten, die auf alle drei *Doshas* ausgleichend wirkt. Da er leichter als alle anderen Getreide ist, kann er selbst von *Kapha*-Menschen in kleinen Mengen gegessen werden. Kühl, leicht und süß besänftigt er *Pitta*, und seine süßen und feuchten Eigenschaften gleichen *Vata* aus. Reis stärkt Haare, Zähne, Nägel, Muskeln und Knochen. Er lindert Magen- und Darmbeschwerden, schützt vor Hautkrankheiten und versorgt das Gehirn mit Energie. Seine entwässernden Eigenschaften und der geringe Fettanteil machen ihn ideal für Menschen mit Nierenkrankheiten, hohem Blutdruck oder Übergewicht.

Für 3 Personen

200 g Basmatireis
400 ml Wasser
2 TL Ghee (vegan: Sonnenblumenöl)
½ TL Kurkuma
einige Tropfen Zitronensaft
½ – 1 TL Salz

So wird's gemacht:

1) Reis waschen (falls möglich für 1 – 2 Stunden in Wasser einweichen; Einweichwasser kann weiterverwendet werden) und abtropfen lassen.

2) In einem Topf Ghee (bzw. Sonnenblumenöl) erhitzen, Kurkuma und den abgetropften Reis für einige Sekunden anrösten. Mit Wasser aufgießen und bei großer Hitze aufkochen lassen. Dann sofort auf kleine Flamme zurückschalten und etwa 15 Minuten köcheln lassen. Anschließend auf der abgestellten Platte noch 1 – 2 Minuten quellen lassen. Der Basmatireis ist fertig, wenn sich ein Reiskorn beim Zusammendrücken zwischen zwei Fingern weich anfühlt.

3) Noch einige Tropfen Zitronensaft darüberträufeln und mit einer Gabel Salz unterheben.

Gewürzreis

Wirkt ausgleichend auf alle drei Doshas

Wer klug würzt, bereichert nicht nur den Speisezettel, sondern tut vor allem auch der Gesundheit und sogar der Psyche etwas Gutes. Denn jedes Gewürz hat seine ganz spezifische Wirkung auf die Organe.

Koriandersamen enthalten ätherische Öle, Tannin, essentielle Fettsäuren und Vitamin C. Sie sind etwas Besonderes im Ayurveda, da sie alle drei *Doshas* ausgleichen. Koriandersamen stärken Körper und Herz, vermehren die Verdauungskraft *Agni* und kühlen ein erhöhtes *Pitta*. Außerdem wirken sie verdauungsfördernd und harntreibend. Ayurveda-Therapeuten empfehlen sie bei Appetitlosigkeit, Erbrechen, Blähungen, Asthma, Husten, Rheuma, allgemeiner Schwäche und Fieber.

Ebenso wie Koriander regt auch Kreuzkümmel *Agni* an, ohne die *Pitta*-Komponente zu stören. Auf diese Weise wirkt er auf alle drei *Doshas* ausgleichend. Kreuzkümmel reguliert die Darmflora und stärkt Augen, Herz, Leber, Nieren und Gebärmutter. Er fördert die Verdauung, reinigt das Blut, stillt Schmerzen und wirkt harntreibend. Auch bei Hämorrhoiden, Hautausschlag, Blähungen und Nieren- und Blasensteinen setzt man ihn gern ein.

Mit Basmatireis als Grundlage kann dieser Gewürzreis nach Herzenslust von allen drei *Dosha*-Typen genossen werden.

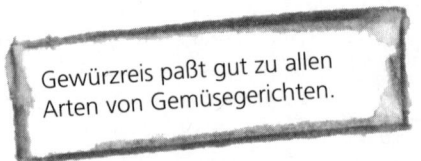

Gewürzreis paßt gut zu allen Arten von Gemüsegerichten.

Für 4 Personen

250 g Basmatireis
500 – 550 ml Wasser
1 – 2 TL Ghee (vegan: Sonnenblumenöl)
1 TL Kreuzkümmel
½ TL gemahlener Koriander
¼ TL Kurkuma
1 Prise Zimt
1 TL Salz
einige Tropfen Zitronensaft (nach Belieben)

So wird's gemacht:

1) Reis gründlich waschen, 15 Minuten einweichen und anschließend abtropfen lassen. (Das Einweichwasser zum Kochen weiterverwenden.)

2) Ghee (bzw. Sonnenblumenöl) in einem Topf erhitzen. Die Kreuzkümmelsamen und nach 1 – 2 Minuten auch Koriander, Kurkuma, Zimt und den Reis für einige Minuten darin rösten, bis der Reis glasig wirkt.

3) Warmes Wasser dazugeben, umrühren und den Deckel schließen. Den Reis aufkochen lassen, dann den Herd auf die kleinste Stufe stellen und den Reis etwa 15 Minuten köcheln lassen. Dabei den Deckel geschlossen halten, bis der Reis das Wasser restlos absorbiert hat.

4) Deckel abheben, den Dampf entweichen lassen, Salz unterheben und, falls gewünscht, einige Tropfen Zitronensaft darüberträufeln.

Kapha-Typ: Rösten Sie zusammen mit den Kreuzkümmelsamen auch ½ – 1 TL schwarze Senfsamen an. Auf Wunsch können Sie auch noch eine halbe gehackte kleine grüne Chili (entkernt) dazugeben.

Basmati-Wildreis

Wirkt sanft Kapha-erhöhend

Das Wunderkorn. Von allen Reissorten besitzt Basmatireis nicht nur die meisten Inhaltsstoffe, sondern auch die meisten Heilwirkungen – wenn er nicht poliert wurde und noch seinen vitamin- und mineralstoffreichen Keimling und das Silberhäutchen besitzt. Unpoliert glänzt Reis mit vielen Mineralstoffen sowie Vitaminen des B-Komplexes, Vitamin E und Niacin. Außerdem hat er viele Kohlenhydrate und Spurenelemente zu bieten.

Vollkorn-Basmatireis stärkt Haare, Zähne, Muskeln und Knochen. Außerdem schützt er vor Hautkrankheiten und versorgt das Gehirn mit Energie. Seine entwässernden Eigenschaften und sein geringer Fettgehalt machen ihn zu einem hochgeschätzten Diätetikum: ideal für Menschen mit Nierenkrankheiten, hohem Blutdruck und Übergewicht. Auch für Menschen mit Gluten-Unverträglichkeit ist Reis geeignet. Für Säuglinge und Magen-Darm-Kranke sind seine Schleimstoffe wohltuend. Nach dem Ayurveda besitzt Vollkorn-Basmatireis sanft *Kapha*-erhöhende Eigenschaften.

Wildreis ist eine Wasserpflanze und wird im nordamerikanischen Seengebiet vom Kanu aus geerntet. Von allen Reissorten besitzt er den vergleichsweise höchsten Nährwert, nach dem Ayurveda wirkt er sanft *Kapha*- und *Pitta*-erhöhend.

Ein optimales Gericht für *Vata* und *Pitta*.

Für 4 Personen

150 g Vollkorn-Basmatireis
100 g Wildreis
625 – 650 ml Wasser
¾ TL gemahlener Koriander
½ TL Kurkuma
2 Nelken
1 TL Salz
2 – 3 EL geröstete halbierte Cashewnüsse
1 EL frisches Basilikum
1 EL frischer Majoran
eventuell etwas Ghee oder Butter
eventuell etwas Zitronensaft

So wird's gemacht:

1) Basmati- und Wildreis waschen und, wenn möglich, 1 – 2 Stunden einweichen.
2) Reis abtropfen lassen und in einem Topf mit Wasser, Koriander, Kurkuma und Nelken zugedeckt zum Kochen bringen. Nach dem Aufkochen auf mittlere bis kleine Stufe zurückschalten und 35 – 40 Minuten kochen, bis der Reis gar ist. (Zu diesem Zeitpunkt sollte alles Wasser im Topf absorbiert und ein zwischen zwei Fingern zusammengedrücktes Reiskorn weich sein.)
3) Nelken entfernen. Zum Abschluß Salz, geröstete Cashewnüsse, frisch gehackte Kräuter und, falls gewünscht, noch etwas Ghee bzw. Butter und Zitronensaft mit einer Gabel unterheben.

Spinatreis mit Karotten und Rosinen

Wirkt Pitta- und Kapha-erhöhend

Mit diesem Spinatreis überzeugen Sie selbst Skeptiker. Denn richtig zubereitet schmeckt Spinat nicht nur köstlich, sondern ist auch noch gesund. Da sind nicht nur zehn Vitamine und 13 Mineralstoffe, die u. a. die Blutbildung und das Immunsystem unterstützen, sondern auch noch hochwertiges Eiweiß und die hormonähnliche Substanz Sekretin, die die Sekretbildung in Magen, Galle und Bauchspeicheldrüse fördert. Die in ihm enthaltenen Bitterstoffe regen nicht nur die Verdauung an, sondern wirken auch als Tonikum für Herz, Leber und Nieren. Nach dem Ayurveda wird Spinat in kleinen Mengen von allen drei *Dosha*-Typen gut vertragen, in größeren Mengen wirkt er *Pitta*- und *Vata*-erhöhend.

Die ursprünglich aus dem Norden des vedischen (altindischen) Großreichs stammenden Karotten sind gut für die Augen, reinigen das Blut und stärken die Nieren. Der Ayurveda empfiehlt sie vor allem *Kapha*- und *Vata*-Konstitutionen.

Dieses Gericht ist genau das Richtige für *Vata*-Konstitutionen, in etwas abgewandelter Form eignet es sich aber auch für *Kapha* und *Pitta* (siehe *Dosha*-Tip).

Für 4 Personen

200 g Basmatireis
400 ml Wasser
200 g frischer Spinat
2 TL Ghee (vegan: Sonnenblumenöl)
1 TL geriebener Ingwer
1 TL Kurkuma
½ TL gemahlener Koriander
200 g Karotten
50 g Rosinen
50 – 100 g Ghee (vegan: Sonnenblumenöl)
   zum Fritieren
Saft von 1 Zitrone
1 – 1½ TL Salz

So wird's gemacht:

1) Reis waschen, wenn möglich für 1 – 2 Stunden in Wasser einweichen und abtropfen lassen. Spinat waschen, von den groben Stielen befreien und fein hacken.

2) In einem Topf 2 TL Ghee (bzw. Sonnenblumenöl) erhitzen, Ingwer, Kurkuma und Koriander für einige Sekunden darin anrösten, dann Reis dazugeben und ebenfalls kurz anrösten. Mit 400 ml Wasser ablöschen, Spinat auf den Reis geben und zugedeckt bei großer Hitze aufkochen lassen. Dann auf kleiner Stufe 12 – 15 Minuten köcheln lassen und anschließend auf der abgeschalteten Platte quellen lassen.

3) In der Zwischenzeit Karotten waschen und in feine Stifte schneiden. Karottenstifte und Rosinen nacheinander in einem kleinen Topf mit Ghee (bzw. Sonnenblumenöl) fritieren und in einem Sieb abtropfen lassen.

4) Zitronensaft zusammen mit Salz, Karotten und Rosinen mit Hilfe einer Gabel unter den Reis heben und den Reis servieren.

Kapha-Typ: Auch Sie können dieses Gericht genießen, wenn Sie die Karottenstifte und Rosinen mit dem Reis zusammen kochen, statt sie zu fritieren.

Pitta-Typ: Sie sollten die Karottenstifte und Rosinen lieber mit dem Reis mitkochen und noch einen weiteren ½ TL Korianderpulver hinzufügen.

Wildkräuter-Variante

An Stelle von Spinat können Sie auch die jungen Spitzen von Brennesseln, Giersch oder Gartenmelde verwenden.

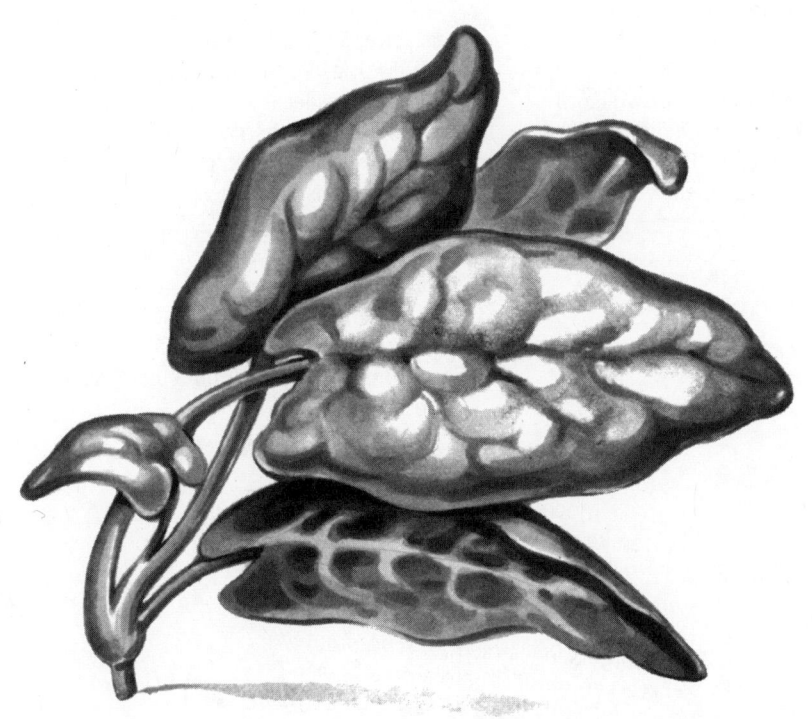

Vollkornreis mit Kräutern

Wirkt sanft Kapha-erhöhend

Ros Maris – »Tau des Meeres« – so besingen die Menschen am Mittelmeer seit alten Zeiten den duftenden Rosmarin. Aus gutem Grund, denn Kräuter gehören zu den wertvollsten Gaben, die die Erde für uns bereithält, und dies sogar in verschwenderischer Fülle. Kräuter können Schwache wieder stark, Erschöpfte wieder frisch, Traurige wieder heiter und Kranke wieder gesund machen.

Rosmarin bildet da keine Ausnahme. Sein Hauptwirkstoff ist ein ätherisches Öl; ferner enthält er Bitter- und Gerbstoffe und die krebshemmenden Flavonoide. Rosmarin wirkt appetitanregend, verdauungsfördernd und antiseptisch, er regt den Gallenfluß an und wirkt entwässernd. Estragon regt den Appetit an, stärkt den Magen und hebt die Stimmung. Während Estragon nach dem Ayurveda *Vata*-vermehrend wirkt, verstärkt Rosmarin daneben auch etwas das *Pitta-Dosha*.

Die *Kapha*-verstärkende Wirkung von Vollkornreis wird in unserem Rezept durch die Gewürze und Kräuter etwas abgemildert. Ein für *Vata*- und für *Pitta*-Menschen empfehlenswertes Gericht.

Für 4 Personen

250 g Vollkornreis
625 – 650 ml Wasser
1 TL frisch geriebener Ingwer
1 – 2 Nelken
½ TL Kurkuma
1 EL Kräuter der Provence
½ TL Estragon
½ TL Rosmarin
   (bzw. 1 Zweig frisch gehackter Rosmarin)
1 TL Salz
eventuell etwas Ghee oder Butter
eventuell etwas Zitronensaft

So wird's gemacht:

1) Vollkornreis waschen und, wenn möglich, für 1 – 2 Stunden einweichen.

2) Reis abtropfen lassen. Wasser in einem Topf mit Reis, Ingwer, Nelken, Kurkuma und Kräutern zugedeckt zum Kochen bringen. Nach dem Aufkochen auf mittlere bis kleine Flamme zurückschalten und 25 – 30 Minuten kochen, bis der Reis gar ist. (Zu diesem Zeitpunkt sollte das ganze Wasser im Topf absorbiert und ein zwischen zwei Fingern zusammengedrücktes Reiskorn weich sein.)

3) Nelken herausnehmen. Dann das Salz und, falls gewünscht, noch etwas Ghee bzw. Butter und Zitronensaft mit einer Gabel unterheben.

Wenn Sie möchten, können Sie den abgetropften Reis auch mit Gewürzen und Ingwer in 1 – 2 TL Ghee (bzw. Olivenöl) glasig anrösten und anschließend mit Wasser und den Kräutern gar kochen.
Und vergessen Sie nicht, *frische* Kräuter schmecken natürlich am aromatischsten.

Karamelreis

Wirkt sanft Kapha-erhöhend

Gewußt wie. Reis zu kochen, mag auf den ersten Blick einfach erscheinen; doch einen luftig-lockeren und trotzdem körnigen Reis zu erhalten, ist schon fast eine Kunst. Probieren Sie es doch einmal mit der Methode unserer Freundin Arati aus Afghanistan. Sie werden sehen: Nicht umsonst kennt man Afghanistan als das Land der Pulaos, der Reisgerichte.

Basmatireis – oder Duftreis, wie er wegen seines ausgeprägten Aromas und Duftes auch genannt wird – hat allerdings nicht nur unserem Gaumen etwas zu bieten, sondern auch unserer Gesundheit. Neben allen essentiellen Aminosäuren enthält Basmatireis viele Mineralstoffe, dazu Spurenelemente und Kohlenhydrate. Auch mit Vitaminen des B-Komplexes, Niacin und Pantothensäure geizt er nicht. Basmatireis ist eine der wenigen Getreidesorten, die auf alle drei *Doshas* ausgleichend wirkt. Da er leichter als alle anderen Getreide ist, kann er selbst von *Kapha*-Naturen in kleinen Mengen gegessen werden. Reis stärkt Haare, Zähne, Nägel, Muskeln und Knochen. Er lindert Magen- und Darmbeschwerden, schützt vor Hautkrankheiten und versorgt das Gehirn mit Energie. Seine entwässernden Eigenschaften und der geringe Fettanteil machen ihn ideal für Menschen mit Nierenkrankheiten, hohem Blutdruck und Übergewicht.

Der Roh-Rohrzucker verleiht diesem Gericht einen sanft *Kapha*-erhöhenden Effekt, genau das Richtige also für *Vata*- und *Pitta*-Menschen. In Maßen können jedoch auch *Kapha*-Konstitutionen zugreifen.

Für 3 – 4 Personen

250 g Basmatireis
1,5 – 2 l Wasser
1 TL Salz
½ TL Kurkuma
1 TL Garam Masala (siehe Seite 261)
1 EL Ghee (vegan: Olivenöl)
1 EL Roh-Rohrzucker
etwa 100 ml Wasser

So wird's gemacht:

1) Reis waschen und, wenn möglich, einige Stunden einweichen.
2) In einem großen Topf 1,5 – 2 l Wasser und ½ TL Salz zum Kochen bringen und den Basmatireis 5 – 6 Minuten darin kochen. Der Reis sollte nur halb gar sein. Dann das Wasser abgießen und den Reis mit kaltem Wasser spülen und abtropfen lassen.
3) Den Reis in einen trockenen Topf füllen und mit einem Löffel einen Reisberg formen. Mit dem Löffelstiel in der Mitte des Berges ein Loch bis zum Topfboden bohren. Salz, Kurkuma und Garam Masala auf den Reisberg streuen.
4) Ghee (bzw. Olivenöl) in einer Pfanne erhitzen. Den Zucker darin schmelzen, bis er sich aufgelöst hat, und sofort über den Reisberg gießen. Zum Schluß etwa 100 ml Wasser über den Reisberg gießen. (Die Wassermenge ist davon abhängig, wie weich der Reis vorher gekocht wurde. Wurde er zu weich gekocht, wird weniger Wasser benötigt.) Nun den Topf mit einem gut schließenden Deckel, der in ein sauberes Tuch gewickelt wurde, abdecken.
5) Den Reis erneut auf mittlerer Flamme köcheln lassen. Sobald es nach wenigen Minuten im Topf knistert, die Gasflamme auf kleinste Flamme stellen bzw. die Elektroplatte sofort ausstellen und den Topf noch 5 – 7 Minuten auf der abgeschalteten Platte stehen lassen, aber nicht anbrennen lassen.

Safranreis mit Käsebällchen
Wirkt Kapha-erhöhend

Der König der Gewürze. Safran wird aus der Blütennarbe des Safran-Krokus gewonnen. Jede Krokusblüte enthält nur 3 – 4 Safranfäden, die einzeln mit der Hand gepflückt werden. Verständlich, daß Safran nicht gerade billig ist. Doch sein Geschmack und erst recht seine Heilwirkungen sind seinen Preis allemal wert. Ähnlich wie Basmatireis harmonisiert auch Safran alle drei *Doshas*. Er regt die Verdauungskraft *(Agni)* an und eignet sich besonders gut bei kaltem Klima. Ayurveda-Therapeuten schätzen seinen antiseptischen, leicht abführenden und harntreibenden Einfluß. Safran stillt Schmerzen, löst Krämpfe, vernichtet Darmparasiten, hilft bei Kopfschmerzen und stärkt Leber und Milz. Ebenso setzt man ihn gern bei Keuchhusten und Blähungen ein. Safran ist bei körperlicher und auch bei psychischer Überanstrengung sowie bei Schlafstörungen hilfreich. Als *Sattva*-Gewürz fördert er Hingabe und Mitgefühl. Daneben belebt Safran die Blutbildung, den Kreislauf und die weiblichen Unterleibsorgane. Dieses Gericht ist goldrichtig für *Vata*- und *Pitta*-Typen.

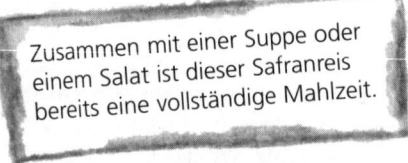
Zusammen mit einer Suppe oder einem Salat ist dieser Safranreis bereits eine vollständige Mahlzeit.

Für 5 – 6 Personen

Für den Panir (Frischkäse):
2 l Milch
Saft von 1 Zitrone
(Molke aufheben)

Für den Reis:
1 TL Safranfäden
    oder ½ TL gemahlener Safran
1 EL Rosenwasser
350 g Basmatireis
2 l Wasser
½ TL Salz
100 g Ghee zum Fritieren
2 EL Ghee zum Karamelisieren
2 TL Roh-Rohrzucker
4 – 5 Kardamomkapseln
50 g Rosinen
50 g geröstete Cashewnüsse
    oder Mandelstifte
200 – 250 ml Wasser
1 TL Salz

So wird's gemacht:
1) Safranfäden in Rosenwasser einweichen. Reis waschen und nach Möglichkeit 30 Minuten einweichen.
2) Gepreßten Panir aus 2 l Milch herstellen (eventuell schon am Vorabend; genaue Anleitung siehe Seite 226) und Molke aufheben. Panir in Würfel schneiden bzw. weichkneten und zu Bällchen formen. Käsebällchen in einem Topf mit Ghee goldbraun fritieren und anschließend in einer Schüssel mit etwa 500 ml warmer Molke einweichen.

3) Währenddessen den Reis abtropfen lassen und einen großen Topf mit etwa 2 l Wasser und ½ TL Salz zum Kochen bringen. Nun den Reis in das sprudelnde Wasser geben und 5 – 6 Minuten nur halb gar kochen. (Die Reiskörner sollten noch eine feste Konsistenz haben und nicht zu weich sein.) Den Reis abgießen, in kaltem Wasser spülen und abtropfen lassen.

4) Den Reis in einen großen trockenen Topf füllen und mit einem Löffel einen Reisberg formen. Mit dem Löffelstiel in der Mitte des Berges ein Loch bis zum Topfboden bohren.

5) Rosinen waschen und abtropfen lassen. Kardamomkapseln aufschlitzen und Samen zu Pulver zerstoßen. 2 EL Ghee in einem kleinen Topf bzw. einer Pfanne schmelzen und den Roh-Rohrzucker darin karamelisieren. Wenn sich der Zucker aufgelöst hat, Kardamompulver, Safranfäden mit Rosenwasser und 200 – 250 ml Wasser hinzufügen. Nun diese Flüssigkeit über dem Reisberg verteilen, ohne das Loch zuzuschütten. Anschließend auch die Rosinen und die Cashewnüsse oder Mandelstifte darüber verteilen.

6) Den Topf mit einem gut schließenden Deckel, der in ein sauberes Tuch gewickelt wurde, abdecken. Das Tuch soll den beim Kochen entstehenden Dampf, der sich an der Deckelunterseite sammelt, absorbieren, damit kein Wasser in den Reis zurücktropft.

7) Den Reis auf mittlerer Flamme vorsichtig köcheln lassen, bis die Reiskörner im Topf leise knisternde Geräusche von sich geben. Nun auf kleinste Gasflamme stellen bzw. Elektroplatte sofort ausstellen und noch 5 – 7 Minuten auf der (ausgeschalteten) Platte ruhen lassen. Die Flamme sollte dabei nicht zu stark sein, damit der Reis nicht anbrennt.

8) Zum Abschluß den Reis mit 1 TL Salz bestreuen, vorsichtig die Käsebällchen unterheben und heiß servieren.

Gemüse-Pulao *(Gemüsereis)*

Wirkt ausgleichend auf alle drei Doshas

Die Perfektion des Reis. Die hohe Kunst der afghanischen Hindus, Reis zuzubereiten, ist berühmt, denn bei diesem Reis ist jedes einzelne Korn locker, luftig und leicht.

Probieren Sie es nur einmal selbst. Sie werden den Dreh schnell heraus haben, und dann werden Ihre Reisgerichte ebenso einzigartig sein wie die von unserer Freundin Arati. Der Trick ist, den Reis in sprudelnd heißem Wasser nur halb gar zu kochen. Die Kochzeit kann je nach Reissorte und Anbaugebiet geringfügig variieren; prüfen Sie die Festigkeit deshalb nach etwa 4 Minuten, indem Sie ein Reiskorn zwischen zwei Fingern drücken.

Neben dem König der Reissorten, dem Basmatireis, darf natürlich auch Kurkuma (Gelbwurz) nicht fehlen. Kurkuma ist ein natürliches Antibiotikum, das die Verdauung stärkt und die Darmflora verbessert. Gleichzeitig verleiht es Energie und Wärme, regt die Leberfunktion an und wirkt stark blutreinigend, harntreibend und nervenstärkend. Außerdem regt Kurkuma den Appetit an, stillt Schmerzen und hilft bei Entzündungen und Hautausschlägen. Für die antiseptischen Eigenschaften sind neben Jod auch 6 % ätherische Öle verantwortlich. Nach dem Ayurveda wirkt Kurkuma leicht *Pitta*- und *Vata*-erhöhend. Basmatireis dagegen kann, ebenso wie gekochte Rosinen und in moderaten Mengen auch frische und zarte Erbsen, allen drei Konstitutions-Typen ans Herz gelegt werden.

Alles in allem also ein Gericht, bei dem alle drei *Dosha*-Typen zugreifen können.

Für 6 Personen

375 g Basmatireis
300 g Blumenkohl
125 g frische Erbsen (Bruttogewicht 250 g)
250 g Karotten
3 EL Rosinen
3 EL Mandelstifte bzw. -blättchen
1 EL Ghee (vegan: Sonnenblumenöl)
1½ TL gemahlener Kreuzkümmel
1 TL Kurkuma
1½ TL Garam Masala (siehe Seite 261)
200 – 250 ml Wasser
1 TL Salz
einige Tropfen Zitronensaft nach Belieben

So wird's gemacht:

1) Basmatireis waschen und falls möglich für einige Stunden in Wasser einweichen. Vor dem Kochen Reis abtropfen lassen.

2) Gemüse waschen. Blumenkohl in kleine Röschen schneiden. Erbsen schälen, Karotten in dünne Stifte schneiden. Gemüse in einem Topf mit Wasser etwa 10 Minuten halb gar dünsten.

3) Einen großen Topf mit 2 l Wasser und ½ TL Salz zum Kochen bringen und Reis darin 4 – 5 Minuten halb gar kochen. Anschließend Wasser abgießen, Reis mit viel kaltem Wasser spülen und abtropfen lassen.

4) In dem großen Topf vorsichtig den Reis mit dem Gemüse mischen. Alles zu einem großen Berg formen und dabei zwischen Reisberg und Topfwand einen 1 cm breiten Rand lassen. Mit dem Stiel in der Mitte des Reisberges ein Loch bis zum Topfboden bohren. Die gewaschenen Rosinen und Mandelstifte über dem Reis verteilen.

5) Ghee (bzw. Sonnenblumenöl) in einer Pfanne schmelzen, Kreuzkümmel, Kurkuma und Garam Masala darin anrösten und sofort über den Reisberg gießen, ohne das Loch zuzuschütten. Zum Schluß 200 – 250 ml Wasser in der Pfanne schwenken und an-

schließend auch über den Reisberg gießen. (Die Wassermenge ist davon abhängig, wie lange der Reis vorher gekocht wurde. Wurde er versehentlich zu weich gekocht, wird weniger Wasser benötigt.) Nun den Topf mit einem gut schließenden Deckel, der in ein sauberes Tuch gewickelt wurde, abdecken. Das Tuch soll den beim Kochen entstehenden Dampf, der sich an der Deckelunterseite sammelt, absorbieren, damit kein Wasser in den Reis zurücktropft.

6) Den Reistopf erneut auf die Flamme stellen. Sobald es nach wenigen Minuten im Topf knistert, den Gasherd auf kleinste Gasflamme stellen bzw. die Elektroplatte sofort ausstellen und den Topf noch einige Minuten auf der abgeschalteten Platte stehen lassen. Dies dauert insgesamt 5 – 7 Minuten. Darauf achten, daß der Reis nicht anbrennt.

7) Nun vorsichtig das Salz unter den Gemüsereis heben und alles miteinander mischen. Je nach Wunsch noch einige Tropfen Zitronensaft über den Reis träufeln und warm servieren.

Variation

Das Gemüse können Sie natürlich je nach Jahreszeit, *Dosha*-Typ und Geschmack auswählen. Probieren Sie den Pulao z. B. auch einmal mit gedünsteten grünen Bohnen, Brokkoli, Kürbis oder mit in wenig Ghee (vegan: Sonnenblumenöl) gebratenen Auberginenwürfeln. Köstlich schmeckt er immer.

Gemüsereis schmeckt hervorragend mit Karhi-Sauce (siehe ab Seite 210) und Salat.

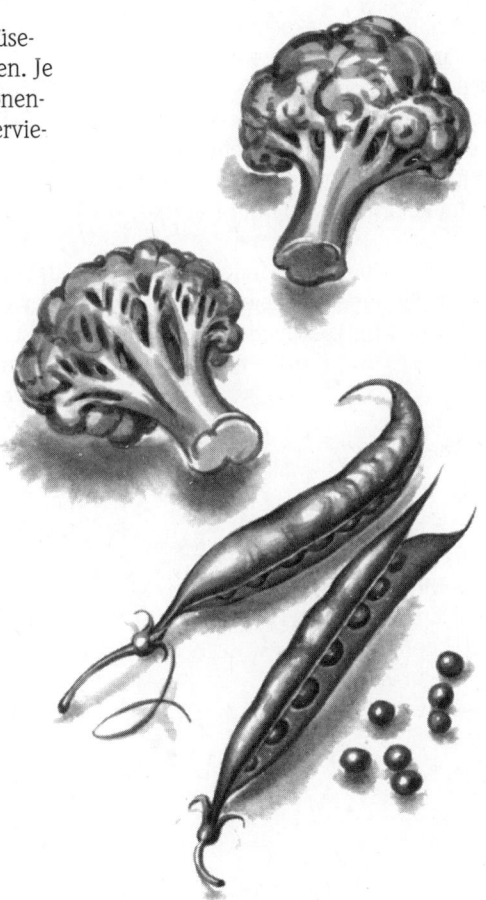

Reisflocken mit Zucchini und Mungsprossen

Wirkt ausgleichend auf alle drei Doshas

Winzige Wunder. In der Mungbohne ruht alles Leben wie im Winterschlaf. Bekommt sie aber ihre vier Elixiere, nämlich Wasser, Sauerstoff, Wärme und Licht, dann wird es schlagartig Frühling in der winzigen Wunderkapsel. Während des Keimvorgangs steigt sowohl der Vitamingehalt als auch der Anteil an Mineralien. Unter dem Einfluß der mobilgemachten Enzyme nimmt der Eiweißgehalt zu, und das Eiweiß wird sogar schon in seine Bausteine, die Aminosäuren, umgewandelt – ein Prozeß, der normalerweise erst im Körper bei der Verdauung erfolgt. Bereits nach vier Tagen Keimzeit hat sich bei Mungbohnen der Glukosegehalt (wichtig für Leistungsfähigkeit und Energie) um das Sechsfache erhöht! Leicht gekocht sind Mungbohnen allen drei *Dosha*-Typen zu empfehlen. Gepreßte Reisflocken oder Flachreis sind – in allen möglichen Variationen – ein beliebtes und schnelles Gericht in Indien. Poha nennt man sie dort. Verwenden Sie für dieses Gericht Vollkorn-Reisflocken (im Reformhaus oder im Naturkostladen erhältlich).

Bei diesem Gericht können *Vata*- und *Kapha*-Menschen zugreifen. In etwas abgewandelter Form (siehe *Dosha*-Tip) ist es auch für *Pitta*-Menschen geeignet.

Reichen Sie zu den Reisflocken Salat, Kürbis- oder Gurken-Raita (siehe ab Seite 199) oder Karhi-Sauce (siehe ab Seite 210). Menschen mit *Vata*- und *Pitta*-Dominanz können nach Belieben auch noch gebratene Tofu- bzw. Panirwürfel hinzufügen.

Für 4 Personen

200 g Vollkorn-Reisflocken (Flachreis)
250 g Mungsprossen
200 g Zucchini
250 g Karotten
2 EL Ghee oder Olivenöl
3 TL frisch geriebener Ingwer
3 – 4 TL Madras Curry (siehe Seite 260)
1 TL schwarze Senfsamen
4 EL Sojasauce
50 – 75 ml Wasser
1 TL Salz
Saft von einer halben bis einer Zitrone
frisch gehackte Petersilie
   bzw. Korianderblätter

So wird's gemacht:

1) Reisflocken und Mungsprossen jeweils in einem feinen Sieb unter fließendem Wasser spülen und abtropfen lassen. Zucchini waschen und in feine dünne Stifte schneiden. Karotte waschen und fein raspeln.

2) Ghee bzw. Öl in einem Topf erhitzen. Ingwer, Madras Curry und Senfsamen, Zucchinistifte und Karottenraspel 5 Minuten darin anrösten. Dann die Reisflocken und nach weiteren 2 – 3 Minuten Mungsprossen und Sojasauce hinzufügen. Alles mit einem Holzlöffel gut umrühren, damit nichts anbrennt. Wasser hinzufügen und auf kleiner Flamme weitere 5 – 8 Minuten abgedeckt köcheln lassen.

3) Salz unterheben, mit Zitronensaft beträufeln und mit frischen Kräutern bestreuen.

Gefüllte Weinblätter

Wirkt erhöhend auf alle drei Doshas

Kleine Kunstwerke. Gefüllte Weinblätter kennt man in Griechenland und der Türkei schon lange als kulinarische Leckerbissen. Ob als leichte Vorspeise, erfrischender Snack oder phantasievolle Beilage, gefüllte Weinblätter sind immer eine kreative Bereicherung des Speiseplans – und obendrein eine gesunde. Neben verschiedenen Vitaminen und Mineralstoffen enthalten Weinblätter Kohlenhydrate, Gerbstoffe und Apfel- und Bernsteinsäure. Nach dem Ayurveda sind in Salzlake eingelegte Weinblätter leicht sauer, trocken und scharf, d. h. sie erhöhen *Pitta* und *Vata*.

Preiselbeeren haben die gleiche säuerlich-herbe Geschmacksrichtung. Neben Carotin, B-Vitaminen und Vitamin C haben sie insbesondere Magnesium, Eisen und ein günstiges Natrium-Kalium-Verhältnis zu bieten, wodurch die Entwässerung unterstützt wird. Ihre Pektine sind von cholesterinsenkender Wirkung. Nach dem Ayurveda verstärken auch Preiselbeeren das *Pitta*- und *Vata-Dosha* – eine Wirkung, die durch die *Kapha*-vermehrende Füllung aus Reis, Mandelblättchen und Olivenöl wieder etwas ausgeglichen wird. In Maßen können bei diesem Gericht also alle drei Konstitutionstypen zugreifen.

Gefüllte Weinblätter brauchen etwas Zeit. Sie können aber ohne weiteres bereits einige Stunden vor dem Verzehr gefüllt und etwa 25 Minuten vor dem Servieren fertig gekocht werden. Ganz besonders gut schmecken gefüllte Weinblätter mit Panirwürfeln in Sahnesauce (siehe Seite 104) und Feldsalat (Seite 197).

Getrocknete Preiselbeeren bekommen Sie in persischen oder türkischen Lebensmittelläden.
Wenn Sie frische ungespritzte Weinblätter bekommen können, blanchieren sie diese einfach einige Minuten in kochendem Wasser – das macht sie weich zur Weiterverarbeitung.

Für 4 – 6 Personen

200 g Weinblätter in Salzlake
  (Abtropfgewicht)
300 g Vollkorn-Basmatireis
600 ml Wasser
¼ TL Kurkuma
2 EL Mandelblättchen
2 EL getrocknete Preiselbeeren oder Rosinen
1 TL Salz
¾ TL frisch gemahlener weißer Pfeffer
2 EL Olivenöl
300 ml Wasser
  (bzw. Molke von der Panirherstellung)
2 – 3 EL Olivenöl
Saft von 1 Orange oder 2 Mandarinen

So wird's gemacht:
1) Weinblätter unter fließendem Wasser abspülen und 15 Minuten in klarem Wasser einweichen.
2) Vollkorn-Basmatireis waschen. Mit 600 ml Wasser und mit Kurkuma 15 – 20 Minuten kochen. Dann Mandelblättchen, Preiselbeeren bzw. Rosinen, Salz, Pfeffer und 2 EL Olivenöl unter den Reis heben. Den Reis von der Flamme nehmen.
3) Die Weinblätter abtropfen lassen. Je 1 – 2 TL der Reismischung in die Mitte der Weinblätter (glatte Seite nach außen) geben, wie ein Kuvert von den Ecken her zusammenlegen und leicht aufrollen.
4) Topfboden mit Weinblättern auslegen und die gefüllten Blätterkugeln darauf schichten. Mit Wasser bzw. Molke und Olivenöl übergießen und 20 Minuten zugedeckt kochen. Kurz vor Ende der Kochzeit den Saft der Orange bzw. der Mandarinen darüberträufeln. Warm servieren.

Upma (Vollkorngrieß mit Gemüse)

Wirkt Kapha-erhöhend

Die indische Polenta. Upma gibt es in Indien in so vielen Variationen, wie es Landstriche gibt. Schnell und einfach zubereitet, ist Upma dort überall ein beliebtes Hauptgericht. Wenn man es einem Europäer beschreiben wollte, dann könnte man sagen, daß Upma etwas an die italienische Polenta oder an nordafrikanischen Couscous erinnert – obwohl es eben auch wieder etwas Eigenes hat.

»König der Getreide«, so nennt der Ayurveda den Weizen. Vollkornweizen enthält nicht nur Provitamin A, Vitamine des B-Komplexes, Vitamin D und E, sondern auch eine Vielzahl an Mineralstoffen, Spurenelementen, Hormonen und Enzymen, außerdem aromatische Öle, hochwertiges Eiweiß und eine Reihe von anderen biologisch wertvollen Stoffen. Er wirkt stärkend, aufbauend und *Kapha*-vermehrend. Weizen hilft bei Hautausschlägen, Durchfall, Arthritis, rheumatischem Fieber und bestimmten Formen von Krebs.

Je nachdem, welche Gemüse Sie verwenden, können Sie diesem Rezept eine immer wieder andere Geschmacksnuance verleihen.

Dieses Upma-Rezept mit wenig Ghee und separat gedünstetem Gemüse ist ideal für *Pitta*- und *Vata*-Menschen.

Für 4 – 6 Personen

700 g gemischtes Gemüse nach Wahl
  (z. B. 1 – 2 Karotten, ein Viertel Brokkoli,
  1 Paprika, 1 Kartoffel, 1 Zucchini)
1,2 l Wasser
3 EL Ghee (vegan: Sonnenblumenöl)
1 EL frisch geriebener Ingwer
1 TL schwarze Senfkörner
2 TL Kreuzkümmel
½ TL Bockshornkleesamen (Methi)
½ TL Asafoetida
½ TL Kurkuma
225 g Weizen- bzw. Dinkel-Vollkorngrieß
½ TL frisch gemahlener schwarzer Pfeffer
1 TL Salz
2 EL Zitronensaft
eventuell etwas Butter bzw. Ghee

So wird's gemacht:

1) Gemüse waschen, putzen und klein schneiden (Brokkoli in Röschen, Karotten und Zucchini in kleine Stifte, Kartoffel in Würfelchen). Karottenstifte und Brokkoliröschen in einem Topf mit 700 ml Wasser halb gar kochen. Ganze Paprikaschoten ebenfalls mitkochen, bis die Haut aufplatzt, dann schälen und klein schneiden.

2) 500 ml Wasser kochen und bereitstellen.

3) In einem (großen) Topf Ghee (bzw. Sonnenblumenöl) schmelzen, Senfkörner in einem Topf mit Deckel anrösten, bis sie zu springen beginnen, dann Topf von der Flamme nehmen und warten, bis sich die Senfkörner beruhigt haben. Nun Kreuzkümmel und Bockshornklee wenige Sekunden leicht goldbraun rösten. Sofort Asafoetida, Kurkuma, Ingwer, Kartoffel und Zucchini dazugeben und für einige Minuten anbraten, bis die Kartoffelstückchen etwas weich geworden sind. Dann den Vollkorngrieß dazugeben und mit einem Holzlöffel immer wieder umrüh-

ren, sobald der Grieß an einer Stelle goldbraun geworden ist.

4) Nach etwa 10 Minuten vorsichtig und
schrittweise das Gemüsewasser und auch
das heiße Wasser dazugießen. (Die Mischung
brodelt und spritzt heftig, deshalb die Flamme kleiner drehen und gut umrühren!) Nun
auch das gedünstete Gemüse darunterheben
und alles auf kleiner Flamme etwa 5 Minuten köcheln lassen.

5) Zum Schluß Pfeffer, Salz und Zitronensaft
(und auch etwas Ghee für *Vata*-Typen bzw.
Olivenöl dazugeben). Alles gut umrühren
und sofort servieren.

Sie können Upma auch mit gerösteten und
gehackten Kürbiskernen, Cashewnüssen,
Sesam, Kokosraspeln oder frischen Kräutern
bestreuen.
Besonders lecker schmeckt dieses Upma mit
Salat und etwas Buttermilch (siehe Seite 229)
oder Joghurt (siehe Seite 224) serviert. Sehr
gut passen dazu aber auch frische Gurken-
oder Kürbis-Raitas (siehe ab Seite 199).

Gnocchi

Wirkt Kapha-erhöhend

Kartoffelklößchen auf italienisch. Pasta gehört für einen Italiener zum Essen wie das Meer zur Adriaküste. Es gibt wohl nur einen Grund, auf sie zu verzichten: wenn es Gnocchi, die leckeren kleinen Kartoffelklößchen, gibt.

Kartoffeln sind eine rundherum gesunde Sache. Mit einer kleinen Portion Kartoffeln können wir fast den gesamten Bedarf an essentiellen Aminosäuren decken. Daneben sind Kartoffeln reich an Mineralstoffen wie Magnesium, Eisen, Phosphor, Kupfer, Zink und Kobalt. Ebenfalls beachtlich ist ihr Gehalt an Vitamin C und Vitaminen der B-Gruppe, darunter die wertvolle Folsäure und Pantothensäure. Kartoffeln sind Schutz-, Schon- und Heilkost, krampflösend, verdauungsfördernd, säurebindend und entwässernd – allerdings nur, wenn man sie nicht mit zuviel Fett zubereitet (wie bei Pommes frites und Chips). Gekocht wirken Kartoffeln nach dem Ayurveda kühlend, trocken und leicht. Sie vermehren in erster Linie das *Kapha-Dosha*, aber auch etwas *Vata*.

Gnocchi wirken *Kapha*-erhöhend, sie sind also ideal für *Pitta*- und *Vata*-Typen.

Für 3 – 4 Personen

500 g mehligkochende Kartoffeln
½ TL Salz
frisch geriebene Muskatnuß
1 EL Milch (vegan: Sojadrink)
200 g Dinkelvollkorngrieß
Weizenmehl (Typ 1050) zum Wälzen
etwas Ghee bzw. Olivenöl zum Braten

So wird's gemacht

1) Kartoffeln waschen, die Schale mit einem Messer abschaben bzw. schälen und die Kartoffeln in kleine Würfel schneiden.

2) Kartoffelwürfel in einem Topf mit etwas Wasser weich kochen. Kartoffeln durch eine Kartoffelpresse bzw. durch ein Sieb drücken und mit Salz, Muskat, Milch (bzw. Sojadrink) und Grieß verkneten. Nun den Teig auf einer bemehlten Fläche 2 Minuten gut durchkneten.

3) Einen Topf mit Salzwasser zum Kochen bringen. In der Zwischenzeit die Gnocchi formen: Mit einem Teelöffel kleine Bällchen vom Teig abstechen, zur typischen ovalen Form drücken und mit dem Löffel eine Kerbe hineindrücken. Die Gnocchi auf eine bemehlte Fläche legen. Vorbereitend schon einmal eine große Pfanne mit etwas Ghee oder Olivenöl bereitstellen und rechtzeitig erwärmen.

4) Sobald das Wasser kocht, jeweils nur so viele Gnocchi hineingeben, daß diese frei schwimmen können. Die Gnocchi sinken zuerst auf den Boden, um dann allmählich zur Oberfläche aufzusteigen. Gnocchi jetzt noch 1 Minute sanft köcheln lassen, dann mit einer Schaumkelle herausholen, abtropfen lassen und in die heiße vorbereitete Pfanne geben. Restliche Gnocchi ebenfalls kochen.

5) Nach und nach die restlichen Gnocchi kochen und anschließend goldbraun anbraten.

Selbstgemachte Vollkornnudeln

Wirkt Kapha-erhöhend

Power-Pasta. 10 % der Welt-Weizenernte besteht aus Hartweizen. Aus ihm wird nicht nur Hartweizengrieß, sondern vor allem die vielen köstlichen (und meist italienischen) Nudeln und Teigwaren hergestellt. Allerdings haben sich bei der konventionellen Herstellung von Spaghetti, Tagliatelle etc. die meisten Vitamine längst in Luft aufgelöst.

Selbstgemachte Vollkornnudeln dagegen enthalten zahlreiche Vitamine, Mineralstoffe und Spurenelemente. Weil das volle Weizenkorn eine gute Quelle an B-Vitaminen ist, sollten gerade Menschen in der Wachstumsphase, aber auch bei Streß und im fortschreitenden Alter nicht darauf verzichten. Während den weißen Nudeln nicht einmal mehr 0,5 % Ballaststoffe geblieben sind, enthalten Vollkornnudeln rund 10 % davon. Ein weiteres Plus: Vollkornnudeln werden viel langsamer als Weißmehlnudeln verdaut, d. h. unser Körper bekommt dadurch einen gleichmäßigen und länger andauernden Glukoseschub. Optimal also für Schulkinder, Kopfarbeiter, aber auch für Ausdauersportler. Verwenden Sie für Ihre Nudeln allerdings nur Hartweizen, den Sie vielleicht in Ihrem Naturkostladen auch extra bestellen können, falls er nicht im Sortiment geführt wird. Wer keine eigene Getreidemühle besitzt, kann ihn dort auch fein mahlen lassen. Nudeln aus normalem Dinkel- oder Weizenmehl lösen sich beim Kochen nur in Wohlgefallen auf oder werden pampig.

Vollkornnudeln sind genau das Richtige für *Vata*- und *Pitta*-Typen. Für *Kapha*-Menschen haben wir ein besonderes und für diesen Typ ideales Rezept: Buchweizenlasagne (siehe Seite 164). Sie können aber auch einmal hundertprozentige Buchweizen- oder Maisnudeln aus dem Naturkostladen probieren.

Für 4 – 6 Personen

400 g Hartweizen
1 TL Salz
3 EL Olivenöl (kann entfallen)
etwa 200 ml lauwarmes Wasser
etwas Mehl zum Ausrollen

So wird's gemacht:

1) Hartweizen zu feinem Mehl mahlen und aussieben (bzw. feinstgemahlenen italienischen Hartweizengrieß für Nudelteig kaufen, siehe Tip). Hartweizenmehl, Salz und Olivenöl in eine Schüssel geben und nach und nach das Wasser unterkneten. Den Teig mit den Händen auf der Arbeitsplatte 5 Minuten kräftig durchkneten und walken, bis er geschmeidig ist. Abgedeckt in einer Schüssel etwa 1 Stunde ruhen lassen.

2a) **Ohne Nudelmaschine:** Teig noch einmal ganz kräftig kneten, in vier gleichgroße Teile teilen, in eine Schüssel legen und abdecken. Jedes Viertel des Nudelteigs nacheinander auf einer leicht bemehlten Fläche so dünn wie nur irgend möglich ausrollen und in die gewünschte Form schneiden (siehe Schritt 3).

2b) **Mit Nudelmaschine:** Den Teig vierteln, in eine Schüssel legen und abdecken. Jedes Viertel zu hühnereigroßen Teigbällen formen. Die Rollen der Nudelmaschine auf die breiteste Position einstellen, ein Teigstück mit den Händen flachdrücken und durch die Maschine drehen. Das Teigstück dreimal falten (wie einen Briefbogen) und erneut durchdrehen. Diesen Vorgang vier- bis fünfmal wiederholen, bis der Teig glatt und seidig ist. Mit allen Teigstücken auf diese Weise verfahren. Das macht den Teig so elastisch, daß die Nudeln nicht reißen, wenn sie dünn ausgerollt werden. Die Teigviertel auf ein sauberes Küchentuch legen. Nun die Rollen der Nudelmaschine eine Stufe enger stellen und den Teig durchdrehen, jedoch ohne ihn

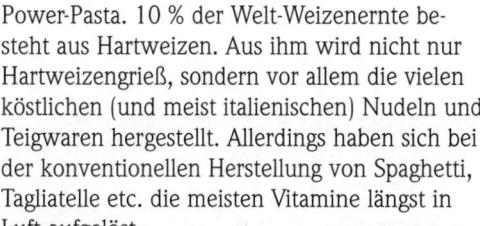

zu falten. Bei jedem nächsten Durchgang die Rollen immer eine Stufe enger stellen. (So lange wiederholen, bis die Nudeln die gewünschte Dicke haben. Beachten Sie, daß dünne Nudeln eine sehr kurze Kochzeit von nur 1 – 2 Minuten haben können.) Zu lange Teigstücke durchschneiden. Die Teigplatten mit der Handfläche abstützen, wenn Sie aus der Maschine herauskommen, damit sie keine Falten werfen oder zusammenkleben.

3) Je nach Wunsch die dünnen Teigplatten durch die Schneiderolle der Nudelmaschine drehen bzw. mit einem Messer oder einem Teigrädchen in gleichmäßig breite Nudeln (Tagliatelle) schneiden. Gefüllte Nudeln in die gewünschte Form (z. B. Ravioli, Cannelloni, Maultaschen oder Tortellini) schneiden und mit der jeweiligen Füllung versehen. Die Teigplatten können auch für Lasagne verwendet werden.

4) Nudeln auf saubere, leicht bemehlte Tücher ausbreiten und für einige Stunden trocknen lassen (siehe Tip). Bei Platzmangel die Nudeln auf Geschirrtüchern ausbreiten, die auf einem Wäscheständer liegen.

Kochzeit von Vollkornnudeln:

Am besten schmecken Nudeln »al dente«. Dazu werden sie in kochendem Salzwasser (pro 100 g Nudeln etwa 1 l Wasser) 2 – 8 Minuten gekocht, abhängig von Dicke und Größe der Nudeln. Prüfen Sie während des Kochens immer wieder nach, damit die Nudeln nicht verkochen. (Getrocknete Nudeln haben ebenfalls eine längere Kochzeit als frische oder nur für einige Stunden angetrocknete Nudeln.) Anschließend in einem Sieb abgießen, mit kaltem Wasser abschrecken, abtropfen lassen und wieder in einen warmen Topf zurückgeben. Noch etwas Olivenöl oder Butter, Salz und Pfeffer unterheben und sofort servieren.

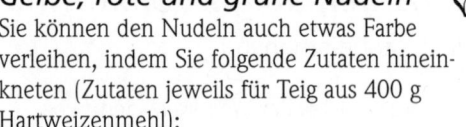

Gelbe, rote und grüne Nudeln

Sie können den Nudeln auch etwas Farbe verleihen, indem Sie folgende Zutaten hineinkneten (Zutaten jeweils für Teig aus 400 g Hartweizenmehl):

Gelbe Nudeln: 1 – 1½ TL Kurkuma

Rote Nudeln: 3 – 4 EL Tomatenmark oder 4 EL (um die Hälfte eingekochten) Rote-Bete-Saft.

Grüne Nudeln: 3 – 4 EL gedünsteter, pürierter und gut abgetropfter Spinat.
Beachten Sie bitte, daß gefärbte Nudeln (mit Ausnahme der gelben) eine geringere Wassermenge für den Teig benötigen, da die färbenden Zutaten eine gewisse Menge an Feuchtigkeit besitzen.

Am besten schmecken selbstgemachte Nudeln, wenn sie vor dem Kochen vollständig getrocknet wurden. Dann haben sie die ideale Konsistenz und den »Biß« gekaufter Nudeln, ihr Geschmack ist allerdings unvergleichlich besser. Je nach Dicke und Form lassen wir sie (auf dem Wäscheständer) 6 – 24 Stunden an der Luft trocknen. Wer nicht so lange warten will, sollte die Nudeln wenigstens einige Stunden antrocknen. Vollständig getrocknete Nudeln können Sie in Cellophantüten aufbewahren. Sie halten sich mindestens 2 – 3 Wochen.
Probieren Sie auch einmal feinen italienischen Hartweizengrieß speziell für Nudeln (fragen Sie in italienischen Feinkostgeschäften danach). Denn Grieß ist nicht gleich Grieß; der Hartweizengrieß für Nudelteig ist so fein gemahlen, daß er schon fast staubartig ist.

Tips für schnelle Nudelgerichte:

Nudeln mit frischen Kräutern
Wirkt Vata- und stark Kapha-erhöhend

Den gekochten Nudeln noch 3 – 4 EL gehackte
frische Kräuter (z. B. Basilikum, Majoran,
Rucola, Thymian, Estragon) und etwas Ghee
oder Olivenöl zugeben.
Besonders beliebt sind Salbei-Butter-Nudeln.

Nudeln mit saurer Sahne
Wirkt Pitta- und stark Kapha-erhöhend

2 EL saure Sahne oder Crème fraîche pro
Person sowie frisch gemahlenen schwarzen
Pfeffer unter die gekochten Nudeln geben.

Servieren Sie Nudeln als Beilage oder
zusammen mit einer Nudelsauce nach
Belieben und abhängig vom Konstitutionstyp, z. B. Zucchini-Tomaten-Sauce
(für Vata-Typen), grüne Buttermilchsauce (für alle drei Konstitutionstypen geeignet), weiße Sauce mit Basilikum usw.
Mehr Saucen ab Seite 210.

Nudeln mit Avocado
Wirkt stark Kapha-erhöhend

Den gekochten Nudeln eine weiche, geschälte
und zerdrückte Avocado mit etwas Cayennepfeffer hinzufügen.

Nudeln mit Walnüssen
Wirkt Pitta- und stark Kapha-erhöhend
Gehackte Walnüsse, Pinienkerne oder Cashewnüsse schmecken besonders lecker zu in Olivenöl geschwenkten Nudeln. Wer sie noch mehr
»erden« möchte, kann noch etwas frische
Sahne hinzufügen.

Nudeln mit schwarzen Oliven
Wirkt Pitta- und stark Kapha-erhöhend

Eine Handvoll entsteinte und gehackte schwarze Oliven mit etwas frisch geriebenem Ingwer
zu den Nudeln geben.

Nudeln mit Kichererbsen
Wirkt Vata- und stark Kapha-erhöhend

Gekochte Kichererbsen, die mit etwas Olivenöl
und Asafoetida als ayurvedische Verdauungshil-
fe den Nudeln hinzugefügt werden, sind in
Italien sehr beliebt. Dafür reichen pro Person
schon etwa 10 Kichererbsen aus, da sie so
gehaltvoll und eiweißreich sind.

Quinoa nach Peking-Art

Wirkt ausgleichend auf alle drei Doshas

»Mutter Korn« nannten die Azteken und Inkas liebevoll den Quinoa, ein Gänsefußgewächs aus Lateinamerika mit getreideähnlichen Körnern. Und auch uns kommen heute seine wertvollen Inhaltsstoffe zugute: Etwa 16 % Proteine, allen voran Lysin, dazu ein hoher Anteil an ungesättigten Fettsäuren, Ballaststoffen, Mineralien, B-Vitaminen, Vitamin C und E sowie Carotin. Quinoa enthält kein Gluten (Klebereiweiß), was es interessant für Menschen mit Klebereiweiß-Unverträglichkeit macht. Da es auch sehr fettarm ist, eignet es sich gut als Diät- und Rekonvaleszentenspeise. Quinoa wirkt antiseptisch und stärkt die Abwehrkraft. Und da es zäh und widerstandsfähig ist und noch in Hochlagen, z. B. in den Anden, bis auf weit über viertausend Meter gedeiht, wird es ohne den Einsatz von Kunstdüngern und Pestiziden angebaut.

Nach dem Ayurveda wirkt Quinoa sanft erwärmend, ohne jedoch das *Pitta-Dosha* zu stören. Dies ist ein Gericht, bei dem alle drei *Dosha*-Typen nach Herzenslust zugreifen können.

Für 3 – 4 Personen

150 g Quinoa
500 ml Wasser
250 g Zucchini
150 g gelbe Paprika
250 g Mungsprossen
1 Bund frische Korianderblätter
4 EL Olivenöl
2 TL frisch geriebener Ingwer
½ TL Asafoetida
1½ TL Madras Curry (siehe Seite 260)
3 EL Sojasauce
3 EL Joghurt oder Buttermilch
  (vegan: Reismilch)
½ – 1 TL Salz
¾ TL Pfeffer
1 TL Zitronensaft

So wird's gemacht:

1) Quinoa in einem feinen Sieb unter fließendem Wasser spülen und in einem Topf mit Wasser in etwa 15 Minuten weichkochen. Anschließend in ein Sieb geben und nochmals mit warmem Wasser spülen.
2) Zucchini und Paprika waschen und in feine Streifen schneiden. Mungsprossen unter fließendem Wasser spülen und abtropfen lassen. Korianderblätter waschen und hacken.

3) Olivenöl in einer großen Pfanne erhitzen. Paprika und Zucchini zusammen mit Ingwer, Asafoetida und Curry etwa 5 Minuten anrösten. Dann Mungsprossen und Sojasauce dazugeben und zugedeckt weitere 5 Minuten köcheln lassen. Nun den abgetropften Quinoa, die gehackten Korianderblätter, Joghurt bzw. Buttermilch (bzw. Reismilch), Salz und Pfeffer dazugeben und alles noch einmal aufkochen lassen.
4) Zitronensaft dazugeben und heiß servieren.

Pitta-Typ: Falls Ihr *Pitta* zu stark ist, können Sie Sojasauce und Joghurt weglassen oder statt dessen Sahne bzw. Reismilch verwenden.

Vata-Typ: Manche *Vata*-Naturelle können die Schale der Paprika nur schwer verdauen. In diesem Fall die Paprika vorher in Wasser kochen und die Haut abziehen.

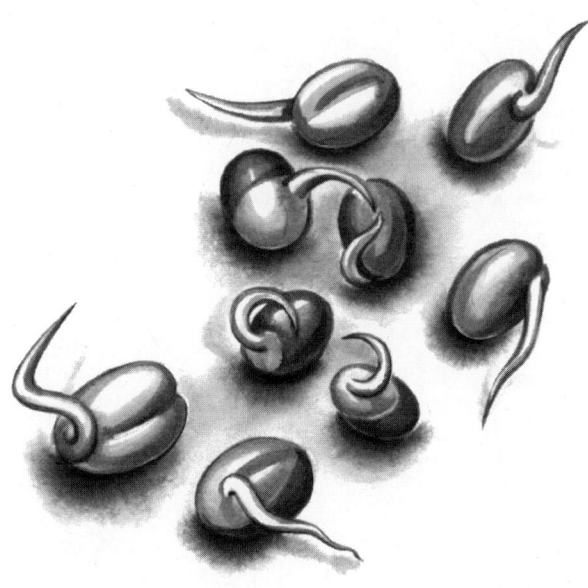

Hirse mit Karotten

Wirkt Vata- und Pitta-erhöhend

Goldene Körner, die es in sich haben. In bezug auf viele Mineralien und Spurenelementen ist die leicht verdauliche Hirse Spitzenklasse (z. B. Eisen, Phosphor, Kieselsäure und Magnesium). Daneben enthält sie reichlich Lecithin, den wichtigen Eiweißbaustein Lysin sowie Vitamine der B-Gruppe. Ihre Fettsäuren sind zu 80 % ungesättigt, wobei die »herzfreundliche« Linolsäure überwiegt. Nach dem Ayurveda wirkt Hirse erwärmend, leicht und trocken und verstärkt somit *Vata* und *Pitta*. Sie hilft bei chronischer Müdigkeit, bei Asthma, Schwindel, Ohrensausen und Konzentrationsschwäche. Hirse ist somit ein ideales Getreide für Menschen mit *Kapha*-Dominanz – vor allem in Kombination mit den sanft *Pitta*-erhöhenden Karotten.

Da Hirse regelmäßig auf dem Speiseplan von *Kapha*-Menschen stehen sollte, können diese dieses Rezept immer wieder variieren: Sei es mit verschiedenen Gewürzen wie Ingwerpulver, schwarzem Pfeffer, Cayennepfeffer, Curry, schwarzen Senfkörnern, Kreuzkümmel oder Garam Masala (siehe Seite 261), kombiniert oder einzeln. Oder aber Sie geben zum Schluß frische Petersilie, Basilikum oder Majoran dazu. Auch beim Gemüse haben *Kapha*-Menschen eine große Auswahl, z. B. Kohlrabi, Brokkoli, Fenchel, Paprika, Rettich oder Spargel.

> Hirse mit Karotten ist eine ausgezeichnete Beilage zu Gemüsegerichten.

Für 4 Personen

200 g Hirse
2 Karotten (etwa 200 g)
¼ TL Kurkuma
650 ml Wasser
½ – 1 TL Salz bzw. Black Salt
1 – 2 TL Sonnenblumenöl
eventuell etwas Zitronensaft

So wird's gemacht:

1) Hirse waschen und – falls möglich – mindestens 1 Stunde in Wasser einweichen.
2) Karotten waschen und raspeln. Hirse noch einmal unter fließendem Wasser spülen und abtropfen lassen.
3) In einem Topf Hirse, Karottenraspel und Kurkuma mit dem Wasser zum Kochen bringen und auf mittlerer Hitze für etwa 20 Minuten zugedeckt köcheln lassen. Dann weitere 15 – 20 Minuten auf der ausgestellten Herdplatte ausquellen lassen, ohne dabei den Deckel abzuheben.
4) Anschließend Salz bzw. Black Salt und 1 – 2 TL Sonnenblumenöl mit einer Gabel unterheben. Eventuell etwas Zitronensaft darüberträufeln.

Vata-Typ: Nur gelegentlich und nur als Beilage zu Gemüsegerichten servieren. Anstatt Sonnenblumenöl großzügig Olivenöl, Butter oder Ghee verwenden.

Variation:
Hirse mit Rosinen und Nüssen
Wirkt Vata- und Pitta-erhöhend

Probieren Sie an Stelle der Karotten auch einmal 50 g Rosinen und 50 g gehackte und trocken geröstete Cashewnüsse. Die Rosinen kochen Sie am besten zusammen mit der Hirse, die Nüsse heben Sie anschließend unter.

Polenta

Wirkt sanft Vata- und sanft Pitta-erhöhend

»Der Mais ist gekommen.« Frei nach diesem Motto haben Feinschmecker die italienische Polenta wiederentdeckt. Mais enthält bis zu 65 % verwertbare Kohlenhydrate, viele Ballaststoffe, Vitamine des B-Komplexes und besonders viel Carotin. Nur einige wesentliche Aminosäuren und das Vitamin Niacin fehlen der gelben Rispenpflanze – Mängel, denen die Indianer begegneten, indem sie Mais immer zusammen mit den niacinreichen Bohnen verzehrten, wodurch auch das Eiweiß in idealer Weise ergänzt wird. Da Maismehl weder Gluten noch Gliadin enthält, ist es eine interessante Abwechslung auf dem Speisezettel von Menschen mit Klebereiweiß-Unverträglichkeit.

Nach dem Ayurveda besitzt Mais leichte, trockene und wärmende Eigenschaften, ist also ideal für *Kapha*-Menschen. Besonders günstig ist Mais für all diejenigen, die abnehmen möchten, und für Zuckerkranke, da er eine lange Verdauungszeit hat, sehr satt macht und seine Kohlenhydrate nur langsam ins Blut übergehen. Außerdem reinigt Mais Niere und Blase und hilft bei vielen *Kapha*-Beschwerden, wie z. B. Erkältungen.

Ist Maismehl wie hier gekocht und »befeuchtet«, so ist es ideal für *Kapha*-Menschen, kann in Maßen allerdings auch von *Vata*- und *Pitta*-Konstitutionen gegessen werden.

Für 4 Personen

1,5 l Wasser
250 g Maisgrieß
2 EL Sonnenblumenöl bzw. Maiskeimöl
1 – 1½ TL Salz

So wird's gemacht:

1) Wasser in einen hohen Topf füllen, Maisgrieß dazugeben und mit dem Öl zu einer homogenen Masse rühren. Polenta aufkochen lassen, immer wieder umrühren und auf kleiner Flamme 15 – 20 Minuten köcheln lassen.
2) Salz dazugeben und die Polenta auf der ausgeschalteten Platte weitere 10 – 15 Minuten quellen lassen. Die Polenta dickt dann noch etwas nach.

Kapha-Typ: Verwenden Sie nur 1 EL Mais- bzw. Sonnenblumenöl.

Vata-Typ: Bei Ihnen darf's am besten Olivenöl oder Ghee sein – und das recht großzügig.

Buchweizenlasagne

Wirkt Pitta- und sanft Vata-erhöhend

Pasta für Kapha. All die leckeren Pasta-Gerichte sind *Kapha*-Naturen eigentlich überhaupt nicht zu empfehlen, da sie deren bereits vorherrschendes *Kapha-Dosha* noch mehr verstärken. Doch es gibt eine hervorragende Alternative: Buchweizen. Seinen Namen erhielt das Pseudogetreide, weil die kleinen, braunen, dreikantigen Früchte an Bucheckern erinnern. Seine Ayurveda-Wirkung allerdings ist anders als die der »richtigen« Getreide: Buchweizen verstärkt *Pitta* und *Vata* – ideal also für Menschen mit *Kapha*-Dominanz und in der kalten feuchten Jahreszeit. Kein Wunder, daß Buchweizen in Rußland und China ein wichtiges Volksnahrungsmittel ist.

Unserer Gesundheit hat Buchweizen einiges zu bieten: neben Vitamin E und Vitaminen der B-Gruppe auch zahlreiche Mineralstoffe wie Calcium, Eisen, Kalium, Magnesium und Kieselsäure. Die biologische Wertigkeit des Buchweizeneiweiß übertrifft die aller Getreidesorten: Die Körner sind zwei- bis dreimal reicher an den lebenswichtigen Eiweißbausteinen Lysin und Tryptophan. Außerdem liefern sie eine Menge an herzfreundlichen ungesättigten Fettsäuren.

Diese Lasagne ist ideal für *Kapha*-Konstitutionen; in Maßen ist sie auch für *Vata*-Menschen (siehe *Dosha*-Tip) geeignet.

Für 4 Personen

Für den Teig:
3 EL feine Kokosflocken
250 ml Wasser
200 g Buchweizen
250 ml Mineralwasser
½ TL Salz
¼ TL Natron (kann entfallen)
Sonnenblumenöl zum Braten

**Für die Brokkoli-Buttermilch-
(bzw. Sojajoghurt-)Füllung:**
500 g Brokkoli
125 ml (Brokkolikoch-)Wasser
3 TL Ghee bzw. Sonnenblumenöl
3 EL gesiebtes Kichererbsenmehl
¼ TL Asafoetida
½ TL Kurkuma
250 ml Buttermilch (vegan: Sojajoghurt)
½ TL frisch gemahlener schwarzer Pfeffer
¼ TL Muskat
½ TL Salz
3 – 4 EL frisch gehacktes Basilikum

Für die Mungsprossen-Tomaten-Füllung:
500 ml schnelle oder italienische
    Tomatensauce (siehe Seite 212 und 210)
250 g Mungsprossen
1 EL Olivenöl
1 TL schwarze Senfkörner
2 TL Madras Curry (siehe Seite 260)
¼ TL Cayennepfeffer
1 EL frisch geriebener Ingwer
¾ TL frisch gemahlener schwarzer Pfeffer
½ TL Salz

Außerdem:
Fett für die Form
150 g saure Sahne oder weicher pürierter Tofu
1 – 2 EL Kräuter der Provence

So wird's gemacht:

1) Schnelle oder italienische Tomatensauce nach Grundrezept herstellen.

2) Kokosmilch herstellen: 3 EL feine bzw. fein-gemahlene Kokosflocken in einem kleinen Topf mit 250 ml Wasser wenige Minuten auf etwa 200 ml einkochen lassen. Kokosmilch abkühlen lassen. Buchweizen fein mahlen. Aus den übrigen Zutaten für den Teig (außer dem Öl zum Braten) einen dünnflüssigen Pfannkuchenteig anrühren und etwas ruhen lassen.

3) Brokkoli waschen und in kleine Röschen teilen, den Strunk schälen und klein schneiden. Brokkoli mit etwas Wasser 10 – 12 Minuten dünsten.

4) In der Zwischenzeit Mungsprossen in einem Sieb unter fließendem Wasser waschen und abtropfen lassen.

5) Olivenöl in einem Topf erhitzen, Senfkörner darin (mit Deckel) rösten, bis sie zu springen beginnen. Topf von der Flamme nehmen und warten, bis sich die Senfkörner beruhigt haben, anschließend Curry, Cayennepfeffer und Ingwer hinzufügen. Nach wenigen Sekunden auch die Mungsprossen darin braten und nach 3 – 4 Minuten mit Toma-tensauce aufgießen. Das Ganze 5 – 7 Minu-ten köcheln lassen, bis die Mungsprossen weich sind und die Tomatensauce etwas eingedickt ist. Pfeffer und Salz hinzufügen.

6) Den Pfannkuchenteig einmal umrühren (er sollte sehr dünnflüssig sein) und mit wenig Sonnenblumenöl 4 – 5 Pfannkuchen in einer großen Anti-Haft-Pfanne ausbacken.

7) Ghee bzw. Sonnenblumenöl für die Brokkoli-füllung in einem Topf erhitzen, gesiebtes Kichererbsenmehl darin goldbraun rösten, Asafoetida und Kurkuma dazugeben und vorsichtig erst mit (Brokkoli-Koch-) Wasser und dann mit Buttermilch (bzw. Sojajoghurt) aufgießen. Unter gelegentlichem Rühren die Sauce etwas köcheln und eindicken lassen. Pfeffer, Muskat, Salz und frisch gehacktes Basilikum dazugeben.

8) Backofen auf 200° C vorheizen. Eine runde Keramik-Tarte- bzw. Auflaufform einfetten und einen Pfannkuchen hineinlegen. Mit Mungsprossen-Tomaten-Füllung belegen. Den zweiten Pfannkuchen darauf legen, mit der Hälfte des Brokkoli belegen und mit etwas Buttermilchsauce begießen. Lasagne weiter aufschichten und mit einer Schicht aus Mungsprossen-Tomaten-Füllung abschlie-ßen. Zum Abschluß eventuell Kleckse von saurer Sahne oder püriertem Tofu mit einem Eßlöffel über den Mungsprossen verteilen und mit Kräutern der Provence bestreuen.

9) Lasagne 25 – 30 Minuten backen und warm servieren.

Vata-Typ: Sie können gelegentlich zugreifen, wenn Sie die fertige Lasagne einfach mit etwas Olivenöl beträufeln und dazu eine Suppe servie-ren.

Kapha-Typ: Wenn Ihr *Kapha* zu stark ist, kön-nen Sie die saure Sahne bzw. den pürierten Tofu auch weglassen.

Buchweizenrisotto

Wirkt sanft Pitta- und sanft Vata-erhöhend

Incognito. Risotto, das klassische italienische Reisgericht, präsentiert sich hier in einer ganz neuen Variante – nämlich mit Buchweizen. Buchweizen besitzt beträchtliche Mengen der lebenswichtigen Eiweißbausteine Tryptophan und Lysin (die in den meisten Getreidesorten kaum vorkommen), und 70 % des Fettes besteht aus ungesättigten Fettsäuren. Daneben enthält Buchweizen auch Vitamine der B-Gruppe, Niacin, Kalium, Eisen, Phosphor, Magnesium, Kieselsäure und Lecithin. Buchweizen ist nicht nur leicht verdaulich, sondern auch ideal für Menschen mit Klebereiweiß-Unverträglichkeit, da er völlig frei von Gluten ist. Auch in der kalten Jahreszeit ist Buchweizen von großer Bedeutung, da er dem Körper Wärme spendet. Darüber hinaus ist er eine wertvolle Gehirn- und Nervennahrung und verbessert die Lernfähigkeit. Nach dem Ayurveda vermehrt der Buchweizen durch seine erwärmenden, leichten und trockenen Eigenschaften *Pitta* und *Vata*, weshalb ihn *Kapha*-Typen am besten vertragen.

Dieses Gericht ist genau das Richtige für Menschen mit *Kapha*-Dominanz und bietet eine köstliche Alternative zu Reis- oder Weizengerichten. Aber auch *Vata-* und *Pitta*-Menschen können Buchweizen gelegentlich auf ihren Speisezettel setzen (siehe *Dosha*-Tip).

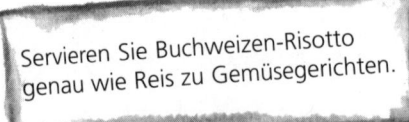

Servieren Sie Buchweizen-Risotto genau wie Reis zu Gemüsegerichten.

Für 4 – 5 Personen

300 g Buchweizen
1 EL Maiskeimöl bzw. Ghee
1 TL Kreuzkümmelsamen
1 TL frisch geriebener Ingwer
½ TL gemahlener Koriander
½ TL Kurkuma
600 ml Wasser
½ – 1 TL Salz
eventuell 2 – 3 EL frisch gehackte
  Korianderblätter zum Bestreuen

So wird's gemacht:

1) Buchweizen in einem feinen Sieb unter fließendem Wasser spülen. Wasser in einem Topf bzw. im Wasserkocher zum Kochen bringen.

2) In einem Topf Maiskeimöl bzw. Ghee erhitzen und die Kreuzkümmelsamen darin goldbraun rösten. Dann Ingwer, Koriander und Kurkuma dazugeben und zusammen mit dem Buchweizen für wenige Minuten anbraten. Mit heißem Wasser aufgießen (Achtung Spritzgefahr!) und 15 – 20 Minuten bei mittlerer bis kleiner Hitze köcheln lassen.

3) Salz dazugeben und auf der abgeschalteten Platte weitere 10 Minuten quellen lassen.

4) Auf Wunsch das Buchweizen-Risotto mit frisch gehackten Korianderblättern bestreuen.

Pitta-Typ: Bestreuen Sie das Risotto mit kühlenden frischen Korianderblättern und 1 EL Kokosflocken.

Vata-Typ: Ghee statt Maiskeimöl wird Ihnen gut tun; Sie dürfen auch ruhig noch etwas geschmolzenes Ghee (vegan: Olivenöl) über das fertige Risotto träufeln.

Schweizer Rösti

Wirkt sanft Kapha-erhöhend

Röööschti, mit dieser besonderen Betonung bezeichnet man die köstlich knusprig-goldenen Kartoffelküchlein in der Schweiz. Und daran wollen wir uns auch halten, schließlich stammt dieses Rezept ja von dort.

Die Ursprünge der Kartoffel allerdings liegen ganz woanders, nämlich in Südamerika. Und so hat es schon seine Zeit gedauert, bis sie auch in unseren Breitengraden zu einem Grundnahrungsmittel wurde.

Mit Inhaltsstoffen geizen Kartoffeln nicht: Essentielle Aminosäuren, Vitamin C, B-Vitamine, Magnesium, Eisen, Fluorid, Phosphor, Kupfer, Zink und Kobalt. Kartoffeln wirken krampflösend, entwässernd, verdauungsfördernd, säurebindend und machen überhaupt nicht dick – wenn man sie im »natürlichen« Zustand isst (im Gegensatz zu fettigen Pommes frites oder Chips). Nach dem Ayurveda verstärken Kartoffeln *Kapha* und *Vata*.

Wie Kartoffeln auf ein *Dosha* wirken, hängt von ihrer Zubereitung ab. Während gekochte Kartoffeln förderlich für *Kapha*-Menschen sind, eignen sie sich fritiert überhaupt nicht für sie. In Ghee angebraten und mit Joghurt bzw. saurer Sahne serviert, sind sie für *Vata*-Typen geeignet. *Pitta*-Typen, die genau in der Mitte liegen, vertragen gekochte ebenso wie gebratene oder gebackene Kartoffeln, wenn sie nur nicht zu viel Fett enthalten.

Wenn Sie eine beschichtete Anti-Haft-Pfanne verwenden, kommen Sie bei Röstis mit einer minimalen Ghee-Menge (½ TL) aus. So zubereitet, können die sanft *Kapha*-verstärkenden Röstis nicht nur von *Vata*-, sondern auch von *Pitta*- und *Kapha*-Menschen – mit einigen Abänderungen (siehe *Dosha*-Tip) – genossen werden.

Für 4 – 6 Personen

1 kg Kartoffeln
¾ – 1 TL Salz
¼ TL Pfeffer
Ghee bzw. Sonnenblumenöl zum Anbraten

So wird's gemacht:

1) Kartoffeln waschen, schälen und grob raffeln und mit Pfeffer und Salz mischen.
2) Ghee bzw. Öl in einer beschichteten Pfanne erhitzen, Kartoffelmasse hineingeben und fest auf den Pfannenboden drücken. Einige Minuten anbraten, bis sie goldbraun sind.
3) Wenn der Kartoffelpfannkuchen von unten gar ist, mit Hilfe eines flachen Deckels bzw. Tellers wenden und wieder in die Pfanne zurückgleiten lassen. Rösti fertig garen, bis auch die andere Seite gebräunt und knusprig ist.

Pitta-Typ: Nur wenig Ghee (vegan: Sonnenblumenöl) verwenden und sparsam salzen.

Kapha-Typ: Gelegentlich und in Maßen können auch Sie bei Röstis zugreifen, wenn Sie etwas großzügiger mit dem Pfeffer umgehen und weniger Ghee bzw. Öl und Salz verwenden.

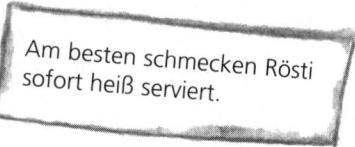

Am besten schmecken Rösti sofort heiß serviert.

Gefüllte Kartoffelnester
Wirkt Pitta- und Kapha-erhöhend

Für die Augen und den Gaumen. Gefüllte Kartoffelnester sind nicht nur hübsch anzusehen, sondern auch eine leckere Beilage zu Salat oder Gemüsegerichten.

Kartoffeln haben auch der Gesundheit einiges zu bieten: Essentielle Aminosäuren, Vitamin C und Vitamine des B-Komplexes, Magnesium, Eisen, Phosphor, Spurenelemente und das zahnschützende Fluor machen die Erdäpfel so gesund. Sie sind Schon- und Heilkost, wirken krampflösend, verdauungsfördernd, säurebindend und entwässernd. Nach dem Ayurveda wirken Kartoffeln kühlend und etwas trocken. Sie vermehren in erster Linie das *Kapha-Dosha*, aber auch etwas *Vata*.

Karotten enthalten viel Beta-Carotin (gut für Augen, Haut und Immunsystem und als Schutz vor Krebs), wertvolle B-Vitamine, Vitamin C, D, E und K und ätherische Öle und Mineralien. Nach dem Ayurveda vermehren Karotten das *Pitta*-Element, reinigen das Blut und stärken die Nieren.

Dies ist also ein ideales Gericht für *Vata*-Menschen. Wird das Gericht abgewandelt, können jedoch auch *Kapha*- und *Pitta*-Menschen in Maßen zugreifen.

Für 2 – 4 Personen

Für den Panir (Frischkäse):
1 l Milch
Saft von einer halben bis einer Zitrone
(50 g saure Sahne statt Panir)

Außerdem:
500 g Kartoffeln
500 g Karotten
1 TL Salz
50 g Butter bzw. 3 – 4 EL Ghee
½ TL Muskat
etwas Butter bzw. Ghee zum Einfetten
50 g Butter für Butterflöckchen
frisch gehackte oder getrocknete Kräuter
*   nach Wahl (z. B. Basilikum)*

So wird's gemacht:
1) Falls Sie Panir (Frischkäse) verwenden wollen, diesen eventuell schon am Vorabend herstellen (genaue Anleitung Seite 226).
2) Kartoffeln und Karotten waschen. Kartoffeln mit Schale halb gar kochen. Karotten in dünne Stifte schneiden und in etwas Wasser dünsten.

3) Kartoffeln schälen und durch eine Kartoffelpresse drücken bzw. zu Brei stampfen. Die
Kartoffelmasse mit Salz, Butter bzw. Ghee
und Muskat vermischen.

4) Eine flache Auflaufform bzw. ein Backblech
reichlich mit Butter bzw. Ghee einfetten.
Nun die Kartoffelmasse noch einmal durch
die Presse drücken und auf dem Blech zu
5 – 6 Nestern formen. (Falls Sie keine Kartoffelpresse besitzen, formen Sie die kleinen
Nester einfach mit der Hand). Die Nester mit
Karottenstiften füllen und jeweils ein Butterflöckchen darauf geben.

5) Bei 200° C 25 Minuten knusprig backen.
Dann je nach Wunsch mit zerbröselten Panirstückchen oder einem großen Klecks saurer
Sahne garnieren und mit frischen bzw.
getrockneten Kräutern bestreuen. Weitere
5 – 8 Minuten goldbraun backen.

Pitta-Typ: Ihnen empfehlen wir den *Pitta*-be-
sänftigenden Panir (Frischkäse; genaue Anleitung zur Herstellung siehe Seite 226).

Kapha-Typ: Sie sollten an Stelle von Panir bzw.
saurer Sahne reichlich frische Kräuter auf die
Kartoffelnester geben.

Brote und Snacks

Chapatis *(Einfache indische Fladenbrote)*

Wirkt mit Weizen Kapha-erhöhend, mit Dinkel sanft Kapha-erhöhend

Wer den richtigen Dreh einmal raus hat, wird Chapatis nicht mehr missen wollen. Ebenso geht es Millionen Indern jeden Tag, für die Chapatis das tägliche Brot sind – und ein äußerst gesundes. Denn Chapatis sind frei von jeglichen Triebmitteln und werden zu jeder Mahlzeit frisch zubereitet. Ein weiteres Plus: Chapatis sind empfehlenswert für *Pitta*- und *Vata*-Menschen. Der *Vata*-Typ sollte die fertigen Chapatis noch mit Butter bzw. Ghee bestreichen. *Kapha*-Menschen gehen nicht leer aus, für sie gibt es Chapatis aus Roggenmehl. (Gelegentlich und in Maßen dürfen sie aber auch bei Chapatis aus Dinkelmehl zugreifen, denn im Gegensatz zum Weizen besitzt Dinkel zusätzliche energetisierende *Pitta*-Eigenschaften.) Chapatis sind flexibel: Sie passen immer und zu allem, z. B. zu Gemüse- und Reisgerichten, aber auch zu Suppen oder Salaten. Am besten machen Sie den Chapati-Teig schon, bevor Sie mit den anderen Zubereitungen beginnen, dann hat er genügend Zeit zum Ruhen.
Weizen-Chapatis sind *Kapha*-vermehrend, genau das Richtige für *Vata*- und *Pitta*-Menschen. Bei Dinkel-Chapatis können alle drei Konstitutions-Typen zugreifen, in Maßen auch *Kapha*-Menschen.

Für 12 Chapatis

Für den Teig:
250 g fein gemahlener
und ausgesiebter Dinkel oder Weizen
oder Atta-Mehl (Vollkorn-Chapatimehl)
1 TL Salz
150 ml lauwarmes Wasser
etwas Mehl zum Wenden
etwas Öl
etwas Butter oder Ghee zum Bestreichen
(vegan: Olivenöl)

So wird's gemacht:
1) Dinkel bzw. Weizen in eine Schüssel sieben (das Schrot können Sie anderweitig weiterverwenden, z. B. zum Brotbacken). Salz untermischen und mit Wasser zu einem sehr weichen Teig kneten. (Je nach Mehlbeschaffenheit braucht der Teig unterschiedlich viel Wasser – beim Ruhen saugt er immer noch etwas Flüssigkeit auf. Am besten ist es, wenn der Teig eher etwas zu weich ist und ein wenig klebt, dann wird später auch der Chapati weich und bläht sich leicht auf.) Den Teig in der Schüssel kräftig durchkneten, bis er glatt und elastisch ist. Mit einem Deckel abdecken (damit er nicht austrocknet) und 30 Minuten bis 2 Stunden ruhen lassen.

2) Kurz vor dem Servieren der Mahlzeit, zu der die Chapatis gereicht werden, den Teig noch einmal kräftig durchkneten, zu einer Rolle formen und in zwölf gleichgroße Bällchen teilen. Die Bällchen in etwas Mehl wenden und zu möglichst runden, dünnen Fladen von 10 – 12 cm Durchmesser ausrollen. Durch Einölen der Hände vermeiden Sie klebrige Teigfinger beim Formen und Ausrollen. Fladen beidseitig ausrollen, dabei so oft wie nötig in einem flachen Teller mit Mehl wenden. Am besten immer nur einen Fladen ausrollen, während der andere gerade in der Pfanne ist.

3) Eine gußeiserne Pfanne, eine *Tava* (gußeiserne indische Flachpfanne mit Griff) oder eine Anti-Haft-Pfanne ohne Fett auf mittlere Hitze erwärmen. Das überschüssige Mehl des Fladens zwischen beiden Händen abklopfen, indem Sie den Fladen schnell von einer Handfläche zur anderen werfen. Dann in die vorgewärmte Pfanne legen. Wenn auf der Oberseite des Chapati kleine, weiße Bläschen entstehen und sich die Ränder nach oben wölben, mit einer Küchenzange oder einem Spatel umdrehen. Nun die andere Seite »trocknen« (rösten), bis sich an der Oberfläche ebenfalls Blasen bilden.

4a) Weitere Zubereitung **mit dem Gasherd:** (eine kleine Campinggaskartusche erfüllt den gleichen Zweck): Den Chapati mit der Zange aufnehmen und beide Seiten über eine offene Gasflamme halten, bis er sich wie ein Ballon aufbläht. Der Chapati sollte durch und durch gar (ohne feuchte Stellen) sein und kleine, braune Flecken haben.

4b) Weitere Zubereitung **mit dem Elektroherd:** Sehen Sie selbst, welche Methode Ihnen am meisten liegt:
1. Methode: Den Chapati einfach in der Pfanne liegen lassen und so oft wenden, bis beide Seiten gar sind. Dann vorsichtig ein Küchentuch auf seine Oberfläche pressen, dann bläht sich der Chapati auf.
2. Methode: Ein kleines, rundes Kuchengitter auf die heiße Herdplatte legen und den Chapati auf dem Gitter liegen lassen, bis er sich aufbläht. Darauf achten, daß der Chapati nicht durch das Gitter verletzt wird, sonst kann er sich nicht mehr aufblähen. Nicht anbrennen lassen!

5) Die weichen und aufgeblähten Chapatis mit etwas Butter oder Ghee (bzw. Olivenöl) bepinseln und sofort (noch heiß) servieren. Oder in ein Küchentuch bzw. in Alufolie einwickeln, um sie warm und weich zu halten.

Varianten

Versuchen Sie doch auch einmal die Varianten auf der folgenden Seite!

Übung macht den Meister. Sollte sich der erste Chapati nicht gleich aufblähen, seien Sie nicht enttäuscht. Wir haben auch erst ein wenig üben müssen, bis aus den »Schuhsohlen« weiche, luftige Fladen wurden. Machen Sie einfach weiter, Ihre geringe Mühe wird bald tausendfach belohnt werden.

Chapatis mit frischen Korianderblättern (Dhania-Chapati)
Wirkt ausgleichend auf alle drei Doshas

Fügen Sie dem Chapati-Teig noch 3 EL frisch gehackte Korianderblätter (ohne Stiele) und – falls gewünscht – ½ TL gemahlenen Kreuzkümmel, gemahlenen Anis oder Kurkuma hinzu. Frische Korianderblätter (hindi: *Har Dhania*) sind bestens für alle drei *Doshas* geeignet; insbesondere *Pitta*-Naturen profitieren von ihren leicht kühlenden Eigenschaften.

Bei Koriander-Chapatis dürfen nicht nur *Pitta*, sondern auch *Vata*-Menschen nach Herzenslust zugreifen. *Kapha*-Typen, die mit *Kapha*-erhöhendem Getreide (wie Weizen) sparsam umgehen sollten, verwenden lieber Dinkelmehl und *Agni*-anregende Gewürze nach Wahl (z. B. ¼ TL Cayennepfeffer bzw. schwarzer Pfeffer, Asafoetida oder gemahlener Kreuzkümmel).

Chapatis mit Joghurt (Dahi-Chapatis)
Wirkt Pitta- und Kapha-erhöhend

Verwenden Sie etwa 150 g zimmertemperierten Joghurt statt Wasser. Diese Chapatis werden weicher und haben einen »vollmundigen« Geschmack. Sie sind am besten für *Vata*-Typen geeignet.

Roggen-Chapatis
Wirkt Vata- und Pitta-erhöhend

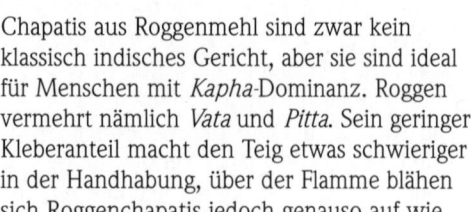

Chapatis aus Roggenmehl sind zwar kein klassisches indisches Gericht, aber sie sind ideal für Menschen mit *Kapha*-Dominanz. Roggen vermehrt nämlich *Vata* und *Pitta*. Sein geringer Kleberanteil macht den Teig etwas schwieriger in der Handhabung, über der Flamme blähen sich Roggenchapatis jedoch genauso auf wie Weizen- oder Dinkel-Chapatis.

Für 8 Chapatis

200 g fein gemahlener und
*   ausgesiebter Roggen*
½ TL Salz
100 – 110 ml Wasser

Zubereitung wie Weizen- bzw. Dinkel-Chapatis.

Besan Rotis *(Fladenbrote aus Kichererbsenmehl)*
Dosha-Wirkung je nach Zubereitung

Die kleinen Riesen. Kichererbsen sind aus der indischen, aus der südamerikanischen und selbst aus der südeuropäischen Küche seit langem nicht mehr wegzudenken. Und das hat seine guten Gründe: Kichererbsen sind wohlschmeckende Energie- und Kraftpakete. Sie enthalten 20 % Eiweiß und einen hohen Anteil an essentiellen Aminosäuren, beugen Arteriosklerose und Knochenentkalkung vor und stärken Herz, Gewebe und Knochen. Nach dem Ayurveda sind Kichererbsen am besten für *Kapha-* und *Pitta*-Typen geeignet, da sie die *Vata*-Komponente verstärken. Mit Dinkel, Weizen oder Reis kombiniert, erhält man Eiweiß von sehr hoher biologischer Wertigkeit. Dieses Fladenbrotrezept aus der Zeit Krishnas kennt man in Vrindavana, der heiligen Stadt in Nordindien, seit fünftausend Jahren. Besan Rotis lassen sich beliebig variieren, einmal als Chapati ausgerollt, ein anderes Mal als Puri fritiert oder auch als Paratha gefaltet und in der Pfanne gebraten.

Wenn Sie aus dem Teig Chapatis zubereiten, dürfen alle drei *Doshas* nach Herzenslust zugreifen. Als Paratha ist dieses Fladenbrot optimal für *Vata* und *Pitta* – in Maßen auch für *Kapha* –, und als Puri ist es genau das Richtige für *Vata*-Konstitutionen.

Wer nicht den ganzen Teig aufbraucht, kann ihn gut bedeckt bis zum nächsten Tag im Kühlschrank aufbewahren. Bei Bedarf einfach ausrollen, eventuell noch etwas Mehl unterkneten, und nach Belieben backen.

Für etwa 12 Fladenbrote

150 g Kichererbsenmehl
150 g fein gemahlener und ausgesiebter Dinkel
    bzw. Atta-Mehl (Vollkorn-Chapatimehl)
½ TL Salz
150 g Joghurt (Zimmertemperatur)
eventuell 1 – 3 EL warmes Wasser
je nach Zubereitungsart etwas Mehl
    zum Wenden, Fett zum Bestreichen
    bzw. Fritieren

So wird's gemacht:
1) Mehl in eine Schüssel sieben, mit Salz mischen und mit Joghurt zu einem geschmeidigen Teig kneten. Eventuell noch 1 – 3 EL warmes Wasser oder etwas Mehl unterkneten, um einen seidig-weichen Teig – elastisch wie ein Ohrläppchen – zu erhalten. Den Teig in der Schüssel mit einem Deckel oder einem feuchten Tuch abgedeckt etwa 30 Minuten ruhen lassen.
2) Den Teig nun wie Parathas (Einfache Blätterteigfladen, siehe Seite 174, ab Schritt 2) oder nach Wunsch auch wie Chapatis (Einfache indische Fladenbrote, siehe Seite 170, ab Schritt 2) bzw. Puris (Fritierte Fladenbrote, siehe Seite 180, ab Schritt 2) weiterverarbeiten.

Variation:
Gewürzfladenbrot
aus Kichererbsenmehl
Dosha-Eignung je nach Zubereitung

Probieren Sie Besan Rotis auch einmal mit Gewürzen. Sie brauchen dazu nur noch ¼ TL Kurkuma, ¼ TL Cayennepfeffer, ½ TL gemahlene Kreuzkümmelsamen und eventuell 2 – 3 EL gehackte, frische Korianderblätter. Die Gewürze einfach mit unterkneten.

Parathas *(Einfache Blätterteigfladen)*

Wirkt Pitta- und Kapha-erhöhend

Der nächste Winter kommt bestimmt. Kein Problem mit Parathas, denn wenn die warmen Tage vorbei sind, sind die wärmenden Eigenschaften der schmackhaften Fladen besonders willkommen. In Nordindien reicht man sie gerne zum Frühstück mit etwas Dal (siehe ab Seite 107) oder zu heißer Milch und etwas Guavenmarmelade. Genauso lecker schmecken sie aber auch zu einem vollständigen Mittagessen mit Gemüsegerichten.

Das Geheimnis der Blätterteigfladen liegt darin, wie sie mit geschmolzener Butter oder Ghee bestrichen und gefaltet werden. Bei diesem Rezept durften wir Saroj, der Frau aus einer der Priesterfamilien des berühmten *Radha-Ramana* Tempels in Vrindavana, über die Schultern schauen. Es war ein faszinierender Anblick, mit welcher Geschicklichkeit und Leichtigkeit sie diese Parathas zubereitet hat. Und alles im Handumdrehen, immer während ein Paratha in der Pfanne vor sich hin brutzelte, rollte und faltete sie bereits den nächsten.

Die Falttechniken, mit denen der Paratha seine blätterteigartigen Schichten bekommt, scheinen so zahlreich zu sein wie die indischen Unionsstaaten. Die einfache und schnelle Technik von Saroj erschien uns am leichtesten und erfolgversprechendsten – auch für Anfänger der indischen und ayurvedischen Küche.

Parathas vermehren *Kapha* und sanft *Pitta*, optimal also für *Vata*- und in Maßen auch für *Pitta*-Menschen.

Für etwa 10 Parathas

200 g fein gemahlener und gesiebter
   Weizen oder Dinkel
100 g Weizenmehl (Type 1050)
1 TL Salz
2 – 3 TL zerlassenes Ghee
   (vegan: Sonnenblumenöl)
125 – 150 ml warmes Wasser
etwas Mehl zum Ausrollen
Ghee oder Sonnenblumenöl zum Bestreichen

So wird's gemacht:

1) Beide Mehlsorten in eine Schüssel sieben, mit Salz mischen und zerlassenes Ghee bzw. Sonnenblumenöl hineingeben. Nach und nach Wasser dazugießen (die Wassermenge kann je nach Mehlsorte variieren) und alles zu einem geschmeidigen, glatten Teig kneten. Der Teig sollte sich seidig weich wie ein Ohrläppchen anfühlen. Den Teig in der Schüssel mit einem Deckel oder einem feuchten Tuch abgedeckt für 30 Minuten oder bis zu 2 Stunden ruhen lassen.

2) In der Zwischenzeit alle benötigten Utensilien zurechtlegen: eine flache Schüssel mit etwas Mehl zum Ausrollen, eine Gußeisen- oder Anti-Haft-Pfanne, einen Teelöffel, ein Töpfchen mit etwas zerlassenem Ghee (bzw. Öl), einen Holzspatel und eine Schüssel mit Deckel zum Warmhalten der fertigen Parathas.

3) Den Teig noch einmal kräftig durchkneten, in 10 gleichgroße Bällchen formen und in die Teigschüssel legen.

4) Pfanne auf mittlerer Flamme vorwärmen. Währenddessen ein Teigbällchen flachdrükken, beidseitig in der Schüssel mit dem Mehl wenden und zu einem gleichmäßig runden und dünnen Fladen ausrollen. Dabei immer wieder wenden, damit er nicht an der Arbeitsfläche kleben bleibt. Den Fladen mit etwas zerlassenem Ghee (bzw. Sonnenblu-

menöl) bestreichen, und die Ränder zur Mitte hin so falten, daß wiederum ein kleiner, gefalteter, runder Fladen entsteht (die Ränder sollten etwas überlappen, damit das Ghee beim Ausrollen nicht herauslaufen kann). Den Fladenball wieder etwas flach drücken, erneut in etwas Mehl wenden (nur so viel Mehl verwenden, daß der Fladen beim Ausrollen nicht kleben bleibt) und zu einem flachen, runden Fladen ausrollen.

5) Fladen auf die trockene, vorgeheizte Pfanne legen. Die Flamme so regulieren, daß die Fladen nicht anbrennen. Paratha mit Holzspatel umdrehen und so lange in der Pfanne backen, bis er auf beiden Seiten kleine goldbraune Flecken bekommen hat. Nun ½ TL zerlassenes Ghee (bzw. Öl) mit dem Löffelrücken auf der Oberfläche des Paratha verstreichen und im Uhrzeigersinn einmassieren, woraufhin sich der Paratha sogleich aufblähen sollte. Gleich umdrehen und auch die zweite Seite mit Ghee (bzw. Öl) bestreichen. Der Paratha bläht sich nun wie ein Ballon auf und ist fertig gebacken, wenn er mit goldbraunen Flecken übersät ist.

6) Parathas gleich heiß servieren oder in einer kleinen Schüssel mit Deckel warmhalten.

Einfache Falttechnikvariante

Diese Falttechnik haben wir von unserer Freundin Arati gelernt. Sie ist ebenfalls ideal für Anfänger und »blättert« den Fladen in viele, viele Schichten:

1) Teigbällchen etwas flachdrücken und beidseitig in Mehl wenden. Zu einem gleichmäßig runden Fladen ausrollen und mit etwas zerlassenem Ghee (bzw. Öl) bestreichen.

2) Den Fladen mit den Fingern zu einer kleinen Rolle aufrollen und diese Rolle nochmals an ihrer schmalen Seite zu einer Schnecke zusammenrollen. Diese Teigschnecke erneut in etwas Mehl wenden. Die Ausroll- und Aufrollprozedur noch einmal wiederholen. Abschließend die zusammengerollte und mit Mehl bestäubte Teigschnecke ein letztes Mal ausrollen und in der heißen Pfanne – wie oben beschrieben – braten.

Variante: Blätterteigfladen mit Korianderblättern (Dhania-Parathas)

Wirkt sanft Kapha-erhöhend

Fügen Sie dem Parathateig 3 – 4 EL frisch gehackte Korianderblätter hinzu, und bereiten Sie die Parathas zu, wie im Rezept beschrieben. Falls Sie keine frischen Korianderblätter bekommen, können Sie auch glatte Petersilie verwenden. Sie schmeckt natürlich etwas anders und besitzt auch eine andere Ayurveda-Wirkung: Sie verstärkt etwas *Vata* und ganz sanft *Pitta*. Mit Korianderblättern ist dieses Gericht für *Vata*- und *Pitta*-Menschen genau das Richtige, doch dürfen auch *Kapha*-Typen in Maßen zugreifen.

Korianderblätter sind im Ayurveda etwas Besonderes. Sie sind nämlich in der Lage, alle drei *Doshas* auszugleichen. Es sind allerdings nicht nur die Heilwirkungen, die man bei frischen Korianderblättern schätzt, sondern mindestens ebenso sehr ihr Aroma, das sie in Gemüsegerichten, Dals, Chutneys oder wie hier in Parathateig entfalten.

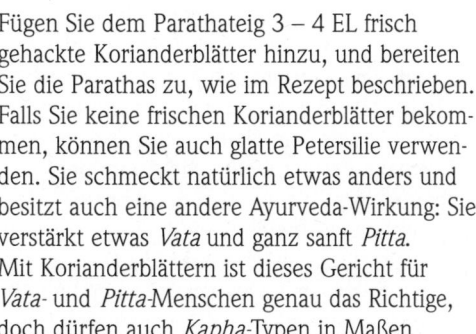

Damit die Parathas ihren Geschmack noch besser entfalten, zerknautschen Sie die heißen Blätterteigfladen einmal kurz mit den Händen, sobald die Fladen kühl genug zum Anfassen sind. Anschließend servieren Sie sie dann ein- oder zweimal zusammengeklappt (als Halbmond oder Dreieck).

Kartoffel-Käse-Blätterteigfladen (Alu-Panir-Parathas)

Wirkt Kapha-erhöhend

Der versteckte Gourmet. In diesem Rezept ist die Füllung gleich im Teig enthalten, ein weiteres Gericht aus Vrindavana, der heiligen Stadt, in der vor fünftausend Jahren *Krishna* lebte. Ein guter Panir (Frischkäse) gelingt am besten mit Rohmilch oder Vorzugsmilch direkt vom Bauern oder aus dem Naturkostladen bzw. Reformhaus. So und nicht anders wird der bekömmlichste Käse überhaupt schon seit Jahrtausenden in Indien hergestellt.

Dieses Gericht vermehrt das *Kapha-Dosha*, es ist also für *Pitta*- und *Vata*-Menschen empfehlenswert.

Für etwa 14 Blätterteigfladen

4 gekochte Kartoffeln (300 g)
200 g fein gemahlener und ausgesiebter Dinkel
100 g Weizenmehl (Typ 1050)
1 TL Salz
100 – 120 ml warmes Wasser
  (bzw. warme Molke von
  der Panirherstellung)
etwas Mehl zum Wenden
6 – 7 EL Ghee oder Sonnenblumenöl
  zum Bestreichen und Braten

Für den Panir (Frischkäse):
500 ml Milch
Saft einer halben Zitrone

So wird's gemacht:

1) Pellkartoffeln kochen (möglichst schon am Vorabend oder so rechtzeitig, daß sie noch abkühlen können). Etwa 90 g weichen Panir (Frischkäse) herstellen (Anleitung Seite 226).

2) Das Mehl in eine Schüssel geben und mit Salz mischen. Kartoffeln pellen und mit einer Gabel fein zerdrücken. Den etwas abgehangenen Panir und die zerdrückten Kartoffeln unter das Mehl kneten und nach und nach so viel warmes Wasser bzw. Molke hinzufügen, bis sich die Masse zu einem mittelfesten Teig kneten läßt. Den Teig mit einem Deckel zugedeckt mindestens 30 Minuten, wenn möglich länger, ruhen lassen.

3) Teig noch einmal kräftig auf einer Arbeitsfläche, falls nötig mit etwas Mehl, durchkneten und etwa 14 Bällchen formen.

4) Eine Pfanne auf mittlerer Flamme vorwärmen. Währenddessen einen Teigball flachdrücken, beidseitig im Mehl wenden und zu
einem gleichmäßig runden und dünnen
Fladen ausrollen. Dabei immer wieder wenden, damit er nicht an der Arbeitsfläche
kleben bleibt. Den Fladen mit etwas zerlassenem Ghee (bzw. Sonnenblumenöl) bestreichen und die Ränder zur Mitte hin falten, so
daß wiederum ein kleiner, gefalteter, runder
Fladen entsteht (die Ränder sollten etwas
überlappen, damit das Ghee beim Ausrollen
nicht herauslaufen kann). Den Fladenball
wieder etwas flach drücken, erneut in etwas
Mehl wenden (nur so viel Mehl verwenden,
daß der Fladen beim Ausrollen nicht kleben
bleibt) und zu einem flachen, runden Fladen
ausrollen.

5) Fladen in die trockene vorgewärmte Pfanne
legen. Die Flamme so regulieren, daß die
Fladen nicht anbrennen. Paratha mit Holzspatel umdrehen, bis er auf beiden Seiten
kleine goldbraune Flecken hat. Nun ½ TL
zerlassenes Ghee (bzw. Öl) mit dem Löffelrücken auf der Oberfläche des Paratha verstreichen und im Uhrzeigersinn einmassieren, woraufhin er sich sogleich aufblähen
sollte. Gleich umdrehen und auch die zweite
Seite mit Ghee (bzw. Öl) bestreichen. Der
Paratha bläht sich nun wie ein Ballon auf
und ist fertig gebacken, wenn er mit goldbraunen Flecken übersät ist.

6) Parathas gleich heiß servieren oder in einer
kleinen Schüssel mit Deckel warmhalten.

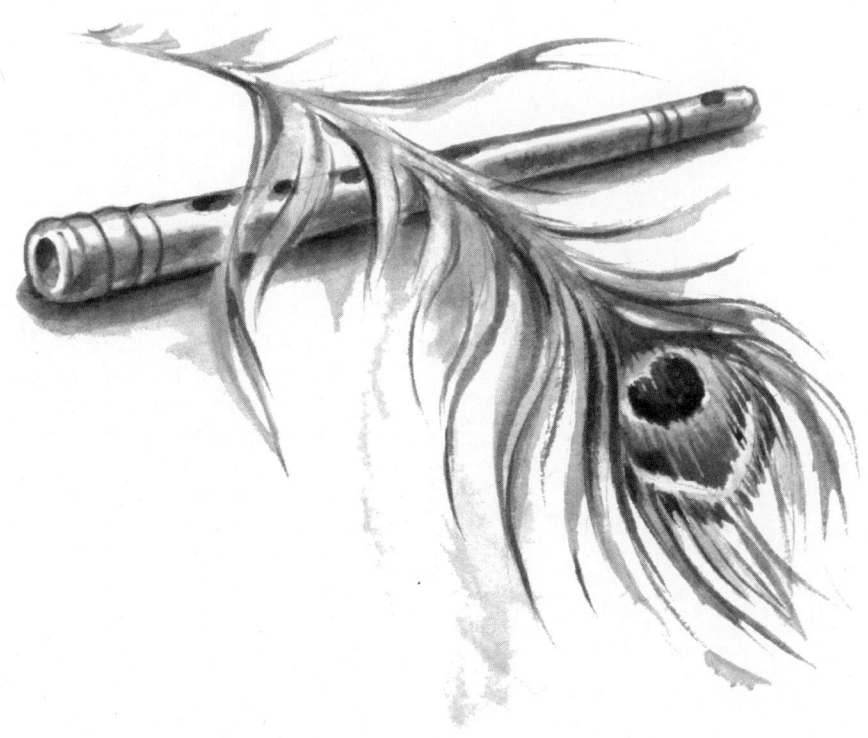

Blätterteigfladenbrote mit Rettich (Muli-Parathas)
Wirkt Pitta- und Kapha-erhöhend

Ob weiß, ob schwarz, ob rot – Rettich hat so einiges zu bieten. Ein mittelgroßer Rettich deckt den Tagesbedarf eines Erwachsenen an Vitamin C, liefert Carotin, einige B-Vitamine, reichlich Kalium, Natrium, Magnesium, Calcium, Phosphor, Eisen und Enzyme. Ganz besonders glänzt er aber mit seinen Senfölglukosiden und Bitterstoffen, die eine antibiotische Wirkung haben, galletreibend und schleimlösend sind. Seine ätherischen Öle regen die Verdauungsdrüsen an, reinigen und regenerieren die Schleimhäute, helfen bei Gallenstauungen und fördern den Stuhlgang. Nach dem Ayurveda wirkt Rettich *Pitta*- und auch sanft *Vata*-erhöhend.

Auch im Winter sind Rettich-Parathas für *Vata*-Menschen genau das Richtige, in Maßen können *Kapha*-Menschen allerdings ebenfalls zugreifen. Für *Pitta*-Typen ist dieses Rezept zu stark hitzeerzeugend; sie sollten sich lieber an Chapatis mit frischen Korianderblättern (siehe Seite 170) halten.

Für 8 Stück

250 g Atta-Mehl (Vollkorn-Chapatimehl) oder fein gemahlener und ausgesiebter Dinkel bzw. Weizen
1 TL Salz
150 – 160 ml Wasser
100 g Rettich
1 TL frisch geriebener Ingwer
3 EL frisch gehackte Korianderblätter (ersatzweise frische glatte Petersilie)
etwas Mehl zum Ausrollen
4 – 5 EL etwas Ghee (vegan: Sonnenblumenöl) zum Bestreichen und Braten

So wird's gemacht:

1) Mehl in eine Schüssel sieben (Kleie anderweitig weiterverwenden, z. B. zum Brotbakken) und Salz untermischen. Nach und nach das Wasser dazugießen (Wassermenge kann je nach Mehlsorte variieren) und alles zu einem geschmeidigen, glatten Teig kneten. Der Teig sollte sich seidig weich wie ein Ohrläppchen anfühlen. Teig in die Schüssel legen und mit einem Deckel abdecken.

2) Rettich waschen und raspeln. Rettich, Ingwer und frische Korianderblätter bzw. Petersilie unter den Teig kneten. Falls der Teig durch die Zugabe des Rettichs etwas zu klebrig geworden ist, noch etwas Mehl dazugeben. Den Teig abgedeckt mindestens 30 Minuten bis zu 2 Stunden ruhen lassen.

3) In der Zwischenzeit alle benötigten Utensilien zurechtlegen: einen Teller mit etwas Mehl zum Ausrollen, ein Nudelholz, eine Gußeisen- oder Anti-Haft-Pfanne, einen Teelöffel, ein Töpfchen mit etwas zerlassenem Ghee (bzw. Sonnenblumenöl), einen Holzspatel und eine Schüssel mit Deckel zum Warmhalten der fertigen Parathas.

4) Teig noch einmal kräftig durchkneten, zu einer Rolle formen, diese in acht Bällchen

teilen und mit einem feuchten Tuch abdekken.

5) Jeweils ein Teigbällchen flach drücken, beidseitig in dem Teller mit dem Mehl wenden und zu einem gleichmäßig dünnen und runden Fladen ausrollen. Dabei immer wieder im Mehl wenden, damit er nicht an der Arbeitsfläche kleben bleibt – mit zu viel Mehl jedoch wird er spröde und hart. Den Fladen mit etwas zerlassenem Ghee (bzw. Sonnenblumenöl) bestreichen, zu einer Rolle aufrollen und diese nochmals zu einer Schnecke zusammenrollen. Die Teigschnecke erneut im Mehl wenden und ausrollen. Nun diesen dünnen Teigfladen noch einmal mit etwas Ghee (bzw. Sonnenblumenöl) bestreichen und wie zuvor beschrieben auf- und ausrollen.

6) Die Pfanne ohne Fett auf mittlerer Hitze erhitzen. Dann den dünn ausgerollten Fladen in die heiße Pfanne gleiten lassen. Die Flamme so regulieren, daß die Fladen nicht anbrennen. Während die eine Paratha langsam bräunt, bereits den nächsten Fladen wie beschrieben je zweimal ausrollen und mit Ghee (bzw. Sonnenblumenöl) bestreichen. Den ersten Paratha nach 1 – 2 Minuten mit einem Holzspatel umdrehen, nun ½ TL zerlassenes Ghee (bzw. Sonnenblumenöl) mit dem Löffelrücken auf der Oberfläche des Parathas im Uhrzeigersinn verstreichen, woraufhin sich der Paratha sogleich aufblähen sollte. Sofort umdrehen und auch die zweite Seite mit Ghee (bzw. Sonnenblumenöl) bestreichen. Der Paratha bläht sich nun fast wie ein Ballon auf und ist fertig gebacken, wenn er mit goldbraunen Flecken übersät ist.

7) Paratha gleich heiß servieren oder in einer kleinen Schüssel mit Deckel in der Nähe der Flamme warm halten.

Variation:
Rettich-Parathas
mit Garam Masala

Probieren Sie diese Parathas auch einmal mit 1 TL Garam Masala (siehe Seite 261), das mit in den Teig geknetet wird.

Damit die Parathas ihren Geschmack noch besser entfalten, zerknautschen Sie den heißen Fladen, sobald Sie ihn anfassen können, einmal kurz mit den Händen. Anschließend servieren Sie ihn dann ein- oder zweimal gefaltet (als Halbmond oder Dreieck).

Puris *(Fritierte Fladenbrote)*

Wirkt Pitta- und Kapha-erhöhend

Heiß geliebt und heiß gegessen! Vor allem bei festlichen Anlässen dürfen Puris in Indien niemals fehlen. Geübte Köchinnen und Köche beherrschen die Kunst, jeweils einen runden und gleichmäßig dicken Puri auszurollen, während der vorhergehende bereits im heißen Fett fritiert wird und sich zu einem Ballon aufbläht. Das A & O ist dabei die richtige Temperatur beim Fritieren: Das Fett darf nicht zu heiß sein (das ist der Fall, wenn es zu rauchen beginnt) und auch nicht zu kalt (der Puri darf nicht auf den Grund abtauchen und sich mit Fett vollsaugen).

Puris aus Weizen-Vollkornmehl haben aber nicht nur unserem Gaumen, sondern auch der Gesundheit viel zu bieten: einen hohen Anteil an Kohlenhydraten und Eiweiß, 2 % Fett und etwa 1,8 % wertvolle Mineralstoffe. Zudem ist Weizen reich an dem für die Nerven wichtigen Vitaminen der B-Gruppe und dem Entgiftungs- und Verjüngungs-Vitamin E. Nach dem Ayurveda ist Weizen großartig für *Pitta-* und *Vata-*Menschen, da er *Kapha* vermehrt. Wenn er wirklich aus dem ganzen Korn vermahlen wurde, ist Weizen eine hervorragende Kopf- und Nervennahrung, eine Anti-Streß-Medizin und ein Darmanreger.

Puris vermehren die *Kapha-* und die *Pitta-*Komponente, genau das Richtige also für *Vata-*Menschen. Ab und zu dürfen auch *Pitta-* und *Kapha-*Menschen zugreifen.

Für 12 – 16 Puris (je nach Größe)

Für den Teig:
*350 g fein gemahlener und
    ausgesiebter Weizen bzw. Atta-Mehl
    (Vollkorn-Chapatimehl)*
½ TL Salz
*1 EL zerlassenes Ghee
    (vegan: Sonnenblumenöl)*
etwa 150 ml warmes Wasser
*Ghee bzw. Sonnenblumenöl zum Fritieren
    und zum Einfetten*

So wird's gemacht:

1) Fein gemahlenen Weizen bzw. Vollkorn-Chapatimehl (Atta) in eine Schüssel sieben und mit Salz mischen. Zerlassenes Ghee (bzw. Sonnenblumenöl) dazugeben und mit den Fingerspitzen zu Teigkrümeln verreiben. Langsam das Wasser dazugießen (die Wassermenge kann je nach Mehlsorte variieren) und mit den Händen verkneten. Hände waschen, abtrocknen, mit etwas Ghee (bzw. Sonnenblumenöl) einfetten und den Teig nochmals durchkneten, bis er seidig-glatt und elastisch ist. Den Teig in einer Schüssel zugedeckt 30 Minuten bis 2 Stunden ruhen lassen.

2) Teig anschließend noch einmal durchkneten, zu einer Rolle und diese zu 12 bis 16 Kugeln formen. Einige Tropfen Ghee (bzw. Öl) auf der Ausrollfläche verreiben. Teigkugeln mit einem eingefetteten Nudelholz zu dünnen ebenmäßigen Fladen ausrollen und immer wieder wenden, damit sie nicht auf der Fläche kleben bleiben. (Verwenden Sie kein Mehl, da es beim Fritieren verbrennen und das Ghee verfärben würde!) Die ausgerollten Fladen nebeneinander legen, so daß sie sich nicht berühren, und mit einem feuchten Tuch bedecken, um sie vor dem Austrocknen zu bewahren.

3) Eine mit Ghee (bzw. Öl) gefüllte *Karhai* (tiefe doppelgriffige indische Pfanne), einen Wok oder einen flachen Topf mit schwerem Boden auf mittlerer bis starker Flamme erhitzen. Wenn das Ghee zu rauchen beginnt, die Flamme auf mittlere Hitze reduzieren. (Ein Test, ob das Fett heiß ist: Einige Wassertröpfchen in das heiße Fett spritzen – wenn es zischt, kann's losgehen.) Nun einen Puri vorsichtig in das heiße Ghee gleiten lassen. Vorsicht: Verbrennungsgefahr! Der Puri sinkt zuerst für einige Sekunden auf den Boden ab, um dann sogleich zischend zur Oberfläche aufzusteigen. Den Puri noch einmal sanft mit der Siebkelle untertauchen, bis er sich wie ein Ballon aufbläht. Den Puri drehen, damit auch die zweite Seite für einige Sekunden ausbacken kann, und dann herausnehmen. Puri zum Abtropfen aufrecht in ein Sieb stellen. Anschließend auf ein Papierküchentuch legen, damit überschüssiges Fett aufgesaugt wird.

4) Puris heiß servieren!

Variationen

Buchweizenpuris

Wirkt Pitta-erhöhend

Eine leckere Variante sind auch Puris mit Buchweizenmehl statt Vollweizenmehl. Bei Buchweizenpuris können *Kapha*- und *Vata*-Menschen (in Maßen) zugreifen.

Puris aus dem Mehl der Wasserkastanie (Singhar Atta)
Wirkt Kapha-erhöhend und sanft Vata-besänftigend

Nach dem Ayurveda besitzt die Wasserkastanie kühlende und zusammenziehende Eigenschaften. Aus diesem Grund sind Singhar-Atta-Puris vor allem für *Pitta*-Typen interessant, vorausgesetzt, sie sind in Ghee fritiert. Während Ghee in kleinen Mengen nämlich *Pitta* besänftigt, hat Pflanzenöl den gegenteiligen Effekt.

Puris schmecken zu jeder Mahlzeit! Ob pur zu heißer Milch, mit Apfelmus, Marmelade oder Honig oder zu Gemüsegerichten und Reis. Probieren Sie nur selbst!

Tortillas

Wirkt sanft Pitta-erhöhend

Späte Renaissance. Fast zweitausend verschiedene Maissorten sollen die Azteken, Mayas und Inkas gezüchtet haben. Und auch die Rezepte mit den gelben und blauen Kolben scheinen zahlreich gewesen zu sein. Während Mais diesseits des großen Teichs im Balkan und in den Mittelmeerländern zum Grundnahrungsmittel wurde, hat er in der deutschen Küche nie so recht Fuß fassen können. Erst neuerdings findet man den Mais, z. B. als Polenta (Maisgrieß), in leckeren Variationen auch in unseren Küchen.

Mais enthält bis zu 65 % verwertbare Kohlenhydrate, viele Ballaststoffe, Carotin und Vitamine des B-Komplexes und Vitamin C. Nur einige wesentliche Aminosäuren und das Vitamin Niacin fehlen der gelben Rispenpflanze – ein Manko, das die Indianer beseitigten, indem sie Mais immer zusammen mit Bohnen verzehrten. Dadurch ergänzen sich die einzelnen Aminosäuren ideal. Da Maismehl weder Gluten noch Gliadin enthält, ist es eine interessante Abwechslung auf dem Speisezettel von Menschen mit Klebereiweiß-Unverträglichkeit.

Nach dem Ayurveda besitzt Mais leichte, trockene und wärmende Eigenschaften, ist also ideal für *Kapha*-Menschen. Besonders günstig ist Mais für all diejenigen, die abnehmen möchten, und für Zuckerkranke, da er sehr satt macht, seine Verdauung langsam vonstatten geht und seine Kohlenhydrate nur langsam ins Blut übergehen. Außerdem reinigt Mais Niere und Blase und hilft bei vielen *Kapha*-Beschwerden, wie z. B. bei Erkältungen.

Tortillas, die mexikanische Nationalspeise, wirken sanft *Pitta*-erhöhend – optimal für *Kapha*- und *Vata*-Typen, und in Maßen auch für *Pitta*.

Für etwa 16 Fladen

120 g Maisgrieß (Polenta)
450 ml Wasser
¾ TL Salz
1 EL Olivenöl
250 g fein gemahlener
   und ausgesiebter Dinkel
etwas Mehl zum Wenden

So wird's gemacht:

1) Maisgrieß mit 200 ml kaltem Wasser in einer Schüssel verrühren. 250 ml Wasser und Salz in einem Topf zum Kochen bringen, den angerührten Maisbrei hineingeben und so lange über der Flamme rühren, bis er eindickt (dies dauert nur wenige Minuten). Topf von der Flamme nehmen.

2) Maisbrei in eine Schüssel geben und mit dem Öl vermischen. Sobald die Masse auf Handwärme abgekühlt ist, fein gemahlenen und ausgesiebten Dinkel dazugeben und zu einem geschmeidigen Teig kneten. Teig zugedeckt 30 Minuten bis 1 Stunde ruhen lassen.

3) Den Teig in etwa 16 Stücke teilen. Die Teigstücke zu Kugeln formen, flachdrücken, in Mehl wenden und zu dünnen, runden Fladen ausrollen.

4) Tortillas in einer schweren Pfanne ohne Fett bei mittlerer Hitze goldbraun backen und dabei von Zeit zu Zeit wenden. Fertige Tortillas in einem sauberen Tuch warmhalten oder sofort servieren.

Papadams *(Indische Riesencräcker)*
Dosha-Eignung je nach Zubereitung

Das haben sich die Amerikaner abgeschaut. Denn eigentlich stammen die Cräcker nicht aus der »Neuen Welt«, sondern aus Indien – nur kennt man sie dort in einer etwas größeren Variation: als Papadams (oder auch Papads genannt). Papadams sind hauchdünne Knäckechips aus Urad Dal und Gewürzen. Sie werden nur mit etwas Asafoetida gewürzt oder aber mit Kreuzkümmel (Cumin), mit Chili u. ä. angeboten.

Als ideale Appetitanreger sind Papadams aus der indischen Küche nicht wegzudenken. Sie bringen Abwechslung auf den Tisch und sorgen in Kombination mit etwas Reis und Gemüse für eine optimale Eiweißversorgung.

Papadams lassen sich buchstäblich im Handumdrehen machen, es lohnt sich, immer eine Packung im Haus zu haben. Für unangemeldete Gäste oder wenn es einfach schnell gehen soll, sind Papadams genau das Richtige: Eins, zwei, drei – und fertig sind die Riesenkräcker! Vorbereitete Papadams bekommen Sie in indischen Lebensmittelläden oder beim indischen Gewürzversand.

Wenn die richtige Zubereitung gewählt wird, dürfen bei Papadams alle drei *Dosha*-Konstitutionen zugreifen: In Ghee oder Öl fritiert, sind sie sanft *Vata*-erhöhend, alle anderen Zubereitungsarten sind stark *Vata*-erhöhend.

1 – 3 Papadams pro Person (als Beilage)

Papadams (Stückzahl nach Wunsch)
je nach Zubereitungsart etwas Ghee
oder Öl zum Fritieren

So wird's gemacht:
Sie können die Papadams auf vier verschiedene Arten zubereiten:
a) In heißem Ghee bzw. Öl einige Sekunden fritieren (in Maßen gut für *Vata*-Typen).
b) Im heißen Waffeleisen (ohne Fettzugabe) 1 – 2 Minuten knusprig backen (ideal für *Kapha*- und *Pitta*-Typen, in Maßen auch für *Vata*).
c) In den heißen Toaster legen (große Papadams halbieren) und nach wenigen Sekunden herausholen (optimal für *Kapha*- und *Pitta*-Typen, in Maßen auch für *Vata*).
d) Über der offenen Gasflamme (mit einer Küchenzange) wenden (ideal für *Kapha*- und *Pitta*-Typen, in Maßen auch für *Vata*).
Ist der Papadam nach einigen Sekunden goldbraun und knusprig, so ist er fertig.

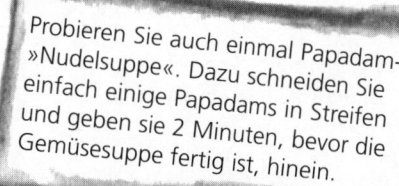
Probieren Sie auch einmal Papadam-»Nudelsuppe«. Dazu schneiden Sie einfach einige Papadams in Streifen und geben sie 2 Minuten, bevor die Gemüsesuppe fertig ist, hinein.

Lotus-Popcorn
Wirkt sanft Vata-erhöhend

Die Blume, die das Herz öffnet. Wer Lotusblumen schon einmal gesehen hat, ist sicherlich fasziniert von der Schönheit und dem eigentümlichen Reiz, der von diesen großblättrigen Wasserpflanzen ausgeht. Der Sonne zugewandt und von dem Wasser, in dem sie wächst, unbeeinträchtigt, steht die Lotusblume in den altindischen Vedas u. a. als Symbol für die ewige spirituelle Seele, die auf ihrem Weg zurück zum Schöpfer ihren Weg ebenso unbeeinträchtigt gehen sollte.

Im Spätsommer, wenn die Lotusblumen allmählich verblühen, werden in den nordindischen Seen verschiedene Lotusköstlichkeiten geerntet: der Stengel, die Blätter und die Schote mit den weißen Lotussamen. Damit erfreut die Lotusblume auch Gaumen und Gesundheit. Lotussamen stärken das Herz und die Nerven. Sie helfen bei Allergien und Krämpfen, wirken sich positiv bei Stottern aus und erhöhen die Konzentrationsfähigkeit. Lotussamen öffnen das Herz-Chakra (eines der sieben Hauptenergiezentren), wirken auf die Psyche harmonisierend und unterstützen das Streben nach spiritueller Entfaltung. Nach dem Ayurveda gelten die Lotussamen als leicht *Kapha*-erhöhend.

Dieses Rezept erhielten wir von unseren guten Freunden Ramashraddha und Janaki. Wann immer wir bei ihnen sind, überrascht uns Ramashraddha mit neuen und leckeren Zubereitungen aus seiner südindischen Heimat. Unser erstes Lotus-Popcorn mußten wir schnell vor ihrem kleinen Sohn Madhumangala in Sicherheit bringen.

Ein optimales Gericht für *Pitta*- und *Kapha*-Konstitutionen, in Maßen auch für *Vata*.

Für 1 – 4 Personen
   (als Beilage oder Snack)

2 TL Ghee oder Sonnenblumenöl
50 g gepoppte Lotussamen
½ TL Salz
¼ TL frisch zerstoßener schwarzer Pfeffer
je 1 Prise Asafoetida und / oder Black Salt
   (Kala Namak) nach Belieben

So wird's gemacht:
1) Ghee bzw. Öl in einer großen Pfanne erhitzen und gepoppte Lotussamen darin für wenige Minuten goldbraun rösten. Mit Salz und Pfeffer (und eventuell mit anderen Gewürzen) würzen. Fertig ist der Lotus-Snack.

Lotus Popcorn paßt zu jeder Mahlzeit oder auch einfach nur pur als Snack, Partygag oder im Büro. Gepoppte Lotussamen bekommen Sie im indischen Lebensmittelgeschäft oder beim Gewürzversand.

Pfannkuchen-Grundrezept

Wirkt Kapha-erhöhend

Der Favorit. Ob süß oder pikant, bei Pfannkuchen werden nicht nur Kinder schwach. Diese Pfannkuchen ohne Eier gehen nicht nur kinderleicht und schnell von der Hand, sondern schmecken auch hervorragend. Und so ganz nebenbei sind Pfannkuchen ohne Eier auch viel gesünder. Kein Wunder, daß Sattva-Nahrung im Ayurveda so hoch im Kurs steht.

»König der Getreide« – so nennt der Ayurveda den Weizen – zu Recht, denn Weizen strotzt nur so von gesunden Inhaltsstoffen. Das volle Korn des Weizens verleiht physische Kraft, unterstützt die Körperabwehr und hilft bei Hautausschlägen und Durchfall. Daneben empfiehlt ihn der Ayurveda bei Arthritis und bestimmten Formen von Krebs. Nach dem Ayurveda wirkt Weizen *Kapha*-erhöhend. Pfannkuchen sind ein optimales Gericht für *Vata*- und *Pitta*-Typen. Menschen mit *Kapha*-Dominanz empfehlen wir Pfannkuchen aus Buchweizen- oder Kichererbsenmehl.

Für 4 Personen

200 g fein gemahlener Weizen bzw. Dinkel
200 ml Milch (vegan: Sojadrink)
150 – 175 ml Mineralwasser
1 Prise Salz
eventuell 1 Msp Natron
eventuell ein Schuß Mineralwasser
Ghee zum Ausbacken
    (vegan: Sonnenblumenöl)

So wird's gemacht:

1) Den fein gemahlenen Dinkel bzw. Weizen in eine Schüssel sieben und mit den restlichen Zutaten (außer Ghee zum Ausbacken) zu einem flüssigen Pfannkuchenteig verrühren. Den Teig 15 – 20 Minuten ruhen lassen. Falls der Teig in der Zwischenzeit etwas zu dickflüssig geworden ist, noch einen Schuß Mineralwasser unterrühren.
2) In einer heißen Anti-Haft-Pfanne mit wenig Ghee (bzw. Sonnenblumenöl) dünne Pfannkuchen ausbacken und mit einer beliebigen süßen oder pikanten Füllung servieren.

Variationen für Pfannkuchen gibt es fast unzählige. Haben Sie schon einmal daran gedacht, Pfannkuchen mit Spinat und Panir (Frischkäse; siehe Seite 226) zu füllen oder den Teig mit frisch gehackten Kräutern, kleingeschnittenem Gemüse und/oder Gewürzen zu verfeinern? Auch die Kombination von Dinkel mit gemahlener Hirse, Gerste, Hafer oder Amaranth schmeckt lecker.

Buchweizenpfannkuchen mit Tapioka

Wirkt Vata- und Pitta-erhöhend

Stärke aus den Tropen. Tapioka sind weißliche Perlchen, die aus der gereinigten Stärke der tropischen Maniokwurzel gewonnen werden. Ihr hoher Gehalt an verwertbaren Kohlenhydraten bringt Muskeln, Gehirn und Stoffwechsel auf Trab. Weiter glänzen die Stärke-Kügelchen mit einem hohen Kaliumanteil, dazu kommen noch Natrium, Eisen und nicht zu vergessen Carotin, Vitamine des B-Komplexes und Vitamin C. Nach dem Ayurveda erhöht Tapioka sanft *Vata* und sanft *Kapha*. Er ist besonders gut für alle, die sich nach einer Krankheit wieder erholen wollen. Tapioka beruhigt die Verdauung, hemmt jedoch sanft *Agni*.

Auch Buchweizen hat in puncto Gesundheit einiges parat: beträchtliche Mengen an den lebenswichtigen Eiweißbausteinen Tryptophan und Lysin (die in den meisten Getreidesorten in geringeren Mengen vorkommen) und viele ungesättigte Fettsäuren. Daneben enthält Buchweizen auch Vitamine der B-Gruppe, Niacin, Kalium, Eisen, Phosphor, Magnesium, Kieselsäure und Lecithin. Nach dem Ayurveda vermehrt Buchweizen durch seine erwärmenden, leichten und trockenen Eigenschaften *Pitta* und *Vata*. In der kalten Jahreszeit spendet er dem Körper Wärme, darüber hinaus ist er eine wertvolle Gehirn- und Nervennahrung und verbessert die Aufnahmefähigkeit.

Dieses Gericht ist genau das Richtige für Menschen mit *Kapha*-Dominanz. *Vata*- und *Pitta*-Typen können jedoch ebenfalls zugreifen, wenn sie dazu eine warme, leichte Gemüsesuppe wie z. B. Spargelcremesuppe (siehe Seite 111) servieren.

Für 9 – 10 kleine Pfannkuchen

50 g Tapioka
Saft einer halben Zitrone
200 g Buchweizenmehl
350 – 375 ml (Mineral-)Wasser
1 TL gemahlener Kreuzkümmel
1 TL gemahlener Koriander
¾ TL frisch gemahlener schwarzer Pfeffer
¾ TL Salz
eine halbe kleine grüne Chili
* (oder ¼ TL Cayennepfeffer)*
70 – 100 g Gartenmelde bzw.
* andere Wildkräuter (z. B. Brennessel,*
* Giersch), ersatzweise 5 EL frisch gehackte*
* Küchenkräuter*
2 TL frisch geriebener Ingwer
Sonnenblumenöl oder Ghee zum Braten

So wird's gemacht:

1) Tapioka in einem feinem Sieb unter fließendem Wasser spülen und in eine kleine Schüssel geben. Den Zitronensaft und einige EL Wasser zum Einweichen dazugeben. Etwa 15 Minuten einweichen.
2) Buchweizenmehl, Wasser, Kreuzkümmel, Koriander, Pfeffer und Salz in einer Schüssel zu einem Pfannkuchenteig verrühren. Chili waschen, entkernen und klein schneiden. Wildkräuter bzw. frische Küchenkräuter waschen, trockenschütteln und fein hacken. Nun die Kräuter, Chili, Ingwer und den eingeweichten Tapioka dazugeben. Den Teig etwa 15 Minuten ruhen lassen.
3) Eine große Pfanne mit etwas Sonnenblumenöl bzw. Ghee erhitzen und jeweils drei kleine Pfannkuchen nacheinander goldbraun und knusprig ausbacken. Heiß servieren.

Pitta-Typ: Lassen Sie die Chili weg.

Variation:
Pfannkuchen aus dem Mehl der Wasserkastanie (Singhar Atta)
Wirkt Kapha- und sanft Vata-erhöhend

Falls Sie im orientalischen (z. B. persischen) oder indischen Lebensmittelgeschäft bzw. Gewürzversand Singhar Atta (Mehl aus den sonnengetrockneten Früchten der Wasserkastanie) bekommen können, probieren Sie dieses Pfannkuchenrezept auch einmal damit an Stelle von Buchweizen. In Indien verwendet man dieses Mehl der unter Wasser wachsenden Früchte der Wasserpflanze *Trapan Bispinosa* gerne für flache Fladenbrote, Puris, Pakoras, Halava und süße Puddings – ganz besonders am elften Tag nach Neu- und nach Vollmond, an dem alle *Vaishnavas* (Verehrer *Vishnus* und *Krishnas)* weder Getreide noch Hülsenfrüchte zu sich nehmen.

Nach dem Ayurveda erhöht die Wasserkastanie *Kapha* und sanft *Vata*. Eine köstliche Abwechslung vor allem für *Pitta*-Typen, aber auch für Menschen mit Gluten-Unverträglichkeit.

Gefüllte Zucchiniblüten

Wirkt Kapha- und sanft Pitta-erhöhend

Ouvertüre für Genießer. Vor nicht allzu langer Zeit galten Zucchini bei uns als ausgesprochen exotisches Gewächs; heute dagegen findet man sie zur Sommerzeit in vielen deutschen Hausgärten. Neu dürfte hierzulande jedoch die Idee sein, auch die gelblichen Zucchiniblüten in der Küche zu verwenden – eine Zubereitungsart aus Italien. Früher jedoch war man sich solcher Blütenköstlichkeiten auch bei uns mehr bewußt. Noch in ganz normalen Kochbüchern aus dem 19. Jahrhundert finden sich Rezepte für die Blüten unterschiedlicher Pflanzen. Wenn Pflanzen schon mit so vielen gesunden Inhaltsstoffen aufwarten können, um wieviel mehr dann erst ihre Blüten!

Besondere Aufmerksamkeit haben in jüngerer Zeit die sekundären Pflanzenstoffe auf sich gezogen. Obwohl sie nur in geringen Mengen und auch nur in bestimmten Pflanzen vorkommen, besitzen sie doch zahlreiche gesundheitsfördernde Eigenschaften. Unter anderem schützen diese Bioaktivstoffe vor Krankheitserregern und vor Krebs, bekämpfen gefährliche Zellgifte, die Sauerstoff-Radikale, und stärken unser körpereigenes Abwehrsystem. Selbst einer angespannten Psyche können sie noch Entspannung und gute Laune bringen.

Dieses Gericht erhöht *Kapha* und sanft *Pitta* und ist genau das Richtige für *Vata*- und *Pitta*-Menschen (siehe *Dosha*-Tip).

Für 4 Personen

20 – 25 Zucchiniblüten

Für den Panir (Frischkäse):

1,5 l Milch
Saft von 1 Zitrone
(vegan: 200 – 250 g Tofu statt Panir)

Für die Füllung
(siehe auch Variation folgende Seite):

1 EL Olivenöl
4 Ringelblumenblüten
1 Prise Muskat
3 EL frisch gehacktes Basilikum
¾ TL frisch gemahlener schwarzer Pfeffer
½ TL Salz
(vegan: ½ TL frisch geriebener Ingwer)

Für den Teig:

1 – 2 EL Sesamsamen
150 g Kichererbsenmehl
½ TL Paprika
½ TL Kurkuma
½ TL gemahlener Koriander
¼ TL Asafoetida
¾ TL Salz
etwa 200 ml Wasser
4 Ringelblumenblüten
Ghee bzw. Olivenöl zum Braten

So wird's gemacht

1) Weichen Panir (Frischkäse) herstellen (genaue Anleitung siehe Seite 226).
2) Zucchiniblüten vorsichtig waschen, abtropfen lassen und trockenschütteln. Sesam in einer Pfanne ohne Fett goldbraun rösten.
3) Kichererbsenmehl in eine Schüssel sieben und mit den Gewürzen und Wasser zu einem pfannkuchenartigen Teig verrühren. Ringelblumen waschen, trockenschütteln, die Blütenblätter von vier Blüten abzupfen

und zusammen mit dem Sesam in den Teig rühren.

4) Panir für die Füllung in eine Schüssel geben. Mit Olivenöl, den übrigen vier abgezupften Ringelblumenblüten und den restlichen Zutaten für die Füllung vermischen.

5) Pfanne mit Olivenöl bzw. Ghee erhitzen. Zucchiniblüten jeweils mit 1 – 2 Teelöffeln Panir füllen. In den Teig tauchen, abtropfen lassen und goldbraun ausbacken. Zucchiniblüten-Pakoras auf einen Teller mit Küchenpapiertüchern legen, damit überschüssiges Fett aufgesogen wird, und warm servieren.

Pitta-Typ: Nehmen Sie Ghee (vegan: Sonnenblumenöl) zum Anbraten, aber so sparsam wie möglich. Verwenden Sie für die Füllung statt frischem Basilikum besser frische Korianderblätter, und nehmen Sie 1 TL gemahlenen Koriander. Bei zu starkem *Pitta* lassen Sie Asafoetida und Paprika lieber weg und verwenden statt dessen 1 TL gemahlene Kreuzkümmelsamen.

In Italien bekommt man in der Erntezeit die zarten kleinen Zucchini entweder zusammen mit den Blüten oder auch nur die Blüten in Lebensmittelgeschäften zu kaufen. Hierzulande muß man für dieses Rezept entweder stolzer Besitzer eines Gartens sein oder aber freundliche Gartenbesitzer als Lieferanten haben.

Variation: Füllung mit Tofu

Wirkt Kapha-erhöhend

Nehmen Sie statt Panir einfach 200 – 250 g weichen Tofu. Pürieren oder zerdrücken Sie ihn mit einer Gabel und braten Sie ihn goldbraun an. Würzen Sie ihn anschließend mit den restlichen Zutaten. Fügen Sie schließlich ½ TL frisch geriebenen Ingwer hinzu; das verbessert die Verdauung von Tofu.

Iddlis *(»Dampfkrapfen«)*

Wirkt Kapha- und sanft Pitta-erhöhend

»Ufo« zum Essen. In Südindien ist ein Snack ohne Iddli kein richtiger Snack. Zum Frühstück mit Kokos-Chutney, als »Pausenbrot« im Büro oder mit Gemüsesuppe zum Mittagessen – Iddlis werden rund um die Uhr in den verschiedensten Variationen gereicht. So richtig kennt man Iddlis allerdings erst, wenn man sie einmal selbst probiert hat, denn in unserer westlichen Küche haben wir dafür kein vergleichbares Gegenstück. Grundlage dieser pikanten »Dampfkrapfen« in Ufo-Form ist ein luftiger Teig aus Reis und Urad Dal, der in speziellen Iddli-Formen (in indischen Geschäften oder beim Gewürzversand erhältlich) oder einer Improvisation (siehe Rezept) gekocht wird.

Obwohl Urad Dal bei uns »schwarze Linse« heißt, sind die gespaltenen und geschälten Linsen eigentlich elfenbeinfarben. Die Linsen bestehen zu knapp einem Viertel aus Eiweiß und zu etwa 56 % aus Kohlenhydraten; der Fettgehalt ist dagegen minimal. Neben einem besonders hohen Eisengehalt (gut für die roten Blutkörperchen) enthält Urad Dal auch viel Kalium, Magnesium, Calcium, Kupfer, Phosphor sowie Provitamin A, Vitamin B_1 und B_6 und Vitamin E. Sein reicher Vitamin-B-Gehalt hat einen positiven Einfluß auf Gehirn und Nerven und auf den gesamten Stoffwechsel; der Lecithingehalt nährt die Gehirnzellen. In kleinen Mengen ist Urad Dal in der Rekonvaleszenzphase empfehlenswert. Nach dem Ayurveda vermehrt er das *Kapha-* und sanft auch das *Pitta-Dosha*. Er ist also ideal für *Vata*-Menschen, wenn man ihm einige verdauungsfördernde Gewürze, z. B. Kreuzkümmel und Asafoetida, beigibt.

Iddlis wirken insgesamt *Kapha-* und sanft *Pitta*-vermehrend, sind also ideal für *Vata-* und in Maßen auch für *Pitta*-Menschen.

Ergibt 16 – 18 Iddlis (für 4 – 5 Personen)

250 g weißer Basmatireis
125 g gespaltener Urad Dal
etwas warmes Wasser zum Pürieren
1 gestrichener TL Salz
etwas Ghee (vegan: Sonnenblumenöl)
*   zum Einfetten der Iddli-Formen*
¼ TL Natron

So wird's gemacht:

1) Reis waschen und in etwa 750 ml Wasser 6 – 8 Stunden einweichen. Urad Dal in einer zweiten Schüssel verlesen, waschen (bis das Waschwasser nicht mehr milchig ist) und in 750 ml Wasser ebenfalls 6 – 8 Stunden oder über Nacht einweichen. Dann Reis und Dal abtropfen lassen.

2) Dal in einem Mixer zu feinem Püree mixen (falls notwendig noch, etwas warmes Wasser hinzufügen). Auch den Reis zu einer feinen Paste pürieren, jedoch nicht ganz so fein wie das Dalpüree. Anschließend die beiden Pürees in einer Schüssel miteinander mischen, Salz darunter rühren und 12 – 14 Stunden mit einem Deckel abgedeckt an einem warmen Ort stehen lassen. (Die Teigmasse ist fertig, wenn sich ihr Volumen vergrößert hat und sie mit vielen kleinen Blasen bedeckt ist. Dies kann je nach Küchentemperatur und Jahreszeit bis zu 36 Stunden dauern.) Teigmasse während des Gärprozesses nicht mehr umrühren, damit die Luftbläschen, die den Iddli-Teig auftreiben sollen, nicht entweichen.

3) Die verschiedenen Etagen der Iddliform auseinanderschrauben und die Aushöhlungen mit Ghee (bzw. Sonnenblumenöl) einfetten.

4) Teigmasse behutsam umrühren; die Konsistenz sollte halb geschlagener Sahne gleichen. (Test: 1½ EL Teigmasse in eine Iddli-Form geben. Der Teig sollte sich langsam

ausbreiten, jedoch nicht durch die kleinen Löcher der Form tropfen. Wenn die Teigmasse zu dünn ist, klebt der gekochte Iddli an der Form fest; ist sie zu dick, wird der fertige Iddli hart und fest.) Falls nötig, fügen Sie entweder noch 1 – 2 EL Wasser oder 1 – 2 EL Reismehl hinzu, um die gewünschte Konsistenz zu erreichen.

5) Vor dem Backen das Natron unterheben. Gehen Sie mit dem Teig immer sehr behutsam um, da ein »rauher« Umgang den Teig daran hindert, später luftig weich aufzugehen.

6) Knapp zwei fingerbreit (etwa 2,5 cm) Wasser in einen (Schnellkoch-)Topf füllen, und die Platte/Flamme auf große Hitze stellen. Der Deckel des Topfes sollte eine Öffnung haben, damit der entweichende Dampf die Iddlis luftig-weich in die Höhe treiben kann. (Beim Schnellkochtopf das Ventil herausschrauben.)

7) Nun die Aushöhlungen der verschiedenen Iddli-Etagen mit jeweils 2 – 3 EL Teig füllen. Anschließend die Etagen wieder zusammensetzen, in den vorbereiteten (Schnellkoch-)Topf stellen, Deckel daraufsetzen und kochen. Die Kochzeit beträgt 14 – 18 Minuten, je nach Größe der Iddlis. Sie sind fertig, wenn die Oberfläche schön rund gewölbt ist. (Stäbchenprobe: An einem in den Teig gesteckten Holzstäbchen oder einem Zahnstocher sollte kein Teig mehr hängenbleiben.)

8) Iddlis mit einem Spatel aus der Form lösen und warmhalten. Nun die Formen abwaschen, trocknen, erneut einfetten, mit dem restlichen Teig füllen und kochen. (Topf wieder mit ausreichend Wasser auffüllen).

Iddli-Form-Improvisation

Iddli-Formen bekommen Sie im indischen Lebensmittelgeschäft oder beim Gewürzversand. Falls Sie keine Iddli-Form haben, nehmen Sie z. B. das Gemüsesiebteil eines Schnellkochtopfes, in dem Sie drei Lagen feuchtes Baumwoll-Käsetuch hineinlegen (damit der Teig nicht durchtropfen kann). Fetten Sie das Tuch großzügig mit Ghee ein, und füllen Sie so viel Teig in die Form, bis sie etwa 1,5 cm hoch gefüllt ist. Dadurch erhalten Sie einen großen Iddli, den Sie dann in kleine Kuchenstücke schneiden können. Füllen Sie knapp zwei fingerbreit Wasser in den Topf (etwa 2,5 cm), und stellen Sie die Form auf ein Gitter, einen Einsatz oder ein kleines Edelstahl-Schälchen in den Topf. Dann erhitzen und weiter wie im Rezept angegeben vorgehen.

Servieren Sie Iddlis am besten dampfend-heiß, mit einem kleinen Flöckchen Ghee darauf und zu Kokos-Chutney oder Jagganatha-Dal (siehe Seite 130).

Salate und Raitas

Die ayurvedische Variante des Salats nennt man in Indien Raita. Er wird aus würzigem Joghurt und gekochtem oder rohem Gemüse zubereitet. Raitas sind bekömmlich, erfrischend und wirken kühlend, weshalb sie gerne zu scharfen Gerichten und in der heißen Jahreszeit gereicht werden. Und ein weiteres Plus gerade für die heutige Küche: Man kann sie einfach und schnell zubereiten.

Spargelsalat

Wirkt ausgleichend auf alle drei Doshas

Delikates aus dem Dunkel der Erde. Vier Jahre müssen vergehen, ehe Spargelanbauer das erste Mal ihre fürstliche Ernte nach Hause tragen können.

Das Ergebnis kann sich sehen (und schmecken) lassen. Selbst unsere Gesundheit profitiert von der edlen Gaumenfreude. Nach dem Ayurveda wirkt Spargel auf alle drei *Doshas* ausgleichend. Er regt Niere und Blase an, hilft bei Wasseransammlungen im Gewebe und wird bei Gallen- und Leberleiden hoch geschätzt; seine vielen Ballaststoffe wirken lindernd bei Verstopfung. Auch bei schweren Hautunreinheiten und chronischen Ekzemen hat sich eine Spargelkur bewährt.

Bei diesem Spargelsalat können alle drei *Dosha*-Typen nach Herzenslust zugreifen.

Für 4 Personen

800 g weißer oder grüner Spargel
4 – 5 EL Olivenöl bzw. Sonnenblumenöl
1½ – 2 EL Zitronensaft
½ TL Salz
½ TL frisch gemahlener schwarzer Pfeffer
2 – 3 EL frisch gehackte Kräuter,
    z. B. Basilikum, Majoran, Kerbel oder Koriander

So wird's gemacht:

1) Spargel waschen und schälen. (Bei grünem Spargel nur unterstes Drittel schälen).
2) Spargel in der Mitte durchschneiden und in einem Topf mit Wasser etwa 8 Minuten bißfest garen.
3) Spargel auf einer Platte anrichten. Öl, Zitronensaft, Salz und Pfeffer in einer Tasse mischen und diese Sauce über den Spargel gießen.
4) Mit gehackten Kräutern bestreuen.

Werfen Sie die Schalenreste nicht weg; sie lassen sich noch gut für einen aromatischen Spargelfond verwenden (siehe Seite 110).

Rucola-Karotten-Salat

Wirkt sanft Pitta-erhöhend

Gesundheit schüsselweise. Rucola, bei uns auch unter dem Namen Rauke bekannt, besteht wie jeder Salat zum größten Teil aus Wasser. Doch die restlichen Inhaltsstoffe können sich durchaus sehen lassen. Neben hochwertigem Eiweiß und vielen Ballaststoffen enthält Rucola die Vitamine Carotin, B_1, B_2, Folsäure und C, dazu kommen noch Calcium, Kalium, Natrium, Phosphor, Eisen und Spurenelemente wie Selen. Ferner findet man reichlich blutbildendes Chlorophyll und viele Bitterstoffe, die den Darm und das Immunsystem stärken. Nach dem Ayurveda verstärkt Rucola das *Vata-* und das *Pitta-Dosha.*

Karotten enthalten viel Beta-Carotin (gut für Augen, Haut und Immunsystem und als Schutz vor Krebs), wertvolle B-Vitamine und die Vitamine C, D, E und K. Nicht zu vergessen sind ihre ätherischen Öle und Mineralien. Nach dem Ayurveda erhöhen Karotten *Pitta,* reinigen das Blut und stärken die Nieren.

Dieser Salat ist ideal für *Kapha-* und in Maßen auch für *Vata-*Typen.

Für 4 Personen

350 g Rucola (Rauke)
3 große Karotten (etwa 300 g)

Für das Dressing:
4 EL Mais- bzw. Olivenöl
1 – 2 EL Zitronensaft
1 – 2 EL Birnendicksaft
¾ TL frisch gemahlener schwarzer Pfeffer
½ TL Salz

So wird's gemacht:
1) Rucola und Karotten waschen und putzen.
2) Rucola in etwa 3 cm lange Stücke schneiden und Karotten raspeln. Salat in einer Schüssel mischen.
3) Alle Zutaten für das Dressing mischen und unter den Salat heben.

Variation:
Rucola-Karotten-Fenchel-Salat
Wirkt ausgleichend auf alle drei Doshas

Eine wohlschmeckende Variante ist auch die Kombination von Fenchel mit Rucola und Karotten. Geben Sie zusätzlich zu den anderen Zutaten noch eine in dünne Streifen geschnittene Fenchelknolle dazu. Ein Salat für alle drei *Doshas.* Guten Appetit!

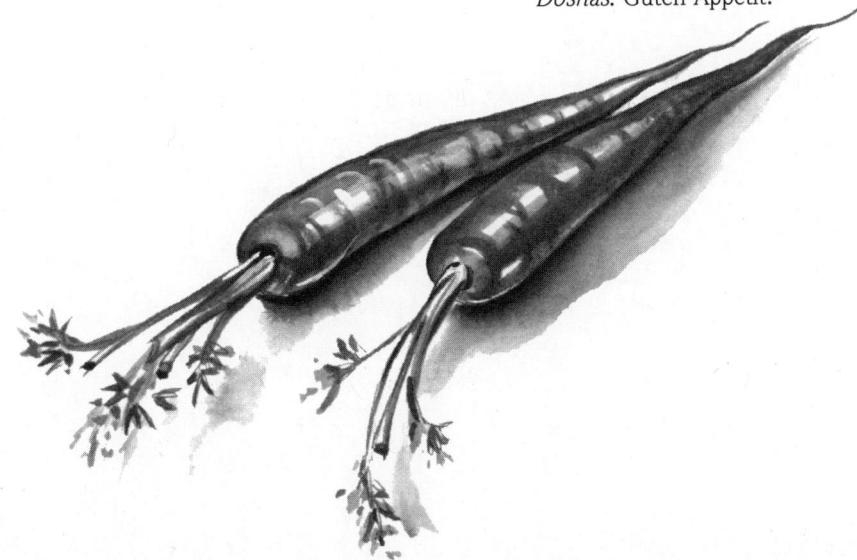

Quinoasalat

Wirkt ausgleichend auf alle drei Doshas

Das Korn aus den Anden. Quinoa ist eine der ältesten Kulturpflanzen der Menschheit. Jahrtausendelang diente das Pseudogetreide den Inkas und deren Vorgängern als wichtige Nahrungsgrundlage.

Quinoa besitzt viele hochwertige Inhaltsstoffe: neben 16 % Proteinen mit der wichtigen Aminosäure Lysin auch einen hohen Anteil an ungesättigten Fettsäuren, Ballaststoffen, Mineralstoffen und Vitaminen der B-Gruppe, Vitamin C und E sowie Carotin.

Nach dem Ayurveda wirkt Quinoa leicht erwärmend, ohne das *Pitta-Dosha* zu stören. Es kann also allen drei Konstitutionstypen ans Herz bzw. auf den Teller gelegt werden.

Auch der Mais stammt aus der »Neuen Welt«. Azteken, Mayas und Inkas kannten fast zweitausend verschiedene Maissorten.

Mais reinigt Niere und Blase und lindert Ödeme. Mit seinen leichten, trockenen und erwärmenden Eigenschaften wirkt Mais nach dem Ayurveda *Pitta-* und *Vata*-erhöhend. Es ist also ein ideales Getreide für *Kapha*-Konstitutionen. Als frischer gedämpfter Maiskolben wirkt er nur noch sanft *Vata-* und sanft *Pitta*-erhöhend.

Quinoa-Salat ist für alle drei *Dosha*-Typen und ganz besonders für *Kapha*-Menschen genau das Richtige.

Für 4 – 6 Personen

3 frische Maiskolben
150 g Quinoa
500 ml Wasser
300 g Karotten
250 g Zucchini
2 EL Olivenöl
½ TL Asafoetida
3 TL frisch geriebener Ingwer
½ TL Kurkuma
1 ½ TL gemahlener Koriander
Artischocken aus dem Glas
  (Abtropfgewicht: 240 g)
4 EL Olivenöl
Saft einer halben Zitrone
1 TL frisch gemahlener schwarzer Pfeffer
1 ½ TL Salz
7 EL Buttermilch (vegan: Reismilch)
5 EL frisch gehacktes Basilikum

So wird's gemacht:

1) Maiskolben von den Hüllblättern und Haaren befreien, waschen und in einem Kochtopf mit etwas Wasser 15 – 20 Minuten gar kochen (im Schnellkochtopf dauert dies 7 – 10 Minuten). Der Mais ist gar, wenn sich die Körner leicht vom Kolben lösen lassen.

2) Quinoa in einem feinen Sieb unter fließendem Wasser waschen. In einem Topf mit 500 ml Wasser 15 Minuten zugedeckt köcheln und anschließend auf ausgeschalteter Platte quellen lassen. Karotten waschen, in dünne Stifte schneiden und ebenfalls 15 Minuten im Kochtopf dämpfen (Schnellkochtopf 5 – 7 Minuten).

3) Zucchini waschen und in Scheiben schneiden. Eine Pfanne mit 2 EL Olivenöl erhitzen. Asafoetida, Ingwer, Kurkuma und Koriander darin anrösten, Zucchini dazugeben und etwa 5 Minuten goldbraun anbraten.

4) Maiskörner in einer großen Schüssel mit einem großen Messer vom Kolben schneiden. Quinoa, Karotten und Zucchini hinzufügen. Artischocken klein schneiden und zusammen mit Olivenöl, Zitronensaft, Pfeffer, Salz, Buttermilch (bzw. Reismilch) und dem frisch gehackten Basilikum mischen.

Dieser frische Sommersalat ist zusammen mit einigen Dips geradezu ideal für Parties, Sommerfeste oder fürs Büro. Auch ganz für sich alleine bildet er eine leckere und vollständige Mahlzeit.

Pastinaken-Fenchel-Salat

Wirkt Kapha-erhöhend

Der vergessene Feinschmecker. Pastinaken schmecken würzig und können sich auch in puncto Gesundheit durchaus sehen lassen. Sie besitzen wertvolle Kohlenhydrate, darunter reichlich herzschützendes Pektin, viel Kalium, Calcium, Magnesium und Phosphor und nicht zuletzt zahlreiche Ballaststoffe. Ihr ätherisches Öl lindert Magen- und Darmbeschwerden, regt die Verdauungstätigkeit an, erleichtert die Atmung und stimuliert das Nervensystem. Nach dem Ayurveda erhöhen Pastinaken *Kapha* und haben einen beruhigenden Effekt auf *Vata* und *Pitta*.

Fenchel wurde in Ländern mit langjähriger Küchentradition immer schon gegessen – in Indien, China, Ägypten, Griechenland und Italien. Das in einer Portion enthaltene Carotin deckt mehr als den Tagesbedarf; dazu besitzt er fast doppelt so viel Vitamin C wie Orangen, sowie reichlich B-Vitamine und Mineralstoffe. Sein Eisengehalt nimmt unter allen Gemüsesorten eine Spitzenposition ein. Die ätherischen Öle fördern die Durchblutung der Schleimhäute und wirken sich daher günstig auf Verdauungstrakt und Atmungsorgane aus. Sie beeinflussen die Leber- und Nierentätigkeit positiv und beruhigen einen nervösen Magen. Nach dem Ayurveda harmonisiert Fenchel ein Übermaß an *Pitta* und *Vata*, und selbst *Kapha*-Typen können ihn gelegentlich genießen.

Dieser Salat wirkt leicht kühlend und ist daher für *Pitta*-Konstitutionen optimal. Abgewandelt kann er jedoch auch *Vata*- und *Kapha*-Typen empfohlen werden (siehe *Dosha*-Tip).

Für 2 – 4 Personen

200 g Pastinaken
350 g Fenchel

Für das Dressing:

2 – 3 EL frisch gehackter Dill bzw. Basilikum
2 EL Zitronensaft
6 EL Olivenöl bzw. Sonnenblumenöl
2 EL Sahne (kann entfallen)
1 EL Ahornsirup (kann entfallen)
¾ TL frisch gemahlener schwarzer Pfeffer
½ – ¾ TL Salz

So wird's gemacht:

1) Pastinaken waschen und Schale abschaben. Fenchel waschen. Gemüse fein raffeln.
2) Dressing zubereiten, mit dem Salat vermischen und servieren.

Kapha-Typ: Lassen Sie Sahne und Ahornsirup weg, dafür wird noch eine große Karotte hineingeraspelt. Das Sonnenblumen- bzw. Olivenöl reduzieren Sie am besten auf 4 EL, dazu kommen dann noch ½ TL Ingwerpulver und je eine Prise Cayennepfeffer und/oder Zimt. Statt Dill verwenden Sie besser frisch gehacktes Basilikum oder Petersilie.

Vata-Typ: Fügen Sie noch ½ – 1 TL frisch geriebenen Ingwer hinzu.

Feldsalat

Wirkt ausgleichend auf alle drei Doshas

»Rapunzel, Rapunzel, laß Dein Haar herunter.« Das alte Märchen der Gebrüder Grimm zeigt, daß der Feldsalat – oder Rapunzel – bei uns schon lange bekannt ist. Je fester und dunkelgrüner der Feldsalat ist, um so besser schmeckt er. Auch wenn er auf den ersten Blick unscheinbar erscheinen mag, in puncto Gesundheit besitzt er geradezu gigantische Kräfte. Von allen Salaten ist Feldsalat derjenige mit dem größten Eisengehalt. Außerdem enthält er zwei- bis dreimal so viel Carotin und dreimal so viel Vitamin C wie Kopfsalat. Feldsalat schmeckt für sich alleine herzhaft bitter, wirkt also leicht *Vata*-vermehrend.

Birnendicksaft und Olivenöl erhöhen jedoch das *Kapha-Dosha*, und Pfeffer wirkt *Pitta*-vermehrend – dieses Salat-Rezept ist also für alle drei Konstitutionstypen geeignet.

Für 2 – 4 Personen

200 g Feldsalat

Für das Dressing:

1 – 2 EL Zitronensaft
5 EL Oliven- bzw. Sonnenblumenöl
1 – 2 EL Birnendicksaft oder Ahornsirup
¾ TL Pfeffer
½ TL Salz
3 EL frisch gehackte Kräuter nach Wahl

So wird's gemacht:

1) Feldsalat putzen und waschen.
2) Die Zutaten für das Dressing mischen. Das Dressing erst vor dem Servieren über den Feldsalat geben, da er sonst sehr schnell zusammenfällt.

Eisbergsalat mit Blüten

Wirkt sanft Vata-erhöhend

Eisbergsalat ist die krachend-frische Version des Kopfsalats; nicht zuletzt deswegen nennt man ihn auch Krachsalat.

Bis zu 95 % dieses Salats bestehen aus Wasser, aber die restlichen 5 % haben es in sich: Neben vielen Ballaststoffen enthält Eisbergsalat die Vitamine Carotin, mehrere Vitamine des B-Komplexes, Folsäure und Vitamin C, dazu reichlich Calcium, Kalium, Natrium, Phosphor, Eisen, Kupfer und Jod sowie die Spurenelemente Zink, Mangan und Selen. Ferner findet man in ihm viele Bitterstoffe, die die Verdauungsdrüsen anregen, sowie das Harnsäure ausschwemmende Asparagin, das wir vom Spargel kennen. Nach dem Ayurveda besitzt Eisbergsalat eine kühlende und *Vata*-erhöhende Wirkung. Diese Salatversion wirkt herb-trocken, kühlend, leicht süßlich und leicht scharf und ist daher gut für alle drei Konstitutionstypen.

Für 4 Personen

1 großer Eisbergsalat
2 EL geröstete Sonnenblumenkerne
einige orangefarbene Blüten und Blätter
*   der Kapuzinerkresse, blaue Borretsch-Blüten*
*   und/oder Blüten der Ringelblume*
*   (falls vorhanden)*
2 – 3 EL frisch gehacktes Basilikum
1 Kästchen frische Gartenkresse

Für das Dressing:

2 EL frisch gepreßter Mandarinen-
*   oder Orangensaft*
1 TL Zitronensaft
6 EL Olivenöl
4 EL Buttermilch
1 TL Honig
1 TL frisch geriebener Ingwer
¾ TL Pfeffer
1 – ½ TL Salz

So wird's gemacht:

1) Eisbergsalat putzen, waschen und abtropfen lassen. Sonnenblumenkerne in einer Pfanne (ohne Fett) goldbraun rösten. Blüten vorsichtig waschen. Gartenkresse abschneiden und unter fließendem Wasser waschen.
2) Zitrusfrüchte auspressen und alle weiteren Zutaten für das Dressing zusammenrühren. Vor dem Servieren den Salat mit dem Dressing vermischen und mit Sonnenblumenkernen, Gartenkresse und Basilikum bestreuen. Zum Abschluß mit den Blüten garnieren.

Falls Sie keine frischen Blüten und Blätter der Kapuzinerkresse zur Hand haben, verwenden Sie einfach ¼ TL gemahlene schwarze Senfkörner. Dies ist ein guter Ersatz für den leicht scharfen Geschmack der Kapuzinerkresse.

Kürbis-Raita

Wirkt Pitta- und Kapha-erhöhend

Wenn's schnell gehen soll – Kürbis-Raita macht's möglich.

Joghurt besitzt, bis auf den Milchzucker, etwa die gleichen Inhaltsstoffe wie Milch, insbesondere Proteine, Calcium, Vitamin B_1, B_2 und D – und natürlich Milchsäurebakterien. Fünfhundert bis achthundert Millionen dieser natürlichen und erwünschten Mikroorganismen finden sich in einem Milliliter Joghurt und machen aus Joghurt somit ein natürliches Penicillin. Bestimmte Amöben und Bakterien, die bestimmte Krankheiten und vorzeitiges Altern verursachen, werden durch Joghurt abgetötet. Nach dem Ayurveda vermehrt Joghurt *Kapha* und *Pitta*. Er hilft bei leichtem Durchfall und baut die Darmflora wieder auf, wenn diese durch Antibiotikaeinnahme oder eine Krankheit vernichtet wurde. Darüber hinaus stärkt Joghurt den Körper, verlängert das Leben und hemmt das Wachstum von Tumoren und sogar Krebs.

Seine medizinische Wirkung kann Joghurt allerdings nur dann entfalten, wenn er weder homogenisiert noch wärmebehandelt wurde. Achten Sie auch darauf, daß er die gesundheitsfördernde rechtsdrehende Milchsäure enthält. Am besten verwenden Sie nur frischen Joghurt; gekaufter Joghurt ist oft abgestanden und zu sauer. Wie Sie Joghurt einfach und preiswert selbst herstellen können, erfahren Sie auf Seite 224.

Dieses Gericht erhöht *Kapha* und *Pitta*, ist also ideal für *Vata*-Menschen.

Für 4 Personen

500 g Kürbis
1½ TL Kreuzkümmelsamen
500 g Joghurt
1 TL Salz
½ TL frisch gemahlener schwarzer Pfeffer
¼ TL Black Salt (Kala Namak)
eventuell 1 Prise Cayennepfeffer

So wird's gemacht:

1) Kürbis schälen, von den Kernen befreien und in Würfel schneiden.
2) Kürbis in einem Topf mit etwas Wasser dünsten, bis er gar ist (5 – 8 Minuten).
3) Kreuzkümmel in einer Pfanne (ohne Fett) rösten. Joghurt und Kürbiswürfel pürieren, Gewürze, Salz und Pfeffer dazugeben und in kleinen Schüsselchen servieren.

Mit gerösteten und gehackten grünen Kürbiskernen bestreut, ist Raita nicht nur ein Augen-, sondern auch ein Gaumenschmaus. Servieren Sie Kürbis-Raita zu Reis- und Gemüsegerichten.

199

Gurken-Raita

Wirkt Pitta- und Kapha-erhöhend

Die grüne Wasserflasche. Wie keine andere Gemüsepflanze speichert die Gurke jede Menge Wasser, das mit unzähligen Mineralstoffen angereichert ist: eine geradezu optimale Erfrischung für die heiße Jahreszeit.
Gurken enthalten besonders viel Kalium, Magnesium und Beta-Carotin und dazu ein insulinähnliches Hormon. Pektine regen den Darm an und Bitterstoffe Leber und Galle. Gurken wirken stark harntreibend, aktivieren den Hautstoffwechsel und helfen bei chronischer Verstopfung. Nur eines ist zu beklagen: Kaum eine Pflanze wird heute so intensiv mit Chemie traktiert. Halten Sie daher nach Gurken aus biologischem Anbau Ausschau. Kleine Gurken besitzen übrigens mehr *Prana* (Lebensenergie) als ihre großen Geschwister.
Nach dem Ayurveda wirken Gurken kühlend, nährend, feucht und besänftigend, kurzum *Kapha*-vermehrend. Sie sind optimal für *Pitta-* und auch für *Vata*-Typen, wobei letztere zur besseren Bekömmlichkeit die größeren Kerne entfernen und die Gurke schälen sollten. Schwarzer Pfeffer, etwas Zitronensaft bzw. frischer Ingwer (wie in diesem Rezept) regen die Verdauung zusätzlich an.
Dieses Gericht ist ideal für *Vata-*, gelegentlich können auch *Pitta-* und *Kapha*-Konstitutionen zugreifen (siehe *Dosha*-Tip).

Für 4 Personen

1 TL Kreuzkümmel
1 Salatgurke (aus biologischem Anbau)
500 g Joghurt
1 TL frisch geriebener Ingwer
¾ TL frisch gemahlener schwarzer Pfeffer
1 TL Salz
2 – 3 EL frisch gehackte Korianderblätter
   oder Dill

So wird's gemacht:

1) Kreuzkümmel in einer Pfanne (ohne Fett) rösten und in einem Mörser (bzw. mit dem Stiel eines Nudelholzes) zu feinem Pulver zerstoßen.
2) Um der Gurke die Bitterstoffe zu entziehen, ein Stückchen vom oberen Ende der Gurke abschneiden, eine Prise Salz daraufstreuen und das abgeschnittene Stückchen so lange an der Gurke reiben, bis sich weißlich-zäher Schaum bildet. Diesen Schaum abwaschen. Mit dem anderen Gurkenende ebenso verfahren. Anschließend die Gurke waschen, schälen, grob raspeln und salzen. Mit Joghurt, Ingwer Kreuzkümmel, Pfeffer und Salz vermischen.
3) Gurken-Raita mit den gehackten Kräutern bestreuen und servieren.

Kapha-Typ: Verwenden Sie anstatt der kühlenden Korianderblätter besser frische Petersilie bzw. Basilikum und ¼ TL Cayennepfeffer.

Servieren Sie diesen Raita an heißen Sommertagen; gerade dann ist seine kühlende Wirkung angenehm. Er läßt sich schnell zubereiten und paßt zu allen Gerichten wie scharfen Gemüsegerichten mit Reis, knusprig-heißen Pakoras (Gemüse-Krapfen) oder fritiertem Fladenbrot (Puris).

Chutneys

»Ein gutes Chutney« (sprich: *Tschat-ni)*, so
sagte uns ein langjähriger Freund aus Indien
einmal, »muß so süß sein, daß man nicht mehr
aufhören kann, und so scharf, daß man nicht
zuviel davon ißt.«

In der Ayurveda-Küche gehört zu einer *sattvischen* Mahlzeit ein Klacks des süß-sauren
Chutney-Akzents. Süß-scharfe, würzige Chutneys bereichern milde Gerichte und bringen
den Geschmack der Hauptgänge stärker zur
Geltung. Die lebhaften Farben sind eine Augen-
weide, die Schärfe regt die Verdauung an, und
die Süße rundet jedes Festmahl gelungen ab.
Einige Chutneys eignen sich hervorragend zum
Dippen von Snacks. Dattel-Tamarinden-Chutney
(siehe Seite 204) oder Kokos-Chutney passen
beispielsweise hervorragend zu Pakoras, Kartof-
felbratlingen oder Fladenbroten. Manche
Chutneys benötigen eine längere Kochzeit,
da die Zutaten eindicken müssen. Es gibt aber
auch frische Chutneys aus rohen Zutaten,
z. B. Minz- oder Petersilienchutney (siehe
Seite 208 und 209), die einfach zu einer Creme
püriert werden. Doch genug der Worte –
wenden wir uns den Taten (sprich: den Chut-
ney-Rezepten) zu!

Papaya-Bananen-Chutney
Wirkt Kapha- und sanft Pitta-erhöhend

Herbst in Vrindavana. Sobald die Sommerhitze und auch die Regenzeit vorüber sind, bricht in der heiligen Stadt Nordindiens, in der Krishna vor fünftausend Jahren lebte, die Zeit der reifen süßen Papayas an.

Papayas strotzen nur so von Provitamin A, Vitamin C, Calcium, Kalium, Phosphor und Eisen. Viele ihrer Heilwirkungen sind auf antibakteriell wirksame Bestandteile zurückzuführen, und selbst ihre Kerne enthalten neben Senfölen ein wichtiges Enzym, das Papain. Nach dem Ayurveda wirken reife Papayas *Kapha*- und *Pitta*-erhöhend. Ayurveda-Therapeuten setzen sie bei vielen Beschwerden ein, u. a. bei Verdauungsschwäche, Appetitlosigkeit, chronischem Durchfall, Hämorrhoiden, Menstruationsbeschwerden und Darmparasiten. Papayas stärken Leber, Herz und Milz. Grüne, unreife Papayas dagegen vermehren *Vata*.

»Frucht von den himmlischen Planeten« – so nannten die altindischen Veden die Banane, und das zu Recht, denn Bananen besitzen 10 verschiedenen Vitamine, 18 Mineralstoffe, alle essentiellen Aminosäuren und zahlreiche Spurenelemente. Ayurveda-Therapeuten empfehlen sie bei Arteriosklerose, Menstruationsstörungen, entzündetem Magen-Darm-Trakt und nach einem Herzinfarkt. Die Vitamine Pantothensäure und Folsäure wirken sich positiv auf das Gehirn aus und fördern die Blutbildung.

Dieses Gericht wirkt *Kapha*- und auch etwas *Pitta*-vermehrend. Es ist optimal für *Vata*-Typen, in Maßen können auch *Pitta*-Menschen zugreifen. Denken Sie an dieses Chutney-Rezept aus Vrindavana, wenn Sie in einem asiatischen Lebensmittelgeschäft reife Papayas sehen.

Für 4 – 6 Personen

1 mittelgroße reife Papaya (etwa 700 g)
3 kleine reife Bananen (etwa 300 g)
1 EL frisch geriebener Ingwer
1 TL Ghee (vegan: Sonnenblumenöl)
⅛ – ¼ TL Cayennepfeffer
*   oder ½ frische kleine grüne Chili*
¼ TL Kurkuma
eine halbe Zimtstange (3 cm)
*   oder ¼ TL Zimtpulver*
eventuell 1 EL Wasser
50 – 80 g Vollrohrzucker
*   oder Roh-Rohrzucker*

So wird's gemacht:

1) Papaya waschen, schälen, halbieren und die Kerne entfernen, Banane schälen. Die Früchte in kleine Würfel bzw. Scheiben schneiden. Chili waschen, entkernen und klein schneiden.

2) Ghee (bzw. Sonnenblumenöl) in einem Topf erhitzen. Cayennepfeffer bzw. Chili, Kurkuma, Zimtstange und Ingwer für einige Sekunden anrösten, sofort die Früchte dazugeben, umrühren und zugedeckt köcheln lassen (eventuell etwas Wasser dazugeben), bis die Papayastückchen weich sind.

3) Vollrohrzucker dazugeben, Zimtstange entfernen und warm oder abgekühlt servieren.

Birnenchutney

Wirkt ausgleichend auf alle drei Doshas

Aus Erfahrung gut. Die Heilige Hildegard von Bingen schätzte gekochte Birnen ebenso wie schon Jahrtausende vor ihr der Ayurveda. Das ist kein Wunder, denn reife Birnen sind die reine Medizin – vorausgesetzt sie sind von der chemischen Keule verschont worden. Birnen bergen reiche Schätze in sich: Carotin, Vitamine der B-Gruppe, besonders viel Kalium, dazu Magnesium, Calcium, Eisen, Phosphor und sogar etwas Mangan, Kupfer und Jod. Ferner finden sich in ihr Fruchtsäuren, Aromastoffe und hormonähnliche Substanzen. Reife Birnen sind gut für das Herz und fördern die Darmbewegung. Aufgrund ihres Kaliumüberschusses wirken sie entwässernd, schwemmen Ödeme aus, stärken die Nieren und senken hohen Blutdruck. Ihre Gerbsäuren helfen bei Entzündungen im Magen-Darm-Bereich. Nach dem Ayurveda wirken unreife, ungekochte Birnen hauptsächlich *Vata*-vermehrend. Frisch, reif und saftig oder gekocht dagegen können alle drei *Dosha*-Typen zugreifen. In dieser Form regen sie auch die Ausscheidung von Harnsäure an, was sie gerade bei Gicht, Rheuma und Arthritis interessant macht.

Dieses Chutney ist allen drei *Dosha*-Typen zu empfehlen.

Für 4 Personen

4 reife Birnen (Williams Christ) (etwa 800 g)
1 TL Ghee (vegan: Sonnenblumenöl)
1 TL frisch geriebener Ingwer
½ TL Kurkuma
¼ TL Cayennepfeffer
1 EL Ahornsirup

So wird's gemacht:

1) Birnen waschen, schälen und klein schneiden.
2) Ghee (bzw. Öl) in einem Topf erhitzen, Ingwer, Kurkuma und Cayennepfeffer für einige Sekunden anrösten. Dann sogleich die Birnenstückchen dazugeben und für 3 – 4 Minuten köcheln lassen, bis die Birnen weich sind. Ahornsirup dazugeben und umrühren.
3) Warm oder abgekühlt servieren.

Variation:
Apfel-Chutney

Probieren Sie nach dem gleichen Rezept auch einmal Apfel-Chutney:
Würzen Sie mit 1 – 2 TL frischem Ingwer, ¾ TL Anissamen, 1 TL frisch gehackter grüner Chili, ½ TL Zimt und ½ TL Kurkuma. Je nach Apfelsorte können Sie mit 3 – 4 EL Jaggery/Gur oder Vollrohrzucker süßen.

Dattel-Tamarinden-Chutney

Wirkt Pitta- und Kapha-erhöhend

Sauer macht lustig. Diesen Eindruck gewinnen wir zumindest immer, wenn wir bei Imli Tal, einem jahrtausendealten Tamarindenbaum in der heiligen Stadt Vrindavana, die vielen grünen Papageien sehen, die mit großer Vorliebe die Schoten des indischen Tamal-Baumes knacken, um das saure Fruchtfleisch zu verzehren. Der Mensch hat es ihnen nachgemacht: Tamarinde, das Fruchtfleisch der unreifen Schote des Tamal-Baumes, ist bei den meisten süßsauren Gerichten Indiens mit von der Partie. Darüber darf sich nicht nur der Gaumen, sondern auch die Gesundheit freuen. Denn Tamarinde enthält viele Vitamine, allen voran Vitamin C, zahlreiche Fruchtsäuren, Pektin sowie weitere Schutz- und Heilsubstanzen. Nach dem Ayurveda vermehrt Tamarinde *Kapha* und *Pitta*. Sie regt den Appetit an, löscht den Durst, aktiviert die Leberfunktion, fördert die Verdauung und stärkt das Herz. Desweiteren wirkt Tamarinde harntreibend, reinigt die Blase und hilft bei einer vergrößerten Milz.

Auch Datteln haben es in sich. Getrocknet vermehren sie das *Kapha-Dosha* und stärken Herz, Leber, Verdauungsorgane und Nieren. Darüber hinaus kräftigen sie Körper und Geist, regen die Blutbildung an und helfen gegen Infektionskrankheiten, Müdigkeit und Depression.

Das Dattel-Tamarinden-Chutney ist also für alle *Vata*-Menschen optimal.

Für 4 Personen

100 g Tamarinde
450 ml Wasser
250 g frische oder weiche
   getrocknete Datteln
½ TL gemahlener Kreuzkümmel
1 TL frisch geriebener Ingwer
¼ TL Cayennepfeffer
½ TL Kurkuma
2 EL Gur bzw. Jaggery
   (ersatzweise Vollrohrzucker)
¼ TL Salz

So wird's gemacht:

1) Den Tamarinde-Klumpen in kleine Stückchen brechen und 10 Minuten zugedeckt in einem Topf mit dem Wasser kochen oder die Tamarindestückchen mit kochend heißem Wasser überbrühen und dann für mindestens 30 Minuten zugedeckt ziehen lassen. In der Zwischenzeit Datteln waschen, entkernen und klein schneiden.

2) Die Tamarinde und das Wasser durch ein feines Sieb in einen Topf gießen. Mit einem Holzlöffel so viel Fruchtfleisch wie möglich durch das Sieb pressen, dabei immer wieder am Boden das Siebes entlangschaben, bis alles Fruchtfleisch durchgepreßt ist und nur noch die Kerne und Fasern übrigbleiben.

3) Datteln und restliche Zutaten in den Tamarindensaft geben und auf mittlerer Flamme in dem offenen Topf kochen lassen, bis die meiste Flüssigkeit verdampft ist und das Chutney eine marmeladenähnliche Konsistenz angenommen hat.

> Die Tamarindenreste lassen sich noch gut weiterverwenden, z. B. als säuerliche Würze für die nächste Sauce, für ein Gemüse- oder ein Reisgericht. Dafür brauchen Sie die Tamarinde nur noch einmal kurz mit Wasser aufzukochen und wie oben beschrieben durchzusieben.

Aprikosen-Dattel-Chutney

Wirkt ausgleichend auf alle drei Doshas

Weit herumgekommen. Aprikosen gehören von alters her zu den beliebtesten Nahrungsmitteln der Bewohner des nordwestlichen Himalayas. Alexander der Große war von ihnen so angetan, daß er sie mit nach Europa brachte.

Neben einem hohen Gehalt an Beta-Carotin weisen Aprikosen auch wertvolles Eiweiß sowie Kohlenhydrate, Magnesium, Phosphor, Schwefel, Kupfer und etwas Kieselsäure auf (wichtig für Knochen, Zähne, Nägel, Haar und Gehirn). Der ebenfalls hohe Kaliumanteil macht die köstliche Frucht zu einer hoch wirksamen Entwässerungsmedizin; sie entstaut die Beine, entlastet Herz und Kreislauf und ist darüber hinaus heilsam bei Rheuma und Gicht. Aprikosen stärken nicht nur die Sehkraft, sondern auch Leberfunktion, Haut, Schleimhäute und die Körperabwehr. Besonders wertvoll sind sie beim Aufbau von Körpergewebe, z. B. bei Kindern und Schwangeren. Außerdem helfen Aprikosen mit ihrem hohen Eisen- und Calciumgehalt bei Anämie und fördern die Blutbildung. Süße Aprikosen empfiehlt der Ayurveda allen drei *Doshas*, bei sauren sollten sich *Pitta*-Menschen zurückhalten. Datteln wirken nach dem Ayurveda *Kapha*-erhöhend.

Solange Sie süße Aprikosen verwenden, können bei diesem Chutney alle drei *Doshas* nach Herzenslust zugreifen.

Für 3 – 4 Personen

850 – 900 g süße Aprikosen
1 – 2 TL Ghee (vegan: Sonnenblumenöl)
2 TL frisch geriebener Ingwer
½ TL gehackte grüne Chili (entkernt)
¼ TL Kurkuma
¼ TL Zimt
¼ – ½ TL echte Bourbon-Vanille
70 g Jaggery bzw. Gur (ersatzweise
    Vollrohrzucker oder Roh-Rohrzucker)
    (Menge richtet sich nach der Süße
    der Aprikosen)
5 Datteln
eventuell 1 EL Wasser
3 – 4 EL Ahornsirup

So wird's gemacht:

1) Aprikosen waschen, entsteinen und in kleine Stücke schneiden.
2) Ghee (bzw. Öl) in einem Topf erhitzen und Ingwer, Chili, Kurkuma und Zimt für einige Sekunden darin rösten. Anschließend Aprikosen dazugeben und unter Rühren auf mittlerer bis kleiner Flamme köcheln lassen.
3) In der Zwischenzeit Datteln waschen, entkernen und klein schneiden. Datteln und Jaggery zu der Aprikosenmasse geben und weitere 5 – 8 Minuten köcheln lassen, bis die Aprikosen weich sind. Eventuell noch 1 EL Wasser dazugeben. Zum Abschluß noch den Ahornsirup und Vanille dazugeben.

Avocado-Kokos-Chutney mit Minze

Wirkt Pitta- und stark Kapha-erhöhend

Sommer, Sonne, Kokospalmen. Nach dem Ayurveda sind Kokosnüsse in der heißen Jahreszeit ideal, da sie in jeder Form kühlend wirken – ob als Saft, als frisch geraspeltes Mark oder wie hier als Kokosflocken. Doch das ist noch lange nicht alles. Neben Kohlenhydraten und Proteinen sowie Vitamin E und den Vitaminen des B-Komplexes enthalten Kokosflocken natürlich auch Mineralien, insbesondere Magnesium, Eisen, Natrium, Calcium und das vor Krebs schützende Selen. Wie die anderen Bestandteile der Kokosnuß helfen die Flocken bei Sodbrennen und Gastritis und reinigen darüber hinaus den Darm. Während die frisch geraspelte Kokosnuß *Kapha*-erhöhend wirkt, verstärken trockene Kokosflocken das *Vata-Dosha*.

Avocados sind Balsam für Herz und Gefäße. Sie enthalten bis zu 30 % Fett, das zu drei Vierteln aus doppelt ungesättigten Fettsäuren besteht – ohne jede Spur von Cholesterin. Ihr Gehalt an B-Vitaminen ist unter den Früchten der höchste. Daneben besitzen Avocados alle lebenswichtigen Aminosäuren sowie Provitamin A, Vitamin C und E, Kalium, Calcium, Eisen und Phosphor. Reife Avocados vermehren *Kapha*. Sie helfen bei der Wundheilung, bei Magen- und Darmgeschwüren und bei Koliken. Außerdem sind sie hilfreich bei Streßzuständen, Nervosität und Schlaflosigkeit.

Avocado-Kokos-Chutney ist gut für *Vata*-Menschen und (in Maßen) auch für *Pitta*-Typen.

Für 3 – 4 Personen

500 g Dickmilch oder Joghurt
1 reife Avocado
100 g Kokosflocken
½ TL frisch geriebener Ingwer
¼ TL Cayennepfeffer
½ TL gemahlener Koriander
¼ TL frisch gemahlener weißer Pfeffer
1 TL Salz
1 – 2 EL frische Pfefferminzblätter
einige Pfefferminzblättchen zum Garnieren

So wird's gemacht:

1) Avocado halbieren und mit einem Löffel aus der Schale lösen.
2) Joghurt, Kokosflocken, Gewürze und Pfefferminzblätter mit der Avocado und dem Ingwer in einem Mixer pürieren. Chutney in eine kleine Schüssel füllen und mit frischen Pfefferminzblättern garnieren.

Variation:
Kokos-Chutney

Lassen Sie die Avocado einfach weg.

> Dieses schnelle und einfache Chutney macht sich gut zu Fladenbroten, Snacks, Salaten oder als Teil eines mehrgängigen Menüs.

Frisches Korianderchutney

Wirkt ausgleichend auf alle drei Doshas

Ganz schön cool. So viel Heilkraft traut man den nur etwa 45 cm hohen Korianderpflänzchen kaum zu: Der Koriander ist ein wichtiger Bestandteil der Ayurveda-Küche und vor allem das beste Gewürz für *Pitta*-Menschen. Sowohl Blätter als auch Samen enthalten ätherische Öle, Bitterstoffe und Vitamin C.

Nach dem Ayurveda wirken Korianderblätter süß und kühlend. Frische Korianderblätter sind aromatisch und regen die Verdauung und die Harnorgane an. Sie wirken fiebersenkend und helfen bei Verdauungsstörungen, Erbrechen und Blähungen. Man empfiehlt sie bei Augenentzündungen, Allergien, Heuschnupfen, Nasenbluten, Hautausschlag und Schwellungen.

Die Samen haben darüber hinaus einen appetitanregenden und durststillenden Effekt. Sie vermehren *Agni*, das Verdauungsfeuer, ohne *Pitta* zu erhöhen. Koriandersamen helfen bei Asthma, Husten, Erkältung, Rheuma, Verdauungsbeschwerden und allgemeiner Schwäche. Koriandersamen wirken auf alle drei *Doshas* ausgleichend.

Dieses frische Korianderchutney ist für alle drei *Dosha*-Typen ideal (siehe auch *Pitta*-Tip). Am meisten Geschmack und heilende Energie besitzt es, wenn Sie es am Tag der Zubereitung verzehren.

Für 4 Personen

50 g frische Korianderblätter
½ TL Koriandersamen
½ TL Kreuzkümmelsamen
1 – 2 TL Zitronensaft
etwa 3 EL Wasser
1½ EL frisch geriebener Ingwer
1 EL Ahornsirup
1 TL Salz

So wird's gemacht:

1) Koriander und Kreuzkümmel in einer Pfanne trocken rösten und anschließend fein mahlen. Korianderblätter waschen und trockenschütteln. Nur die Blätter und die feinen Stengel verwenden; die dicken Stengel fasern beim Zermahlen. (Diese können kleingeschnitten in ein Gemüsegericht gegeben werden.)

2) Alle Zutaten in einem Mixer mit etwas Wasser pürieren, so daß eine flüssige Paste entsteht.

Pitta-Typ: Verwenden Sie nur 1 – 2 TL frischen Ingwer.

Wenn Sie dieses Chutney mit einigen Löffeln Joghurt verfeinern, haben Sie einen leckeren Dip für Salate oder andere Speisen. (Korianderchutney mit Joghurt wirkt leicht *Pitta*-erhöhend).

Minzchutney

Wirkt ausgleichend auf alle drei Doshas

Die Kraft der grünen Kräuter. Die Natur hält Minze in unzähligen verschiedenen Arten und in verschwenderischer Fülle für uns bereit: Am bekanntesten ist sicherlich die Pfefferminze, doch gibt es z. B. auch krause Minze, Polei-, Zitronen-, Apfel- und Ingwerminze. In der Küchenapotheke genießt die Minze schon lange hohes Ansehen. Bereits im 9. Jahrhundert schrieb ein gartenkundiger Mönch: »Wenn aber einer die Kräfte und Arten der Minzen samt und sonders zu nennen vermöchte, so müßte er gleich auch wissen, wie viele Fische im Roten Meer wohl schwimmen.«
Besonders interessant sind die Inhaltsstoffe ihrer Blätter: 1 – 3 % ätherische Öle (von denen das Menthol das bekannteste ist) lösen Krämpfe, lindern Schmerzen, vertreiben Blähungen und wirken desinfizierend. Gerbstoffe helfen bei Durchfall, Bitterstoffe und Flavonoide aktivieren Leber und Galle. Zur Anregung der Verdauung wird Minze ebenso empfohlen wie bei Appetitlosigkeit, Gallensteinen, Magenschleimhautentzündungen und Koliken. Auch bei Übelkeit, Fieber, Nervosität und Husten greift man wegen ihrer heilenden Eigenschaften gerne auf sie zurück. Nach dem Ayurveda wirkt Minze kühlend und in moderaten Mengen auf alle drei *Doshas* besänftigend.
Ein Chutney für alle drei *Dosha*-Typen (siehe *Dosha*-Tip).

Für 4 Personen

50 g Minze
3 EL frisch gehackte Korianderblätter
1 – 2 TL frisch geriebener Ingwer
¼ TL frisch gehackte grüne Chili (entkernt)
½ TL Koriandersamen
½ TL Kreuzkümmelsamen
etwas Ghee (vegan: Sonnenblumenöl)
1 – 2 TL Zitronensaft
2 – 3 TL Roh-Rohr- bzw. Vollrohrzucker
3 EL Wasser
½ TL Salz

So wird's gemacht:

1) Koriander und Kreuzkümmel in einer Pfanne trocken rösten und anschließend fein mahlen. Minz- und Korianderblätter gründlich waschen und trockenschütteln.
2) Alle Zutaten in einem elektrischen Mixer mit gerade so viel Wasser pürieren, daß eine feine Paste entsteht. Oder aber die Minz- und Korianderblätter fein hacken (verwendet werden nur die Blätter und die feinen Stengel) und mit allen Zutaten in einem großen Mörser zu einer Paste mahlen.

Pitta-Typ: Bei zu starkem *Pitta* lassen Sie die Chili weg.

Dieses frische Pfefferminzchutney paßt in kleinen Mengen zu jeder Mahlzeit. Eine leckere Variation ist es auch, wenn Sie 2 EL frisch geraspelte Kokosnuß dazugeben (vor allem für *Pitta*-Naturelle).

Petersilienchutney

Wirkt sanft Pitta- und sanft Vata-erhöhend

Kräuter bringen die Sonne in die Küche – selbst im Winter. Das gilt auch für die Petersilie, die unsere Speisen nicht nur verfeinert und aromatisiert, sondern ganz nebenbei ungeahnte Kräuterkraft besitzt. So deckt z. B. 1 EL gehackte Petersilie schon zwei Drittel des Tagesbedarfs an Vitamin C; außerdem ist sie ein Schatzkistchen an B-Vitaminen und Mineralien, insbesondere an herzfreundlichem Kalium. Dazu kommen Bioflavone, die die Gefäße abdichten, Entzündungen hemmen und antiallergisch wirken, sowie Stoffe mit natürlichen östrogenartigen Eigenschaften. Nach dem Ayurveda wirkt frische Petersilie etwas *Vata*- und ganz sanft *Pitta*-verstärkend. Damit ist sie ideal für *Kapha*-, in Maßen aber auch für *Vata*- und *Pitta*-Menschen.

Dieses überaus milde und vitaminreiche Chutney sorgt für Abwechslung auf unserem Speisezettel, ob als kleine grüne Beilage zu Kartoffelgerichten oder Salaten, zu Buchweizenrisotto oder als Dip beim kalten Büffet.

Dieses Chutney vermehrt sanft das *Vata* und auch das *Pitta Dosha*. Es ist optimal für *Kapha*-Typen, in Maßen ist es auch für *Pitta*- und *Vata*-Menschen empfehlenswert.

Für 4 – 6 Personen

1 Bund Petersilie (etwa 50 g)
2 TL frisch geriebener Ingwer
1 EL getrocknete Pfefferminze
    oder 2 EL frisch gehackte Pfefferminze
2 EL Wasser
2 EL Joghurt
2 TL Zitronensaft
1 TL gemahlener Koriander
½ TL frisch gemahlener
    weißer oder schwarzer Pfeffer
1 – 2 TL Vollrohrzucker
½ TL Salz

So wird's gemacht:

1) Petersilie waschen, trocken schütteln und Blätter abzupfen.
2) Petersilie, Ingwerstückchen (falls Sie frische Pfefferminze verwenden, diese ebenfalls dazugeben) in einem Mixer oder Mörser zu einer feinen Paste pürieren. Wasser und Joghurt hinzufügen und in eine kleine Schüssel füllen. Getrocknete Pfefferminze zwischen den Handflächen zu Pulver zerreiben und dazugeben.
3) Mit getrockneter Pfefferminze, Zitronensaft, Koriander, Vollrohrzucker, Pfeffer und Salz abrunden. Frisch servieren.

Pitta-Typ: Fügen Sie noch 2 – 3 EL frische Korianderblätter hinzu.

Einige Blätter der Knoblauchrauke, auch Knoblauchhederich genannt (*Alliaria petiolata* bzw. *officinalis*), machen sich ebenfalls recht gut in diesem Chutney. Trotz ihres Namens ist sie nicht mit Knoblauch oder Zwiebeln verwandt; die Knoblauchrauke stammt aus der Familie der Kreuzblütler. Reibt man die Blätter zwischen den Fingern, so verbreitet sich ein knoblauchähnliches Aroma. Im Geschmack sind die Blätter der Knoblauchrauke leicht senfscharf, knoblauchartig und etwas bitter. Nach dem Ayurveda erhöht sie Pitta und Vata.
Die Blätter der Knoblauchrauke besitzen wundheilende, antiseptische und harntreibende Eigenschaften – genau das Richtige für den »Blutreinigungs-Frühjahrsputz« in Salaten, Reis- und Gemüsegerichten, Suppen, Pfannkuchen, Chutneys, Kräuterbutter (siehe Seite 231), Kräutercreme (siehe Seite 230) und Saucen.

Saucen und Dips

Grundrezept Italienische Tomatensauce

Wirkt Pitta- und Kapha-erhöhend

Gewußt wie! Bei Tomatensauce nach italienischer Hausfrauenart sind die sauren und erwärmenden Eigenschaften der Tomaten gemildert. Nach dem Ayurveda erhöhen Tomaten *Pitta*, mit ihrem saurem Nachverdauungseffekt *(Vipak)*, aber auch *Kapha*. In Form von Tomatensauce werden sie von *Vata*-Typen vertragen, vorausgesetzt, man enthäutet die Tomaten und entfernt die Kerne. Während Tomaten in Form von Nudeln mit Tomatensauce, Pizza, Ketchup, Tomatensalat usw. bei vielen Menschen fast täglich auf den Tisch kommen, werden in der Ayurveda-Küche Tomaten eher selten verwendet. Der Grund: Sie bringen das *Pitta*- und auf lange Sicht auch das *Kapha-Dosha* zu sehr durcheinander, und bei scharfen Varianten leidet auch die *Vata*-Komponente.

Aber wie kann das sein – so könnten Sie nun fragen –, denn in Italien gehören Tomaten doch zum täglichen Speiseplan? In der Tat sind Unterschiede festzustellen. Menschen in südlichen Gefilden sind temperamentvoller und leidenschaftlicher als in nördlichen Regionen, und sie altern auch früher (z. B. frühzeitiges Ergrauen der Haare) – all das sind Hinweise auf ein erhöhtes *Pitta*. Dennoch vertrug man Tomaten in Italien lange Zeit besser als bei uns, was mit Sicherheit daran lag, daß sie früher auf besondere Weise zubereitet wurden: durch Enthäuten, Entkernen, dreimaliges Einkochen und Verdünnen der Tomatensauce wurde ihr viel von ihrer *Pitta*-erhöhenden Wirkung genommen. In diesem Rezept kommen noch kühlende Birken- bzw. Curryblätter hinzu. So ist auch diese Tomatensauce am besten geeignet für *Vata*-, gelegentlich für *Kapha*- und selten für *Pitta*-Konstitutionen.

Ergibt 750 ml Tomatensauce

1 kg frische reife Tomaten
2 EL getrocknete Birkenblätter
  bzw. 7 – 10 Curryblätter
2,25 l Wasser

So wird's gemacht:

1) Tomaten waschen, Mittelstrunk entfernen, Tomaten kreuzweise einschneiden und in einem Topf mit kochend heißem Wasser für einige Minuten blanchieren, bis die Haut aufplatzt.
2) Tomaten enthäuten, in Stücke schneiden, entkernen und den an den Kernen haftenden Saft durchsieben. (An der Haut haftet oft Fruchtfleisch, das Sie mit einem Messer abkratzen können.) Tomatenstückchen in einen Topf geben und pürieren (ergibt etwa 750 ml).

Es ist eine alte Hausfrauenweisheit, daß Gerichte, die zusammen mit Tomaten gekocht werden, eine längere Kochzeit benötigen. Dies ist wahrscheinlich auf ihre Säuren zurückzuführen und ist auch der Grund, warum Tomatensauce immer separat gekocht und erst zum Schluß dazugegeben wurde.
Die ganze Prozedur nimmt etwa 2 Stunden in Anspruch. Dabei können Sie sich problemlos anderen Tätigkeiten (in der Küche oder anderswo) widmen. Stellen Sie sich einfach eine Uhr, und rühren Sie gelegentlich um.

3) Tomatenpüree mit 2 EL getrockneten Birkenblättern und 750 ml Wasser bei mittlerer
Hitze einkochen, bis die Sauce eingedickt ist
(das dauert etwa 30 Minuten). Gelegentlich
umrühren.

4) Dann nochmals mit 750 ml Wasser aufgießen
und einkochen (für weitere 30 – 40 Minuten). Schließlich noch ein drittes Mal mit
750 ml Wasser weitere 30 – 40 Minuten
herunterkochen. Nun ist Ihre Tomatensauce
fertig für die Weiterverarbeitung (z. B. Zucchini-Tomaten-Sauce, siehe Seite 213, Okra
in Tomatensauce, siehe Seite 88).

Pitta-Typ: Birkenblättertee dazu serviert, mil-
dert die erhitzenden Eigenschaften der Tomaten
etwas ab.

Grundrezept Schnelle Tomatensauce

Wirkt Pitta- und Kapha-erhöhend

Für eilige Zeitgenossen ist diese Tomatensauce genau das Richtige.

Nach dem Ayurveda erhöhen Tomaten *Pitta*, mit ihrem saurem Nachverdauungseffekt *(Vipak)* vermehren sie neben *Pitta* jedoch auch *Kapha*. Langfristig bringen sie das *Pitta*- und das *Kapha-Dosha* durcheinander, und bei zu scharfen Variationen leidet auch die *Vata*-Komponente. Aus diesen Gründen werden Tomaten in der Ayurveda-Küche eher selten verwendet. Bei Tomaten ohne Haut und ohne Kerne oder in Form von Tomatenmark wie bei diesem Rezept können *Vata*-Typen jedoch getrost zugreifen.

In Italien weiß man seit langer Zeit, wie Tomaten am besten verträglich sind: Durch Häuten, Entkernen, Einkochen und Verdünnen der Tomaten wird ihnen viel von ihrer *Pitta*-erhöhenden Wirkung genommen. Kühlende Birken- bzw. Curryblätter mildern die stark erhitzende Wirkung der Tomaten etwas ab. Ab und zu sind richtig zubereitete Tomatensaucen mit Sicherheit eine leckere Abwechslung auf dem Speiseplan, doch sollten Tomaten nicht in Form von Ketchup o. ä. die natürliche Kraft unserer Gewürze und Kräuter übertünchen oder gar ersetzen.

Diese Tomatensauce ist am besten geeignet für *Vata*-, gelegentlich für *Kapha*- und selten für *Pitta*-Typen.

Ergibt 750 ml Tomatensauce

200 g Tomatenmark, zweifach konzentriert
900 ml Wasser
1 EL Birkenblätter bzw. 7 – 10 Curryblätter
1 – 2 EL Wildpfeilwurzelmehl
  bzw. Maisstärke
100 ml Wasser

So wird's gemacht:

1) Tomatenmark mit 800 ml Wasser verrühren und in einem Topf mit 1 EL getrockneten Birkenblättern oder 7 – 10 Curryblättern 15 – 20 Minuten köcheln lassen, bis die Sauce etwas eingedickt ist.
2) Wildpfeilwurzelmehl mit den restlichen 100 ml Wasser in einer Tasse verrühren.
3) Tomatensauce durchsieben und Birken- bzw. Curryblätter entfernen. Das angerührte Wildpfeilwurzelmehl unterrühren. Noch einmal aufkochen und eindicken lassen. Nun ist die Tomatensauce fertig für die Weiterverarbeitung.

Zucchini-Tomaten-Sauce

Wirkt Kapha- und sanft Pitta-erhöhend

Zucchinischwemme. Früher galten Zucchini in unseren Breiten als ausgesprochen exotisches Gewächs, heute dagegen wuchern sie zur Sommerzeit in vielen deutschen Hausgärten. Zucchini schmecken nicht nur gut, sie sind auch pflegeleicht, fast das ganze Jahr über zu bekommen und reich an wichtigen Inhaltsstoffen. Sie enthalten viel Beta-Carotin, aber auch Vitamin C und zahlreiche Mineralien wie Kalium, Calcium, Phosphor, Bitterstoffe und Spuren vom kostbaren Selen. Sie stärken unser Immunsystem, regen die Darmtätigkeit an, helfen bei Gicht und Rheuma und wirken wassertreibend. Außerdem aktivieren sie Leber, Galle und den Hautstoffwechsel. Nach dem Ayurveda vermehren grüne wie gelbe Zucchini gleichermaßen das *Kapha-Dosha*.

Dieses Gericht ist ideal für *Vata*-Menschen, in Maßen und etwas abgewandelt (siehe *Dosha*-Tip) können jedoch auch *Pitta*-Naturen zugreifen.

Diese Sauce paßt besonders gut zu Nudel- und Reisgerichten, aber auch zu Rösti (siehe Seite 167). Und wem die Sauce mit Sahne zu gehaltvoll ist, kann auch Buttermilch verwenden.

Für 3 – 4 Personen

*750 g italienische Tomatensauce
   (Grundrezept siehe Seite 210)
2 mittelgroße Zucchini (etwa 400 g)
3 EL Olivenöl bzw. Ghee
½ TL Asafoetida
1 TL gemahlener Kreuzkümmel
2 TL gemahlener Koriander
1 TL Kurkuma
1½ EL frisch geriebener Ingwer
200 ml Sahne oder Buttermilch
   (vegan: Reismilch)
¾ – 1 TL frisch gemahlener schwarzer Pfeffer
1 TL Salz
2 EL Kräuter der Provence
3 – 4 EL frisch gehacktes Basilikum
2 EL Salbei*

So wird's gemacht:
1) Italienische Tomatensauce nach Grundrezept herstellen.
2) Zucchini waschen und raspeln.
3) Olivenöl bzw. Ghee in einem großen Topf erhitzen. Asafoetida, Kreuzkümmel, Koriander und Kurkuma und nach einigen Sekunden auch Ingwer und Zucchini dazugeben und etwa 5 Minuten anbraten, bis sie leicht Farbe angenommen haben. Die Tomatensauce hinzufügen und alles 5 – 8 weitere Minuten zugedeckt köcheln lassen.
4) Zum Abschluß Sahne bzw. Buttermilch (bzw. Reismilch), Pfeffer, Salz und frische Kräuter dazugeben. Warm servieren.

Pitta-Typ: Wenn Ihr *Pitta* nicht zu stark ist, können Sie ab und zu in den Genuß dieser Tomatensauce kommen: Verwenden Sie statt frischem Basilikum einfach frische, kühlende Korianderblätter.

Schnelle Tomatensauce mit Nori

Wirkt Pitta- und Kapha-erhöhend

Das beliebte Meeresgemüse. Nori ist eine Algenart, die aus der japanischen Küche nicht mehr wegzudenken ist. Auch für diejenigen, die in die Meeresgemüse-Küche einsteigen, sind sie am einfachsten zuzubereiten. Nori-Algen werden in Japan nach dem Trocknen mit der Hand zu Blättern gepreßt. Sie lassen sich in der Küche (über einer Gasflamme geröstet) schnell zu Suppen, Saucen und als die berühmten Nori-Rollen mit Reis servieren. Wer Jod in gesunder, natürlicher und vegetarischer Form aufnehmen möchte, sei auf Algen verwiesen – ihr Jodgehalt übertrifft bei weitem alle anderen Nahrungsmittel. Nori regen den Stoffwechsel und die Schilddrüse an und lindern Blähungen und Nierenbeschwerden. Ihr Geschmack und Geruch erinnern ein wenig an Fisch, was nicht weiter verwunderlich ist, da sich viele Fische überwiegend von Algen ernähren. Wegen des scharfsalzigen Geschmacks sollten Sie Nori-Gerichte sehr sparsam salzen. Nach dem Ayurveda erhöhen Nori leicht *Pitta* und *Kapha*. Sie sind ideal für *Vata*-Typen, werden in kleinen Mengen jedoch auch gut von *Kapha*- und *Pitta*-Menschen vertragen.

Dieses Rezept ist für *Vata*-Typen besonders bekömmlich, in Maßen auch für *Kapha*-Menschen. Bei einer *Pitta*-Konstitution sollte man es allerdings nur in kleineren Mengen zu sich nehmen.

Für 4 Personen

750 ml schnelle Tomatensauce
  nach Grundrezept (siehe Seite 212)
1 – 2 EL Ghee bzw. Olivenöl
1 TL frisch geriebener Ingwer
½ TL Asafoetida
2 TL Madras Curry (siehe Seite 260)
½ TL gemahlener Koriander
1 Blatt Nori
¼ TL Salz
4 – 5 EL Sahne (vegan: Sojadrink)
¼ TL frisch gemahlener schwarzer Pfeffer
4 EL frisch gehacktes Basilikum
  bzw. Korianderblätter

So wird's gemacht:

1) Schnelle Tomatensauce nach Grundrezept herstellen.
2) Ghee bzw. Olivenöl in einem Topf erhitzen und Ingwer, Asafoetida, Curry und Koriander für einige Sekunden anrösten. Anschließend mit der Tomatensauce aufgießen (Vorsicht: Es spritzt!) und aufkochen lassen.
3) Noriblatt mit einer Schere in feine Stückchen schneiden und dazugeben. (Da Nori von Natur aus etwas salzig schmeckt, nur sehr sparsam salzen.) Mit Sahne (bzw. Sojadrink) und Pfeffer abrunden und mit gehackten frischen Basilikum- bzw. Korianderblättern bestreuen.

Diese schnelle Tomatensauce paßt zu vielen verschiedenen Gerichten, ganz besonders gut aber zu Buchweizenrisotto (siehe Seite 166), Vollkornnudeln (siehe Seite 157) oder Polenta (siehe Seite 163).
Nori bekommen Sie in den meisten Naturkostläden, Reformhäusern oder asiatischen Läden. Dort finden Sie auch noch andere Algenarten wie Wakame, Arame, Kombu, Hijiki usw.

Pitta-Typ: Wenn Ihr *Pitta* nicht zu stark ist, können Sie diese Sauce gelegentlich verzehren. Erhöhen Sie die Menge des gemahlenen Korianders auf 1 TL, und lassen Sie Asafoetida weg. An Stelle von Madras Curry verwenden Sie lieber Garam Masala (siehe Seite 261) und an Stelle von Basilikum besser kühlende Korianderblätter.

Variation:
Tamarinden-Tomatensauce

Wirkt Pitta- und Kapha-erhöhend

Wenn Sie die süß-saure Geschmacksrichtungen mögen, ersetzen Sie Nori durch 1 TL Tamarindenextrakt (in indischen Lebensmittelläden oder beim Gewürzversand erhältlich), 2 – 3 EL Rosinen und eventuell 1 TL Vollrohrzucker. Diese Saucen-Variation ist optimal für *Vata*-Typen.

Grüne Buttermilchsauce

Wirkt ausgleichend auf alle drei Doshas

Die Buttermilch macht's. Neben den zahlreichen Inhaltsstoffen des Ausgangsproduktes Sahne bzw. Joghurt ist bei Buttermilch vor allem der hohe Lecithin-Gehalt hervorzuheben; er ist gut fürs Gehirn.

Die alten Ayurveda-Texte sind voll des Lobes über die Buttermilch: Sie rege den Appetit an, stärke und sei gut fürs Herz. Mit einer Prise Muskatnuß verbessert Buttermilch die Absorption, besonders im Dünndarm, und stoppt Durchfall. Bei Magenbeschwerden und Hämorrhoiden kann man sie ohne Bedenken trinken. Die Ayurveda-Diätetik empfiehlt Buttermilch als regelmäßigen Bestandteil der Ernährung. Buttermilch besänftigt und erdet *Vata*. *Pitta*-Menschen hilft sie am meisten, wenn sie leicht mit Vollrohrzucker oder Ahornsirup gesüßt ist. Und auch *Kapha*-Menschen dürfen Buttermilch – mit Ingwer, schwarzem Pfeffer und/oder Honig gewürzt – genießen, wenn auch nicht gerade täglich.

Gekaufte Buttermilch ist saurer und schwerer als selbstgemachte (ayurvedische) Buttermilch. Daher sollten insbesondere *Pitta*- und *Kapha*-Typen sie zu gleichen Teilen mit Wasser verdünnen. Achten Sie beim Kauf stets auf die Bezeichnung *Reine* Buttermilch, denn nur ihr darf weder Wasser, Magermilch noch Milchpulver beigegeben werden. Noch besser ist es natürlich, wenn Sie Ihre Buttermilch einfach selbst herstellen. Wie das gemacht wird, steht auf Seite 229.

Für 4 Personen

3 – 4 EL Maisstärke bzw. Reismehl
300 ml Buttermilch
300 ml Wasser
6 EL frisch gehackte Kräuter nach Wahl
   (z. B. frisches Basilikum, Majoran,
   Koriander, Salbei)
4 – 5 Ringelblumenblüten (falls vorhanden)
2 EL Olivenöl
1 – 2 TL frisch geriebener Ingwer
½ TL Kurkuma
¾ TL gemahlener Koriander
½ TL Salz
½ TL frisch gemahlener schwarzer Pfeffer
1 Prise Muskat
1 – 2 TL Jaggery bzw. Gur oder Ahornsirup
3 – 4 EL Sahne

So wird's gemacht:

1) Maisstärke bzw. Reismehl mit Buttermilch und Wasser in einer kleinen Schüssel verrühren. Ringelblumenblüten waschen und trokkenschütteln, gelbe Blütenblätter abzupfen.

2) Olivenöl in einem Topf erhitzen. Ingwer, Kurkuma und Koriander darin für einige Sekunden anrösten, dann mit Buttermilchmasse aufgießen, gut umrühren, aufkochen und etwas eindicken lassen. Kräuter, Blütenblätter, Salz, Pfeffer, Muskat, Jaggery bzw. Gur oder Ahornsirup und Sahne hinzufügen und heiß servieren.

Diese Sauce paßt hervorragend zu Vollkornnudeln (siehe Seite 157), Gnocchi (siehe Seite 156) und Reis, aber auch zu gedünstetem Gemüse, z. B. zu Bohnen.

Weiße Sauce mit frischem Basilikum

Wirkt Kapha-erhöhend

Wenn es um Gesundheit und Geschmack geht, darf Basilikum nicht fehlen! Basilikum enthält reichlich ätherische Öle, unter anderem Kampfer, und dazu Gerbsäure und Saponine. Bei Blähungen, Magenverstimmungen und Verstopfung, aber auch bei Nervosität, Angstzuständen, Depressionen und Schlaflosigkeit wird Basilikum gerne eingesetzt. Auch das Denkvermögen läßt sich durch Basilikum steigern.

Nach dem Ayurveda wirkt frisches Basilikum sanft *Pitta*-erhöhend. Während *Pitta*-Menschen getrocknetes Basilikum lieber vermeiden sollten, können sie bei frischem in Maßen zugreifen. Auch der schwarze Pfeffer hat mehr zu bieten, als man ihm gemeinhin zutraut, insbesondere ätherische Öle, Fermente und Harze. Schwarzer Pfeffer regt den Appetit an, stillt Schmerzen und steigert das Verdauungsfeuer. Er vermehrt *Pitta* und beseitigt Beschwerden, die durch ein Zuviel an *Vata* und *Kapha* verursacht wurden, z. B. Husten, Asthma, Erkältungen, ein übermäßiges Schlafbedürfnis und Verstopfung; daneben regt Pfeffer den Kreislauf an.

Zusammen mit den anderen Zutaten entsteht mit diesem Gewürz eine milde Sauce, die für *Pitta*- und *Vata*-Naturelle geeignet ist.

Für 4 Personen

2 EL Ghee
2 TL frisch geriebener Ingwer
3 EL Wildpfeilwurzelmehl oder Maisstärke
200 ml Gemüsebrühe, Spargelfond oder Molke
  (von der Panirherstellung)
200 ml Wasser
200 ml Sahne
½ TL Muskat
¾ TL frisch gemahlener schwarzer Pfeffer
1 TL Salz
5 EL frisch gehacktes Basilikum

So wird's gemacht:

1) Ghee in einem Topf schmelzen und einige Minuten Ingwer, Wildpfeilwurzelmehl bzw. Maisstärke darin anrösten. Vorsichtig mit Gemüsebrühe, Spargelfond bzw. Molke und Wasser aufgießen. (Vorsicht: Es spritzt!) Die Sauce 3 – 4 Minuten köcheln lassen, bis sie etwas eingedickt ist, und dabei immer wieder umrühren, damit nichts anbrennt.

2) Nun Sahne, Ingwer, Muskat, Pfeffer, Salz und Basilikum hinzufügen. Die Sauce auf kleiner Flamme nochmals für wenige Minuten eindicken lassen und heiß servieren.

Weiße Sauce mit Basilikum paßt hervorragend zu Vollkornnudeln (siehe Seite 157) oder gedünstetem Gemüse. Wer möchte, kann die Sauce nach Belieben variieren. Ersetzen Sie das Basilikum beispielsweise auch einmal durch gehackten Rucola (Rauke), Bohnenkraut oder andere Kräuter.

Orangensauce

Wirkt Pitta- und Kapha-erhöhend

Haben Sie gewußt, daß Orange ein Hindi-Wort ist? Die exotischen Südfrüchte baute man zuerst in Indien, China und Japan an. Legendär ist der hohe Vitamin-C-Gehalt der Orangen, doch enthalten sie ebenfalls viel Kalium, Magnesium, Calcium, Eisen, Phosphor und Selen. Ferner finden sich in Orangen jene Bioflavonoide, die unsere Zellen vor Sauerstoff-Radikalen schützen, die man heute für Krebs und Herzinfarkt mitverantwortlich macht.

Nach dem Ayurveda sind reife Orangen feucht, sauer und süß, d. h. sie vermehren *Kapha* und *Pitta*. Für *Vata*-Menschen sind Orangen ideal. *Pitta*-Typen sollten sie lieber meiden, es sei denn sie sind sehr süß und damit *Kapha*-vermehrend. Orangen sind leicht verdaulich, appetitanregend und ideal in der Rekonvaleszenz, vor allem nach Fieber- und Durchfallerkrankungen. Darüber hinaus stärken sie die Abwehr, reinigen das Blut, halten das Gewebe jung, helfen bei Magen- und Darmbeschwerden und stärken die Leber. Orangen heben übrigens auch die Stimmung.

Wählen Sie am besten biologisch angebaute Früchte aus; der Vermerk »unbehandelt« im Supermarkt bezieht sich nämlich nur auf den Zeitraum *nach* der Ernte. *Vor* der Ernte mußten konventionelle Zitrusfrüchte auf den Plantagen schon einiges an Kunstdünger und chemischen Schädlingsbekämpfungsmitteln über sich ergehen lassen. Es lohnt sich also, auf Orangen aus kontrolliert-biologischem Anbau zurückzugreifen – unsere Gesundheit wird es uns danken. Diese süß-saure und leicht scharfe Sauce ist genau das Richtige für alle *Vata*-Menschen.

Für 2 – 3 Personen

Saft von 3 Orangen (etwa 350 ml)
1 gehäufter EL Reismehl
1 – 2 TL Ghee (vegan: Walnußöl)
1 TL Garam Masala (siehe Seite 261)
¼ TL Kurkuma
¼ TL Ingwerpulver
1 Prise Zimt
1 Prise geriebene Muskatnuß
1 EL Gur bzw. Vollrohrzucker
½ TL Salz

So wird's gemacht:

1) Orangen auspressen. Saft und Fruchtfleisch mit dem Reismehl verrühren.
2) Ghee (bzw. Walnußöl) in einem kleinen Topf erhitzen. Garam Masala, Kurkuma und Ingwerpulver darin 3 – 4 Sekunden anrösten. Mit Orangensaft aufgießen, Zimt, Muskat, Gur bzw. Vollrohrzucker und Salz dazugeben. Noch einmal kurz aufkochen lassen.

Avocadodip

Wirkt Kapha- und sanft Pitta-erhöhend

Die Allroundkünstler. Avocados lassen sich äußerst vielseitig verwenden. Als Dip passen sie zu Gemüse, Brot, Suppe, Salat oder als Zubereitung zu einem mehrgängigen Essen.
Sie sind Balsam für Herz und Gefäße. Sie enthalten bis zu 30 % Fett, das zu drei Vierteln aus zweifach ungesättigten Fettsäuren besteht – ohne jede Spur von Cholesterin. Ihr Gehalt an B-Vitaminen ist unter den Früchten der höchste. Daneben besitzen sie alle lebenswichtigen Aminosäuren sowie Provitamin A, Vitamin C und E und Kalium, Calcium, Eisen und Phosphor. Reife Avocados vermehren *Kapha*. Sie helfen bei der Wundheilung, bei Magen- und Darmgeschwüren und bei Koliken. Sie warten mit Bitterstoffen auf und mit weiteren geheimnisvollen Inhaltsstoffen, die bei Streß, Nervosität und Schlaflosigkeit hervorragend sind.
Dieser Dip vermehrt das *Kapha-Dosha* und ist daher ideal für *Vata*- und in Maßen auch für *Pitta*-Konstitutionen.

Für 2 – 4 Personen

1 reife Avocado
1 – 2 TL Zitronensaft
4 EL Joghurt
4 EL Wasser (oder mehr nach Belieben)
½ TL Salz
¼ TL Pfeffer
1 Prise Asafoetida
1 Prise Cayennepfeffer

So wird's gemacht:

1) Avocado halbieren und den Kern entfernen. Fruchtfleisch mit einem Eßlöffel herauslöffeln und mit einer Gabel zu Mus zerdrücken.
2) Nun die restlichen Zutaten dazugeben und servieren.

Pitta-Typ: Wenn Ihr *Pitta* zu stark ist, können Sie den Joghurt auch durch Buttermilch ersetzen. Und lassen Sie Asafoetida und Cayennepfeffer ganz weg.

Bananen-Curry-Dip

Wirkt Pitta- und Kapha-erhöhend

Ein Hauch Exotik. Als Frucht wie als Küchen-medizin gibt es über Bananen nur Positives zu berichten. Im vollreifen Zustand enthalten sie Fruchtzucker und Traubenzucker; dazu kommt ein zwar nur geringer Eiweißanteil, der jedoch alle essentiellen Aminosäuren enthält. Außer-dem besitzen sie 10 verschiedene Vitamine, 18 Mineralstoffe und zahlreiche Spurenelemen-te.

Die Banane enthält aber auch Neurohormone, die gute Laune machen und bei Streß und Konzentrationsschwäche helfen. Sie ist also ein wertvolles Lebensmittel für geistig und körper-lich Arbeitende sowie für alle Sporttreibenden. Ayurveda-Therapeuten empfehlen sie bei Arte-riosklerose, Menstruationsstörungen, Entzün-dungen des Magen-Darm-Trakts und nach einem Herzinfarkt. Nach dem Ayurveda verstär-ken reife Bananen *Kapha*. Obwohl sie zuerst kühlend wirken *(Virya)*, besitzen sie im Nach-verdauungsprozeß *(Vipak)* saure Eigenschaften. Bananen sind daher ideal für *Vata* und in Maßen auch für *Pitta*. Die Gewürze wirken *Pitta*-erhöhend.

Dieser einfache und schnelle Dip ist also genau das Richtige für *Vata*-Naturen.

Für 4 Personen

1 große Banane
2 TL Zitronensaft
½ TL frisch geriebener Ingwer
150 g saure Sahne
2 TL Madras Curry (siehe Seite 260)
½ – ¾ TL Salz

So wird's gemacht

1) Banane mit einer Gabel in einer Schüssel zerdrücken. Zitronensaft darüberträufeln.
2) Ingwer mit Banane, saurer Sahne, Curry und Salz verrühren. Fertig!

Ob zum Dippen, für Sandwichs oder für Iddlis (siehe Seite 190) zu Salaten oder Reisgerichten – Bananen-Curry-Dip ist immer eine Gaumenfreude!

Sahnemeerrettich

Wirkt Kapha- und stark Pitta-erhöhend

Der europäische Ingwer. Meerrettich ist nicht nur ein kraftvolles Küchengewürz, sondern Medizin pur. Sein Vitamin-C-Gehalt ist doppelt so hoch wie der von Zitrusfrüchten; daneben enthält er Vitamine des B-Komplexes und reichlich Kalium und Calcium. Sein wichtigster Wirkstoff ist das Glykosid *Sinigrin*, das durch Enzyme Senföle bildet. Diese scharfen Senföle durchbluten und desinfizieren in hohem Maße. Beim Zubereiten in der Küche mögen zwar die Tränen fließen, aber wer tüchtig Meerrettich einatmet, wird den hartnäckigsten Schnupfen oder Husten los. Nach dem Ayurveda erhöht Meerrettich für sich allein *Pitta* und auch sanft *Vata*.

Als Sahnemeerrettich wirkt er allerdings in erster Linie *Pitta*-erhöhend, wobei ihm Apfel und Sahne etwas von seiner Schärfe nehmen. Er ist ein optimales Gericht für *Vata*-Konstitutionen und abgewandelt auch für *Kapha*-Menschen (siehe *Dosha*-Tip). Meerrettich hat aber noch mehr zu bieten: Er ist einfach und schnell zubereitet und läßt sich vielseitig verwenden, z. B. als Grundlage für Dill-Meerrettich-Sauce oder zu Vollkorntoast und pikantem Aufstrich. Guten Appetit!

Ergibt etwa 450 – 500 g

1 Meerrettichwurzel (etwa 150 g)
1 süßer Apfel
200 – 300 g Sahne

So wird's gemacht:
1) Meerrettichwurzel schälen und sehr fein raffeln. Apfel schälen und fein reiben. Sahne steifschlagen.
2) Alle Zutaten in einer Schüssel miteinander vermischen. In 2 Schraubgläser abfüllen und im Kühlschrank aufbewahren.

Kapha-Typ: Verwenden Sie nur 100 – 150 g Sahne

Sahnemeerrettich konserviert sich durch seine ätherischen Öle sozusagen selbst und ist gekühlt mindestens 2 Monate haltbar. Und wenn Ihnen bei der Zubereitung durch die Schärfe des Meerrettichs die Tränen kommen sollten, ist dies eine sehr gute Reinigung für die Augen, weil *Kapha* reduziert wird.

Milchprodukte

Ghee (Butterreinfett; Butterschmalz)
Wirkt ausgleichend auf alle drei Doshas

Alles in Butter. Ohne Ghee (sprich: *Gie)* wäre die altindische vedische Küche so unvollständig wie ein Wagen ohne Räder. Zum Kochen, Braten und Fritieren, aber auch in vielen ayurvedischen Arzneimitteln schlägt Ghee alle anderen Speisefette oder -öle um Längen. Aus gutem Grund. Denn Ghee (aus Kuhmilchbutter) entfacht *Agni* (das Verdauungsfeuer) und regt damit Appetit und Verdauung an. Im Unterschied zu vielen anderen Ölen und Fetten belastet es die Leber nicht, sondern kräftigt sie. Und es reguliert alle drei *Doshas.* Im Ayurveda nimmt Ghee einen hohen Stellenwert ein. Es hilft beispielsweise bei chronischem Fieber und bei Anämie und wirkt entgiftend. Außerdem wird Ghee Menschen empfohlen, die an Husten und Auszehrung leiden. Es hilft bei Magen- und Darmgeschwüren, hält die Gelenke geschmeidig und stärkt Augen, Nase und Haut. Ghee fungiert im Ayurveda als Trägersubstanz für verschiedene Heilkräuter, damit deren Wirkstoffe besser in die entsprechenden Gewebe *(Dhatus)* gelangen können. Nicht zuletzt stärkt und steigert Ghee Gedächtnis, Intelligenz und Auffassungsgabe. Etwas Ghee mit warmer Milch getrunken, beseitigt jede Verstopfung. Das bei uns übliche Butterreinfett wird durch Ausschmelzen und Zentrifugieren von Butter gewonnen. Der Ayurveda dagegen bevorzugt Ghee aus Butter, die beim Quirlen von Joghurt entsteht. Der dabei stattfindende bakterielle Gärungsprozeß intensiviert die Heilwirkung von Ghee und macht es jahrzehntelang haltbar. Eine praktische Alternative ist, Ghee – wie in unserem Rezept – aus Sauerrahmbutter herzustellen. Selbstgemachtes Ghee besitzt einen wunderbar nußartigen Geruch und einen unvergleichlichen Geschmack.

Menge nach Wunsch

ungesalzene Sauerrahmbutter

So wird's gemacht:
1) Beliebige Menge ungesalzene Sauerrahmbutter (Ghee-Ausbeute siehe unten) bei mittlerer Hitze in einem schweren Topf erwärmen, bis kleine Schaumbläschen an die Oberfläche steigen. (Diese kleinen Schaumbläschen sind die festen Milchbestandteile der Butter, die das Ranzigwerden verursachen und beim Kochen verbrennen.) Butterschaum mit einem Löffel vorsichtig abschöpfen und in einem Gefäß sammeln.
2) Butter auf niedrigster Flamme weiterköcheln lassen und den aufsteigenden Schaum fortwährend abschöpfen. Auf keinen Fall anbrennen lassen; wenn es überhitzt wird oder zu lange siedet, nimmt es eine dunkle Färbung und einen beißenden Geruch an. Bei richtiger Temperatur geköchelt, riecht es puffmaisähnlich, ist goldfarben und so klar, daß man den Topfboden deutlich sehen kann. Falls Ihre Elektroplatte selbst auf kleinster Einstellung zu stark sein sollte, sollten Sie sie zwischendurch immer mal abschalten.
3) Abschließend fertiges Ghee abschöpfen (ohne den Bodensatz aufzuwirbeln) und durch ein feines, mit Küchenpapier oder Filtertüten ausgelegtes Sieb filtern. In einem Krug oder anderem Behälter (unbedeckt) abkühlen lassen.

Buttermenge	Kochzeit	Ghee-Ertrag
500 g	25 Minuten	400 g
1 kg	¾ Stunden	800 g
2,5 kg	2 Stunden	2,2 kg

Der abgeschöpfte Schaum und Bodensatz ist gekühlt 3 – 4 Tage haltbar und kann in Brotteigen, Gemüsegerichten, Suppen oder als Brotaufstrich mit Kräutern und Gewürzen verwendet werden. Richtig zubereitetes Ghee – in einem geschlossenen Behälter aufbewahrt – ist ungekühlt monatelang haltbar, gekühlt mindestens ein halbes Jahr und eingefroren über ein Jahr.

Ghee läßt sich ganz einfach selbst herstellen. Wenn Sie beim Kochen von anderen Gerichten noch etwas Zeit zwischendurch haben, können Sie den Topf mit der Butter vor sich hin köcheln lassen und den Schaum immer mal wieder abschöpfen.

Joghurt pur nach Art des Hauses

Wirkt Pitta- und Kapha-erhöhend

Das natürliche Penicillin. Bis auf den Milchzucker besitzt Joghurt etwa die gleichen wertvollen Inhaltsstoffe wie Milch. Hervorzuheben sind reichlich Proteine, Calcium, Vitamin B_2 und die Vitamine B_{12} und D – und natürlich die Milchsäurebakterien. Etwa fünfhundert bis achthundert Millionen dieser natürlichen und erwünschten Mikroorganismen finden sich in einem Milliliter Joghurt. Aus diesem Grund kann Joghurt sogar bestimmte Amöben und Bakterien abtöten.

Obwohl Joghurt *Agni*, das Verdauungsfeuer im Magen, anregt, wird der restliche Körper gekühlt. Joghurt ist zwar generell leicht verdaulich, sollte aber nicht mehr am Abend verzehrt werden.

Joghurt stärkt den Körper, verlängert das Leben und hemmt das Wachstum von Tumoren und sogar Krebs. Er wirkt cholesterinsenkend, unterstützt die Funktion der Abwehrzellen und stärkt das Immunsystem.

Seine heilenden Eigenschaften kann der Joghurt jedoch nur entfalten, wenn er aus qualitativ hochwertiger (nicht homogenisierter) Milch mit rechtsdrehenden Milchsäurebakterien (nicht wärmebehandelt) hergestellt wurde. Auch sollte er als Bindemittel kein Schlachttierprodukt wie Gelatine enthalten.

Nach dem Ayurveda besitzt Joghurt saure, schwere, feuchte und zusammenziehende Eigenschaften. Er vermehrt *Pitta* und *Kapha* und ist damit ideal für *Vata*-Menschen und für die Sommerzeit; bei verdünntem Joghurt können jedoch auch *Pitta*- und *Kapha*-Konstitutionen zugreifen (siehe *Dosha*-Tip).

Für 1 kg Joghurt

1 l Milch
1 EL Joghurt bzw. Joghurtkultur
(aus dem Reformhaus) für 1 l Milch

So wird's gemacht:

1) 1 l Milch (Roh-, Vorzugs- oder nur-pasteurisierte Milch, nicht homogenisiert) aufkochen und die Temperatur auf 35 – 40° C absinken lassen. Eine Tasse zum Anrühren zurückbehalten.

2) Dann 1 EL guten Joghurt *(Sanoghurt* oder *Bioghurt)* bzw. die entsprechende Menge Joghurtkultur aus dem Reformhaus in einer Tasse warmer Milch auflösen und diese in den Milchtopf rühren. (Bei 2 l Milch benötigt man 50 ml Naturjoghurt.)

3) Joghurtansatz in saubere Schraubgläser füllen oder im Edelstahltopf lassen. Eine Thermosflasche eignet sich besonders gut. Der Ansatz sollte eine gleichbleibende Temperatur von 35 – 40° C behalten und nicht mehr bewegt oder erschüttert werden. Dann ist er nach 4 bis 8 Stunden fertig. (Am besten, Sie wickeln den Topf bzw. die Gläser in Handtücher und Wolldecken ein.)

Pitta-Typ: Damit Sie nicht auf Joghurt verzichten müssen, sollten Sie ihn mindestens 1:1 mit Wasser verdünnen und mit Ahornsirup und Korianderpulver zu sich nehmen.

Kapha-Typ: Gelegentlich wird Ihnen verdünnter Joghurt gut tun, sei es in Form von Karhi-Saucen (siehe ab Seite 210) oder als Getränk (4 Teile Wasser, 1 Teil Joghurt) mit Honig, Zimt, Ingwer, schwarzem Pfeffer und Kardamom (siehe auch Lassi Seite 252).

Im Kühlschrank ist selbstgemachter Joghurt 1 – 2 Wochen haltbar, am besten und gesündesten ist er allerdings frisch. Vergessen Sie nicht, einen Rest Joghurt für die nächste Kultur aufzuheben. Wenn die Anfangskultur schwächer wird, nehmen Sie wieder einmal gekauften Joghurt.

Früchtejoghurt: Ihren hausgemachten Joghurt können Sie mit Honig oder anderen gesunden Süßungsmitteln süßen und frische Früchte (pürierte Bananen, Erdbeeren usw.) je nach Geschmack selbst zufügen. Wer den Joghurt noch etwas andicken will, kann z. B. Johannisbrotkernmehl oder Biobin unterrühren.

Panir *(Selbstgemachter Frischkäse)*

Wirkt Kapha-erhöhend

Panir (Frischkäse) läßt sich kinderleicht und schnell selbst herstellen. Dazu ist er von allen Käsesorten auch der bekömmlichste. Neben Eiweiß enthält Panir eine Vielzahl wichtiger Vitamine, Mineralstoffe, allen voran Calcium, Kalium, Natrium, Magnesium und Phosphor. Von Hartkäse rät der Ayurveda übrigens generell ab, und zwar für alle drei *Doshas*. Für *Vata*- und *Kapha*-Typen ist Hartkäse viel zu schwer, und für *Pitta*-Menschen ist er zu salzig. Auf zum Panir, kann man da nur sagen. Nach dem Ayurveda vermehrt Panir *Kapha* und ist daher optimal für alle *Vata*- und *Pitta*-Naturen. Zum Selbermachen brauchen Sie einen (Edelstahl-)Topf mit schwerem Boden, ein Baumwoll-Käsetuch (z. B. eine Baumwollwindel) und ein Sieb. Und natürlich das Wichtigste, die Milch. Je naturbelassener die Milch ist, desto besser wird der Käse. Rohmilch oder Vorzugsmilch direkt vom Bauernhof oder aus dem Naturkostladen oder Reformhaus bzw. nur-pasteurisierte (aber nicht homogenisierte) Milch bringen die besten Resultate. Panir aus Milch mit niedrigem Fettgehalt wird krümelig und hart. Aus der ohnehin nicht empfehlenswerten H-Milch gelingt er erst gar nicht.

Menge nach Wunsch

Milch
Zitronensaft

Wieviel Panir erhalte ich aus der Milch?

1 l Milch: 150 g weichen Panir
(115 g, 10 Minuten gepreßt)
2 l Milch: 285 g weichen Panir
(250 g, 10 Minuten gepreßt)

(Zum Vergleich: 1 l Milch ergibt 40 – 70 g konventionellen Hartkäse und 100 – 130 g konventionellen Weichkäse.)

Wieviel Zitronensaft brauche ich?

Milch	Zitronensaft
1 l	2 EL (30 ml)
1,5 l	3 EL (45 ml)
2 l	4 EL (60 ml)
2,5 l	5 EL (75 ml)
4 l	8 EL (120 ml)

So wird's gemacht:

1) Den sauberen Topf mit kaltem Wasser ausspülen (damit die Milch nicht anbrennt) und die Milch darin zum Kochen bringen. In der Zwischenzeit eine Zitrone auspressen (benötigte Menge siehe Tabelle oben).

2) Wenn die Milch zu steigen beginnt, den Zitronensaft nach und nach hineingießen und mit einem Holzlöffel umrühren. Jetzt trennen sich die kleinen weißen Käsestückchen von der gelbgrün schimmernden Molke. Wenn die Molke noch nicht klar ist, noch einmal leicht aufkochen lassen und – falls nötig – noch einige Tropfen Zitronensaft hineinträufeln.

3) Käsetuch über das Sieb legen und das Sieb in eine Schüssel stellen, um die wertvolle Mol-

ke aufzufangen. Jetzt den Topfinhalt durch das Sieb gießen.

4) Den Panir mit dem Käsetuch kurz unter fließend kaltes Wasser halten, das Käsetuch an den vier Enden zusammenknoten, aufhängen und etwas abtropfen lassen, bis keine Molke mehr tröpfelt (= **weicher Panir**) oder Käsetuch in das Sieb legen und mit einem schweren Gewicht (einem Stein oder einem gefüllten Topf) 15 – 20 Minuten pressen (= **fester Panir**). Weichen Panir benötigen Sie für Füllungen wie bei gefüllten Zucchiniblüten (siehe Seite 188). Fester Panir wird für schneidefähige Würfel oder in Rezepten wie Safranreis mit Käsebällchen (siehe Seite 148) verwendet.

Verwenden Sie nicht unnötig viel Gerinnungsmittel, da der Panir sonst zu säuerlich wird. Sobald sich die Käsestückchen von der gelb-grünlichen Molke trennen, ist es genug. Schütten Sie die gesunde Molke nicht fort; sie läßt sich nicht nur zum Kochen weiter verwenden (z. B. für Suppen, Brotteig, Getränke usw.), sondern auch für Trinkkuren oder zum Baden.

Verschiedene Gerinnungsmittel:
Zitronensaft verleiht dem Käse einen leicht säuerlichen Geschmack. 2 EL reichen aus, um 1 l Milch gerinnen zu lassen. Für manche ist **Joghurt** der Favorit unter den Gerinnungsmitteln, weil der Käse dann voll und weich wird. Verrühren Sie den Joghurt mit etwas warmer Milch, bevor Sie ihn in die kochende Milch geben. Für 1 l Milch benötigt man 8 – 9 EL Joghurt. **Saure Molke** ist ebenfalls ein gutes Gerinnungsmittel. Man kann sie schon einen Tag nach ihrer Gewinnung zur Käseherstellung verwenden. Läßt man die Molke 2 Tage stehen, wird sie saurer und noch wirksamer. Man kann für diesen Zweck auch die Molke von abgehängtem Joghurt (Joghurtquark) verwenden. Für 1 l Milch benötigen Sie mindestens 300 ml saure Molke.

Keine synthetisch hergestellte Zitronensäure (Citrat) verwenden! Sie beeinträchtigt nicht nur die Knochen- und Blutbildung, sondern fördert auch die Aufnahme von Giftstoffen. Außerdem wird dadurch die Molke zu sauer und somit unbrauchbar.

Eingelegter Panir

Wirkt Pitta- und Kapha-erhöhend

Der sanfte Käse. Als Panir wird ein Frischkäse bezeichnet, der in Indien schon seit Jahrtausenden mit pflanzlichen Gerinnungsmitteln hergestellt wird. In der Küche schätzt man ihn wegen seines angenehmen Geschmacks und seiner Vielseitigkeit.

Die Kraft der grünen Kräuter, z. B. Majoran, verstärkt seine positiven Eigenschaften. Ätherische Öle, Bitterstoffe und Gerbstoffe helfen bei Verdauungsschwäche, Appetitlosigkeit, Blähungen und Durchfällen. Auch bei Schnupfen, Bronchitis und Asthma greift man gerne auf die lindernde Wirkung von Majoran zurück. Nach dem Ayurveda wirkt Majoran *Vata*- und *Pitta*-verstärkend.

Für das würzige Aroma sorgt Basilikum, der reichlich ätherische Öle, unter anderem Kampfer, und dazu Gerbsäure und Saponine enthält. Basilikum setzt man gern bei Blähungen, Magenverstimmungen und Verstopfung ein, aber auch bei Nervosität, Angstzuständen, Depressionen und Schlaflosigkeit. Auch das Denkvermögen kann durch Basilikum gesteigert werden. Nach dem Ayurveda wirkt Basilikum sanft *Pitta*-erhöhend. Während *Pitta*-Typen getrockneten Basilikum meiden sollten, dürfen sie bei frischem in Maßen zugreifen.

Nach dem Ayurveda vermehrt eingelegter Panir das *Kapha*- und das *Pitta-Dosha* und ist daher hervorragend für *Vata*- und in Maßen für *Pitta*-Menschen geeignet.

Ihrer Kreativität sind keine Grenzen gesetzt: Sie können eingelegten Panir zerkrümelt über den Salat streuen, anbraten, roh als Brotbelag essen, in Würfel oder Scheiben schneiden, als Füllung verwenden oder mit ihm Gemüsegerichte verfeinern.

Für 4 Personen

Für den Panir (Frischkäse):
2 l Milch
Saft von 1 – 2 Zitronen

Zum Einlegen:
½ – ¾ TL Kurkuma
¼ TL Asafoetida
½ TL frisch gemahlener schwarzer Pfeffer
¾ TL Salz
1 Prise Black Salt (Kala Namak)
   (nach Wunsch auch mehr)
1 Prise Cayennepfeffer
1 TL Majoran
1 TL Basilikum
500 ml Molke
   (von der Panirherstellung)

So wird's gemacht:
1) Festen Panir herstellen und die anfallende Molke aufheben. (Genaue Anleitung siehe Seite 226).
2) Gewürze und getrocknete Kräuter in 500 ml der noch warmen Molke geben und abkühlen lassen. (Die restliche Molke kann für Suppen, Getränke oder Brotteige weiterverwendet werden.)
3) Den festen Panir in Scheiben schneiden und in der Molke einlegen.
   Eingelegter Panir ist im Kühlschrank 4 – 5 Tage haltbar.

Variation:
Panir in Olivenöl

Anstatt in Molke können Sie den gepreßten Panir auch gewürfelt in einem großen Einmachglas mit Olivenöl einlegen. Dafür können Sie die gleichen, oder andere Gewürze verwenden. Frische Kräuterzweige, z. B. Rosmarin, Thymian und Salbei verleihen dem Panir ein ganz besonderes Aroma.

Ayurveda-Buttermilch

Wirkt bei entsprechender Zubereitung ausgleichend auf alle drei Doshas

Da weiß man, was man hat. Die in den ayurvedischen Heilbüchern vielgelobte Buttermilch
wird auf der Grundlage von Joghurt hergestellt.
Bei uns dagegen wird Buttermilch durch Verbut-
terung von Sahne gewonnen und nachträglich
mit Starterkulturen gesäuert. Wenn Sie Buttermilch kaufen, entscheiden Sie sich am besten
für *Reine Buttermilch*, denn nur ihr darf weder
Wasser noch Magermilch oder Milchpulver
beigefügt werden.

Neben den vielen wertvollen Inhaltsstoffen
ihrer Ausgangsprodukte Sahne bzw. Joghurt ist
bei Buttermilch vor allem der hohe Lecithingehalt hervorzuheben. Reine Buttermilch enthält
maximal 1 % Fett. Gekaufte Buttermilch ist
saurer und schwerer als selbstgemachte (ayurvedische) Buttermilch. Aus diesem Grund sollte
gekaufte Buttermilch insbesondere von *Pitta*-
und *Kapha*-Typen zu gleichen Teilen mit Wasser
verdünnt werden.

Wollen Sie in den Genuß aller im Ayurveda
beschriebenen Heilwirkungen kommen,
machen Sie sich Ihre Buttermilch am besten
selbst. In der Ayurveda-Diätetik wird selbstgemachte Buttermilch aus Kuhmilch-Joghurt
gerne über einen längeren Zeitraum als regelmäßiger Bestandteil der Ernährung empfohlen.
Sie regt den Appetit an, stärkt den Körper und
ist gut für das Herz. Sie verlängert das Leben,
tötet Krankheitserreger ab und hemmt das
Wachstum von Tumoren und sogar Krebs. Mit
einer Prise Muskatnuß verbessert Buttermilch
die Absorption, besonders im Dünndarm, und
stoppt Durchfall.

Den abgeschöpften Joghurtschaum können
Sie noch am selben Tag für Gemüsegerichte,
Salatsaucen oder Suppen weiterverwenden.

Menge nach Belieben

Joghurt (z. B. 500 g)
Wasser (z. B. 500 ml)
(zu gleichen Teilen)

So wird's gemacht:

1) Ausgangsprodukt ist Joghurt, den Sie am
   besten selbst herstellen (siehe Seite 224).
   Dann ist er wirklich frisch und nicht zu
   sauer.

2) Frischen Joghurt zu gleichen Teilen mit Wasser verdünnen und im Mixer so lange schlagen, bis eine feine Schaumschicht (das Butterfett) auf der Oberfläche schwimmt.
   Butterfett abschöpfen, weitermixen und
   immer wieder abschöpfen, bis kein Butterfett
   mehr auf der Oberfläche zu sehen ist. Fertig
   ist die Ayurveda-Buttermilch. (Falls Ihre
   Buttermilch zu dick geworden ist, verdünnen Sie sie einfach mit 25 % Wasser. Und ist
   der verwendete Joghurt recht sauer, geben
   Sie ebenfalls etwas Wasser zu.)

Vata-Typ: Geben Sie pro Glas Buttermilch eine
Prise Muskat und ¼ – ½ TL trocken gerösteten
und zerstoßenen Kreuzkümmel oder Kümmel
hinzu. Sie können jedoch auch die Empfehlungen für den *Kapha*-Typ befolgen.

Pitta-Typ: Pro Glas noch 1 – 2 TL Ahornsirup
oder Vollrohrzucker hinzufügen.

Kapha-Typ: Ihnen wird es gut tun, pro Glas
noch ¼ – ½ TL schwarzen Pfeffer und 1 EL
frisch geriebenen Ingwer (auspressen und nur
den Saft verwenden) hinzuzufügen.
Je schwächer Ihr *Agni* ist, desto mehr können
Sie die Ayurveda-Buttermilch auch mit Wasser
verdünnen: statt 1:1, also 1 Teil Joghurt und
4 Teile Wasser.

Kräutercreme

Wirkt Kapha-, stark Pitta- und sanft Vata-erhöhend

Ohne Kräuter geht hier nichts. Solange wir sie respektvoll zu schätzen wissen, hält die Erde ihre Geschenke in verschwenderischer Fülle für uns bereit. Dazu gehören auch die Küchenkräuter. Sie machen Schwache wieder stark, Erschöpfte wieder frisch, Traurige wieder heiter, Verletzte wieder heil und Kranke wieder gesund.

Je nach Familienzugehörigkeit enthalten Küchenkräuter unterschiedliche Wirk- und Heilstoffe, vor allem Gerbstoffe, Bitterstoffe, Chlorophyll, Saponine, Glykoside und viele Mineralstoffe und Vitamine wie Vitamin C und Beta-Carotin. Besonders wertvoll sind die ätherischen Öle, von denen etwa zweitausend bekannt sind. Sie regen Appetit und Verdauung an, unterstützen die Atmung und den Kreislauf, schützen vor Arteriosklerose, lösen Schleim und Verkrampfungen, regen Niere und Blase an und sorgen für eine gute Bekömmlichkeit. Manche der guten Küchengeister wirken sogar als natürliche Antibiotika, indem sie Bakterien, Pilze und sogar einige Viren unschädlich machen.

Reservieren Sie doch auch einmal ein kleines Beet im Garten oder einen Blumenkasten auf dem Fensterbrett für Küchenkräuter. Oder suchen Sie im Wald nach Wildkräutern. Gerade im Frühling läßt sich auf diese Weise die reinigende Kraft der Wildkräuter nutzen, z. B. von kleingehackter Knoblauchrauke oder jungen Giersch- und Löwenzahnblättern.

Bei Kräutercreme kommen *Vata*-Typen ganz auf ihre Kosten.

Für 4 Personen

1 kg frischer Joghurt
4 – 6 EL frisch gehackte Kräuter
  (z. B. Basilikum, Dill, Koriander,
  Majoran, Knoblauchrauke)
½ TL frisch geriebener Ingwer
¼ TL Paprikapulver
1 Prise Asafoetida
½ TL Salz
¼ TL frisch gemahlener schwarzer Pfeffer
1 – 2 EL Sahne (nach Belieben)

So wird's gemacht:

1) Joghurt in einem Käsetuch (Baumwollwindel) für einige Stunden abhängen, bis die Hälfte der Molke (etwa 500 ml) abgetropft ist.
2) Kräuter und Gewürze unter die Joghurtcreme rühren. Eventuell noch 1 – 2 Sahne dazugeben.

Kräutercreme eignet sich sowohl als Brotbelag als auch als Dip oder Beilage zu Salaten und Eintöpfen wie z. B. Khicharis (ab Seite 131).

Kräuterbutter

Wirkt Kapha- und sanft Pitta-erhöhend

Alles in Butter. Butter ist ein Stück natürliche Gesundheit. Sie enthält Vitamin A, E, Niacin und die Mineralstoffe Natrium, Kalium, Calcium, Phosphor, Magnesium und Eisen.
Im Ayurveda wird Butter schon lange als wichtiges Heilmittel geschätzt. Sie stärkt Körper, Gedächtnis und Augen, vermehrt das Verdauungsfeuer und hilft bei Magersucht, Schwäche und Tuberkulose. Weiterhin regt sie den Appetit an, verbessert die Absorption, lindert Hämorrhoiden und hilft bei Gesichtslähmung. Butter verleiht Vitalität, verlängert das Leben und hilft bei Schwellungen, Lethargie und Konzentrationsstörungen.
In Indien stellt man Butter aus Joghurt her (*Pitta*-vermehrend). Bei uns kennt man nur Süßrahmbutter, die *Kapha*-erhöhend wirkt, oder Sauerrahmbutter, die *Pitta* und *Kapha* vermehrt. Kräuterbutter ist ideal für *Vata*- und in Maßen auch für *Pitta*-Typen.

Für 4 – 6 Personen

5 – 6 EL frisch gehackte Kräuter
  (z. B. frisches Basilikum, Petersilie,
  Majoran, Thymian, Rucola
  oder Wildkräuter)
250 g Süßrahmbutter
1 TL frisch geriebener Ingwer
1 Prise Asafoetida
¼ – ½ TL frisch gemahlener
  schwarzer Pfeffer
¾ – 1 TL Paprikapulver
½ TL Salz
1 TL Zitronensaft

So wird's gemacht:

1) Kräuter mit der weichen Butter, den Gewürzen und dem Zitronensaft mischen und kalt stellen. (Wenn Sie eine Küchenmaschine besitzen, können Sie darin die Kräuter fein hacken, die restlichen Zutaten dazugeben und miteinander mischen.)

Besonders dekorativ ist es, wenn Sie die Kräuterbutter zu einer dünnen Rolle formen, in Frischhaltefolie wickeln und ihre Oberfläche gut glatt streichen. Kräuterbutter kalt stellen, bis sie fest ist. Frischhaltefolie entfernen und zum Servieren in dünne Scheiben schneiden.

Süßspeisen

Birnen-Quinoa-Auflauf

Wirkt ausgleichend auf alle drei Doshas

»Nützlicher und wertvoller als Gold« – so wurden gekochte Birnen von der heiligen Hildegard von Bingen einst gepriesen. Zu einem ähnlichen Ergebnis kam einige Jahrtausende zuvor auch der Ayurveda. Feste und unreife Birnen wirken schwer und trocken, vermehren also in erster Linie etwas *Vata*. Bei weichen, süßen, reifen und saftigen Birnen können alle drei *Doshas* zugreifen – ebenso wie bei gekochten Birnen.

Birnen enthalten Carotin, B-Vitamine, Vitamin C, fast 16 % Kohlenhydrate und besonders viel Kalium, dazu Magnesium, Calcium, Eisen, Phosphor, etwas Mangan, Kupfer und Jod. Nicht vergessen sollte man die Fruchtsäuren, Aromastoffe, hormonähnliche Substanzen und Gerbsäure. Reife Birnen sind gut für das Herz und fördern die Darmbewegung; aufgrund ihres Kaliumüberschusses entwässern sie, schwemmen Ödeme aus, stärken die Nieren und lindern hohen Blutdruck. Ihre Gerbsäuren wirken sich günstig auf Entzündungen im Magen-Darm-Bereich aus. Kurz gekocht fördern sie die Ausscheidung von Harnsäure und werden deshalb bei Gicht, Rheuma und Arthritis empfohlen.

Bei diesem Gericht können alle drei *Dosha*-Typen nach Herzenslust zugreifen (siehe *Dosha*-Tip).

Für 2 Personen als Hauptspeise oder für 4 Personen als Dessert

50 g Quinoa
150 ml Wasser
1 kg reife Williams-Christ-Birnen
etwas Ghee oder Sonnenblumenöl
*   zum Einfetten*
3 EL Sojamehl
4 EL Wasser
2 EL Sahne (vegan: Sojadrink)
4 EL Ahornsirup
3 EL Rosinen
¼ TL Zimt
1 EL Haferflocken
1 Msp Natron
3 EL geröstete Sonnenblumenkerne

So wird's gemacht:

1) Quinoa in 150 ml Wasser etwa 15 Minuten weich kochen.
2) Birnen waschen, schälen, vierteln und in dünne Scheiben schneiden.
3) Eine Auflaufform mit Ghee (bzw. Sonnenblumenöl) einfetten. Backofen auf 220° C vorheizen. Birnenscheiben dachziegelartig in die Auflaufform legen.
4) Sojamehl mit 4 EL Wasser und Sahne (bzw. Sojadrink) verrühren. Dann Quinoa, Ahornsirup, Rosinen, Zimt, Haferflocken und Natron unter die Sojamasse heben und auf den Birnen verteilen. Anschließend mit Sonnenblumenkernen bestreuen.
5) Den Auflauf etwa 30 Minuten bei 220° C backen und heiß servieren.

Vata- und Pitta-Typ: Mit warmer Vanillesauce (siehe Seite 245) servieren.

Kapha-Typ: Mit warmer Fruchtsauce (siehe Seite 246) servieren.

Bratäpfel mit Kürbiskernen

Wirkt Kapha-erhöhend

Im Früchteparadies rangiert er ganz oben: Für fast 90 % der Deutschen ist der Apfel das Lieblingsobst.

Auch in puncto Gesundheit ist der – ungespritzte – Apfel ein König. Neben Vitaminen, Flavonen und Mineralstoffen enthält er über dreihundert wertvolle Biostoffe. Organische Säuren helfen der Leber bei ihrer Entgiftungsarbeit, und Gerbstoffe, ätherische Öle und Pektin lindern chronische Durchfälle. Äpfel regen den Appetit an, fördern die Verdauung, vernichten Bakterien und putzen so ganz nebenbei auch noch die Zähne. Ayurveda-Therapeuten schätzen auch ihre reinigende Kraft und setzen Äpfel gerne z. B. bei *Ama*-bedingten Gelenkschmerzen, Nebenhöhlenentzündungen und Kopfschmerzen ein. Das Beste am Apfel liegt direkt unter seiner Schale. Es lohnt sich also ganz besonders, nach biologisch angebautem Obst Ausschau zu halten.

Reife und süße Äpfel sind optimal für *Pitta*-Konstitutionen, bei gekochten Äpfeln dürfen jedoch auch *Vata*- und *Kapha*-Naturen zugreifen.

Dieses Gericht verstärkt das *Kapha-Dosha* und kann deshalb allen *Pitta*- und *Vata*-Naturen – *Kapha*-Menschen auch hin und wieder – empfohlen werden.

Für 6 Personen

6 Äpfel (etwa 1 kg; z. B. roter Boskoop
   oder Cox Orange)
200 g frische Datteln
eventuell etwas Wasser
100 g grüne Kürbiskerne
50 g Sonnenblumenkerne
1 – 2 Kardamomkapseln
2 EL Kokosflocken
4 EL Ahornsirup
   (kann bei süßen Äpfeln entfallen)
½ – ¾ TL Zimt
5 EL Sahne (vegan: Reismilch)
etwas Butter (vegan bzw. Sonnenblumenöl)
   zum Einfetten

So wird's gemacht:

1) Äpfel waschen, Kernhaus ausstechen und einen Deckel abschneiden.
2) Backofen auf 200 – 220° C vorheizen. Auflaufform mit etwas Butter (bzw. Sonnenblumenöl) einfetten.
3) Datteln waschen und entkernen. Kürbis- und Sonnenblumenkerne fein mahlen. Kardamomkapsel aufschlitzen und die Samen in einem Mörser zu Pulver zerstoßen. Datteln durch einen Wolf drehen bzw. mit dem Mixer zu Püree mixen (eventuell etwas Wasser zugeben).
4) Alle Zutaten für die Füllung mischen und Äpfel damit füllen. Eventuell Äpfel mit einem Messer noch etwas mehr aushöhlen und das Fruchtfleisch zur Füllung geben. Den Deckel wieder daraufsetzen und Bratäpfel 25 – 30 Minuten backen.

Pitta- und Vata-Typ: Servieren Sie zu Bratäpfeln Vanillesauce (siehe Seite 245).

Kapha-Typ: Ersetzen Sie die Datteln durch 150 g Rosinen.

Mangocreme

Wirkt Kapha-erhöhend

Wer Mangos ißt, bleibt jung! Denn Mangos energetisieren nicht nur den Körper und das Nervensystem, sondern verhindern auch vorzeitiges Altern und Abbauerscheinungen. Darüber hinaus sind Mangos die absoluten Superstars in Sachen Provitamin A (Carotin) – selbst Karotten lassen sie weit hinter sich. Zudem besitzen sie reichlich Vitamine der B-Gruppe und Vitamin C sowie Schutz- und Heilstoffe wie die zellschützenden Flavone. Nach dem Ayurveda wirken reife Mangos positiv auf alle drei *Doshas.* Sie regenerieren und stimulieren das Nervensystem, heilen Verstopfung, stärken Haut und Bindegewebe, lindern Nieren- und Dickdarmentzündungen und unterstützen mit ihrem Eisen die Blutbildung. Obwohl Mangos das Verdauungsfeuer und den Appetit anregen, wirken sie auf *Pitta* und *Vata* besänftigend. Allerdings bekommt man hierzulande nur selten wirklich reife Mangos. Und von unreifen Mangos hält der Ayurveda wenig; in Indien verwendet man sie nur in Form von getrockneten Mangoflocken oder als Mangopulver (Amchoor). Also, Ausschau halten nach reifen Mangos!
Dieses Dessert vermehrt *Kapha* und ist daher genau das Richtige für *Vata-* und *Pitta-*Menschen.

Für 4 Personen

200 g Sahne
2 reife Mangos
¼ TL Bourbon-Vanille
2 – 3 EL Roh-Rohrzucker oder Ahornsirup
  (kann entfallen)
¼ TL Zimt

So wird's gemacht:

1) Sahne steifschlagen und kalt stellen.
2) Mangos schälen, in Stücke schneiden und pürieren. Vanille, Schlagsahne und – falls gewünscht – Süßungsmittel unterheben, mit Zimt bestreuen und servieren.

Legen Sie Mangos nie in den Kühlschrank; lassen Sie sie immer bei Zimmertemperatur nachreifen.

Erdbeer-Shrikhand (Erdbeer-Joghurtcreme)

Wirkt Pitta- und Kapha-erhöhend

Geheimtip für Gourmets. Wer einmal Shrikhand, das verführerische indische Joghurtdessert, probiert hat, kann vermutlich nicht mehr darauf verzichten. Hinter Shrikhand verbirgt sich ein einfaches Rezept: Es ist Joghurt, den man einige Stunden in einem Käsetuch (Baumwollwindel) zum Abtropfen aufhängt.

Bis auf den Milchzucker besitzt Joghurt etwa die gleichen wertvollen Inhaltsstoffe wie Milch, insbesondere reichlich Proteine, Calcium, Vitamine des B-Komplexes und Vitamin D und natürlich Milchsäurebakterien. Das macht Joghurt zu einem natürlichen Penicillin – er kann sogar bestimmte Amöben, Bakterien und Erreger töten, die als Verursacher von Krankheiten und vorzeitigem Altern gelten. Joghurt hilft bei leichtem Durchfall und baut die Darmflora wieder auf, wenn diese durch Krankheiten oder Antibiotikaeinnahmen vernichtet wurde. Daneben stärkt Joghurt den Körper, verlängert das Leben und hemmt das Wachstum von Tumoren und sogar Krebs.

Seine heilenden Eigenschaften kann Joghurt allerdings nur dann entfalten, wenn er aus qualitativ hochwertiger (nicht homogenisierter) Milch hergestellt wurde. Neben dem Geschmack ist das ein weiterer Grund, Joghurt einmal selbst zu machen. Nach dem Ayurveda vermehrt Joghurt *Pitta* und *Kapha*. Obwohl er das Verdauungsfeuer anregt, kühlt er gleichzeitig den restlichen Körper und ist also ideal für *Vata*-Menschen und die Sommerzeit. Ein optimales Dessert für *Vata*-Typen.

Für 4 – 6 Personen

1,5 kg frischer Joghurt
200 g Sahne
50 – 100 g Erdbeeren
200 – 250 g Roh-Rohrzucker
5 Kardamomkapseln

So wird's gemacht:

1) Falls Sie Joghurt selber machen (am besten schon am Vortag): Anleitung siehe Seite 224.
2) Joghurt etwa 5 Stunden in einem Käsetuch abhängen, bis er die Hälfte des ursprünglichen Gewichtes erreicht hat. Das können Sie daran feststellen, indem Sie die aufgefangene Molke in einem Meßbecher abmessen bzw. den Joghurt abwiegen.
3) Sahne steifschlagen. Erdbeeren waschen, abzupfen und trocken tupfen. Erdbeeren und Roh-Rohrzucker miteinander pürieren. Joghurt, Sahne und Erdbeermischung mit einem Handrührgerät cremig rühren. Kardamomkapsel aufschlitzen, die Samen in einem Mörser zu Pulver zerstoßen und unterrühren.
4) Shrikhand zimmertemperiert servieren.

Variation:
Safran-Shrikhand

Geben Sie der Joghurtcreme ¼ TL Safranpulver oder 10 Safranfäden bei. Wenn Sie Safranfäden verwenden, diese zuvor in 1 EL Rosenwasser einweichen. Zum Abschluß mit 3 EL gehackten Pistazien dekorieren.

Je nach Geschmack und Saison lassen sich die Früchte beliebig variieren. Shrikhand schmeckt ebenso gut mit Mango, Banane, Himbeeren oder Carob. Der klassische indische Vertreter wird einfach nur mit gelbem Safranpulver und gemahlenen Kardamomsamen (und ohne Früchte) verfeinert – eine intelligente Variante, da Safran bzw. Kardamom bei der Verdauung des etwas schweren, abgehangenen Joghurts behilflich sind.

Dattel-Mandel-Creme

Wirkt Kapha-erhöhend

Oase für die Sinne. Dattelpalmen sind typische Oasenbäume und können bis zu dreißig Meter hoch werden. In Wüstenregionen sind ihre Früchte ein geschätztes Grundnahrungsmittel, und auch bei uns haben sie der Gesundheit einiges zu bieten. Neben ihrem hohen Vitamin-D-Gehalt enthalten Datteln auch Provitamin A, Vitamine des B-Komplexes, Eiweiß, Kohlenhydrate, Pektin und Mineralstoffe (Phosphor, Eisen, Calcium und Kalium).

Nach dem Ayurveda gelten Datteln in erster Linie als *Kapha*-vermehrend. **Frische** Datteln besitzen zusätzlich einen sanft *Pitta*-vermehrenden Effekt und sind daher ideal für *Vata*-Typen. Bei **getrockneten** Datteln ist diese Wirkung kaum noch vorhanden; sie gleichen *Vata* und *Pitta* also aus. Datteln als »Allround-Tonikum« stärken Herz, Leber, Verdauungsorgane und Nieren und unterstützen den Aufbau von Nerven und Gehirngewebe. Daneben wirken sie reinigend, lösen festsitzenden Schleim und lindern Atemwegserkrankungen. Datteln gelten als ein ideales Verjüngungs- und Rekonvaleszenzmittel. Sie kräftigen Körper und Geist, regen den Appetit und die Blutbildung an und helfen bei Infektionskrankheiten, Müdigkeit und Depressionen. Auch bei Blaseninfektionen, Fieber und Erkältungen sind sie empfehlenswert.

Neben Datteln wirken auch Sahne und enthäutete Mandeln *Kapha*-vermehrend – ein optimales Dessert also für *Vata*- und *Pitta*-Menschen.

Für 3 – 4 Personen

50 g enthäutete Mandeln
200 g frische oder getrocknete Datteln
4 – 5 EL Wasser
  oder Einweichwasser von den Datteln
200 g Sahne
¼ – ½ TL Zimt
2 – 3 EL Ahornsirup (kann entfallen)
¼ TL Bourbon-Vanille

So wird's gemacht:

1a) Am besten die Mandeln über Nacht in kaltem Wasser einweichen und am nächsten Tag enthäuten.

1b) Wenn es schnell gehen muß: Mandeln mit kochendheißem Wasser übergießen und 5 Minuten ziehen lassen. In der Zwischenzeit Datteln waschen, entkernen und dann mit so viel heißem Wasser übergießen, daß sie bedeckt sind. Datteln 15 Minuten einweichen (dies gilt nur für getrocknete Datteln). Mandeln mit kaltem Wasser abschrecken und enthäuten.

2) Mandeln zu feinem Mus pürieren. Datteln mit 4 – 5 EL des Einweichwassers ebenfalls pürieren. Sahne steifschlagen. Alle Zutaten mit dem Handrührgerät zu einer Creme rühren. Falls Sie eine etwas flüssigere Creme bevorzugen, können Sie noch etwas (Einweich-)Wasser hinzufügen.

Vata-Typ: Für eine etwas weniger gehaltvolle Creme verwenden Sie nur 100 g Sahne. Wenn Sie dann noch 100 g Joghurt bzw. Buttermilch hinzufügen, verleihen Sie dem Gericht neben der *Kapha*-Komponente auch etwas *Pitta*. Ergänzen Sie dieses Dessert auch einmal mit einer pürierten Banane.

Rote Grütze

Wirkt sanft Pitta- und sanft Kapha-erhöhend

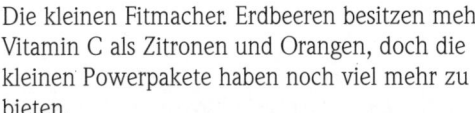

Die kleinen Fitmacher. Erdbeeren besitzen mehr Vitamin C als Zitronen und Orangen, doch die kleinen Powerpakete haben noch viel mehr zu bieten.

Über dreihundert wichtige Inhaltsstoffe wurden in den kleinen Früchten bereits gefunden. Ihr Vitamin C sowie ätherische Öle, Farb- und Gerbstoffe schenken uns Energie, Frische, Gelassenheit, Appetit, eine gute Verdauung und viele rote Blutkörperchen. Vor allem die Flavone haben Krebsschutzfunktion, und die natürliche Salicylsäure wirkt fiebersenkend. Daneben regen Erdbeeren den Stoffwechsel sowie Leber und Nieren an, reinigen die Schleimhaut und helfen bei chronischer Verstopfung. Süße Erdbeeren wirken nach dem Ayurveda süß, sauer und leicht und sind daher ideal für *Vata*-Menschen und in Maßen auch für *Kapha*- und *Pitta*-Konstitutionen.

Kirschen brauchen sich in puncto Inhaltsstoffen ebenfalls nicht zu verstecken. Sie liefern viel Kalium, Calcium, Eisen, Magnesium, Phosphor, Kieselsäure sowie Carotin, Vitamin C und die Vitamine des B-Komplexes. Mit ihren vielen guten Säuren und ihrem Fruchtzucker regen Kirschen den Magen-Darm-Kanal und die Verdauungsdrüsen an. Weil Kirschen auch entwässern, werden sie zur Entlastung von Herz und Kreislauf sowie für Leber und Nieren empfohlen. In Maßen empfiehlt der Ayurveda Süßkirschen allen drei *Doshas*.

Die Rote Grütze ist also ein optimales Dessert für *Vata*-Konstitutionen und in Maßen auch für *Pitta*- und *Kapha*-Naturen (siehe *Dosha*-Tip).

Für 4 Personen

500 g frische süße Kirschen
500 g frische süße Erdbeeren
2 EL Wildpfeilwurzelmehl bzw. Maisstärke
eventuell 100 ml Wasser oder Fruchtsaft
150 ml Ahornsirup, Apfeldicksaft
*   oder Roh-Rohrzucker*

So wird's gemacht:

1) Kirschen waschen, entsteinen, halbieren und in einem Topf bei mittlerer Hitze köcheln lassen. Erdbeeren waschen, abzupfen, klein schneiden und dazugeben. Für weitere 3 – 4 Minuten köcheln lassen.
2) Den durch das Kochen entstandenen Saft in ein Gefäß gießen (es dürften etwa 400 ml Saft sein). Den abgekühlten Saft mit 2 gestrichenen EL Stärke vermengen und unter die Früchte rühren. Noch einmal kurz aufwallen lassen. Falls die Masse zu dick ist, noch etwas Wasser bzw. Fruchtsaft hinzufügen. Süßungsmittel (nach Wahl) beigeben.
3) Rote Grütze warm oder zimmertemperiert servieren.

Pitta-Typ: Rote Grütze ist auch etwas für Sie, wenn Sie wirklich reife und süße Kirschen und Erdbeeren verwenden und alles mit *Kapha*-vermehrender Vanillesauce (siehe Seite 245) bzw. Schlagsahne servieren. Süßen Sie mit Ahornsirup bzw. Apfeldicksaft.

Kapha-Typ: Gelegentlich und in Maßen dürfen Sie bei Roter Grütze zugreifen. Um Vanillesauce bzw. Schlagsahne sollten Sie jedoch besser einen Bogen machen. Süßen Sie mit Apfeldicksaft.

> Servieren Sie Rote Grütze mit warmer Vanillesauce (siehe Seite 245) oder Schlagsahne.

Carob-Bananen-Halava

Wirkt Kapha- und sanft Pitta-erhöhend

Die Fan-Gemeinde der indischen Süßspeise Halava ist schon weit über die Grenzen ihres Ursprungslandes hinausgewachsen.

Als Carob bezeichnet man die feingemahlenen Früchte des Johannisbrotbaumes; sie stellen eine gesunde Alternative zu Kakao dar. Anders als der bittere Kakao mit seinen Alkaloiden und Reizstoffen besitzt Carob einen hohen Anteil an fruchteigenem Zucker (46 %). Süßspeisen mit Carob müssen deswegen weitaus weniger gesüßt werden. Darüber hinaus besitzt Carob gesundheitsfördernde Inhaltsstoffe. Neben Vitaminen der B-Gruppe finden sich in ihm zahlreiche Mineralien wie Kalium, Magnesium, Eisen und Calcium sowie Spurenelemente (Mangan, Chrom und Kupfer). Sein Pektin hilft bei Durchfall, Übelkeit und Erbrechen. Lignin, ein weiterer Faserstoff, wirkt cholesterinsenkend.

Ebenso wie die anderen Zutaten dieses Rezeptes – Bananen, Weizen und Butter – erhöht Carob nach dem Ayurveda das *Kapha-Dosha*.

So ist es nicht weiter verwunderlich, daß das gesamte Gericht *Kapha*-vermehrend wirkt. *Vata*-Menschen können also nach Herzenslust zugreifen und in Maßen auch *Pitta*-Typen. *Kapha*-Typen dagegen sollten sich – auch wenn's schwer fällt – bei Süßspeisen zurückhalten; für sie sind frische Obstsalate oder leichte Desserts wie Ananas-Orangen-Gelee (siehe Seite 247) besser geeignet.

Für 4 – 6 Personen

¾ – 1 l Wasser
 (oder halb Milch / halb Wasser)
200 – 225 g Jaggery bzw. Gur
 oder Vollrohrzucker
3 Bananen
4 EL Carob
200 g Butter
225 g Weizenvollkorngrieß

So wird's gemacht:

1) Wasser bzw. Milch-Wasser-Mischung in einem Topf erhitzen und den Jaggery bzw. Gur oder Vollrohrzucker darin auflösen. Bananen im Mixer pürieren bzw. mit einer Gabel zerdrücken und Carob unterheben.

2) Auf einer zweiten Flamme Butter in einem Topf mit schwerem Boden schmelzen. Vollkorngrieß bei mittlerer bis geringer Hitze darin etwa 15 Minuten rösten, bis er goldbraun ist. Mit einem Holzlöffel immer wieder umrühren, damit der Grieß nicht anbrennt (eventuell Hitze reduzieren).

3) Das kochende Wasser bzw. die kochende Milch-Wasser-Mischung nach und nach unter den gerösteten Grieß rühren. (Achten Sie darauf, daß Sie sich nicht durch heiße Spritzer verbrennen.) Die Grießmasse mehrmals umrühren.

4) Nun die Bananen-Carob-Creme unterheben und einige Minuten bei gut geschlossenem Deckel auf kleinster Flamme köcheln lassen, bis der Grieß die Flüssigkeit aufgenommen hat. (Der Grieß kann in dieser Phase ruhig noch etwas flüssig sein, denn der Halava saugt noch einiges an Flüssigkeit auf.)

5) Deckel abnehmen und den Halava noch einmal umrühren, um ihn aufzulockern. Dampfend heiß servieren.

Variation:
Rosinen-, Nuß-, Zitronen-Halava

Halava ist ein Verwandlungskünstler. Statt
Carob und Bananen können Sie auch einmal
Rosinen, Nüsse oder ein wenig geriebene Schale
einer unbehandelten Zitrone bzw. Orange
unterrühren. Wenn Sie zur Abrundung noch
einige Safranfäden oder einige zerstoßene
Kardamomsamen hinzufügen, ergibt sich eine
völlig neue Süßspeise. Wer es lieber fruchtig
mag, probiert Halava einfach mal mit Apfel-,
Ananas- und Aprikosenstückchen oder mit
Erdbeeren.

> Formen Sie Ihren Halava mit einem Eis-
> Portionierer zu schönen Kugeln, und
> servieren Sie ihn mit einer Vanille- oder
> Fruchtsauce (siehe Seite 245 und 246)

Tapiokapudding

Wirkt Kapha-erhöhend

Stärke aus den Tropen. Tapioka sind weißliche gekörnte Perlchen, die aus der gereinigten Stärke der tropischen Maniokwurzel gewonnen werden. Sowohl in Suppen und Saucen als auch in Süßspeisen wie in diesem Rezept sorgen die geschmacksneutralen Stärkekügelchen für Abwechslung auf unserem Speiseteller.

Tapioka ist gesund. Der hohe Gehalt an verwertbaren Kohlenhydraten bringt Muskeln, Gehirn und den Stoffwechsel auf Trab. Erwähnenswert ist auch der Kaliumanteil der Stärkekügelchen sowie ihr Gehalt an Natrium, Eisen, Carotin, den Vitaminen des B-Komplexes und Vitamin C. Nach dem Ayurveda erhöht Tapioka sanft *Kapha* und sanft *Vata*. Er ist besonders gut zur Erholung nach einer Krankheit geeignet. Außerdem beruhigt er die Verdauung, hemmt jedoch sanft *Agni*.

Dieser einfache und schnelle getreidefreie Pudding ist genau das Richtige für *Vata* und *Pitta*, gelegentlich und in Maßen darf er jedoch auch von *Kapha*-Konstitutionen verzehrt werden.

Tapiokapudding schmeckt lecker für sich alleine, mit Mandelblättchen bestreut oder auch zu Apfelmus. Wenn Sie Tapiokapudding mit Jaggery bzw. Gur süßen, erobern Sie alle Kinder- (und Erwachsenen-) Herzen.

Für 4 Personen

60 g Tapioka
Wasser zum Einweichen
1 l Milch
2 – 3 Kardamomkapseln
½ TL Zimt
50 g Roh-Rohrzucker
(wenn Karamelgeschmack gewünscht ist, Vollrohrzucker verwenden)

So wird's gemacht:

1) Tapioka in ein feines Sieb geben, unter fließendem Wasser spülen und anschließend in einer kleinen Schüssel mit kaltem Wasser etwa 10 Minuten einweichen.

2) Einen Edelstahltopf (mit dickem Boden) mit kaltem Wasser ausspülen, Milch hineingießen und aufkochen lassen. Den Tapioka in ein feines Sieb geben und das restliche Einweichwasser abtropfen lassen. Kardamomkapseln aufschlitzen und die Samen in einem Mörser zu Pulver zerstoßen.

3) Tapioka und Gewürze zu der Milch geben und bei kleinster Hitze 10 – 15 Minuten köcheln lassen. Dabei ab und zu mit einem Holzlöffel vorsichtig umrühren und darauf achten, daß nichts anbrennt. Wenn die Tapiokakügelchen glasig schimmern, ist der Pudding fertig.

4) Nun den Roh- bzw. Vollrohrzucker unterrühren und den Tapiokapudding noch warm servieren.

Kapha-Typ: Gelegentlich können auch Sie diesen Pudding in kleinen Mengen und warm genießen, wenn Sie ihn in 750 ml Milch und 250 ml Wasser kochen. Ebenso empfiehlt es sich, einige Safranfäden und ½ TL Ingwerpulver mit dem Pudding mitzukochen; das facht das Verdauungsfeuer an.

Firni *(Schneller Reispudding)*

Wirkt Kapha-erhöhend

Wer hätte das gedacht? Reis ist das ertragreich-
ste Getreide: Aus einem einzigen Saatkorn
können bis zu dreitausend Reiskörner heranrei-
fen. Neben allen essentiellen Aminosäuren
enthält Reis viele Mineralstoffe wie Phosphor,
Calcium, Magnesium, Kalium und Natrium.
Ferner liefert er uns Carotin, Vitamine des
B-Komplexes, Vitamin E sowie Kohlenhydrate
und etliche Spurenelemente.
Reis stärkt Haare, Zähne, Nägel, Muskeln und
Knochen. Außerdem schützt er vor Hautkrankheiten und versorgt das Gehirn mit Energie.
Wegen seiner entwässernden Eigenschaften und
seines geringen Fettgehalts ist er ein hochgeschätztes Diätetikum und somit ideal für
Menschen mit Nierenkrankheiten, Bluthochdruck und Übergewicht. Auch für Menschen
mit Gluten-Unverträglichkeit ist Reis ein ideales
Getreide. Von allen Getreidesorten ist Reis am
leichtesten verdaulich. Im Ayurveda wird er
hochgeschätzt. Junger Reis (vor weniger als
sechs Monaten geerntet) vermehrt *Kapha*, alter
Reis wirkt energetisierend und sanft *Pitta*-
erhöhend.
Dieser Reispudding läßt sich einfach und schnell
zubereiten, wenn Sie den Reis über Nacht oder
mindestens drei Stunden in Wasser eingeweicht
haben. Ein optimales Gericht für *Vata*- und
Pitta-Konstitutionen.

Für 4 Personen

100 g Rundkornreis
250 ml Milch
4 – 5 Safranfäden
1,25 l Milch
50 – 75 g Roh-Rohrzucker

So wird's gemacht:

1) Rundkornreis waschen und über Nacht oder
   für einige Stunden in Wasser einweichen.
   Safranfäden in 250 ml Milch einweichen.
2) Einen Edelstahltopf mit kaltem Wasser ausspülen und 1 l Milch zum Kochen bringen.
   In der Zwischenzeit Reis mit etwas Wasser in
   einem Mixer oder mit dem Pürierstab zu
   einer feinen Paste mahlen. Den Milchreis mit
   der Safranmilch verrühren und in die bereits
   kochende Milch einrühren.
3) Reispudding noch einmal aufkochen lassen
   und gut umrühren, damit nichts anbrennt.
   Herdplatte ausstellen, Roh-Rohrzucker unterrühren und Reispudding etwa 10 Minuten
   quellen lassen.

Bestreuen Sie den Reispudding
mit etwas Zimt oder gehackten
Pistazienkernen.

Safran-Milchreis

Wirkt Kapha-erhöhend

A rice day is a nice day – »Ein Reistag ist ein netter Tag«, sagen die Amerikaner. Tatsächlich birgt Reis viele Vorzüge in sich. Von allen Getreidesorten ist er am leichtesten verdaulich. Über die Hälfte der Weltbevölkerung lebt von dieser ertragsreichsten aller Getreidesorten. Neben allen essentiellen Aminosäuren liefert Reis Provitamin A, Vitamine des B-Komplexes und Vitamin E sowie viele Mineralstoffe wie Phosphor, Calcium, Magnesium, Kalium und Natrium. Mit von der Partie sind Kohlenhydrate und Spurenelemente. Rundkornreis gibt beim Kochen besonders viel Stärke an das Koch-wasser ab und wird dadurch relativ weich. Nach dem Ayurveda vermehrt er *Kapha*. Reis stärkt Haare, Zähne, Nägel, Muskeln und Knochen. Außerdem lindert er Durchfallerkran-kungen, schützt vor Hautkrankheiten und versorgt das Gehirn mit Energie. Wegen seiner entwässernden Eigenschaften und seines gerin-gen Fettgehalts (2 – 3 %) ist er ein hochge-schätztes Diätetikum und somit ideal für Men-schen mit Nierenkrankheiten, hohem Blutdruck und Übergewicht. Auch bei Glutenunverträg-lichkeit ist Reis empfehlenswert.
Safran, Nelken, Ingwer und Kardamom regen die Verdauungskraft an und verringern etwas die *Kapha*-vermehrenden Eigenschaften von Rundkornreis und Milch.
Ob alt oder jung, Milchreis findet viele Lieb-haber. Vor allem *Vata*- und *Pitta*-Menschen können bei diesem Gericht zugreifen.

Für 4 Personen

250 g Rundkornreis
750 ml Wasser
4 – 5 Kardamomkapseln
1 l Milch
2 Nelken
4 – 5 Safranfäden
½ TL frisch geriebener Ingwer
3 – 4 EL Ahornsirup
70 g Roh-Rohrzucker oder Jaggery bzw. Gur
1 – 2 EL Mandelblättchen

So wird's gemacht:

1) Reis waschen, – wenn möglich – 30 Minuten einweichen und 10 Minuten in Wasser ko-chen. Kardamomkapsel aufschlitzen und die Samen in einem Mörser zu Pulver zerstoßen. Milch und Gewürze zum Reis geben, noch einmal aufkochen lassen und auf kleiner Flamme 5 Minuten weiterköcheln lassen. Zwischendurch immer wieder umrühren, damit nichts anbrennt.

2) Anschließend den Topf vom Herd nehmen, zugedeckt für 15 Minuten in ein großes Handtuch wickeln und den Reis quellen lassen. Sie können aber auch die Elektroplat-te ausstellen und den geschlossenen Topf auf der ausgeschalteten Platte ausquellen lassen.

3) Nelken herausnehmen und Ahornsirup, Roh-Rohrzucker oder Jaggery bzw. Gur unter den Reis rühren. Mit Mandelblättchen bestreuen und heiß oder warm servieren.

Heiß zu Apfelmus und mit Zimt bestreut serviert, ist Safran-Milchreis ein köstliches Mittagessen für süße Schleckermäuler.

Lotus-Khir *(Lotuspudding)*

Wirkt Kapha-erhöhend

Die Königin der Blumen. Wer die weißen, blauen oder roten Lotusblumen einmal in natura gesehen hat, ist schnell von ihrer unvergleichlichen Schönheit fasziniert. Kein Wunder, daß die altindisch-vedische Literatur das Gesicht von *Krishna* (Sanskrit: Gott) mit dieser wunderschönen Wasserpflanze vergleicht. So wie die Lotusblume in den Seen steht und dennoch nicht vom Wasser benetzt wird, so erschien vor fünftausend Jahren Krishna in der heiligen Stadt Vrindavana, um den Menschen Wissen von der Unsterblichkeit der Seele und ihrer Beziehung zu Gott zu vermitteln.

Im Juli und August, sobald die Lotusblumen allmählich verblühen, erntet man in Kashmir, Nordindien, verschiedene Lotusköstlichkeiten: Stengel, Schoten und Blätter. In den Lotusschoten verbergen sich die weißen Lotussamen. Nach dem Schälen und Trocknen gibt man sie in eine riesige, mit heißem Sand gefüllte Karai-Pfanne. In kurzer Zeit poppen sie auf und ähneln riesigem, weichem Popcorn ohne Schale. Nach dem Ayurveda wirken gepoppte Lotussamen sanft *Vata*-erhöhend.

Alljährlich an *Krishnas* Erscheinungstag bereitet man in den fünftausend Tempeln Vrindavanas zahlreiche Gerichte mit gepoppten Lotussamen. Fritiert dekoriert man mit ihnen z. B. Karotten-Halava; gemahlen, geröstet und mit Zucker, Koriander und etwas Wasser entsteht ein köstliches Konfekt. Man findet sie aber auch – wie in unserem Rezept – in Khir, einer delikaten Milchpudding-Speise. Es ist ein optimales Gericht für *Pitta*- und *Vata*-Menschen.

Für 4 – 6 Personen

1 TL Safranfäden
2 l Milch
5 Kardamomkapseln
2 TL Ghee
50 g gepoppte Lotussamen (Phul Makhana)
75 – 100 g Jaggery bzw. Gur, Palmzucker
   oder Roh-Rohrzucker

So wird's gemacht:

1) Einen großen Topf mit dickem Boden mit kaltem Wasser ausspülen (damit die Milch nicht anbrennt). Safranfäden in einer Tasse mit 1 EL Milch einweichen. Kardamomkapseln aufschlitzen und die Samen in einem Mörser zu Pulver zerstoßen. Die restliche Milch mit dem Kardamom bei mittlerer Hitze zum Köcheln bringen und anschließend auf die Hälfte ihres Volumens einkochen, bis eine cremige Konsistenz erreicht ist. Zwischendurch immer wieder umrühren. Das dauert etwa 1 Stunde.

2) Ghee in einer großen Pfanne schmelzen und die gepoppten Lotussamen goldbraun rösten. Jaggery bzw. Gur oder Palmzucker oder ersatzweise Roh-Rohrzucker im Khir auflösen, sobald dieser eine cremige Konsistenz erreicht hat.

3) Die Lotussamen dazugeben und für 5 Minuten ziehen lassen. Den Khir warm servieren.

Wenn Sie dieses Dessert noch weiter verfeinern möchten, dann kochen Sie das herausgeschabte Mark einer aufgeschlitzten Vanilleschote mit der Schote mit. Die Vanilleschote vor dem Servieren entfernen – abgespült und getrocknet kann sie sogar noch ein zweites Mal verwendet werden, z. B. zum Aromatisieren von Ingwer- oder Früchtetee. Gepoppte Lotossamen bekommen Sie im indischen Lebensmittelgeschäft oder beim Gewürzversand.

Kürbis-Khir *(Kürbis-Puddingcreme)*

Wirkt Kapha-erhöhend

Geschätzt von Generationen. Als Khir bezeichnet man in den meisten Teilen Indiens das puddingartige Dessert aus eingekochter Milch. Noch immer gibt es in Indien viele Tempel, in denen Khir-Rezepte aus den jahrtausendealten Sanskrit-Schriften bis zum heutigen Tag unverändert zubereitet werden.

Ganz besonders berühmt ist der Khir aus dem Kshira-Chora-Gopinath Tempel in Remuna an Indiens Ostküste. Als vor gut fünfhundert Jahren ein Heiliger in diesen Tempel kam, interessierte er sich für das Khir-Rezept, das die Priester dort jeden Tag der transzendentalen Bildgestalt von *Krishna* weihten. Der Heilige war zu schüchtern, um direkt um das Rezept zu bitten, dennoch hatte er den großen Wunsch, diesen Khir für seine eigene *Krishna*-Bildgestalt zu kochen. In der Nacht erschien *Krishna* dem Oberpriester und bat ihn, dem fremden Pilger den Topf mit Khir zu bringen, den Er selbst für ihn versteckt hatte. Überrascht fand der Priester auf dem Altar – unter dem Gewand der transzendentalen Bildgestalt *Krishnas* – tatsächlich einen kleinen Topf mit Khir (Sanskrit: *Kshira*), den *Krishna* dem Heiligen schenken wollte. Seitdem heißt *Krishnas* Bildgestalt hier *Kshira-Chora-Gopinath: Krishna*, der für seinen Geweihten den Khir zurückbehielt.

Dieses Gericht vermehrt das *Kapha-Dosha* und ist daher optimal für *Vata-* und *Pitta*-Menschen.

Für 4 – 6 Personen

4 Safranfäden
1 l Milch
700 g orangegelber Kürbis, z. B. Hokkaido
25 – 30 g Butter
200 – 250 g Roh-Rohrzucker
½ TL gemahlene Bourbon-Vanille
50 g Mandelblättchen

So wird's gemacht:

1) Safran in 1 – 2 EL Milch einweichen. Kürbis waschen, schälen, von Kernen befreien und mit einer Gemüsereibe fein reiben.
2) Butter in einem Topf schmelzen und Kürbis 8 – 10 Minuten darin anbraten, bis er glasig ist. Dabei immer wieder mit einem Holzlöffel umrühren.
3) Restliche Milch dazugießen, Safranmilch hineingeben und auf mittlerer bis kleiner Flamme (nicht abdecken) 30 – 40 Minuten einköcheln lassen, bis die Masse zur Puddingkonsistenz eingedickt ist. Dabei immer wieder umrühren, damit nichts anbrennt. Am Ende Roh-Rohrzucker, Vanille und Mandelblättchen (1 EL für die Dekoration zurückbehalten) hinzufügen.
4) Puddingspeise in Dessertschälchen füllen, mit den restlichen Mandelblättchen bestreuen und lauwarm servieren.

Variation:
Kürbis-Khir mit Orangenblüten

Verfeinern Sie dieses Rezept auch einmal mit 1 TL getrockneten Orangenblüten und 1 – 2 TL getrockneten unbehandelten Orangenschalen (in Gewürz- oder persischen Lebensmittelläden erhältlich), die mit dem Khir mitgekocht werden.

Vanillesauce

Wirkt Kapha-erhöhend

Gesundheit pur. Die größten Wunder der Natur nehmen wir heute als selbstverständlich hin. Eines von ihnen ist die Milch mit ihren mehreren hundert Inhaltsstoffen – vorausgesetzt, der Mensch hat nicht zuviel an ihr herumgepfuscht. Rohmilch und »nur-pasteurisierte« Milch wird im Ayurveda als Lebens- und Heilmittel verwendet; sie enthält alle essentiellen Aminosäuren und dazu Vitamin A, Vitamine des B-Komplexes, Vitamin C und D sowie Calcium, Phosphor, Eisen, Zinn und viele andere Spurenelemente.

Aufgrund ihrer aufbauenden Eigenschaften sind ein bis zwei Gläser heiße Milch am Tag ideal für junge und alte Menschen, für Kranke und Gesunde, für geistig und körperlich Arbeitende. Milch hilft bei einer Vielzahl von Beschwerden, z. B. bei Gicht, Nieren- und Blasenkrankheiten, Frauenbeschwerden, bei Kinderkrankheiten, Blutarmut, Magen- und Darmbeschwerden, Hauterkrankungen, Kopfschmerzen, Schlaflosigkeit, Lebererkrankungen und Drüsenstörungen. Nach dem Ayurveda erhöht Milch das *Kapha-Dosha*, während Vanille, Kurkuma und Kardamom allen drei Konstitutionstypen gut tun. Dieses Dessert ist also genau das Richtige für *Vata*- und *Pitta*-Menschen. Bei der veganen Version können auch *Kapha*-Typen in Maßen zugreifen.

Für 4 – 6 Personen

1 l Milch (vegan: Vanille-Sojadrink)
1 Bourbon-Vanilleschote
½ TL Kurkuma
4 gehäufte EL Mais- oder Kartoffelstärke
2 – 3 Kardamomkapseln
4 – 5 EL Roh-Rohrzucker
  oder 75 ml Ahornsirup

So wird's gemacht:

1) Topf mit kaltem Wasser ausspülen. Die Milch (bzw. den Vanille-Sojadrink) – bis auf 1 Tasse – mit der aufgeschlitzten Vanilleschote, dem herausgeschabten Vanillemark und dem Kurkuma zum Kochen bringen.

2) Maisstärke mit der Tasse kalter Milch (bzw. dem kalten Sojadrink) verrühren und in die kochende Milch (bzw. den Sojadrink) geben. Kardamomkapseln aufschlitzen, die Samen im Mörser zerstoßen und ebenfalls hinzufügen.

3) Kurz aufkochen lassen und Roh-Rohrzucker bzw. Ahornsirup dazugeben.

Variation:
Vanille-Safran-Sauce

Weichen Sie 3 – 4 Safranfäden für 15 Minuten in 2 EL Milch (vegan: Vanille-Sojadrink) ein, bevor Sie sie mit der restlichen Milch (bzw. dem Sojadrink) zum Kochen bringen.

Fruchtsauce

Wirkt ausgleichend auf alle drei Doshas

Balsam für alle. Nicht nur in dem altindischen vedischen Reich wurden Birnen schon vor Jahrtausenden überaus geschätzt. Auch Homer rühmte sie, und die Römer brachten sie schließlich in unser Land, wo sie bei den alten Germanen in hohem Kurs standen.

Und das hat nicht nur geschmackliche Gründe. In Birnen finden sich neben zahlreichen Vitaminen und Mineralstoffen fast 16 % Kohlenhydrate. Besonders wertvoll sind auch ihre Fruchtsäuren, Aromastoffe und hormonähnliche Substanzen sowie ihre Gerbsäure. Reife Birnen sind gut für das Herz und fördern die Darmbewegung. Mit ihrem hohen Kaliumgehalt entwässern sie, schwemmen Ödeme aus, stärken die Nieren und mildern hohen Blutdruck. Ihre Gerbsäuren wirken sich günstig auf Entzündungen im Magen-Darm-Bereich aus.

Nach dem Ayurveda wirken ungekochte, feste und unreife Birnen hauptsächlich *Vata*-vermehrend. Bei gekochten bzw. reifen Birnen können aber alle drei *Dosha*-Typen zugreifen. In dieser Form regen sie auch die Ausscheidung von Harnsäure an, was sie gerade für Gicht, Rheuma und Arthritis interessant macht.

Diese einfache und schnelle Fruchtsauce ist für alle drei *Doshas* geeignet. Besonders beliebt ist sie jedoch bei *Kapha*-Naturen, die oft genau das essen und naschen, was sich in Pfunden niederschlägt, nämlich Süßes.

Dieses Rezept läßt sich natürlich mit jeder beliebigen Saftsorte zubereiten. Nehmen Sie aber nur hundertprozentige Fruchtsäfte mit dem Vermerk »ungezuckert«.

Für 4 – 6 Personen

50 g Tapioka
750 ml – 1 l Birnen- oder
naturtrüber Apfelsaft
½ TL echte Bourbon-Vanille
und/oder Zimt (nach Belieben)
1 – 2 EL Apfeldicksaft
oder Ahornsirup (nach Belieben)

So wird's gemacht:

1) Tapioka in einem feinen Sieb unter fließendem Wasser spülen und abtropfen lassen. Anschließend zusammen mit 500 ml Birnensaft 5 Minuten in einem Topf einweichen.

2) 250 ml Birnensaft dazugießen (bzw. mehr, wenn die Sauce flüssiger sein soll). Fruchtsauce aufkochen lassen und dann auf mittlerer bis kleiner Flamme etwa 15 Minuten köcheln lassen, bis der Tapioka glasig ist und sich aufgelöst hat. Zwischendurch immer wieder mit einem Schneebesen oder einem Holzlöffel umrühren.

3) Mit Vanille oder/und Zimt aromatisieren und je nach Belieben mit Apfeldicksaft bzw. Ahornsirup süßen.

Ob kalt oder heiß, ob zu Puddings, süßen Obst-Aufläufen, Cremes oder einfach nur mit Schlagsahne bzw. Vanille-Sojadrink – Fruchtsauce schmeckt immer.
Wenn Sie die Saftmenge auf 500 – 750 ml reduzieren, erhalten Sie ein geleeartiges Fruchtdessert, das der »Götterspeise« ähnlich ist. Warm serviert, ist sie genau das Richtige für *Kapha*- und *Vata*-Typen.
Bei *Kapha*-Dominanz empfehlen wir Ihnen als leichtes Frühstück warme Fruchtsauce bzw. warmes Fruchtdessert mit etwas Granola (siehe Seite 56) bestreut.

Ananas-Orangen-Gelee

Wirkt ausgleichend auf alle drei Doshas

In aller Munde. Ihr einzigartiger Geschmack, ihr üppiger Saft, ihre gute Lagerfähigkeit und die schnelle Zubereitung haben die Ananas besonders beliebt gemacht. Obendrein ist sie auch gesund. Neben ihrem hohen Wassergehalt finden sich in Ananas Kalium, Magnesium, Phosphor, Eisen, Kupfer, Zink, Mangan und Jod. Daneben enthält die Ananas das Ferment Bromelin, das Nahrungseiweiß aufspaltet und dadurch die Eiweißverdauung in Schwung bringt. Nach dem Ayurveda vermehrt die süß-saure Ananas *Kapha* und *Pitta.* Sie stillt den Durst, regt den Appetit an und spendet Energie. Sie fördert die Verdauung und wirkt schweiß- und harntreibend. Auch bei Unruhe und Herz-beschwerden greift der Ayurveda gerne auf Ananas zurück.

Orangen geizen ebenfalls nicht mit wertvollen Inhaltsstoffen. Zu ihnen gehören reichlich Vitamin C und Carotin, daneben Kalium, Magnesium, Calcium, Eisen, Phosphor und Selen. Flavone, ätherische Öle, Bitter- und Gerbstoffe erklären, weshalb Orangen leicht verdaulich, appetitanregend und in der Rekon-valeszenz geradezu ideal sind. Nach dem Ayurveda sind sie feucht und süß, d. h. sie vermehren *Kapha.* Saure Orangen dagegen verstärken in erster Linie das *Pitta-Dosha.* Dieses Gericht ist für alle drei *Dosha*-Typen genau das Richtige.

Für 4 Personen

1 reife Ananas (400 g)
1 süße Orange (300 g)
600 ml Ananas- oder Apfelsaft
1 EL Ahornsirup
2 TL Agar-Agar-Pulver

So wird's gemacht:

1) Ananas und Orange schälen und in kleine Stücke schneiden (die Orangenhaut entfer-nen).

2) 500 ml Ananas- bzw. Apfelsaft in einem Topf mit Ahornsirup aufkochen lassen. Agar-Agar Pulver mit den restlichen 100 ml Saft ver-rühren, in den kochenden Ananassaft hinein-rühren und 2 Minuten köcheln lassen (das Gelee wird erst beim Erkalten fest). Früchte dazugeben, vom Herd nehmen und etwas abkühlen lassen.

3) Ananasgelee in kleine (mit kaltem Wasser ausgespülte) Glasschälchen füllen und kalt stellen bzw. in eine große oder mehrere kleine schöne Puddingformen gießen.

Das Gelee nach dem Erstarren mit einem Messer vom Rand der Formen lösen und stürzen. Mit Schlagsahne-Tupfern und frischen Minzblättern verziert servieren. Köstlich schmecken natürlich auch andere Früchte und Säfte. Frische Beerenfrüchte, Bananen und Kiwis können Sie direkt mit dem angedickten Saft übergießen und kaltstellen. Feste Früchte wie Äpfel und Birnen dünsten Sie besser, damit sie auch von *Vata*-Typen vertragen werden.

Tutti-Frutti in Marzipan

Wirkt Kapha-erhöhend

Powerobst für Naschkatzen. Die größten Wunder der Natur wirken oft unscheinbar, so auch Trockenfrüchte. Wegen ihres konzentrierten natürlichen Fruchtzuckers sind sie für Naschkatzen eine beliebte und dazu gesunde Schlekkerei.

So enthalten Rosinen die meisten Wirkstoffe der Trauben, allen voran Kalium, Calcium, Magnesium, Phosphor, Eisen sowie Thiamin und Niacin. Weicht man sie vor der weiteren Verarbeitung in Wasser ein, gleichen sie alle drei *Doshas* aus. Da ihr Eisen leicht vom Körper aufgenommen werden kann, wirken sie blutbildend. Ihr Glukosegehalt ist achtmal so hoch wie bei frischen Trauben und stärkt Gehirn und Nervensystem. Rosinen fördern die natürliche Ausscheidung von Giftstoffen und sind gut für Herz, Willenskraft und Vitalität.

Auch Datteln haben es in sich. Neben einem hohen Vitamin-D-Gehalt enthalten sie Carotin, Vitamine des B-Komplexes und Vitamin C, Kohlenhydrate, Pektin und die Mineralstoffe Phosphor, Eisen, Calcium und Kalium. Getrocknet vermehren sie das *Kapha-Dosha* und stärken Herz, Leber, Verdauungsorgane und Nieren. Darüber hinaus kräftigen sie Körper und Geist, regen die Blutbildung an und helfen gegen Infektionskrankheiten, Müdigkeit und Depression.

Getrocknete Feigen enthalten eine Vielzahl an Mineralstoffen wie Kalium, Calcium, Eisen, Kupfer, Magnesium, Phosphor und Schwefel. Sie wirken appetitanregend, fördern die Verdauung und reinigen das Blut. In Wasser eingeweicht, sind sie ein gutes Stärkungsmittel und klassische Helfer bei Verstopfung.

Zusammen mit den anderen Zutaten ist diese Süßspeise ein ideales Gericht für *Vata-* und *Pitta-*Menschen.

Für eine kleine Kastenform

Für das Honigmarzipan:
150 g geschälte Mandeln
50 g Cashewnüsse
100 g cremiger Honig

Für das Trockenfrüchtegelee:
100 g Datteln
100 g Feigen
100 g Aprikosen
100 g Rosinen
4 Safranfäden
450 ml Apfel- oder Ananassaft
100 g geschälte Mandeln
2 TL Agar-Agar-Pulver

So wird's gemacht:
1) Trockenfrüchte waschen und in warmem Wasser einweichen. 4 Safranfäden in 150 ml Apfel- oder Ananassaft einweichen.
2) Für das Honigmarzipan die enthäuteten Mandeln und die Cashewnüsse fein mahlen und mit Honig verkneten. Kastenform mit in Streifen geschnittenem Backpapier auslegen. Honigmarzipan zwischen zwei Frischhaltefolien ausrollen und die Form zu zwei Dritteln damit auskleiden.
3) 300 ml Apfel- bzw. Ananassaft in einem Topf zum Kochen bringen. Währenddessen Trockenfrüchte klein schneiden und Mandeln halbieren. Die restlichen 150 ml Saft mit dem Agar-Agar-Pulver verrühren, unter den kochenden Fruchtsaft rühren und 2 Minuten köcheln lassen. Trockenfrüchte und Mandeln in den kochenden Saft geben und abkühlen lassen.
4) Die abgekühlte Masse in die Marzipan-Form gießen und kaltstellen. Sobald sich das Tutti-Frutti verfestigt hat, mit dem Messer vom Rand lösen und auf eine Kuchenplatte stürzen. Backpapier entfernen und – falls gewünscht – mit Schlagsahne oder Fruchtsauce (siehe Seite 246) servieren.

Indischer Nougat

Wirkt Pitta- und Kapha-erhöhend

Die süße Verführung. Groß oder klein, länglich oder rund, Haselnüsse findet man heute fast überall auf der Erde, manchmal sogar – wie beispielsweise im Himalaya – an zwanzig Meter hohen Bäumen.

Haselnüsse sind wahre Kraftpakete. Neben einem hohen Anteil an Eiweiß und Kohlenhydraten enthalten sie über 60 % Fett mit einem hohen Prozentsatz der wertvollen ungesättigten Fettsäuren. Ihr Mineralstoffgehalt ist hoch: An vorderster Stelle stehen Phosphor, Magnesium, Kalium und Eisen, dazu kommen Schwefel und Calcium sowie reichlich B-Vitamine und Vitamin C. Die Gerbstoffe in der Haselnuß regen die Haut- und Darmfunktion an und stärken die Gefäße. In Verbindung mit den reichlich vorhandenen B-Vitaminen sind die Fettsäuren und Eiweißbausteine der Nüsse günstig für die Muskulatur. Ihr hoher Lecithingehalt ist gut für die Nerven. Daneben regen Haselnüsse die Blutbildung an und stärken die Abwehrkraft. Nach dem Ayurveda vermehren Haselnüsse *Kapha* und *Pitta*. Dieses Nougat-Rezept ist daher für *Vata*-Menschen genau das Richtige.

Für 4 – 6 Personen

225 g gemahlene Haselnüsse
   oder geschälte und gemahlene Mandeln
275 ml Milch (vegan: Sojadrink)
4 Kardamomkapseln
200 – 225 g Jaggery bzw. Gur
   oder Vollrohrzucker
2 EL Carobpulver
einige Cashewnußhälften
   oder gehackte Pistazien zur Dekoration
Fett für das Blech

So wird's gemacht:

1) Nüsse bzw. Mandeln mit der Milch (bzw. dem Sojadrink) in einen Topf geben und bei mittlerer Flamme erhitzen. Die Mischung zu Beginn gelegentlich umrühren. Kardamomkapseln mit einem Messer aufschlitzen und die Samen im Mörser zerstoßen. Nach 10 Minuten Jaggery bzw. Gur, Carob und Kardamom dazugeben. Je mehr die Masse eindickt, um so häufiger rühren, damit nichts anbrennt. Eventuell die Flamme etwas kleiner stellen.

2) Nach 25 – 30 Minuten bildet die Mischung eine einheitliche Masse, die sich vom Boden des Topfes löst. Nougat zum Abkühlen auf ein gefettetes Blech oder Tablett streichen und zu einem 2,5 cm dicken Rechteck formen. Anschließend kalt stellen, bis der Nougat fest geworden ist. (Achten Sie darauf, daß Sie den Nougat bis zur erforderlichen Konsistenz einkochen, damit er sich nach dem Abkühlen schneiden läßt. Ansonsten können Sie ihn aber auch mit einem kleinen Löffel naschen.)

3) Vor dem Servieren in kleine Stücke schneiden und jeweils mit einer halben Cashewnuß oder mit gehackten Pistazien verzieren.

Sandesh *(Indisches Königskonfekt)*

Wirkt Kapha-erhöhend

Das Land der Superlative. In Indien finden wir die älteste Zivilisation, die ersten Schriftdokumente, die älteste Landwirtschaft, die ersten Städte, die erste systematisch kodifizierte Gesetzgebung, die älteste kontinuierliche Monarchie, die älteste Religion der Welt – und die besten Milch-Süßigkeiten, beispielsweise Sandesh, das beliebteste Konfekt Bengalens. Das Geheimnis von Sandesh ist die richtige Milch, nämlich Rohmilch, Vorzugsmilch oder nur-pasteurisierte (nicht homogenisierte) Milch. Beim Vorgang des Homogenisierens erhöht sich nämlich die Allergiebereitschaft um das Zwanzigfache.

Rohmilch oder nur-pasteurisierte Milch verwendet der Ayurveda als Lebens- und Heilmittel. Sie hilft bei zahlreichen Beschwerden wie Gicht, Nieren- und Blasenkrankheiten, Frauenbeschwerden, Kinderkrankheiten, Blutarmut, Lähmungen, Altersschwäche, Magen- und Darmbeschwerden, Hauterkrankungen, Haarausfall, Kopfschmerzen, Lebererkrankungen, Drüsenstörungen, Vergiftungen, Schlaflosigkeit und allgemeiner Schwäche. Neben den zahlreichen Nähr- und Vitalstoffen enthält Milch auch Exorphine, die den Stoffwechsel und das Wachstum regulieren und darüber hinaus die Stimmung heben und das soziale Verhalten positiv beeinflussen.

Wie sein Ausgangsprodukt Milch wirkt auch Sandesh *Kapha*-erhöhend und ist daher ein optimales Konfekt für *Vata*- und *Pitta*-Menschen.

Ergibt 20 – 25 Stück

Für den Panir (Frischkäse):
3 l Milch
Saft von 1 Zitrone
150 g Joghurt

Außerdem:
120 – 150 g Roh-Rohrzucker (nach Wunsch)
½ – 1 TL gemahlener Kardamom
   (oder 7 – 10 Kardamomkapseln)
½ TL gemahlener Safran
   (oder 15 – 20 Safranfäden)

Für die Dekoration:
1 TL Rosenwasser (kann entfallen)
3 EL (30 g) gemahlene
   oder zerstoßene Pistazien
1 kleine (biologisch angebaute) Rose
   (kann entfallen)

So wird's gemacht:
1) Panir (Frischkäse) mit Zitronensaft und Joghurt als Gerinnungsmittel herstellen (siehe Anleitung Seite 226). Dazu Joghurt in einer Tasse heißer Milch verrühren und anschließend in die kochende Milch geben, dadurch wird der Panir noch cremiger. Sie können aber auch nur Zitronensaft benutzen. Molke nicht wegschütten, sondern anderweitig weiterverwenden, z. B. für Getränke, Suppen, Brotteig, fürs Badewasser oder zum Blumengießen.

2) Das Käsetuch mit dem Panir an allen vier Enden verknoten und kurz unter fließendes kaltes Wasser halten. Überschüssiges Wasser durch mehrmaliges festes Ausdrücken des Tuches herauspressen. Den Panir 45 Minuten abhängen oder 20 Minuten mit einem Gewicht beschweren, damit er einigermaßen trocken (aber nicht zu trocken) wird.

3) Den fertigen Panir auf einer sauberen Arbeitsfläche kräftig durchkneten, bis er seine bröselige Konsistenz verliert und zu einem weichen »Teig« ohne Klumpen wird. Je weicher der Teig, desto besser der Sandesh.

4) Roh-Rohrzucker in einer Küchenmaschine oder im Mörser zu feinem Puderzucker mahlen. Den gekneteten Panir in zwei Hälften teilen. Eine Hälfte des Roh-Rohrzuckers in die erste Panir-Hälfte kneten und anschließend in einer Bratpfanne auf niedrigster Stufe erhitzen, dabei ständig mit einem Holzlöffel umrühren. Die feste Sandesh-Masse wird zunächst weich, um sich dann wieder zu verfestigen. Wenn sie wieder fest wird und sich vom Boden der Pfanne zu lösen beginnt (etwa nach 5 Minuten), die Pfanne von der Flamme nehmen. Der Sandesh sollte nicht zu lange rösten, sonst wird er trocken und bröselig. Sandesh in einer Schüssel oder auf der Arbeitsplatte etwas abkühlen lassen; dabei verfestigt sich die Masse noch.

5) In der Zwischenzeit die schwarzen Kardamomsamen aus den Kapseln herauslösen und mit den Safranfäden im Mörser zu feinem Pulver zerstoßen. Nun den »gerösteten« und den »ungerösteten« Panir und die restliche Rohrzuckermenge mit den Gewürzen miteinander verkneten. Sandesh abkühlen lassen und auf einer Platte zu einem Rechteck formen, die Oberfläche mit einer Gabel einritzen, mit Rosenwasser beträufeln und mit zerstoßenen Pistazien bestreuen.

6) Vor dem Servieren in kleine Quadrate schneiden und auf Wunsch mit jeweils einem Rosenblütenblatt garnieren. Sandesh zimmertemperiert servieren. Kühlschrankkalt wäre er eine zu große Herausforderung für das Verdauungsfeuer.

Sie werden staunen, wie einfach man Sandesh selbst machen kann. Das A & O ist dabei die Konsistenz des Panirs (Frischkäses). Er sollte nicht zu feucht, aber auch nicht zu trocken sein. Damit er auch nach dem Kneten seidig weich bleibt, sollten Sie ihn in der Pfanne auf der kleinstmöglichen Hitzeeinstellung rösten.

Variationen:

Frucht-Sandesh
Wirkt Kapha-erhöhend

Gern verwendet man an Stelle des Roh-Rohrzuckers auch eingeweichte, abgetropfte und zu Mus pürierte Trockenfrüchte (z. B. Datteln, Rosinen, getrocknete Mangos, Papayas, Ananas oder Aprikosen). Nehmen Sie dazu auf 550 – 600 g Panir 7 – 8 EL Fruchtpaste (90 – 100 g), je nach Süße der Fruchtsorte.

Karamel-Sandesh
Wirkt Kapha-erhöhend

Wer Karamelgeschmack bevorzugt, sollte entweder mit Ahorncreme (eingekochtem, cremeartigem Ahornsirup aus dem Reformhaus) oder mit heruntergekochtem, unraffiniertem Palmzucker (Jaggery bzw. Gur) süßen. Jaggery dafür in einem Topf in einigen Tropfen Wasser auflösen und unter den Panir kneten. Sandesh kühlen und – falls er zu feucht geworden ist – gemahlene Pistazien, Nüsse oder Pinienkerne unterkneten.

Nuß-Sandesh
Wirkt Kapha-erhöhend

Geben Sie je nach Belieben 3 – 5 EL (oder auch mehr) gemahlene Nüsse einer Sorte unter die Sandesh-Masse. Hervorragend eignen sich dafür geröstete und gemahlene Haselnüsse, enthäutete Mandeln, Pistazien, Pinienkerne, Walnüsse oder Cashewnüsse.

Getränke

Lassi *(Joghurtgetränk)*
Wirkt Kapha- und sanft Pitta-erhöhend

Summertime ... Lassi ist ein ideales Getränk für heiße Sommertage. Zu Beginn der heißen Jahreszeit vermindert sich die Verdauungskraft im Magen, unter der Haut verstärkt sich jedoch *Agni* (Schweißbildung). Zur Verdauung von schweren Speisen ist viel Energieaufwand notwendig, daher sollte man jetzt mehr trinken und leicht Verdauliches essen. Von eisgekühlten Getränken rät der Ayurveda ab. Sie mögen im ersten Augenblick angenehm erscheinen, reduzieren aber das ohnehin schwache *Agni* im Magen und Dünndarm noch weiter.

Für diese Zeit empfiehlt der Ayurveda Joghurt-Zubereitungen, insbesondere Lassi. Joghurt regt nicht nur die Verdauungstätigkeit im Magen an, sondern übt in seiner sekundären Wirkung einen kühlenden Effekt auf den gesamten Körper aus. Bis auf den Milchzucker besitzt Joghurt die gleichen wertvollen Inhaltsstoffe wie Milch, allen voran Calcium, Vitamine des B-Komplexes und Vitamin D sowie reichlich Proteine.

Nach dem Ayurveda besitzt Joghurt *Pitta-* und *Kapha*-vermehrende Eigenschaften. Damit *Pitta*-Menschen nicht ganz auf Lassi verzichten müssen, haben wir ihm in diesem Rezept Süßmittel, Kardamom und Wasser beigegeben. Damit ist Lassi optimal für *Vata-* und in Maßen auch für *Pitta*-Typen.

Für 4 Personen

10 Safranfäden bzw. ¼ TL gemahlener Safran
1 EL heißes Wasser
500 g Joghurt (vorzugsweise selbstgemacht, siehe Seite 224)
4 Kardamomkapseln oder
  ¼ TL gemahlener Kardamom
500 ml – 1 l Wasser (je nach Wunsch)
50 – 100 g Roh-Rohrzucker bzw. 50 – 75 ml Ahornsirup
1 Prise Zimt

So wird's gemacht:

1) Safran in 1 EL heißem Wasser 10 Minuten lang einweichen. Kardamomkapseln auf-schlitzen und die Samen im Mörser zer-stoßen. Alle Zutaten (außer Zimt) im Mixer pürieren (oder mit einem Schneebesen ver-rühren, bis sich alle Klümpchen aufgelöst haben).

2) Lassi in schöne Gläser füllen, jeweils mit einer Prise Zimt bestreuen und zimmer-temperiert servieren.

Variationen

Früchte-Lassis schmecken einfach lecker. Wenn Sie jedoch ein zu schwaches Verdauungsfeuer *(Agni)* haben, sollten Sie Lassi lieber nur pikant mit Gewürzen oder leicht gesüßt zu sich nehmen. Damit Sie Ihr Verdauungsfeuer nicht zusätzlich belasten, sollten Sie Lassi nie eisgekühlt, sondern zimmertemperiert trinken.

Bananen-Lassi
Wirkt Kapha- und sanft Pitta-erhöhend
(für Vata- und in Maßen für Pitta-Typen)

Lassen Sie den Safran weg. Pürieren Sie noch 2 Bananen und eventuell 1 TL frisch geriebenen Ingwer, den Sie als Saft auspressen, zusammen mit den restlichen Zutaten.

Mango-Lassi
Wirkt sanft Kapha-erhöhend
(für Pitta- und Vata-, in Maßen auch für Kapha-Typen)

1 reife Mango mit den restlichen Zutaten pürieren.

Orangen-Lassi
Wirkt Kapha- und sanft Pitta-erhöhend
(für Vata-und in Maßen für Pitta-Typen)

Mixen Sie 250 ml Saft von süßen Orangen unter das Lassi.

Vanille-Lassi
Wirkt Kapha-erhöhend
(für Pitta- und Vata-Typen)

Lassen Sie Safran und Zimt weg und geben Sie den restlichen Zutaten statt dessen 1 TL gemahlene Bourbon-Vanille zu.

Rosen-Lassi
Wirkt Kapha-erhöhend (für Pitta-Typ)

Fügen Sie 1 – 2 EL Rosenwasser zu den restlichen Zutaten, lassen Sie Zimt weg, und dekorieren Sie die Gläser mit einigen frischen, biologisch angebauten Rosenblüten.

Minz-Lassi
Wirkt ausgleichend auf alle drei Doshas

Fügen Sie 2 EL fein gehackte frische Minzblätter hinzu, und dekorieren Sie die Gläser mit je 1 frischen Minzblatt.

Gewürz-Lassi
Wirkt ausgleichend auf alle drei Doshas
(je nach Zubereitung)

Kapha-Typ: Verdünnen Sie Ihr Lassi mit vier Teilen Wasser. Wenn Sie es pikant lieben, würzen Sie mit Ingwerpulver bzw. frisch geriebenem Ingwer, geröstetem und zerstoßenem Kreuzkümmel und etwas schwarzem Pfeffer. Wer es lieber süßlich mag, sollte Ingwerpulver, Safran, Zimt, Kardamom- oder Nelkenpulver zufügen und als Süßungsmittel etwas Honig verwenden.

Vata-Typ: Ihnen werden die gleichen Gewürze gut tun wie *Kapha*-Menschen. Verwenden Sie statt Ingwerpulver lieber frisch geriebenen Ingwer. Eine Prise Muskat unterstützt die Absorption im Darm.

Pitta-Typ: Für Sie sind Gewürze ideal, die *Agni* anregen, aber nicht *Pitta* erhöhen, z. B. gerösteter und gemahlener Kreuzkümmel, Koriander, Fenchel und Safran, Kardamom, Zimt und frischer Ingwer. Zusätzlich können Sie Ihr Lassi auch mit kühlenden, frisch gehackten Minzbzw. Korianderblättern bestreuen.

Pitta-Lassi
500 g Joghurt
500 ml – 1 l Wasser
2 TL gemahlener Koriander
1 – 2 EL Ahornsirup
1 EL frische Korianderblätter

Gewürzmilch

Wirkt sanft Kapha-erhöhend

Das Lebenselixier. Rohmilch oder nur-pasteurisierte Milch (nicht homogenisiert) aus artgerechter Tierhaltung ist nach dem Ayurveda eines der wichtigsten Nahrungs- und Heilmittel. Ein bis zwei Gläser Milch am Tag sind mit ihren aufbauenden Eigenschaften ideal für jung und alt, für Schreibtischmenschen und für Sporttreibende.

Milch macht gute Laune, hält fit und gesund. Noch heute empfehlen Ayurveda-Therapeuten Milch bei zahlreichen Krankheiten und Beschwerden, z. B. bei Nieren- und Blasenkrankheiten, Gicht, Frauenbeschwerden, Blutarmut, Altersbeschwerden, Hauterkrankungen, Haarausfall, Kopfschmerzen, Konzentrationsstörungen und Schlaflosigkeit. Milch stärkt den Körper, die Abwehrkraft und – durch ihre Exorphine – auch die Psyche.

Frisch gemolkene, euterwarme Milch ist für den Menschen am allerbesten. Bereits drei Stunden nach dem Melken wirkt Milch *Kapha*-vermehrend. Wer keine frisch gemolkene Milch bekommen kann (und das trifft wohl auf die meisten von uns zu), muß den Kopf deswegen nicht hängen lassen. Bereiten Sie die Milch einfach so zu, wie man das in Indien bis zum heutigen Tag tut: Um kalte, *Kapha*-vermehrende Rohmilch wieder besser verträglich zu machen, werden ihr die Elemente Feuer (aufkochen lassen) und Luft (mehrere Male umgießen oder mit dem Schneebesen umrühren) hinzugefügt. Dazu kommen verdauungsanregende Gewürze wie Safran und Kardamom.

Servieren Sie die Milch so heiß, daß man sie nur schlückchenweise zu sich nehmen kann. Und wer möchte, kann nach dem Kochen noch mit etwas Honig oder Jaggery/Gur süßen. Gewürzmilch ist ideal für *Vata*- und *Pitta*-Naturen.

Pro Person:

*250 ml Vorzugsmilch, Rohmilch
 bzw. nicht-homogenisierte Milch
2 Safranfäden oder 1 Msp Safranpulver
1 – 2 Kardamomkapseln
Jaggery bzw. Gur, Ahornsirup oder Honig
 (je nach Konstitutionstyp)*

So wird's gemacht:

1) Topf mit kaltem Wasser ausspülen und Rohmilch bzw. nicht-homogenisierte Milch mit den Safranfäden auf kleiner bis mittlerer Flamme zum Kochen bringen. Währenddessen die Kardamomkapseln mit einem Messer aufschlitzen, im Mörser (oder mit dem Griff eines Nudelholzes) zu Pulver zerstoßen und zur Milch geben. Die Milch mit einem Schneebesen so umrühren, daß sich auf ihr Schaum bildet.

2) Milch in eine Tasse füllen und nach Geschmack süßen. *(Vata*-Typen können mit etwas Jaggery bzw. Gur, *Pitta* mit Ahornsirup und *Kapha*-Typen mit Honig süßen.)

Kapha-Typ: Probieren Sie auch einmal heiße Gewürzmilch aus Ziegenmilch.

Variation

Sie können die Gewürzmilch auch mit 1 Msp Zimtpulver oder 1 Msp Kurkuma würzen.

Wenn Sie keine Milch vertragen, probieren Sie doch einmal heiße, mit Wasser verdünnte Ingwermilch (siehe Seite 255).

Ingwermilch

Wirkt ausgleichend auf alle drei Doshas

Der Allroundkünstler. Ingwer zählt zu den wenigen Lebensmitteln, die alle drei *Doshas* harmonisieren. In Maßen genossen, regt er *Agni*, das Verdauungsfeuer, an, ohne *Pitta* aus dem Lot zu bringen.

Die Natur hat Ingwer eine Vielzahl an Bitterstoffen und ätherischen Ölen mitgegeben, insbesondere das Gingerol. Im Ayurveda wird Ingwer bei Atemwegserkrankungen empfohlen oder wenn es darum geht, *Ama* (Stoffwechselschlacken) abzubauen. Ingwer regt die Verdauungstätigkeit an, wirkt entblähend und pflegt die Darmflora. Er lindert Arthritis, stärkt das Herz und hilft bei Regelbeschwerden. Außerdem hemmt er die Blutgerinnung, senkt den Cholesterinspiegel und den Blutdruck und wirkt krebsvorbeugend.

Zusammen mit Milch gekocht, fördert Ingwer deren bessere Bekömmlichkeit und Absorption, vor allem bei einer Mischung aus gleichen Teilen Milch und Wasser. Ingwermilch ist also ein optimales Getränk für alle drei *Dosha*-Typen. Und wenn Sie schnell und ruhig einschlafen möchten, empfehlen wir Ihnen – entsprechend lange nach der letzten Mahlzeit – ein Glas Ingwermilch vor dem Schlafengehen.

Ergibt eine Tasse

250 ml Vorzugsmilch bzw. nur-pasteurisierte
  Milch (nicht homogenisiert)
eventuell 250 ml Wasser
1 – 2 TL frisch geriebener Ingwer
eventuell etwas Ahornsirup, Jaggery, Gur
  oder Honig nach Geschmack
eventuell Süßmittel
  (nach Geschmack und Dosha-Konstitution)

So wird's gemacht:

1) Frisch geriebenen Ingwer in 250 ml Milch bzw. in eine Mischung von 250 ml Milch und 250 ml Wasser geben. Milch für einige Minuten köcheln lassen bzw. Halb-Milch/Halb-Wasser-Gemisch auf etwa 250 ml einkochen (dies dauert etwa 15 Minuten). Umgießen bzw. mit einem Schneebesen umrühren, damit Schaum auf der Milch entsteht.

2) Milch in eine Tasse füllen (wer möchte, kann den Ingwer abseihen) und nach Geschmack süßen. *Vata*-Typen können mit Jaggery bzw. Gur süßen, *Pitta*-Menschen mit Ahornsirup und *Kapha*-Typen mit Honig.

Ingwertee

Wirkt Pitta-erhöhend

Das Wurzelwunder. In der kalten Jahreszeit fängt man sich schnell eine Erkältung ein – dann ist es höchste Zeit für Ingwer. Wann immer es darum geht, ein Zuviel der Elemente Wasser und Erde zu lösen, ist Ingwer genau das Richtige.

Dazu hat die Natur den Ingwer mit einer geballten Ladung an Bitterstoffen und ätherischen Ölen ausgestattet, allen voran mit Gingerol. Es ermöglicht den Abbau von *Ama* (Stoffwechseltoxinen) und die Ausleitung von Giftstoffen über den Darm. Ingwer wirkt entblähend, pflegt die Darmflora und hilft bei Übelkeit, Brechreiz und verdorbenem Magen. Er hemmt außerdem die Blutgerinnung, schützt vor Herzinfarkt, senkt Cholesterinspiegel und Blutdruck und wirkt krebsvorbeugend. Nach dem Ayurveda nimmt Ingwer unter den Gewürzen eine Sonderstellung ein, da er die Verdauungskraft *Agni* stark anregt, ohne das *Pitta-Dosha* im Körper zu stören.

Schwarzer Pfeffer vermehrt das *Pitta-Dosha*. Er regt die Verdauung an und hilft ebenfalls bei Erkältungen und Husten. Pfeffer beseitigt *Ama*, lindert Blähungen und wirkt fiebersenkend. Zum gesunden Süßen sollte man nach dem Abkühlen des Tees noch etwas Honig zugeben. Mit seinen erwärmenden und austrocknenden Eigenschaften unterstützt Honig den Heilungsprozeß gerade bei Erkältungskrankheiten. Ideal für *Kapha*-Menschen und bei *Kapha*-Beschwerden und in Maßen auch für *Vata*-Konstitutionen.

Ergibt 1 l Tee

1 l Wasser
1 EL frisch geriebener Ingwer
3 – 4 schwarze Pfefferkörner
1 – 2 Nelken

So wird's gemacht:

1) Wasser mit Ingwer und Gewürzen aufkochen und anschließend 10 – 15 Minuten zugedeckt auf kleiner Flamme köcheln lassen.
2) Tee abseihen und in eine Thermoskanne füllen. Mit Honig gesüßt trinken.

Falls Sie **Pippali (Langpfeffer)** bekommen können, kochen Sie 1 – 2 der dünnen, etwa 2 cm langen schwarzen Früchte an Stelle der Nelken.
Wie dessen naher Verwandter, der schwarze Pfeffer, ist auch Pippali ein starkes Anregungsmittel sowohl für das Verdauungssystem als auch für den Atemtrakt. Pippali ist stark erhitzend, beseitigt Kälte, Schleimansammlungen und *Ama*. Es ist ein wichtiges Mittel bei allen Erkältungskrankheiten, aber auch bei Asthma, Arthritis, Rheuma, Gicht, Ischias und zahlreichen Verdauungsbeschwerden.
Ingwertee läßt sich natürlich beliebig variieren. Je nach Geschmack können Sie ihn individuell würzen und die Pfefferkörner bzw. Nelken reduzieren oder ganz weglassen.

Variationen

Agni-anregender Ingwer-Tee
Wirkt ausgleichend auf alle drei Doshas

1 EL geriebenen Ingwer und 3 aufgeschlitzte Kardamomkapseln in 1 l Wasser für 10 Minuten köcheln lassen.

Koriander-Ingwer-Tee
Wirkt ausgleichend auf alle drei Doshas
(Agni-anregend und blähungsmindernd)

1 EL geriebener Ingwer, 1 TL Koriandersamen und 1 TL Kreuzkümmelsamen in 1 l Wasser für 10 Minuten köcheln lassen.

Zitronen-Ingwer-Tee
Wirkt ausgleichend auf alle drei Doshas
(Agni-anregend, gut für die Leber)

Auf 1 l Wasser 1 EL frisch geriebenen Ingwer und 1 Msp Kurkuma für 10 Minuten köcheln lassen. Vor dem Servieren den Saft einer halben Zitrone hinzufügen und mit Honig oder Jaggery/Gur süßen.

Süßholz-Fenchel-Ingwer Tee
Wirkt sanft Kapha-erhöhend
(Vata und Pitta beruhigender Tee)

1 – 2 Süßholzstückchen, 1 TL Fenchel und 1 EL frisch geriebenen Ingwer in 1 l Wasser 10 – 15 Minuten köcheln lassen. Beachten Sie beim Süßen, daß das Süßholz dem Tee bereits einen süßlichen Geschmack verleiht.

Ingwer-Safran-Tee
Wirkt ausgleichend auf alle drei Doshas
(besonders bei Vata-Beschwerden wie Krämpfen, auch Menstruationskrämpfen, und Kopfschmerzen)

1 EL frisch geriebenen Ingwer mit ½ TL Safranfäden in 1 l Wasser für 10 Minuten köcheln lassen.

Ingwer-Orangen-Getränk *(Adrak-Sharbat)*

Wirkt Pitta- und sanft Kapha-erhöhend

Powerdrink. Ihr hoher Vitamin-C-Gehalt hat Orangen schon zur Legende gemacht. Allerdings haben die ursprünglich in Indien beheimateten Früchte noch mehr zu bieten, nämlich einen hohen Gehalt an Provitamin A, reichlich Kalium, Magnesium, Calcium und Selen sowie Bitter- und Gerbstoffe, die Verdauungsenzyme stimulieren, unser »Innenleben« von schädlichen Stoffen säubern und Keime vernichten. Ferner finden sich in Orangen jene Bioflavonoide, die unsere Zellen vor dem Eindringen der giftigen Sauerstoff-Radikale schützen, die heute für Krebs und Herzinfarkt mit verantwortlich gemacht werden.

Nach dem Ayurveda vermehren reife Orangen *Kapha* und *Pitta* und sind daher genau das Richtige für *Vata*-Menschen. *Pitta*-Typen sollten sie lieber meiden, es sei denn, die Orangen sind sehr süß und damit *Kapha*-vermehrend. Orangen sind appetitanregend, leicht verdaulich und ideal in der Rekonvaleszenz, vor allem nach Fieber- und Durchfallerkrankungen. Darüber hinaus stärken sie die Abwehr, reinigen das Blut, halten das Gewebe jung und helfen bei Magen- und Darmbeschwerden. Und Orangen heben die Stimmung.

Dieses Getränk ist optimal für *Vata*-Menschen und in Maßen auch für *Kapha*. Etwas abgewandelt können es auch *Pitta*-Typen genießen (siehe *Dosha*-Tip).

Für 4 – 6 Personen

Saft von 1 Zitrone (etwa 60 ml)
Saft von 2 süßen Orangen (etwa 150 ml)
1,5 l Wasser
2 TL frisch geriebener Ingwer
4 Kardamomkapseln
¼ – ½ TL frisch zerstoßener
*   schwarzer Pfeffer*
4 EL Vollrohrzucker

So wird's gemacht:

1) Zitrone und Orangen auspressen und mit dem Wasser in einem Krug mischen.
2) Ingwer dazugeben. Kardamomkapseln aufschlitzen und Samen zusammen mit den schwarzen Pfefferkörnern im Mörser zu feinem Pulver zerstoßen. Die Gewürze und den Vollrohrzucker in den Saft geben, umrühren und zimmertemperiert servieren.

Pitta-Typ: Lassen Sie den Pfeffer weg, und verwenden Sie nur ganz süße Orangen oder Apfelsaft.

Kapha-Typ: Wenn Ihr *Kapha* zu stark ist, nehmen Sie an Stelle von Orangensaft lieber naturtrüben Apfelsaft.

Masalas (Gewürzmischungen)

Wenn Sie Abwechslung lieben, sind Sie hier richtig. Hinter dem Zauberwort Masala verbergen sich nämlich alle möglichen Kombinationen aus Gewürzen und Kräutern, ganz gleich, ob sie aus zwei oder aus über zwanzig Ingredienzien bestehen. Masalas gibt es fast so viele wie Sandkörner am indischen Ozean. Man findet sie in gemahlener Form oder als ganze Samen (z. B. Panch Puran), trocken geröstet und zerstoßen oder auch als feucht-gemahlene Gewürzpasten. Als Pasten können Masalas neben Gewürzen auch frische Kräuter, frische Chili, frischen Ingwer, Kokosnuß, Nüsse u. ä. enthalten. Masalas öffnen Ihnen die Tür zur gesunden und individuellen Ayurveda-Küche. Ihrer Phantasie sind dabei keine Grenzen gesetzt.

Beachten Sie folgende Tips, dann können die Gewürze ihre Heil- und Aromakräfte auch richtig entfalten:
Frisch geröstete und gemahlene Gewürze sowie selbst zubereitete Masalas sind einfach am besten – sowohl für Gourmets als auch für Gesundheitsbewußte. Fertig gemahlene Gewürze oder Gewürzmischungen können in bezug auf Aroma, Duft oder Würzkraft nicht mithalten und besitzen auch nicht mehr viel von ihrer ursprünglich so heilsamen *Prana* (Lebensenergie). Davon abgesehen findet man in Gewürzmischungen auch nicht selten alte, minderwertige Gewürze und Streckmittel. Bewahren Sie Ihre Gewürze in **geschlossenen Dosen oder dunklen Schraubgläsern** an einem trockenen, dunklen und kühlen Ort auf. Kleine, gut beschriftete Gefäße mit allen Gewürzen für den täglichen Gebrauch sollten **leicht greifbar** sein (z. B. in einer Schublade oder einem Fach neben dem Herd). Größere Gewürzmengen bewahrt man am besten in großen Vorratsbehältern auf. So brauchen Sie nicht immer mit großen Gläsern zu hantieren, und die Gewürze verderben nicht so leicht. (In Indien verwendet man dafür eine sogenannte *Masala Dibba*, einen flachen, runden Stahlbehälter, der sieben kleine Gefäße mit Gewürzen des täglichen Gebrauchs enthält. Ein festschließender Metalldeckel schützt die Gewürze vor Licht, Feuchtigkeit und Aromaverlust.)
Wer sich einmal daran gewöhnt hat, Gewürze während des Kochens frisch zu rösten und im **Mörser** zu mahlen, wird auf dieses unvergleichliche Aroma nur ungern verzichten wollen. In der ayurvedischen und indischen Küche verwendet man einen Mörser aus schwerem Stein oder einen Mahlstein, mit dem sich die Gewürze in Windeseile zu Pulver zerstoßen bzw. mahlen lassen. Auch eine **kleine elektrische Kaffeemühle** ist praktisch.

Madras Curry (scharf)

Wirkt Pitta-erhöhend

Currypulver ist bei uns wohl die berühmteste und am meisten verwendete Gewürzmischung indischen Ursprungs. Ihren Namen erhielt sie vermutlich von den Curryblättern *(Mitha Neem – Süßer Neem –* oder *Kadhi Patta*, lat. *Murraya Koenigii)*, die den Hauptbestandteil dieser Gewürzmischung bilden. Allerdings kann Currypulver aus einer Mischung aus zwanzig und mehr Gewürzen bestehen. Die im Handel erhältlichen Fertig-Currymischungen haben mit einer frischgemahlenen Curry Masala natürlich nicht mehr viel zu tun.

Die Form von Curryblättern erinnert an Mini-Zitronenblätter. In Indien wachsen sie wild vom Himalaya bis in den tiefsten Süden. Curryblätter regen den Appetit an, beseitigen Durchfall, helfen bei Fieber und wirken allgemein stärkend. Nach dem Ayurveda wirken Curryblätter *Vata*-erhöhend, die Madras-Curry-Mischung dagegen verstärkt *Pitta*. Am besten schmecken natürlich frische Blätter. Fragen Sie doch einmal nach ihnen in einem asiatischen oder indischen Lebensmittelgeschäft.

Diese Mischung können Sie bis zu 4 Monate lang aufbewahren. Danach verliert sie allerdings beträchtlich an Aroma und Würzkraft.

Für ein kleines Schraubglas

1 EL Kreuzkümmelsamen
1 EL schwarze Senfkörner
1 gehäufter TL Fenchelsamen
2 TL Koriandersamen
1 TL Urad Dal
12 Curry- oder Neemblätter,
    getrocknet oder vorzugsweise frisch
    (weglassen, falls nicht erhältlich)
½ EL schwarze Pfefferkörner
4 getrocknete rote Chilis
    (oder ¾ TL Cayennepfeffer)
2½ EL Kurkuma

So wird's gemacht:

1) Kreuzkümmel, Senf, Fenchel, Koriander und Urad Dal in einer Pfanne bei *kleiner* Hitze 6 – 8 Minuten trocken rösten, bis die Samen eine leichte Tönung angenommen haben. Für weitere 1 – 2 Minuten die getrockneten Curryblätter dazugeben. Dabei immer wieder umrühren. (Falls Sie frische Curry- oder Neemblätter verwenden, diese zu Beginn mit den Gewürzen mitrösten.)

2) Die mit Urad Dal gerösteten Gewürze, Pfeffer und Chilis in einem Mörser bzw. einer elektrischen Kaffeemühle zu feinem Pulver mahlen und Kurkuma hinzufügen. Alles gut mischen, in ein luftdicht verschließbares Gefäß (Schraubglas) füllen, kühl und trocken aufbewahren.

Mildes Garam Masala

Wirkt ausgleichend auf alle drei Doshas

In der Kürze liegt die Würze. Gewürze und selbstgemachte Gewürzmischungen (Masalas) sind das Herzstück der ayurvedischen und indischen Küche. Sie runden die leicht verdaulichen, schmackhaften und gesunden Zubereitungen erst richtig ab und verleihen ihnen ihr charakteristisches Aroma. Und sie unterstützen die Verdauung, indem sie *Agni* und in vielen Fällen auch *Pitta* anregen. Ohne Masalas wäre die Ayurveda-Küche wie ein lebloser Körper, den die spirituelle Seele verlassen hat. Wer mit Gewürzen und Kräutern angemessen und bewußt umzugehen weiß, erhält damit nicht nur die Gesundheit, sondern kann sogar Krankheiten lindern oder heilen.

Auch bei Garam Masala werden in jeder Region bzw. jeder Familie andere Gewürzzutaten bevorzugt. Manche Masalas kommen mit drei Gewürzen aus, andere bestehen aus zwölf oder mehr, z. B. Chili, schwarzem und grünem Pfeffer, Muskatblüte, Muskat, getrockneten Granatapfelsamen, Fenchelsamen u. ä. Koriander, Kreuzkümmel und Kardamom sind im Ayurveda etwas Besonderes. Obwohl sie *Agni* anregen, wirken sie auf alle drei *Doshas* ausgleichend. Aus diesem Grund ist unsere milde Garam-Masala-Mischung auch für *Pitta*-Typen geeignet.

Für ein kleines Schraubglas

4 EL Koriandersamen
2 EL Kreuzkümmelsamen
1 TL Fenchelsamen
1½ TL schwarzer Pfeffer
½ TL Nelken (7 Stück)
etwa 7 Kardamomkapseln
½ TL Zimt

So wird's gemacht:

1) Koriander, Kreuzkümmel und Fenchelsamen in einer Pfanne trocken rösten, bis die Samen eine leichte Tönung annehmen. In einem Mörser zu feinem Pulver zermahlen. Ebenso Pfefferkörner, Nelken und die Samen des Kardamom (dazu Kapseln mit einem Messer aufschlitzen und Samen herausholen) im Mörser fein mahlen.
2) Alle Gewürze miteinander mischen und in einem luftdicht verschließbaren Gefäß (am besten in einem Schraubglas) kühl und dunkel aufbewahren.

Variation
Garam Masala nach Maharastra-Art

Wirkt Pitta-erhöhend
(besonders gut für Kapha-Typen)

Rösten Sie zusätzlich zu den o. g. Gewürzen noch 1 – 2 getrocknete und zerbröselte rote Chilis, 1 EL grüne Pfefferkörner, 1 EL Sesam und 2 Lorbeerblätter. Mahlen Sie die Gewürze und geben Sie anschließend noch 1 TL Ingwerpulver und 1 EL gemahlene Muskatnuß hinzu.

Die Gewürze können Sie auch in einer Kaffeemühle fein mahlen.
Garam Masala paßt gut zu Gemüse- und Reisgerichten, Dals und Suppen.

Panch Puran *(Bengalische Gewürzmischung aus fünf Gewürzen)*

Wirkt Pitta-erhöhend

Gekonnt ist gekonnt. Noch heute sind die Köchinnen und Köche in Indien stolz darauf, daß sie ihre Gewürzmischungen selbst rösten und mahlen. Oft sind es »geheime Rezepte«, die in den Familien schon seit Generationen weitergegeben wurden und die die Speisen deshalb so einzigartig und charakteristisch machen. Fertig gemahlene und gekaufte Gewürzmischungen verwendet man in Indien eher selten, obwohl die Nahrungsmittelproduzenten auch dort nach neuen Märkten für die »schnelle Hausfrau« Ausschau halten.

Diese Gewürzmischung ist genau das Richtige für *Vata-* und *Kapha*-Naturen.

Für ein kleines Schraubglas

3 TL Kreuzkümmel
3 TL schwarze Senfsamen
3 TL Fenchel- bzw. Anissamen
2 TL Kalonjisamen (Schwarzkümmel)
1 TL Bockshornkleesamen (Methi)

So wird's gemacht

1) Alle Gewürze ungemahlen vermischen und in ein Schraubglas füllen.
2) Vor dem Gebrauch stets gut schütteln, um die Gewürze durchzumischen. Panch Puran wird vor dem Kochen meist in Ghee angeröstet, damit es seinen ganz besonderen Geschmack entfaltet. Die Gewürze können aber auch fein gemahlen und wie im Rezept für afghanische Gemüsesuppe (siehe Seite 116) verwendet werden.

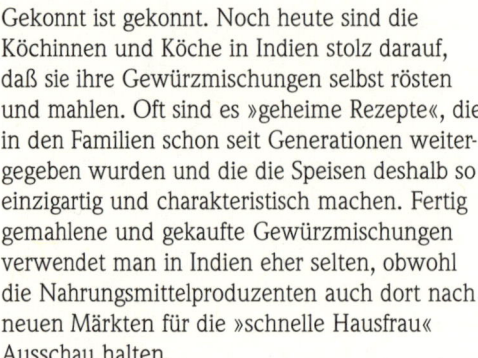

Chat Masala

Wirkt Pitta- und Kapha-erhöhend

Der Allroundstar. Unter den Gewürzmischungen ist Chat Masala einer unserer Favoriten. Mangopulver, Black Salt und Asafoetida sind für den leicht säuerlich-schwefelartigen Geschmack verantwortlich.

Traditionell verwendet man Chat Masala zu einem sommerlichen Früchtesnack *(Phal-ki-chat)*, das aus vier oder fünf verschiedenen Früchten (z. B. Granatäpfenl, Orangen, Guaven und Papayas) besteht. Dazu werden die geschnittenen Früchte auf einem Teller angerichtet, mit etwas Limonen- oder Zitronensaft beträufelt und mit Chat Masala bestreut. Das kurbelt das gerade in der Sommerzeit schwache Verdauungsfeuer wieder an und hält die Feuchtigkeit im Körper.

Chat Masala ist ein Allround-Gewürz. Sie schmeckt zu allen Arten pikanter Snacks und Gerichten wie pikanten Waffeln und Pfannkuchen ebenso wie zu Bratkartoffeln, Pizza, Samosas, Pakoras, Chidwa oder vegetarischen Burgern. Sie können damit aber auch Ihr Butterbrot mit Radieschen bestreuen oder Ihre Gemüsegerichte aus Okra, Bittermelone und Aubergine verfeinern. Chat Masala ist optimal für alle *Vata*-Menschen. Wie heißt es doch so schön: Probieren geht über studieren!

Für ein kleines Schraubglas

2 TL Kreuzkümmelsamen
¾ TL Fenchelsamen
¼ TL Asafoetida
1 TL Mangopulver (Amchoor)
1 TL Garam Masala (siehe Seite 261)
½ TL Cayennepfeffer
¼ TL Ingwerpulver
¾ TL Black Salt (Kala Namak)

So wird's gemacht

1) Kreuzkümmel und Fenchel in einem kleinen Topf ohne Fett rösten, wenige Sekunden später Asafoetida hinzugeben. So lange rösten, bis die Gewürze eine leichte Tönung angenommen haben. Anschließend in einem Mörser zu Pulver vermahlen.
2) Mit den Pulvergewürzen mischen und in ein luftdichtes Schraubglas füllen.

Rasam-Pulver

Wirkt Pitta-erhöhend

Manche mögen's scharf. Diese berühmte südindische Gewürzmischung wird traditionell für
die feurig-scharfe und dünnflüssige südindische
Dalsuppe (Rasam, siehe Seite 128) verwendet.
Frisch zubereitetes Rasam-Pulver ist der Fertig-
mischung in Aroma und Heilkraft natürlich
haushoch überlegen.
Rasam-Pulver können Sie immer dann verwenden, wenn ein bißchen Pepp nötig ist, z. B. über
Bratkartoffeln oder Nudelgerichten.
Rasam-Pulver ist ideal für *Kapha-* und in Maßen
für *Vata-*Naturen.

Für ein kleines Schraubglas

1 TL Sonnenblumenöl
1 TL schwarze Senfsamen
7 TL Koriandersamen
6 kleine getrocknete rote Chilis
1 TL schwarzer Pfeffer
1½ TL Fenchelsamen
2 TL Kreuzkümmelsamen

So wird's gemacht:

1) Öl in einem kleinen Topf erhitzen und Senfsamen darin (abgedeckt) rösten, bis die Samen zu springen beginnen. Nun den Topf
von der Flamme nehmen, bis sich die Senfkörner »beruhigt« haben. Dann den Topf
wieder auf die Flamme stellen. Anschließend
gleich die restlichen Gewürze dazugeben
(Chilis mit den Fingern zerbröseln) und
Flamme auf mittlere Hitze reduzieren. Dabei
rühren und die Gewürze etwa 3 Minuten
rösten, bis sie eine leichte Tönung angenommen haben.
2) Gewürze abkühlen lassen. In einer Kaffeemühle oder einem Mörser zu feinem Pulver
vermahlen und in einem luftdicht verschließbaren Gefäß aufbewahren.

Welches Nahrungsmittel für welchen Dosha-Typ?

In den folgenden Tabellen finden Sie schnell die Nahrungsmittel, die Ihrer *Dosha*-Konstitution gut tun. Je nach Jahreszeit, Verdauungskraft oder vorherrschender Veranlagung bedürfen diese allgemeinen Empfehlungen möglicherweise einer individuellen Anpassung. Berücksichtigen Sie auch eine etwaige Mischkonstitution bzw. eine Nahrungsmittelallergie. Und vergessen Sie nicht, daß diese allgemeinen Empfehlungen eine individuelle Ayurveda-Ernährungsberatung und eine Behandlung durch einen ayurvedisch geschulten Heilpraktiker bzw. Arzt nicht ersetzen.

* diese Nahrungsmittel können in Maßen genossen werden
** diese Nahrungsmittel können gelegentlich verzehrt werden

Obst

Vata		Pitta		Kapha	
Nein	**Ja**	**Nein**	**Ja**	**Nein**	**Ja**
Herbe und unreife Früchte	Süße, saure, saftige und reife Früchte	Saure Früchte	Süße Früchte	Süße, sehr saure und saftige Früchte	Herbe Früchte
Äpfel (roh, herb) Birnen (roh, feste herbe Sorten) Bananen (unreif) Granatäpfel Grapefruit Preiselbeeren Quitten Trockenobst generell (z. B. Feigen, Pflaumen, Rosinen) Wassermelonen	alle Beeren Ananas (süß) Äpfel (gekocht) Aprikosen Avocados Bananen (reif) Birnen (süß, saftig) Datteln (frisch) Erdbeeren Feigen (frisch) Kirschen Kakis Kiwis Kokosnüsse Limetten/ Limonen Mangos (reif) Melonen (süß) Nektarinen Orangen Papayas (reif) Pfirsiche Pflaumen (frisch, saftig) Rhabarber Trauben Trockenobst (eingeweicht bzw. gekocht, z. B. Birnen, Aprikosen, Datteln, Feigen, Rosinen, Pflaumen)* Zitronen	Ananas (sauer) Äpfel (sauer) Aprikosen (sauer) Bananen (unreif) Beeren (sauer) Erdbeeren Grapefruit Kiwis Mangos (grün) Orangen (sauer) Papayas Pflaumen (sauer) Pfirsiche (süß)** Preiselbeeren Rhabarber Sauerkirschen Trauben (sauer) Zitronen*	Ananas (süß)* Äpfel (süß) Aprikosen (süß) Avocados Bananen (reif) Beeren (süß) Birnen Datteln (frisch) Feigen (frisch) Kaki Kokosnüsse Limetten/ Limonen Mangos (reif) Melonen Orangen (süß) Pflaumen (süß) Quitten (süß) Rosinen Trauben (süß) Trockenobst (süß, eingeweicht) Süßkirschen* Wassermelonen Zwetschgen (süß)	Ananas Avocados Bananen Datteln Feigen (frisch) Grapefruit Kakis Kiwis* Kokosnuß Limetten/ Limonen** Melonen Orangen Papayas Pflaumen (saftig) Rhabarber Trauben* Wassermelonen Zitronen*	Äpfel Apfelmus (mit Honig) Aprikosen Beeren Birnen Erdbeeren* Feigen (getrocknet) Granatäpfel Kirschen Mangos (reif)* (nicht bei Übergewicht) Kokosflocken** Pfirsiche Preiselbeeren Quitten Rosinen Trockenobst (z. B. Pflaumen) Zwetschgen

Hinweis: Früchte verzehren Sie am besten pur und nicht später als 18 Uhr

Gemüse

Vata		Pitta		Kapha	
Nein	**Ja**	**Nein**	**Ja**	**Nein**	**Ja**
Bitteres, rohes (im Übermaß), tiefgefrorenes, getrocknetes oder in Mikrowelle zubereitetes Gemüse	Gedünstetes bzw. gekochtes, frisches Gemüse	Scharfes und und sauer eingelegtes Gemüse	Süßes, bitteres und zusammen-ziehendes (auch rohes) Gemüse	Süßes und saftiges Gemüse	Scharfes und bitteres Gemüse (auch roh, wenn gut gewürzt)
Artischocken (roh und ohne Öl) Auberginen Blattgemüse* Blumenkohl Brokkoli Bohnen (rund) Chicorée (roh) Chili (rot) Chinakohl Erbsen (frisch**) Endivien Grünkohl Kartoffeln* Kohlrabi Kohl (weiß/rot) Kopfsalat Löwenzahn Mais (frisch gekocht, mit etwas Ghee**) Oliven (grün) Portulak Radicchio Rauke/Rucola* Rettich (roh) Rosenkohl Stangensellerie Sprossen Tomaten (v. a. roh) Zuckererbsen*	Artischocken (gekocht, mit Öl und Gewürzen) Bockshornklee-blätter* Chili (grün) Fenchel Feldsalat* Flaschenkürbis Gurken (ohne Schale) Grüne Bohnen jap. Rettich* (Daikon) Karela* Karotten Kresse Kürbis Mangold (gut gewürzt) Meerrettich** Mungsprossen (gedünstet) Okra Oliven (schwarz) Pastinaken Petersilie* Rote Bete Steckrüben Spargel Spinat (gekocht)** Süßkartoffeln Tomatensauce (max. einmal wöchentlich) Zucchini	Auberginen Bockshornklee-blätter* Chili (rot) Karotten (roh) Kresse Kohlrabi* Meerrettich Oliven (grün) Peperoni (scharf) Rauke/Rucola* Rettich (jap. u. weißer) Radieschen Rote Bete (roh) Senfblätter Sprossen (scharf, z. B. Rettich) Tomaten	Artischocken Blattgemüse (am besten bittere Sorten) Blumenkohl Brokkoli Chicorée Chinakohl Endivien Erbsen Feldsalat Fenchel Flaschenkürbis Grüne Bohnen Grünkohl Gurken Karela Karotten (gek.)* Kartoffeln Kohl (weiß/rot) Kopfsalat Kürbis Löwenzahn Mais (frisch gekocht, mit etwas Ghee) Mangold Okra Oliven (schw.)* Paprika* Pastinaken Petersilie Portulak Radicchio Rosenkohl Rote Bete (gekocht)* Spargel Spinat(gekocht)* Sprossen (mild) Süßkartoffeln Steckrüben Zucchini Zuckererbsen	Auberginen Flaschenkürbis Gurken Kürbis Oliven (grün und schwarz) Pastinaken** Steckrüben Süßkartoffeln Tomaten (v. a. roh) Zucchini	Artischocken Blattgemüse Blumenkohl Bockshornklee-blätter Brokkoli Chicorée Chili (grün) Chinakohl Endivien Erbsen Feldsalat Fenchel Grüne Bohnen Grünkohl Karela Karotten Kartoffeln*+** Kohlrabi Kohl (weiß/rot) Kopfsalat Kresse Löwenzahn Mais (frisch) Mangold Meerrettich Okra Paprika* Peperoni Petersilie Portulak Rauke/Rucola Radicchio Rettich (jap. und weißer) Rosenkohl Rote Bete Rüben (scharf) Sellerie/Stangensellerie Spargel Spinat Sprossen (alle) Zuckererbsen

Getreide, Getreideprodukte und Stärkeprodukte

Vata		Pitta		Kapha	
Nein	**Ja**	**Nein**	**Ja**	**Nein**	**Ja**
Flocken, gepufftes oder kaltes Getreide, Tiefkühl- und Mikrowellen-Produkte	Ideal: gekochtes Getreide (z. B. Brei)		Werden im allgemeinen gut vertragen		Flocken oder gepufftes Getreide (fettarm und in kleinen Mengen)
Buchweizen Gerste** Haferflocken Haferkleie Hefebrot Mais Maisgrieß (als Polenta mit Olivenöl**) Müsli (mit kalter Milch) Nudeln (aus Weißmehl) Popcorn Roggen Weizenkleie (im Übermaß)	Amaranth Basmatireis Dinkel (noch besser als Weizen) Hafer (gekocht, z. B. Brei) Hirse (gekocht)** Knäckebrot** Müsli (mit warmer Milch) Dinkelnudeln (ideal selbstgemacht) Quinoa Reismilch Sauerteigbrot* Tapioka (nur mit Milch gekocht) Vollkornreis (gewürzt) Weizen (außer bei starkem Ama) Wildreis	Buchweizen Haferflocken Haferkleie* Hafermüsli Hefebrot* Hirse Mais Maisgrieß Popcorn* Roggen Sauerteigbrot	Amaranth* Basmatireis Dinkel (noch besser als Weizen) Gerste Getreideflocken Hafer (gekocht) Knäckebrot (aus Dinkel, ohne Sesam) Dinkelnudeln (ideal selbstgemacht) Quinoa* Reismilch Sago/Tapioka Vollkornreis** Weizen (nicht bei zu starkem Ama) Weizenkleie Weizenkeimlinge Wildreis**	Hefebrot* Dinkel*+** Hafer (gekocht) Vollkorn-Reis Reis (poliert) Reismilch Sauerteigbrot Weizen Wildreis**	Amaranth Basmatireis (mit Nelke gekocht) Buchweizen Gerste Getreideflocken (z. B. Dinkel, Hirse) Haferflocken Haferkleie Hirse Knäckebrot (z. B. aus Amaranth, Roggen, Dinkel) Mais Maisgrieß Müsli (fettarm und mit Wasser gekocht) Quinoa (auch gepufft) Roggen Tapioka/Sago* Weizenkleie**

Hülsenfrüchte und Sojaprodukte

Vata		Pitta		Kapha	
Nein	Ja	Nein	Ja	Nein	Ja
	Gut gekocht und mit blähungs-hemmenden Gewürzen*		Werden im allgemeinen gut vertragen		Vorgekeimt und mit ver-dauungs-fördernden Gewürzen
Bohnen (weiße, schwarze, Azuki-, Kidney-, Lima-, Pinto-) Chana Dal Erbsen (geschält, halbiert, getrocknet) Kala Chana (ind. Kichererbsen)* Kichererbsen Linsen (braun) Sojabohnen Sojamargarine Sojamehl Tofu (kalt und ungewürzt)	Mungbohnen (gekeimt, ohne Schale und mit Gewürzen) Mung Dal (gelb und grün) Sojamilch (warm und gewürzt)* Sojajoghurt** Sojasauce Tofu (warm und gewürzt)* Tur Dal Urad Dal	Sojamargarine Sojasauce Sojajoghurt Tur Dal Urad Dal	Bohnen (weiße, schwarze, Azuki-, Kidney-, Lima-, Pinto-) Chana Dal Erbsen (geschält, halbiert, getrocknet) Kala Chana (ind. Kichererbsen) Kichererbsen Linsen (braun) Mungbohnen Mung Dal (grün oder gelb) Sojabohnen Sojamehl* Sojamilch Tofu	Mungbohnen (gekeimt und mit verdauungs-fördernden Gewürzen*) Kidneybohnen Sojabohnen Sojamehl Sojamilch (kalt und ungewürzt) Sojasauce Tofu (kalt und ungewürzt) Urad Dal	Bohnen (weiße, schwarze, Azuki-, Lima-, Pinto-) Chana Dal Erbsen (geschält, halbiert, getrocknet) Kala Chana (ind. Kichererbsen) Kichererbsen Mung Dal (grün oder gelb) Sojamilch (warm und gewürzt) Tofu (warm und gewürzt) Tur Dal

Nüsse

Vata		Pitta		Kapha	
Nein	Ja	Nein	Ja	Nein	Ja
Bittere, herbe, scharfe Nüsse	In Maßen:		In Maßen:		In Maßen:
Erdnüsse Cashewnüsse (ungeröstet) Kokosflocken**	Cashewnüsse (geröstet) Haselnüsse Kokosnüsse (frisch) Macadamianüsse Mandeln (eingeweicht und geschält) Paranüsse Pekannüsse Pinienkerne Pistazien Walnüsse	Erdnüsse Haselnüsse Macadamianüsse Mandeln (roh und mit Haut) Paranüsse Pinienkerne Pistazien Walnüsse	Cashewnüsse (nur geröstet, wenig)* Kokosnüsse (frisch) Kokosflocken Mandeln (eingeweicht und geschält)	Cashewnüsse Erdnüsse Haselnüsse Kokosnüsse (frisch) Macadamianüsse Paranüsse Pekannüsse Pinienkerne Pistazien Walnüsse	Kokosflocken Mandeln (eingeweicht und geschält)

Ölsamen

Vata		Pitta		Kapha	
Nein	Ja	Nein	Ja	Nein	Ja
	Nur geröstet oder eingeweicht				Nur geröstet und in Maßen
	Flohsamen Gomasio (Sesamsalz) Kürbiskerne Leinsamen Sesam Sonnenblumen-kerne Tahin (Sesampaste)	Gomasio (Sesamsalz) Sesam Tahin (Sesampaste)	Flohsamen Kürbiskerne Leinsamen Sonnenblumen-kerne	Sesam (und Sesamprodukte wie Tahin, Gomasio)	Flohsamen Kürbiskerne Leinsamen Sonnenblumen-kerne

Öle

Vata		Pitta		Kapha	
Nein	Ja	Nein	Ja	Nein	Ja
Raffinierte Öle	Kaltgepreßt, zu jeder Mahlzeit, innerlich und äußerlich (empfohlen nach Reihenfolge):	Raffinierte Öle	Kaltgepreßt und in Maßen, innerlich und äußerlich (empfohlen nach Reihenfolge):	Raffinierte Öle	Kaltgepreßt, nur in kleinen Mengen, innerlich und äußerlich (empfohlen nach Reihenfolge):
Leinsamenöl Kokosöl	v. a. Sesamöl Ghee (1 – 2 EL pro Mahlzeit) Olivenöl Sonnenblumenöl die meisten anderen Öle	Im Übermaß: Aprikosenkernöl Maiskeimöl Sesamöl	Ghee Sonnenblumenöl Olivenöl Distelöl Leinsamenöl Walnußöl	Aprikosenkernöl Avocadoöl Distelöl Kokosöl Olivenöl* Sojaöl Walnußöl Leinsamenöl	Maiskeimöl Sonnenblumenöl Ghee Sesamöl Mandelöl

Milchprodukte

Vata		Pitta		Kapha	
Nein	**Ja**	**Nein**	**Ja**	**Nein**	**Ja**
Homogenisierte, ultrahocherhitzte Milchprodukte	Unbehandelte oder nur-pasteurisierte Milchprodukte*	Homogenisierte, ultrahocherhitzte Milchprodukte	Unbehandelte oder nur-pasteurisierte Milchprodukte	Homogenisierte, ultrahocherhitzte Milchprodukte	Unbehandelte oder nurpasteurisierte Milchprodukte**+*
Eiscreme Hartkäse** Joghurt (konserviert, mit Früchten, als Eis) Kuhmilch (homogenisiert und kalt verzehrt)	Butter* Buttermilch (selbstgemacht) Buttermilch, gekauft (nur verdünnt) Dickmilch Ghee Hüttenkäse Joghurt (frisch u. evtl. verdünnt) Kuhmilch (erwärmt und evtl. verdünnt) Panir (selbstgemachter Frischkäse) Weichkäse (frisch) Sahne Saure Sahne* Ziegenmilch* Ziegenkäse (frisch)	Butter (gesalzen) Buttermilch (gekauft) Dickmilch Eiscreme (aus Joghurt) Eiscreme (als Sorbet aus süßen Früchten)**+* Fetakäse Hartkäse Joghurt (unverdünnt) Saure Sahne	Butter (ungesalzen)* Buttermilch (selbstgemacht)* Ghee Hüttenkäse Joghurt (selbstgemacht, mit 2 – 3 Teilen Wasser verdünnt) Kuhmilch Panir* (selbstgemachter Frischkäse, nicht fritiert) Sahne* Weichkäse (frisch) Ziegenmilch (Rohmilch)	Butter (gesalzen) Buttermilch (gekauft) Eiscreme Dickmilch Joghurt (unverdünnt, mit Früchten oder als Eis) alle Käsesorten, (weich und hart) Kuhmilch (vor allem kalt verzehrt) Panir (selbstgemachter Frischkäse) Sahne Saure Sahne	Butter (ungesalzen)**+* Buttermilch** (1:4 verdünnt, gewürzt, selbstgemacht) Ghee* Joghurt (1:4 verdünnt) Kuhmilch (nur heiß, verdünnt und gewürzt)* Ziegenmilch (entrahmt und frisch) Ziegenkäse** (jung und ungesalzen)

Gewürze

Vata		Pitta		Kapha	
Nein	Ja	Nein	Ja	Nein	Ja
Bittere, herbe, zu scharfe und kühlende Gewürze	Agni-anregende, entblähende, süße, saure und salzige Gewürze	Scharfe, zu saure, salzige und erhitzende Gewürze	Bittere, herbe, süße und Agni-anregende Gewürze	Süße, saure, salzige und kühlende Gewürze	Agni-anregende, scharfe, bittere, herbe und erwärmende Gewürze
Curryblätter* Neemblätter Chili (rot)*	Ajwan Anis Asafoetida Basilikum Bockshornklee* Bohnenkraut Cayennepfeffer* Chili (grün)* Dill Estragon* Fenchelsamen Gewürznelke Ingwer Kardamom Koriander Kümmel Kreuzkümmel Kurkuma Lorbeerblätter* Majoran Mangopulver Mohnsamen Muskat Orangenschale Oregano* Paprikapulver Petersilie* Pfeffer (schw.) Pfefferminze* Pippali Piment Rosmarin Rosenwasser Safran Salbei Schwarzkümmel (Kalonji) (Stein-)Salz Senfkörner Sternanis Tamarinde Thymian Vanille Zimt	Ajwan Anis Asafoetida* Basilikum (getrocknet)* Bockshornklee-samen** und -blätter* Bohnenkraut Cayennepfeffer Chili (rot und grün) Gewürznelke Ingwerpulver Lorbeerblätter Majoran Mangopulver Mohn* Muskat Paprikapulver Piment Rosmarin**+* Salz* Senfkörner Sternanis Tamarinde	Basilikum (frisch) Curryblätter Dill Estragon* Fenchelsamen Ingwer (frisch)* Kardamom* Koriander Kreuzkümmel Kurkuma Kümmel* Neemblätter Orangenschale* Oregano* Petersilie Pfeffer (schw.)* Pfefferminze Pippali* Rosenwasser Safran Salbei Schwarzkümmel* (Kalonji) Thymian* Vanille* Zimt*	Chili (rot; bei Neigung zu Übergewicht und Überessen) Mangopulver Salz Tamarinde	Ajwan Anis Asafoetida Basilikum Bockshornklee Bohnenkraut Curryblätter Cayennepfeffer (bei Übergew.*) Chili (grün) Dill Estragon Fenchelsamen Gewürznelken Ingwer (v. a. Ingwerpulver) Kardamom Koriander Kreuzkümmel Kümmel Kurkuma Lorbeerblätter Majoran Mohnsamen Muskat Neemblätter Orangenschalen Oregano Paprikapulver Petersilie Pfeffer (schw.) Pfefferminze Piment Pippali Rosenwasser Rosmarin Safran Salbei Schwarzkümmel (Kalonji) Sternanis Steinsalz* Senfkörner Thymian Vanille Zimt

Süßungsmittel

Vata		Pitta		Kapha	
Nein	**Ja**	**Nein**	**Ja**	**Nein**	**Ja**
Weißer, raffinierter Zucker stört alle drei Doshas					
Zucker, weiß und raffiniert Fruchtzucker (Fructose)	Ahornsirup Fruchtdicksäfte (z. B. Apfel- und Birnendicksaft) Honig (kalt abgefüllt) Jaggery bzw. Gur Kandierte Früchte (mit Gur oder Vollrohrzucker) Vollrohrzucker Roh-Rohrzucker*	Zucker, weiß und raffiniert Fruchtzucker (Fructose) Honig (älter als 6 Monate) Jaggery bzw. Gur	Ahornsirup Fruchtdicksäfte (z. B. Apfel- oder Birnendicksaft) Honig (jünger als 6 Monate)* Vollrohrzucker Roh-Rohrzucker*	Zucker, weiß und raffiniert Fruchtzucker (Fructose) Kandierte Früchte Ahornsirup Jaggery bzw. Gur Vollrohrzucker Roh-Rohrzucker	Fruchtdicksäfte (z. B. Apfeldicksaft) Honig (kalt abgefüllt, älter als 6 Monate)

Warenkunde

Agar-Agar-Pulver
Agar-Agar ist ein rein pflanzliches Binde- und Geliermittel aus Rot- oder Braunalgen. Es wird in kalter Flüssigkeit angerührt und dann gekocht. Erhältlich ist es in Naturkostläden und Reformhäusern in Pulver-, Flocken- oder Stangenform. In diesem Kochbuch wurde Agar-Agar in Pulverform verwendet.

Ahornsirup
Ahornsirup wird aus dem Saft von Zucker-Ahornbäumen in Kanada und dem Norden der USA gewonnen. Durch Einkochen dieses Saftes entsteht der süße Sirup. Ahornsirup gibt es in Naturkostläden und Reformhäusern.

Ajwan
(Carom Seeds, Lovage Seeds, Selleriesamen)
Die Selleriesamen, nahe Verwandte des Kümmels, ähneln mit ihrem leicht scharfen Geschmack einer Mischung aus Thymian, weißem Pfeffer und Oregano. Sie sind im Gewürzladen, im indischen oder orientalischen Lebensmittelgeschäft oder beim Gewürzversand (Adressen Seite 281) erhältlich.

Amaranth
(Fuchsschwanz)
Amaranth wird zwar wie Getreide verwendet, ist aber ein Gewächs aus der Fuchsschwanzfamilie. Er ist in Naturkostläden und Reformhäusern erhältlich.

Amchoor
(Mangopulver, Mango Powder)
siehe Mangopulver

Apfeldicksaft
Dicksäfte werden aus dem gepreßten Saft von Äpfeln oder Birnen durch mehrstündiges Einkochen gewonnen. Sie haben einen relativ hohen Mineralstoffgehalt. Erhältlich sind diese Süßungsmittel in Naturkostläden und Reformhäusern.

Arrowroot
siehe Wildpfeilwurzelmehl

Asafoetida
(Stinkasant; englisch: Hing)
Asafoetida ist das Harz einer Wurzel, das meist in pulverisierter Form verwendet wird. Sie bekommen es im asiatischen Lebensmittelladen oder beim Gewürzversand (Adressen Seite 281). Das nicht pulverisierte Harz wird wie Muskat gerieben.

Atta-Mehl
Atta ist ein zu einem feinem Pulver vermahlenes Vollkorn-Weizenmehl, feiner als das Vollkornmehl aus dem Naturkostladen oder dem Reformhaus. Traditionell wird es für Chapatis verwendet. Teig aus Atta-Mehl wird samtweich, läßt sich leicht kneten und sehr gut ausrollen. Erhältlich ist es in indischen Lebensmittelgeschäften oder beim Versand.
Falls Sie Atta nicht bekommen können, mahlen Sie einfach Weizen oder Dinkel in Ihrer Getreidemühle ganz fein, sieben Sie die gröbsten Bestandteile aus, und mischen Sie zwei Teilen von diesem Mehl eventuell noch einen Teil Mehl Typ 1050 unter.

Bathua
Bathua ist ein grünes spinatähnliches Blattgemüse, das auf dem indischen Subkontinent angebaut wird und unserer Gartenmelde ähnelt. Bei uns ist es kaum erhältlich, statt dessen können Sie aber auch auf die bei uns heimischen Wildkräuter wie Gartenmelde oder weiße Melde zurückgreifen.

Besan Flour
siehe Kichererbsenmehl

Birnendicksaft
siehe Apfeldicksaft

Birkenblätter
Birkenblätter bringen in etliche Gerichte eine interessante bittere Geschmacksnuance. Sie sind in der Apotheke erhältlich.

Bittergurke / Bittermelone
siehe Karela

Black Salt
(schwefelhaltiges Salz; hindi: Kala Namak)
siehe Steinsalz

Bockshornkleeblätter
(Kasoori Methi)
Bockshornkleeblätter kennt man in Indien schon seit Jahrtausenden, wo sie frisch oder getrocknet verwendet werden, z. B. als Gewürz für Kartoffeln, Blumenkohl, Kraut, weiße Rüben, zahlreiche Dal- oder Bohnengerichte. Die Blätter entfalten ihren Geschmack am besten, wenn sie in Ghee oder Senföl zubereitet werden. Es gibt sie beim indischen Lebensmittelgeschäft oder beim Gewürzversand (Adressen Seite 281).

273

Bockshornkleesamen
(Methi)
Die viereckigen, ziemlich flachen, beige-bräunlichen Samen schmecken leicht nussig. Bockshornkleesamen sind in Indien fester Bestandteil jeder Currymischung. Verwendet werden sie gemahlen wie ungemahlen, z. B. in Gemüsegerichten, Salaten und Suppen. Achten Sie nur darauf, daß die Samen beim Rösten nicht anbrennen, was ihnen einen bitteren Geschmack verleihen würde. Bockshornkleesamen sind im Naturkostladen, Reformhaus, im indischen Lebensmittelgeschäft oder beim Versand (Adressen Seite 281) als Gewürz erhältlich.

Buchweizen
(Heidkorn, Welschkorn)
Buchweizen ist eigentlich gar kein Getreide, sondern ein Knöterichgewächs. Erhältlich ist er in Naturkostläden und Reformhäusern.

Butterreinfett / Butterschmalz
siehe Ghee

Carom Seeds
siehe Ajwan

Chana Dal
Chana Dal ist die halbierte Version von Kala Chana, kleinen indischen Kichererbsen. Sein köstlicher Geschmack, sein hoher Nährwert und seine leichte Bekömmlichkeit machen ihn zu einer der beliebtesten Dal-Sorten Indiens. Sie bekommen Chana Dal im indischen Lebensmittelgeschäft oder beim Versand (Adressen Seite 281).

Chardi Samen
siehe Chironji

Chironji
(Chardi Samen)
Chironji oder Chardi Samen sind die nußartigen Samen eines Baumes namens *Buchanania lazan*. Mit ihrem Geschmack erinnern die linsenartigen, braunen und 6 mm großen Samen stark an Mandeln. Trocken geröstet passen Sie immer dann, wenn man sonst Mandeln verwenden würde. In Indien streut man sie beispielsweise als Verzierung über den überall beliebten Shrikhand (ein cremiges Joghurtdessert). Chironji erhalten Sie im indischen Lebensmittelgeschäft oder beim Gewürzversand (Adressen Seite 281).

Cumin
siehe Kreuzkümmel

Curryblätter
Curryblätter mit ihrer leicht bitteren Geschmacksnuance verwendet man frisch oder getrocknet. Sie bekommen sie im indischen oder asiatischen Lebensmittelgeschäft.

Dal
Getrocknete Bohnen, Linsen und andere Hülsenfrüchte heißen in Indien Dal. Zusammen mit Getreide gehören Bohnen und Hülsenfrüchte auf der ganzen Welt zu den Grundnahrungsmitteln. Die Ayurveda-Küche schätzt vor allem ihre reinigende und zugleich aufbauende Wirkung und verwendet sie ganz, gespalten oder geschält. Verschiedene Dalsorten bekommen Sie in Lebensmittelgeschäften oder beim Versand (Adressen Seite 281).

Flachreis
siehe Reisflocken

Flaschenkürbis
(Louki, Bottle Gourd)
Nahezu alle Küchen rund um den Erdball verwenden Flaschenkürbis, sei es in Indien, dem mittleren Osten, Afrika, Mexiko oder auch den Mittelmeerländern. Kleine hellgrüne Flaschenkürbisse (15 – 20 cm lang) werden wie Zucchini verwendet, bei größeren (30 – 35 cm) müssen Sie die etwas festere Haut und je nach Größe auch die Kerne entfernen. Sie sind geschmacklich aber ebenso reizvoll wie die kleinen Zucchini. Flaschenkürbisse bekommen Sie im indischen oder türkischen Gemüsegeschäft.

Gartenmelde
(weiße Melde, weißer Gänsefuß)
Gartenmelde ist ein wild wachsendes grünes Blattgemüse, das man bei uns seit dem Altertum schätzt, z. B. in Gemüsegerichten, Salaten, Suppen und in Kräuterbutter. Aufgrund seiner wertvollen Inhaltsstoffe lohnt es sich durchaus, im Frühling aus dem Garten oder von einem Waldspaziergang Gartenmelde mitzubringen.

Ghee
(Butterreinfett, Butterschmalz)
Ohne Ghee (sprich: *Gie)* wäre die altindische vedische Küche so unvollständig wie ein Wagen ohne Räder. Zum Kochen, Braten und Fritieren, aber auch in vielen ayurvedischen Arzneimitteln schlägt Ghee alle anderen Speisefette oder -öle um Längen. Am besten ist es, wenn Sie Ihr Ghee selbst herstellen (Seite 222). Ghee eignet sich hervorragend zum Kochen, Braten und Fritieren. Konventionell hergestelltes Butterschmalz wird meist aus länger gelager-

ter Butter gewonnen. Inzwischen gibt es jedoch auch Ghee in kontrolliert biologischer Qualität im Naturkostladen. Konventionell hergestelltes Butterschmalz erhalten Sie im Supermarkt, im Naturkostladen, im indischen Lebensmittelgeschäft bzw. beim Gewürzversand (Adressen Seite 281).

Gram Flour
siehe Kichererbsenmehl

Guaven
Guaven sind süße, exotische Früchte, die in den Tropen als wohlschmeckende Durstlöscher geschätzt werden. In Indien serviert man die frischen Früchte gern auf einem Teller, in Stücke geschnitten und mit etwas Zitronensaft oder Chat Masala (Seite 263). Überreife Früchte sehen gelblich-grün aus und fühlen sich sehr weich an. Die Kerne in den Früchten sollten sie allerdings vor dem Verzehr entfernen. Guaven bekommen Sie je nach Saison im indischen oder lateinamerikanischen Lebensmittelgeschäft.

Gulab jal
siehe Rosenwasser

Gur
Gur ist der eingekochte Saft verschiedener Palmenarten. Da er nicht behandelt wird, enthält Gur noch alle gesunden Inhaltsstoffe der Pflanze. Gur bekommen Sie in asiatischen Lebensmittelgeschäften oder beim Gewürzversand (Adressen Seite 281).
Siehe auch Jaggery.

Har Dhania
siehe Korianderblätter

Jaggery
Unter den gesunden Süßungsmitteln stehen Jaggery (eingekochter Zuckerrohrsaft) und Gur (siehe dort) neben Honig gleich an erster Stelle. Und zum Kochen und Backen sind sie sogar die Süßmittel der Wahl, da Honig nach dem Ayurveda nicht erhitzt werden sollte.
Jaggery enthält alle Nährstoffe des Zuckerrohrs wie Eiweiß, Kohlenhydrate und Mineralstoffe. Er gilt auch als gute Provitamin-A-Quelle und ist reich an Vitaminen des B-Komplexes.
Jaggery bekommen Sie in asiatischen Lebensmittelgeschäften oder beim Gewürzversand (Adressen Seite 281).
Tip: Um Jaggery, der in festen oder pastenartigen Blöcken erhältlich ist, in der Küche schneller parat zu haben, gehen Sie folgendermaßen vor: Jaggery mit etwas Wasser in einem Topf bei schwacher Hitze

auflösen. So viel Wasser dazugeben, bis Sie eine flüssige Masse erhalten. Einige Minuten köcheln lassen, dann durch ein feines Sieb sieben (manchmal befinden sich noch kleine Steinchen o. ä. darin). Er hat nun die Konsistenz von sehr flüssigem Honig. In einem Schraubglas aufbewahrt, können Sie ihn jederzeit verwenden. Nach dem Abkühlen dickt Jaggery noch etwas nach (wenn Sie jedoch genug Wasser dazugegeben haben, bleibt er wie flüssiger Honig). Kühl aufbewahren und bald verbrauchen.

Jeera
siehe Kreuzkümmel

Kala Namak
siehe Steinsalz

Kalonji
(Schwarzkümmel)
Kalonji oder Schwarzkümmel *(Nigella sativa)* hat unzählige Namen: In indischen Geschäften findet man die Samen als *Kalonji* oder *Kalinji;* auf den Packungen werden sie fälschlicherweise mit *»schwarze Zwiebelsamen«* bezeichnet, und in orientalischen Geschäften wiederum erhält man sie unter dem Namen *»Siyah Daneh«* oder *»schwarze Samen«.*
Wie auch immer man Schwarzkümmel nennt, gesund ist er allemal; in seinem Ursprungsland Indien schätzt man ihn schon lange als Heilmittel. Kalonji bekommen Sie im Gewürzladen, in indischen und persischen Lebensmittelgeschäften sowie beim Gewürzversand (Adressen Seite 281).

Kardamom
Kardamom, eine schilfartige Staude aus der Ingwerfamilie, stammt aus Vorderindien. Es gibt zwei Arten von Kardamom, den *grünen,* kleinen (im Aroma stärkeren) und den *roten,* großen Kardamom. Nach Safran und Vanille ist Kardamom das teuerste Gewürz; geschmacklich ähnelt er Zitronenschalen und Eukalyptus. Dieses besonders aromatische Gewürz kann für Gebäck, Süßspeisen, Getränke und Gemüsegerichte verwendet werden. Kardamom bekommen Sie ganz oder gemahlen im Gewürzladen, im Reformhaus, im Naturkostladen und im indischen Lebensmittelgeschäft.

Karela
(Bittergurke, Bittermelone)
Karelas, oder Bittergurken, werden in Indien seit Jahrtausenden angebaut. Zum Einsatz in der Küche kommen die noch unreifen Karelas, wenn sie 10 – 20 cm lang sind. Sie sind im indischen, orientalischen und türkischen Lebensmittelgeschäft erhältlich.

Kasoori Methi
siehe Bockshornkleeblätter

Kichererbsenmehl
(englisch: Gram Flour; hindi: Besan Flour)
Die Ayurveda-Küche verwendet Kichererbsenmehl
(aus kleinen, gespaltenen Chana-Kichererbsen) schon
seit Jahrtausenden. Es dient als Grundlage für Konfekt, aber auch für pikante Gerichte wie Saucen (z. B.
Karhi-Sauce, ab Seite 210) und Pakoras (fritiertes
Gemüse im Teigmantel, Seite 118). Die italienische
und französische Küche kennt hauchdünne Fladen
aus Kichererbsenmehl, sogenannte Soccas. Kichererbsenmehl und Chana Dal gibt es in asiatischen bzw.
indischen Läden oder beim Gewürzversand.
Tip: Wer Kichererbsenmehl selbst herstellen will,
kauft sich Chana Dal beim Inder, röstet die Kichererbsen trocken in einer Pfanne und mahlt sie nach dem
Abkühlen auf feinster Stufe in der Getreidemühle.
(Die großen Kichererbsen, Kabuli Chana, sind zum
Mahlen ungeeignet, da sie viel zu hart für das Mahl-
werk sind.)

Kokosnußcreme
(Pure Creamed Coconut, Santen)
Kokosnußcreme wird aus der Steinfrucht der Kokos-
palme hergestellt. In der Küche verwendet man sie
für Saucen, Suppen und Süßspeisen. Kokosnußcreme
gibt es in indischen und orientalischen Lebensmittelläden oder beim Gewürzversand (Adressen Seite 281).

Korianderblätter
(hindi: Har Dhania)
Korianderblätter sind das würzige Kraut der Korian-
derpflanze. Die frischen Blätter werden in der
Ayurveda-Küche so häufig verwendet wie bei uns
Petersilie. Frische Korianderblätter finden Sie manch-
mal im gut sortierten Gemüseladen und im indischen
Lebensmittelgeschäft.
Tip: Sie können Koriander ganz leicht selbst ziehen.
Einfach aussähen und 18 – 20 Tage später ernten.
Verwenden Sie nur die Blätter und eventuell die ganz
feinen Stengelchen.

Kreuzkümmel
(Cumin, Jeera)
Kreuzkümmel sind die Samenkörner des einjährigen
Weißen Kümmels, der in Indien, Ostasien und im
Mittelmeerraum beheimatet ist. Obwohl verwandt
mit unserem Kümmel, schmeckt Kreuzkümmel doch
völlig anders. Mit Kreuzkümmel verfeinert man z. B.
alle scharf-pikanten Gemüsegerichte, Reis, Dal,
Joghurtspeisen, Salate sowie pikante Lassi-Getränke.

Currymischungen sind ohne ihn undenkbar. Der volle
Geschmack und das Aroma entwickeln sich erst,
wenn man die ganzen Kreuzkümmelsamen trocken
in der Pfanne röstet. Gemahlenen und ganzen
Kreuzkümmel gibt es im Gewürzladen, im Naturkostladen, im Reformhaus sowie im asiatischen und
indischen Lebensmittelgeschäft.

Lotussamen, gepoppt
Im Spätsommer, wenn die Lotusblumen allmählich
verblühen, erntet man in den nordindischen Seen
ihre Schote mit den weißen Lotussamen. Gepoppte
Lotussamen bekommen Sie im indischen Lebensmittelgeschäft oder beim indischen Gewürzversand
(Adressen Seite 281).

Lovage Seeds
siehe Ajwan

Mangopulver
(Amchoor, Mango Powder)
Der Ayurveda schätzt Mangos wegen ihrer Heil- und
Inhaltstoffe schon lange. Bei uns bekommt man
sie leider selten reif, dafür aber in Form von Mangopulver im indischen und orientalischen Lebensmittelgeschäft oder beim Gewürzversand (Adressen Seite
281).

Methi
siehe Bockshornkleesamen

Molke
Molke ist die gelbgrüne Flüssigkeit, die bei der
Herstellung von Panir und beim Abhängen von
Joghurt anfällt.
Molke enthält die wasserlöslichen Bestandteile der
Milch wie Milchzucker, Milchsäure, wasserlösliche
Vitamine, Mineralstoffe und Eiweiß. Sie ist daher zu
schade zum Wegschütten und kann in den Rezepten
an Stelle von Wasser verwendet werden. Molke
eignet sich zudem als hervorragendes haut- und
umweltfreundliches Spülmittel und Badewasser-
zusatz.

Mungbohne
(grüne Sojabohne; Mung Dal)
Ganze grüne Mungbohnen sind überall in Nordindien
beliebt. Am bekömmlichsten sind sie, wenn sie vor
dem Kochen gekeimt wurden (siehe Mungsprossen).
Grüne Mungbohnen gibt es in indischen und persischen Lebensmittelläden oder beim Gewürzversand
(Adressen Seite 281).
Mungbohnen-Keimsaat erhalten Sie im Naturkostladen oder Reformhaus.

Mungsprossen

Während des Keimvorgangs steigt sowohl der Vitamingehalt als auch der Anteil an Mineralien in der Mungbohne ganz erheblich. Daneben ist das Eiweiß schon in die Aminosäuren aufgespalten und von hoher biologischer Wertigkeit.

Mungsprossen können Sie entweder selbst keimen oder im gut sortierten Gemüsegeschäft bekommen, dort werden sie meist als Sojasprossen geführt.

Tip: Mungbohnen keimen lassen:
1) Grüne Mungbohnen über Nacht in Wasser einweichen (eine halbe Tasse Bohnen ergibt 2 – 3 Tassen Sprossen).
2) Die Sprossen in eine Keimbox oder ein Sprossenglas, in dem sie genug Licht bekommen, geben und 1 – 2 mal täglich unter fließendem Wasser spülen. Nach 5 – 6 Tagen sind sie genug gekeimt. (Vor der Weiterverwendung die grünen Schalen der Sprossen entfernen: Sprossen in einer Schüssel mit lauwarmem Wasser umrühren und die oben schwimmenden Schalen abfischen.)

Mustard Seeds

siehe Schwarze Senfkörner

Neemblätter

Neem (sprich: *Niim*) sind die Blätter eines heilkräftigen Baumes *(Azadirachta indica)*, den man im Ayurveda schon seit Jahrtausenden schätzt. Ob Rinde, Früchte oder die leicht bitter schmeckenden Blätter, alle Teile dieses außergewöhnlichen Baumes werden im Ayurveda therapeutisch verwendet. Neemblätter bekommen Sie im indischen Lebensmittelgeschäft und beim Gewürzversand (Adressen Seite 281).

Nori

Das Meeresgemüse Nori ist von allen Algen-Sorten am einfachsten zuzubereiten. In Japan wird die Alge nach dem Trocknen per Hand zu Blättern gepreßt und läßt sich (z. B. über einer Gasflamme geröstet und später zerbröselt) für Suppen, Saucen, Gemüsebrühen und -gerichte oder als die bekannten Nori-Rollen mit Reis servieren.

Erhältlich ist Nori in asiatischen Lebensmittelgeschäften und manchmal auch in Naturkostläden.

Okra

Okra sind die Früchte eines Hibiskusstrauches. Sie werden schon vier bis sechs Tage nach der Blüte geerntet. In Indien schätzt man sie als leckeren Bestandteil vieler Gemüsegerichte. Okra bekommen Sie im indischen, persischen und türkischen Lebensmittelladen oder im gut sortierten Gemüsegeschäft.

Palmzucker

Palmzucker wird aus den Blüten einer Palmenart hergestellt. Dabei wird der süße Blütennektar gesammelt, aufgekocht, mehrmals gefiltert und muß dann unter ständigem Rühren erkalten, damit sich die feinen Kristalle bilden. Palmzucker erhalten Sie in Dritte-Welt-Läden.

Papadams

Papadams, oder *Papads*, sind hauchdünne Knäckechips aus *Urad Dal* und Gewürzen. Sie werden »neutral« (d. h. nur mit etwas Asafoetida gewürzt) oder aber mit Kreuzkümmel (Cumin), mit Chili u. ä. angeboten. Erhältlich sind sie in indischen, persischen oder asiatischen Lebensmittelgeschäften oder beim Gewürzversand (Adressen Seite 281).

Papaya

Die süßlichen exotischen Früchte bekommt man bei uns selten in reifer Form. Man kann sie im indischen und persischen Lebensmittelgeschäft oder im gut sortierten Gemüseladen finden.

Pure Creamed Coconut

siehe Kokosnußcreme

Quinoa

Quinoa gehört zu der Familie der Gänsefußgewächse und wird wie Getreide verwendet. Es ist zäh und widerstandsfähig und gedeiht noch in den Hochlagen der Anden.

Sie bekommen Quinoa in Naturkostläden und Reformhäusern.

Rai

siehe schwarze Senfkörner

Reisflocken
(Flachreis)

Gepreßte Reisflocken oder Flachreis sind – in allen möglichen Variationen – ein beliebtes und schnelles Gericht in Indien, *Poha* nennt man sie dort. Reisflocken gibt es in zwei Sorten: dicke und dünne. Dicke Reisflocken verwendet man zum Kochen, dünne Reisflocken nimmt man zum Fritieren von Snacks (z. B. *Chidwa*). Sie erhalten dicke Vollkornreisflocken im Naturkostladen oder im Reformhaus. Dünne oder dicke Reisflocken aus weißem Reis erhalten Sie im indischen Lebensmittelgeschäft oder beim Gewürzversand (Adressen Seite 281).

Roh-Rohrzucker

Roh-Rohrzucker wird wie Vollrohrzucker aus Zuckerrohr hergestellt. Sie erhalten ihn im Naturkostladen.

Rosenwasser
(Gulab jal)
Rosenwasser – seit Jahrtausenden in Indien geschätzt – ist eine Mischung aus vier Tropfen Rosenöl auf einen Liter destilliertes Wasser. Für einen Liter Rosenöl braucht man zwei- bis dreitausend Kilogramm Rosenblätter. In der Küche verwendet man Rosenwasser zur Aromatisierung von Süßigkeiten (wie Sandesh, Seite 250, und Honigmarzipan), Desserts (wie Süßreis) und Getränken (wie Lassi, Seite 252). Auch in der Parfümerie und Kosmetik findet Rosenwasser Anwendung. Rosenwasser aus kontrolliert-biologischem Anbau gibt es im Naturkostladen und in Läden für Naturkosmetik.

Safran
Der ursprünglich aus Kashmir stammende Safran wird aus den getrockneten Blütennarben des Safran-Krokus gewonnen. Er ist das teuerste Gewürz der Welt, da jede Krokusblüte nur 3 – 4 Safranfäden enthält. Sein Geschmack ist eine Kombination aus angenehm scharf, leicht bitter und zugleich süßlich und honigartig. In der Küche verwendet man in der Regel die Safranfäden, die entweder eingeweicht oder trocken geröstet und anschließend vermahlen werden. Mit Safran färbt und aromatisiert man Teige, Gebäck, Puddings, Joghurtspeisen, Reisgerichte und Getränke. Safran bekommen Sie im Gewürzladen, im indischen und persischen Lebensmittelgeschäft und beim Gewürzversand (Adressen Seite 281).

Schwarze Senfkörner
(Rai, Mustard Seeds)
Genau genommen sind die kleinen Senfsamen des Braunen Senfs *(Brassica juncea)* nicht schwarz, sondern violett-braun. Mit Senfsamen würzt man Chutneys, Gemüse- und Dal-(Linsen-)Gerichte. Dabei werden die kleinen Samen in heißem Ghee oder Öl angeröstet, bis sie im (geschlossenen) Topf springen. Schwarze Senfkörner gibt es im Gewürzladen, im indischen Lebensmittelgeschäft oder beim Gewürzversand (Adressen Seite 281).

Schwarzkümmel
siehe Kalonji

Selleriesamen
siehe Ajwan

Sendha Namak
siehe Steinsalz

Sesammus oder Sesampaste
siehe Tahin

Sojadrink
siehe Sojamilch

Sojamilch
Sojamilch wird aus gekochten und ausgepreßten Sojabohnen hergestellt. Viele Allergiker und Veganer verwenden sie als tierisch-eiweißfreien Milchersatz. Im Handel finden Sie sie unter der Bezeichnung *Sojadrink* oder *Sojatrunk* im Reformhaus oder Naturkostladen.

Steinsalz
(Black Salt bzw. Kala Namak; Sendha Namak)
Black Salt ist ein rötlich-graues mineralhaltiges Salz. Wegen seines charakteristischen schwefelhaltigen Geruchs und Geschmacks wird Black Salt nicht als Ersatz von Meersalz, sondern als eigenes Gewürz benutzt (deshalb in gut schließbarem Schraubglas aufbewahren). Man kann es zum Würzen von pikanten Gerichten und Brotaufstrichen, Panir und Quark verwenden.
Sendha Namak ist ein rosa-weißliches Mineralsalz aus dem Sindh-Gebirge, einem Ausläufer des Himalaya. Der Ayurveda schätzt Sendha Namak schon seit Jahrtausenden als Heilmittel und in der Küche. Im Geschmack ähnelt es Salinensalz und wird auch ähnlich verwendet, ist jedoch gesünder.
Black Salt (Kala Namak) und Sendha Namak gibt es im indischen Laden oder beim Gewürzversand (Adressen Seite 281).

Stinkasant
siehe Asafoetida

Tahin
(Sesammus, Sesampaste)
Tahin wird aus gerösteten und anschließend gemahlenen Sesamsamen herstellt. Es wird nicht nur als Brotaufstrich, sondern auch für Soßen, Dressings und ähnliches verwendet. Tahin bekommen Sie als gesalzene oder ungesalzene Paste im Naturkostladen, im Reformhaus und im asiatischen Lebensmittelgeschäft.

Tamarinde
Tamarinde, das Fruchtfleisch der unreifen Schote des Tamal-Baumes, ist bei den meisten süß-sauren Gerichten Indiens, wie Gemüse- und Reisgerichten sowie Dals, mit von der Partie. Tamarindenextrakt bzw. getrocknete Tamarinde bekommen Sie im indischen Lebensmittelgeschäft bzw. beim Gewürzversand (Adressen Seite 281).
Tip: Falls Sie kein Tamarindenextrakt, sondern die getrockneten Tamarindenschoten (in Blockform

verpackt) verwenden, weichen Sie etwa 50 g in einer kleinen abgedeckten Schüssel mit 250 ml kochend heißem Wasser 15 – 20 Minuten ein. Dann das Ganze durch ein feines Sieb gießen und die Tamarinde mit einem Holzlöffel so lange passieren, bis möglichst alles Mark durch das Sieb gepreßt ist. Kratzen Sie dabei mit dem Löffel auch das Mark ab, das sich auf der Unterseite des Siebes befindet.

Tapioka
Die weißen Tapiokakügelchen werden aus der Maniokwurzel hergestellt. Sie sind stärkehaltig und besitzen viele wertvolle Inhaltsstoffe. Erhältlich sind sie im Naturkostladen, im Reformhaus und im indischen Lebensmittelgeschäft.

Tofu
Tofu ist ein Sojabohnenkäse oder -quark, der aus Sojamilch hergestellt wird. Wie bei der Herstellung von Käse wird der Milch ein Gerinnungsmittel zugesetzt und der entstehende »Quark« anschließend gepreßt.
Tofu ist im Naturkosthandel oder im Reformhaus erhältlich.

Tur Dal
(engl.: Toor Dal)
Der gelbliche Tur Dal hat der Gesundheit einiges zu bieten. Sie bekommen ihn im indischen Lebensmittelgeschäft meist in geölter Form. Die Ölschicht dient als natürliches Konservierungsmittel und kann mit heißem Wasser abgewaschen werden.

Urad Dal / Urid Dal
Urad Bohnen sind kleine, schwarze, linsengroße Bohnen. Geschält und gespalten werden sie als Urad Dal bezeichnet und sind elfenbeinfarben. Urad Dal bekommen Sie im indischen Lebensmittelgeschäft oder beim Gewürzversand (Adressen Seite 281).

Wasserkastanie / Wassernuß
Wasserkastanien bzw. Wassernüsse, wie die korrekte botanische Bezeichnung lautet, sind unter Wasser wachsenden Früchte der Wasserpflanze *Trapan natans*. Die zu Mehl gemahlenen Früchte werden in Indien für flache Fladenbrote, Puris (Seite 180), Pakoras (Seite 118), Halava (Seite 238) und süße Puddings verwendet. Das Mehl ist im orientalischen (z. B. persischen) oder indischen Lebensmittel-Geschäft bzw. im Gewürzversand (Adressen Seite 281) unter dem Namen *Singhar Atta* erhältlich.

Wildpfeilwurzelmehl
(Arrowroot)
Wildpfeilwurzelmehl wird aus dem zermahlenen Wurzelstock der tropischen Pfeilwurzel gewonnen. Das pulverfeine Stärkemehl wird als Bindemittel bzw. Verdickungsmittel, z. B. für Soßen und Puddings, verwendet. Pfeilwurzelmehl eignet sich auch hervorragend zum Bestreuen von Kuchen oder Gebäck und ist somit eine gute Alternative zu Puderzucker. Wildpfeilwurzelmehl erhalten Sie im Reformhaus und Naturkostladen.

Zitronenpfeffer
Zitronenpfeffer ist eine Gewürzmischung aus schwarzem Pfeffer, Zitronenschalen und Kurkuma. Sie bekommen ihn im Kräuter- und Gewürzladen.

Erklärung der benutzten Sanskrit-Begriffe

Agni: (wörtl.: Feuer) Körperfeuer, insbesondere Verdauungsfeuer

Ama: (sprich: *Aam)* Stoffwechsel- und Körpergifte, die in den Zellen abgelagert werden; geistiges Ama entsteht durch negative Gedanken und Gefühle

Amla: sauer; eine der *Rasas* (Geschmacksrichtungen)

Asthi: Knochen und Knorpel; eines der sieben *Dhatus* (Gewebe, Aufbauelemente)

Atharva-Veda: alte indische Überlieferung, einer der vier Haupt-Veden

Bhagavad-Gita: das bekannteste vedische Schriftdokument und Weisheitsbuch

Chakra: (wörtlich Rad) die sieben Hauptenergiezentren des Körpers, die entlang der Wirbelsäule liegen

Charaka Samhita: (sprich: *Tscharak-Sang-hita)* einer der bedeutendsten und ältesten, heute noch erhaltenen Ayurveda-Kommentare

Dhanvantari: Inkarnation *Krishnas* bzw. *Vishnus,* Begründer des Ayurveda

Dhatus: die sieben Aufbauelemente des Körpers

Dosha: (wörtl.: das, was aus dem Gleichgewicht geraten kann) Konstitutionstypen, Bioenergien *(Vata, Pitta, Kapha)*

Ekadasi: der jeweils elfte Tag nach Vollmond und nach Neumond

Gunas: die drei Psycho-Prinzipien *Sattva, Rajas* und *Tamas,* die zusammen mit ihren Kombinationen Körper und Geist beeinflussen

Jagannatha: (wörtl.: Herr des Universums) ein anderer Name für Krishna

Kapha: (sprich: *Kapp-ha)* eines der *Doshas*

Karma: das Gesetz von Ursache und Wirkung

Kasaya: zusammenziehend, herb; eine der sechs *Rasas* (Geschmacksrichtungen)

Katu: scharf; eine der sechs *Rasas* (Geschmacksrichtungen)

Krishna: (wörtl.: der Allanziehende) Gott, von dem alle göttlichen Inkarnationen ausgehen, ursprünglicher Lehrer der Veden und Sprecher der Bhagavad-Gita

Lavana: salzig; eine der sechs *Rasas* (Geschmacksrichtungen)

Madhura: süß; eine der sechs *Rasas* (Geschmacksrichtungen)

Majja: Knochenmark, Nerven; eines der sieben *Dhatus* (Gewebe, Aufbauelemente)

Malas: Ausscheidungsprodukte des Körpers

Mamsa: (wörtl. Fleisch) Muskelgewebe; eines der sieben *Dhatus* (Gewebe, Aufbauelemente)

Mantra-Meditation: das Rezitieren verschiedener Namen Gottes zur spirituellen Reinigung und Weiterentwicklung

Meda: Fettgewebe; eines der sieben *Dhatus* (Gewebe, Aufbauelemente)

Ojas: subtiles Stoffwechselprodukt, Essenz der Lebensenergie

Pitta: eines der *Doshas*

Prana: Lebensenergie

Prasadam: geweihte, spiritualisierte Nahrung

Rajas: (sprich: *Radschas)* das Psycho-Prinzip der Überaktiviät und des Leistungskampfes, das zweite der drei Gunas (Psycho-Prinzipien)

Rakta: rote Blutkörperchen; eines der sieben *Dhatus* (Gewebe, Aufbauelemente)

Rasa: Plasma, Zellflüssigkeit; eines der sieben *Dhatus* (Gewebe, Aufbauelemente)

Rasa: (wörtlich auch: Geschmack, Wohlgeschmack) die sechs Geschmacksrichtungen *(Rasas)*

Rig-Veda: alte indische Überlieferung, einer der vier Haupt-Veden

Sattva: das Psycho-Prinzip des Glücks, der Erkenntnis und der Reinheit, angeborener Impuls, sich weiterzuentwickeln

Shrimad-Bhagavatam: eines der bekanntesten vedischen Schriftdokumente

Shrotas: Transportsysteme des Körpers

Shukra: Keimzellen, eines der sieben *Dhatus* (Gewebe, Aufbauelemente)

Sushruta Samhita: einer der bedeutendsten und ältesten, heute noch erhaltenen Ayurveda-Kommentare

Tamas: das Psychoprinzip der Hilflosigkeit und Apathie, das dritte der drei Gunas (Psycho-Prinzipien)

Tikta: bitter; eine der sechs *Rasas* (Geschmacksrichtungen)

Vata: eines der *Doshas*

Veda: (wörtl.: echtes Wissen) Sammelbegriff für die vor über fünftausend Jahren schriftlich niedergelegten Erkenntnisse der vedischen Hochkultur

Vipak: Nachverdauungseffekt der Nahrungsmittel; die drei *Vipaks* süß, sauer und scharf beinflussen die Gewebe und die Ausscheidung des Körpers

Virya: (wörtl.: Kraft) Energie und Wirksamkeit von Lebensmitteln; ingesamt gibt es zwei *Viryas:* heiß (stoffwechselanregend) und kalt (stoffwechselhemmend)

Vishnu: ein Name Gottes in der vedischen Kultur

Literatur

Bhaktivedanta Swami, A. C.; Bhagavad Gita –
Wie Sie Ist; Bhaktivedanta Book Trust, o. Ort, 1987

Binder, Franz u. Wahler Josef; Handbuch der
gesunden Ernährung; dtv, München, 1993

Dasa, Adiraja; Vedische Kochkunst; Bhaktivedanta
Book Trust, o. Ort, 1987

Devi, Yamuna; Lord Krishna's Cuisine, The Art of
Indian Vegetarian Cooking; Bala Books, Angus &
Robertson Publishers, North Ryde (Australia) and
London (England), 1987

Frawley, David; Ayurvedic Healing;
Motilal Baharsidass Publishers, Delhi, 1997

Johari, Harish; Grundlagen der ayurwedischen
Kochkunst; Reihe Shangrila, Windpferd Verlag,
Durach, 1988

Johari, Harish; Dhanwantari; Rupa & Co,
New Delhi, 1994

Lad, Vasant; Das Ayurweda Heilbuch;
Reihe Shangrila, Haldenwang, 1986

Lad, Vasant u. Frawley, David;
Die Ayurweda Pflanzen-Heilkunde;
Edition Schangrila, Haldenwang, 1987

Morningstar, Amadea u. Desai, Urmila;
The Ayurvedic Cookbook;
Motilal Banarsidass Publishers, Delhi, 1994

Morrison, Judith H.; Ayurveda; Trias, Stuttgart 1995

Münzing-Ruef, Ingeborg; Kursbuch gesunde
Ernährung; Zabert Sandmann Verlag, München, 1996

Skibbe, Petra; Ayurveda-Handbuch für Frauen;
pala-verlag, Darmstadt, 2002

Skibbe, Petra u. Skibbe, Joachim;
Backen nach Ayurveda; Kuchen, Torten & Gebäck;
pala-verlag, Darmstadt, Neuauflage 2002

Skibbe, Petra u. Skibbe, Joachim;
Backen nach Ayurveda; Brot, Brötchen & Pikantes;
pala-verlag, Darmstadt, Neuauflage 2001

Skibbe, Petra u. Skibbe, Joachim;
Köstliche Kürbis-Küche; pala-verlag, Darmstadt, 2000

Skibbe, Petra u. Skibbe, Joachim; Toskana –
vegetarisch genießen; pala-verlag, Darmstadt, 2001

Skibbe, Petra u. Skibbe, Joachim; Ayurveda –
Feiern und Genießen; pala-verlag, Darmstadt, 2004

Svoboda, Dr. Robert E.;
Prakruti – Your Ayurvedic Constitution;
Motilal Banarsidass Publishers, Delhi, 1996

Willfort, Richard; Gesundheit durch Heilkräuter;
Rudolf Trauner Verlag, Linz, 1991

Bezugsquellen

Vedischer Gewürzversand
Surabhi Natural Products
Spitzäcker 2
74931 Lobbach
Tel. 06226/786725

Govinda Versand
Waldstr. 18
55767 Abentheuer
Tel: 06782/989001

Sat Nam Versand
Dieselstr. 42
63071 Offenbach
Tel: 069/434419

Indu-Versand
Turmstr. 7
35085 Ebsdorfergrund
Tel: 06424/3988

Gastromix Versand
Margit Geitz
Mietersheimer Hauptstr. 52
77933 Lahr
Tel.: 07821/53689

Schweiz:
Govinda Versanddienst
Preyergasse 16
8001 Zürich
Tel: 01/2518859

Österreich:
Govinda Kulturtreff
Lindengasse 2a
1070 Wien
Tel: 01/5222817

Die Autoren

Petra Skibbe und Joachim Skibbe studierten intensiv Ayurveda, vedische (altindische) Kultur und Bhakti-Yoga, zu einem großen Teil auch im Ursprungsland Indien. Neben ihrer beruflichen Tätigkeit bieten sie auch Vorträge, Seminare und Workshops an. (Interessierte Leser können sich an den Verlag wenden.)
Der Schwerpunkt ihres Interesses liegt darin, das Wissen und die Prinzipien der traditionellen Ayurveda-Texte auf Ernährung und Lebensstil unseres Kulturkreises zu übertragen.

Petra Skibbe, Jahrgang 1965, interessiert sich über ihren Beruf als Physiotherapeutin hinaus auch für Heilmethoden, die den ganzen Menschen erfassen. Bei ihrer Arbeit in ganzheitlicher Rückenschule, Osteopathie, Shiatsu, Fußreflexzonen-Massage und Bachblüten-Therapie stieß sie gleichzeitig auf die Themen Ernährung und Natur-Kosmetik. Als ernährungsbewusste und passionierte Köchin lernte sie vor knapp 20 Jahren die leckere Ayurveda-Küche kennen.

Joachim Skibbe, Jahrgang 1958. Die Integration von Körper, Geist und Seele steht für ihn in seinem Beruf als Heilpraktiker an erster Stelle. Und ausgewogen zu leben und köstlich zu essen – das ist natürlich untrennbar verbunden. Nach eingehender Beschäftigung mit klassischer Homöopathie, Bachblüten-Therapie, Fußreflexzonen-Massage, Shiatsu, Heilmagnetismus und Radiästhesie traf er vor 20 Jahren auf den Ayurveda.

Im pala-verlag sind von Petra Skibbe und Joachim Skibbe erschienen:
- *Backen nach Ayurveda – Kuchen, Torten & Gebäck* (überarbeitete Neuauflage 2002)
- *Ayurveda – Die Kunst des Kochens* (1999)
- *Backen nach Ayurveda – Brot, Brötchen & Pikantes* (überarbeitete Neuauflage 2001)
- *Köstliche Kürbis-Küche* (2000)
- *Toskana – vegetarisch genießen* (2001)
- *Ayurveda-Handbuch für Frauen – typgerecht essen, rundum wohl fühlen* (2002)
- *Ayurveda – Feiern und Genießen* (2004)

Rezeptindex

Adrak-Sharbat (Ingwer-Orangen-Getränk) 258
Afghanische Gemüsesuppe (Sindhi-Karhi) 116
Alu-Panir-Parathas
   (Kartoffel-Käse-Blätterteigfladen) 176
Amaranthsuppe 120
Ananas-Orangen-Gelee 247
Aprikosen-Dattel-Chutney 205
Artischocken mit Saure-Sahne-Dip 63
Aubergine, geröstet, mit Kichererbsen 100
Avocadocremesuppe 114
Avocadodip 219
Ayurveda-Buttermilch 229

Bananen-Carob-Halava 238
Bananen-Curry-Dip 220
Bananen-Papaya-Chutney 202
Basmati-Khichari 134
Basmatireis mit Kurkuma 141
Basmati-Wildreis 143
Bengalische Gewürzmischung aus fünf Gewürzen
   (Panch Puran) 262
Besan Rotis (Fladenbrote aus Kichererbsenmehl) 173
Birnenchutney 203
Birnen-Quinoa-Auflauf 232
Blätterteigfladen, einfach (Parathas) 174
Blätterteigfladenbrote mit Rettich (Muli-Parathas) 178
Blumenkohl-Brokkoli-Curry 66
Blumenkohlcremesuppe 113
Bratäpfel mit Kürbiskernen 233
Brokkoli italienisch 67
Brokkoli-Blumenkohl-Curry 66
Buchweizenlasagne 164
Buchweizenpfannkuchen mit Tapioka 186
Buchweizenrisotto 166
Buttermilch 229
Buttermilchsauce, grün 216
Butterreinfett, Butterschmalz (Ghee) 222

Carob-Bananen-Halava 238
Chapatis (Einfache indische Fladenbrote) 170
Chat Masala 263
Chicorée in Orangensauce 84
Cräcker, indisch (Papadams) 183
Curry-Bananen-Dip 220
Curry Madras, scharf 260

Dalia (Weizen- bzw. Dinkelschrotbrei) 58
Dalsuppe, südindisch (Rasam) 128
Dampfkrapfen (Iddlis) 190

Dattel-Aprikosen-Chutney 205
Dattel-Mandel-Creme 236
Dattel-Tamarinden-Chutney 204
Dinkelflockenbrei 59
Dinkelschrotbrei 58

Einfache Blätterteigfladen (Parathas) 174
Eingelegter Panir 228
Eisbergsalat mit Blüten 198
Erbsen-Karotten-Gemüse mit Panir 92
Erdbeer-Shrikhand (Erdbeer-Joghurtcreme) 235

Feldsalat 197
Fenchel in Orangen-Kokos-Sauce 83
Fenchel-Pastinaken-Salat 196
Fenchel-Quinoa-Auflauf 80
Fenchel-Zucchini-Pfanne mit Tofu 82
Firni (Schneller Reispudding) 241
Fladenbrote aus Kichererbsenmehl (Besan Rotis) 173
Fladenbrote, fritiert (Puris) 180
Fladenbrote, einfache indische (Chapatis) 170
Flaschenkürbis mit Panir und Erbsen 74
Frisches Korianderchutney 207
Frischkäse, selbstgemacht (Panir) 226
Fritierte Fladenbrote (Puris) 180
Fruchtsauce 246
Frühlingsbohnen 98

Garam Masala, mild 261
Gebackene Pastinaken in Dill-Meerrettich-Sauce .. 96
Gebratene Zucchini à la Toscana 73
Gefüllte Karelas in Tomatensauce 90
Gefüllte Kartoffelnester 168
Gefüllte Weinblätter 153
Gefüllte Zucchiniblüten 188
Gelber Mung Dal mit Spinat 125
Gemüse, süß-sauer 64
Gemüsebrühe (Grundrezept) 108
Gemüse-Pulao (Gemüsereis) 150
Gemüsesuppe, afghanisch 116
Gemüsesuppe mit Buchweizen 122
Geröstete Aubergine mit Kichererbsen 100
Gewürzmilch 254
Gewürzmischung, bengalisch (Panch Puran) 262
Gewürzreis 142
Ghee (Butterreinfett; Butterschmalz) 222
Gnocchi 156
Granola 56
Grieß (Vollkorngrieß) mit Gemüse (Upma) 154

Grundrezept: Gemüsebrühe 108
Grundrezept: Italienische Tomatensauce 210
Grundrezept: Pfannkuchen 185
Grundrezept: Schnelle Tomatensauce 212
Grüne Buttermilchsauce 216
Grüner Mung Dal (Tridosha Mung Dal) 126
Grüner Spargel mit Ingwer 62
Grünes Papayacurry 106
Grünkohl-Pfannengemüse 86
Guavencurry 105
Gurken-Raita 200

Hirse mit Karotten 162

Iddlis (»Dampfkrapfen«) 190
Indische Riesencräcker (Papadams) 183
Indischer Nougat 249
Indisches Königskonfekt (Sandesh) 250
Ingwermilch 255
Ingwer-Orangen-Getränk (Adrak-Sharbat) 258
Ingwertee 256
Italienische Tomatensauce (Grundrezept) 210

Jagannatha-Kokosdal, süß 130
Joghurt pur nach Art des Hauses 224
Joghurtgetränk (Lassi) 252

Karamelreis 147
Karela-Chips, knusprig 89
Karelas, gefüllt, in Tomatensauce 90
Karhi mit Papadams, leicht scharf 121
Karotten in Amaranth-Sahne-Sauce 94
Karotten-Erbsen-Gemüse mit Panir 92
Kartoffel-Käse-Blätterteigfladen
    (Alu-Panir-Parathas) 176
Kartoffelnester, gefüllt 168
Knusprige Karela-Chips 89
Kokos-Avocado-Chutney mit Minze 206
Kokosdal, süß 130
Königskonfekt, indisch (Sandesh) 250
Korianderchutney, frisch 207
Kräuterbutter 231
Kräutercreme 230
Kürbis mit Bockshornkleesamen 77
Kürbiscremesuppe 112
Kürbisgratin in Orangensaft 78
Kürbis-Puddingcreme (Kürbis-Khir) 244
Kürbis-Raita 199
Kürbis-Steckrüben-Püree 95

Lassi (Joghurtgetränk) 252
Lotus-Khir (Lotuspudding) 243

Lotus-Popcorn 184
Lotuspudding (Lotus-Khir) 243
Löwenzahngemüse mit Karottenstiften 72

Madras Curry, scharf 260
Mandel-Dattel-Creme 236
Mangocreme 234
Mangoldgemüse mit rotem Paprika 69
Milchreis mit Safran 242
Mildes Garam Masala 261
Minzchutney 208
Muli-Parathas (Blätterteigfladenbrote mit Rettich)
    178
Mung Dal, gelb, mit Spinat 125
Mung Dal, grün (Tridosha Mung Dal) 126
Mungsprossen in Buttermilchsauce 124
Mungsprossen mit Tofu 85

Nougat, indisch 249
Nudeln, selbstgemacht (Vollkornnudeln) 157

Okra in Tomatensauce 88
Okra mit Kokosnuß 87
Orangen-Ananas-Gelee 247
Orangen-Ingwer-Getränk (Adrak-Sharbat) 258
Orangensauce 218

Pakoras (Teigtropfen) in Karhi-Sauce 118
Panch Puran (Bengalische Gewürzmischung
    aus fünf Gewürzen) 262
Panir (Selbstgemachter Frischkäse) 226
Panir in Sahnesauce mit Korianderblättern 104
Panir, eingelegt 228
Papadams (Indische Riesencräcker) 183
Papaya-Bananen-Chutney 202
Papayacurry, grün 106
Parathas (Einfache Blätterteigfladen) 174
Pastinaken, gebacken, in Dill-Meerrettich-Sauce .. 96
Pastinaken-Fenchel-Salat 196
Petersilienchutney 209
Pfannengemüse aus Bockshornklee 102
Pfannkuchen-Grundrezept 185
Polenta 163
Puris (Fritierte Fladenbrote) 180

Quinoa nach Peking-Art 160
Quinoa-Birnen-Auflauf 232
Quinoa-Khichari 138
Quinoasalat 194

Rasam (Südindische Dalsuppe) 128
Rasam-Pulver 264

Reis (Vollkornreis) mit Kräutern 146
Reis mit Gemüse (Gemüse-Pulao) 150
Reisflocken mit Zucchini und Mungsprossen 152
Reispudding, schnell (Firni) 241
Rösti, Schweizer 167
Rote Bete in Sahnesauce 99
Rote Grütze 237
Rote-Bete-Cremesuppe mit Sahnehaube 115
Rucola-Karotten-Salat 193

Safran-Milchreis 242
Safranreis mit Käsebällchen 148
Sahnemeerrettich 221
Sandesh (Indisches Königskonfekt) 250
Sauce, weiß, mit frischem Basilikum 217
Schnelle Tomatensauce (Grundrezept) 212
Schnelle Tomatensauce mit Nori 214
Schneller Reispudding (Firni) 241
Schweizer Rösti 167
Selbstgemachte Vollkornnudeln 157
Selbstgemachter Frischkäse (Panir) 226
Sindhi-Karhi (Afghanische Gemüsesuppe) 116
Spargel in Aspik 60
Spargel, grün, mit Ingwer 62
Spargelcremesuppe 111
Spargelfond 110
Spargel-Khichari 132
Spargelsalat 192
Spinat mit Vollkorngrieß 68
Spinatreis mit Karotten und Rosinen 144
Steckrüben-Kürbis-Püree 95
Südindische Dalsuppe (Rasam) 128
Süßer Jagannatha-Kokosdal 130

Süßkartoffel-Tapioka-Khichari 136
Süß-saures Gemüse 64

Tamarinden-Dattel-Chutney 204
Tapiokapudding 240
Tapioka-Süßkartoffel-Khichari 136
Teigtropfen in Karhi-Sauce 118
Tomatensauce, italienisch (Grundrezept) 210
Tomatensauce, schnell (Grundrezept) 212
Tomatensauce, schnell, mit Nori 214
Tortillas 182
Tridosha Mung Dal (Grüner Mung Dal) 126
Tutti-Frutti in Marzipan 248

Upma (Vollkorngrieß mit Gemüse) 154

Vanillesauce 245
Vollkornbasmati-Khichari 134
Vollkorngrieß mit Gemüse (Upma) 154
Vollkornnudeln, selbstgemacht 157
Vollkornreis mit Kräutern 146

Weinblätter, gefüllt 153
Weiße Sauce mit frischem Basilikum 217
Weizenschrotbrei 58
Wildkräutergemüse mit Tapioka 70
Wildreis mit Basmatireis 143

Zucchini mit Panir oder Tofu 76
Zucchini, gebraten, à la Toscana 73
Zucchiniblüten, gefüllt 188
Zucchini-Fenchel-Pfanne mit Tofu 82
Zucchini-Tomaten-Sauce 213

Andere Bücher von Petra Skibbe und Joachim Skibbe

Petra Skibbe und Joachim Skibbe:
Ayurveda – Feiern und Genießen
Rezepte rund ums Jahr
ISBN: 3-89566-187-2

Petra Skibbe:
Ayurveda-Handbuch für Frauen
Typgerecht essen, rundum wohl fühlen
ISBN: 3-89566-176-7

Petra Skibbe und Joachim Skibbe:
Backen nach Ayurveda
Kuchen, Torten & Gebäck
ISBN: 3-89566-178-3

Petra Skibbe und Joachim Skibbe:
Backen nach Ayurveda
Brot, Brötchen & Pikantes
ISBN: 3-89566-166-X

Andere Bücher aus dem pala-verlag

Petra Skibbe und Joachim Skibbe:
Köstliche Kürbis-Küche
ISBN: 3-89566-150-3

Petra Skibbe und Joachim Skibbe:
Toskana – vegetarisch genießen
ISBN: 3-89566-156-2

Gertrud Dimachki:
Vegetarisches aus 1001 Nacht
ISBN: 3-89566-169-4

Yashoda Aithal:
Vegetarisch kochen – indisch
ISBN: 3-89566-153-8

Gesamtverzeichnis bei: pala-verlag, Postfach 11 11 **22, 64226 Darmstadt**
www.pala-verlag.de; E-Mail info@pala-verlag.de